커뮤니케이션 방법을 바꾸는 세 가지 비밀

WORKING TOGETHER

기업과 조직을 살리는

교류분석

Anita Mountain · Chris Davidson 공저

김미례 · 김병윤 · 김영호 · 김정삼 · 박용민 · 박창규 · 송준석 · 이영호 · 정원철 · 정지선 공역

한국교류분석상담학회

학지사

역자 서문

언제부터인가 우리에게서 직장이 즐겁게 일하는 장소, 따뜻한 동료애가 있는 장소라는 생각이 사라졌음을 실감하기 시작하였다. 오늘의 직장인들은 고용의 불안정과 조직 내의 무한 경쟁 속에서 살아남아야 하는 각박한 삶의 현장 속에 놓여 있다. 이로 인한 많은 파생적 문제는 소득 계층 간 갈등을 일으키고 국민의 통합을 저해하며 국가 발전의 동력을 약화시키는 악순환을 낳고 있다.

서로 다른 사람들이 모여 만드는 직장의 문화는 새로운 시작의 발판이 될 수도, 고난을 극복하는 힘이 될 수도 있다. 특히 기업 구성원의 신념, 핵심 가치, 의식 구조 등을 의미하는 기업 문화가 조직의 성과에 실질적인 영향을 미치고 있다는 사실이 밝혀지면서 그 중요성은 더욱 부각되고 있다. 최근 몇몇 기업들에서는 노사 간 협력 체계, 소통 구조와 복지 체계를 강화하고 생산성 향상에 힘쓰기 위해 기업 문화를 획기적으로 개선하는 움직임을 보이고 있다.

이러한 상황에서 인간관계 개선에 있어 탁월한 모델인 교류분석(TA)을 통한 기업 문화의 개선을 모색한 이 책이 시사하는 바는 매우 크다. 이 책은 직장인의 자기이해와 동료에 대한 '인정(recognition)'의 중요성을 일깨울 뿐만 아니라, 개인과 조직의 관계, 리더십과 조직 문화의 중요성, 일과 삶의 균형 문제를 TA라는 심리치료 기법을 통해 다루고 있기 때문이다. 이 책은 기업 조직 내의 광범위한 갈등 및 관계 문제를 이해하는 틀을 제공하고 있으며 조직 영역에서 필요한 TA 이론의 실용적인 정보를 다루고 있다. 동시에 조직 문제의 해결에 관한 자세한 사례와 관련하여 TA의 개념을 공부할 기회를 제공하고 이러한 개념을 적용하고 심화학습할 수 있도록 돕고 있다.

조직 영역에 대한 TA의 발전은 심리치료와 상담 영역에 비해 상대적으로 더딘 측면이 있다. 발달적 측면에서 보면 일본이 TA 이론을 도입하여 산업체에 응용 및 보급하여 큰 효과와 반향을 불러일으킨 바 있다. 국내에서는 고 우재현 교수가 특강과 워크숍을 통하여 TA 이론을 산업 현장에 적용하는 데 큰 역할을 하였다. 이후 TA 이론은 일본에서 자아 상태 및 인생태도 개념과 관련된 체크리스트 활용 등의 다양한 방법으로 기업과 산업체에 적용되고 응용되어 왔다. 그러나 TA 이론과 개념을 통해 조직과 구성원의 관계와 문화, 동반성장 방법 등을 정확히 분석 · 이해하고 이를 워크숍에서 활용 가능한 방법으로 체계적으로 제시하지 못하는 현실적 한계가 있었다.

이 책의 번역은 한국교류분석상담학회가 '조직에서 TA'라는 주제로 학술대회를 개최함과 동시에 우리나라의 조직, 기업과 구성원들이 안고 있는 문제를 TA 접근으로 어떻게 지원, 개입할 수 있을 것인가에 대한 이론적 · 실천적 탐색을 시도한 것에서 출발하였다. 역자들이 국제교류분석협회 내 조직 영역의 최고 권위자이자 실천가들인 Anita Mountain과 Chris Davidson의 *Working Together: Organizational Transactional Analysis and Business Performance*(2011)를 완역하게 된 것은 몇 가지 측면에서 큰 의미를 가진다.

첫째, 한국교류분석상담학회 차원에서 TA 이론에 관한 전문적 지식을 가지고 상담 및 교육 현장에서 활동한 분들이 함께 모여 국내 최초로 조직 현장과 관련된 TA 문헌을 번역했다는 점이다.

둘째, 한국교류분석상담학회가 매년 TA에 관한 최신 원서를 번역 발간하기로 한 청사진의 두 번째 결실이라는 의미가 있다.

셋째, 이 책이 조직 TA와 관련된 최근의 발전을 소개하고, 조직과 개인이 동반 성장할 수 있도록 하는 실용적인 TA 방법과 예시들을 풍부하게 제공하고 있다는 것이다. 특히 국제교류분석협회의 공인을 받은 수련감독(TSTA)인 Anita Mountain과 Chris Davidson은 40년 이상의 기간 동안 자신의 고객들이 조직의 발달과 성장을 촉진하는 특별한 방법을 접할 수 있게 해 주었다. 이 책은 두 사람이 개인과 기업

을 대상으로 적용해 온 '개발 TA'와 '조직 TA', 그리고 공식적인 기업 TA 워크숍 등을 통해 사람들을 훈련시킨 것에 근거하여 TA 이론을 조직에 응용한 실용적 활용서의 결정판이다.

더욱 인상적인 것은 Anita Mountain과 Chris Davidson이 이 책을 통하여 직장에서 관계적 맥락의 TA에 대한 이해를 바탕으로 효과적인 의사소통과 인정, 발전을 위한 상호 합의, 조직인으로서의 자신에 대한 확인, 조직 내의 디스카운트(discount), 게임(game), 스토리텔링, 통합적 리더십, 조직 문화에 대한 TA 관점의 이해와 개선 전략, 조직 내의 괴롭힘 양상, 스트레스, 갈등과 분노, 함께 발전해 나가기 위해 이해해야 하는 것들을 생생하게 설명하며 연습문제와 더불어 집단 워크숍에서 적용 가능하도록 친절하게 소개하고 있다는 점이다.

이 책의 공역자들은 그동안 TA의 이해와 보급을 위해 오랜 기간 동안 학회에서 주관하는 교류분석상담사 자격과정을 진행해 왔고 기업과 다양한 조직에서 특강과 집단 워크숍을 실시해 왔다. 특히 몇 분은 학회의 조직 영역 위원회의 조직전문가(trainer) 자격과정 교육 활동을 통한 지식적 축적과 세미나를 통해 보다 더 깊고 진보된 이론들을 소개해 온 분들이다.

공역자들이 연구와 세미나, 워크숍, 다양한 학회 자격과정 등 바쁜 일상 속에서 각자 역할을 분담하고 다시 취합하여 교정을 보고 용어를 정리하는 등 수차례의 복잡한 과정을 통해서 번역에 최대한 정확성을 추구하고자 하였으나 부족한 점이 많을 것이다. 따라서 번역과 관련된 여러 가지 오류나 부족한 부분은 전적으로 역자들의 책임이라는 점을 밝힌다. 동학제현의 아낌없는 지적과 충고를 바란다.

최종적으로 여러 공역자들이 끝까지 맡은 부분에 성의를 가지고 참여했고 마무리하게 되어 조직 TA에 대해 동학상장(同學相長)하는 기쁨을 누릴 수 있어 큰 고마움을 전한다. 또한 한국교류분석상담학회에 각별한 관심을 보여 주시고 늘 따뜻한 지원을 해 주신 김진환 사장님과 편집과 교정 작업에 열정을 기울여 주신 이현구 선생님에게 깊은 감사의 마음을 전하고 싶다.

다시 한 번 이 책이 우리나라의 조직과 구성원들이 함께 발전, 성장하고 신바람 나게 일할 수 있는 직장, 조직, 기업 문화 형성을 위해 노력하고 있는 조직 및 기업 상담자들과 TA 전문가들에게 유용한 자료가 되기를 기원한다.

2015년 8월
공역자 일동

저자 서문

이 책은 의사소통 방법을 이해하고 개선하고자 하는 사람들을 위해 저술되었다. 우리의 목표는 작업 환경이 조직에게 생산적인 장소일 뿐만 아니라 개인에게도 좋은 장소가 되도록 돕는 것이다.

궁극적으로 대부분의 사람들은 조직 안에서 일하고, 문화는 조직과 사람 사이에서 존재한다. 다양한 품질 개선 방법론이 체계와 공정에 초점을 맞추지만 결과적으로는 비효과적인 경우가 많다. 왜냐하면 그것은 사람에게 초점을 맞추고 있지 않기 때문이다. 이 책에서 우리는 사람에게 초점을 맞추며, 약점을 강조하기보다는 강점을 개발하는 데 초점을 둘 것이다.

우리가 사용하는 접근 방법은 교류분석(Transactional Analysis, 이하 TA로 약칭함)이라고 불린다. 그렇지만 이것은 '상식'이라고 불릴 수도 있다. TA 전문가들은 우리가 존재하고 행동하는 각각의 방식에 이름을 붙이고 모든 사람이 그러한 방식을 더욱 깊이 이해하고 스스로 원한다면 바꿀 수 있도록 돕는다. 그러나 이 책은 단순히 개인에 관한 것이 아니다. 조직 역시 나름의 생명력을 갖고 있고 우리는 조직 내에서 일어나는 일들, 즉 조직의 시작부터 최근의 활동 및 그러한 활동들의 관련성에 주의를 기울여야 한다. 어떤 면에서는 이 책이 변화에 관한 책이라고 말할 수도 있으며, 그 변화는 상식에 근거하여 일과 삶을 향상시킬 뿐만 아니라 생산적일 것이다.

TA는 특히 우리가 그 효과에 대한 신뢰를 갖고 있을 때 도움이 된다. 모든 개념이 단순히 단어가 아니라 그와 관련된 많은 도형으로 설명될 수 있기 때문이다. 도형으로 그려진 내용은 아주 쉽게 이해되고, 기억된다. 도형은 즉각적인 이해를 촉진하는 방법을 내포하는 개념을 설명한다.

이 책을 집필하는 데 있어 가장 큰 어려움은 TA를 지나치게 단순화하지 않으면서도 학술적 이론과 실제적 적용 사이에서 균형을 취하는 것이었다. TA에 대해 들어 본 적이 있는 사람들과 이야기해 보면, 그들은 대학 강좌나 기업의 경력 및 리더십 강좌의 일부로서 TA를 배웠다고 말하곤 한다. 이것은 TA의 깊이와 폭을 '디스카운트(discount)' 하는 것이다. 그러나 모든 시대의 다양한 사람들을 위한 이해와 변화의 기회를 제공하는 점에서 이런 단기 과정들이 가치는 있다. 그러나 이것은 강점뿐만 아니라 약점이 될 수도 있다.

이 책은 오랫동안 훈련된 것에 근거한 TA의 해석이며, 그래서 조직에 이것을 응용한 것이다. 마운틴 어소시에이츠(Mountain Associates) 사의 파트너들은 40년 이상의 기간 동안 고객들로 하여금 조직의 발달과 성장을 촉진하는 특별한 방법을 찾고, 배우고, 적용할 수 있도록 도와 왔다.

이 책의 출간이 결코 최종적인 결과물이 될 수는 없다. 우리는 우리의 관점에 지속적으로 의문을 던짐으로써 더욱 나아갈 수 있을 것이다. 물론 다른 TA 전문가들도 더 큰 발전을 위한 논의를 멈추지 않을 것이다. 이것은 역동적인 변화 과정의 일부이며 기나긴 여정이 될 것이다.

다음의 인용구로 서문을 마치려 한다.

우선 그 원리를 찾으라.
그리고 그 원리를 신뢰하라.
그 후 그 원리를 실천하라.
그러면 이루어질 것이다.
(북미 원주민 격언, 작자 미상)

Anita Mountain

Chris Davidson

차례

WORKING
TOGETHER

서론

CHAPTER

01

당신이 왜 이 책을 읽어야 하는가

이 책은 일반 비즈니스 서적과는 다른 접근을 제공하고 있다. 또 우리는 어설 픈 기술이나 술책을 사용하지 않는다. 이 접근은 관계를 맺는 과정을 다루고 있 으며 일반 상식에 관한 것이기 때문에 실용적이다. 이 책은 가게나 공장에서 일 하는 현장 노동자부터 경영자까지 조직의 모든 사람에게 다양한 선택을 할 수 있 는 방법을 제공할 것이다. 주로 직장 생활과 관련된 내용을 다룬 책이지만, 이 책 을 읽는 사람은 그들의 전반적인 생활에 긍정적인 도움을 주는 새로운 통찰력을 얻게 될 것이다.

독자들은 그들 자신과 타인에 대한 인식의 폭을 넓힐 기회를 제공받음으로써 주변과의 관계가 긍정적으로 강화될 것이다. 조직 구조의 더 큰 모형의 부분으로 서 이 책은 문맥상 직장에서의 관계를 전제로 두고 있다(이 책의 마지막 장 참조). 우리는 조직 교류분석(Organizational Transactional Analysis: 이하 조직 TA)을 활용하 여 새로운 상사, 트레이너, 컨설턴트, 인사 관리 간부들이 깊은 통찰력을 얻을 수 있도록 하는 매우 효과적인 이론과 적용의 결합을 제공할 것이다.

교류분석(Transactional Analysis: 이하 TA)은 인간의 성격과 성장에 관한 체계적 인 접근 그리고 개인들, 단체, 조직 안에서의 개인적 변화에 관한 이론으로 일종 의 사회심리학이다. TA는 의사소통을 촉진하고 향상시키는데 이로 인해 관계가 긍정적으로 강화될 수 있다. 우리는 여기서 효과적인 의사소통을 계발하고 유지 하기 위한 방법에 관한 틀을 서술하기 위해서 여러 도표와 함께 명확한 설명을 제공할 것이다. TA 이론은 1950년대부터 시작하여 꾸준히 발전·변화되어 현재 크고 작은 전 세계의 다양한 조직에서 활용되고 있다.

이 책의 여러 장은 TA 이론을 실제로 직장에서 어떻게 적용할 것인가에 관한 현실적이고 지적인 내용을 담고 있으며 관계의 질과 생산성 향상을 바라는 사람 들에게도 필수적인 주제를 다루고 있다. 이 책은 각 계층/부서의 개인, 리더, 관리자들에게 매우 소중한 책일 것이다. 그러므로 그 주제가 정서적 지능이라든지 혹은 서로 다른 부서·지역의 관점에 관한 것이라 하더라도 이 책은 조직의 주변에 있는 여러 사람을 돕기 위해 여러 자원을 제공하고 있다. 그리고 우리는 TA 이론과 비즈니스 세계에 대한 다양한 지식을 통해 개발된 최신의 이론들을 제공한다.

조직 TA는 포괄적인 용어인 '개발 TA(Developmental TA)'의 범주에 포함되는데, 개발 TA는 교육, 상담, 조직의 전문 분야까지 다루고 있다. 이 용어는 이 분야를 다른 심리치료학으로부터 구분 짓기 위해 잘 알려진 조직 TA 분석가가 고안한 것이다(Hay, 미발행).

접근

우리는 이 책에서 최대한 대화체로 서술하고 있다. 각 장은 비네트(도안이나 표를 지칭함)와 상황 설명을 포함하는데 이들은 TA 이론을 통해 분석되고 있다. 이러한 혼합적 양식의 설명은 우리의 경험을 기반으로 한 것이며 이해를 충분히 돕기 위해 필요한 것들이다. 각 장의 마지막에는 독자들로 하여금 학습한 것들을 확인하고 강화할 수 있도록 예제들이 배치되어 있다.

목적

우리의 목적은 다음과 같다.

1. 직장에 있는 사람들에게 직장에서의 관계 발달과 고양을 통해 생산성을 향상시키기 위한 전반적인 가이드를 제공한다.

2. 독자들이 그들 스스로와 다른 사람을 대하는 이해를 발달시킴으로써 여러 결정과 전략의 수행을 포함하는 과정들에 대해 잘 인지할 수 있도록 한다.

3. 효과적인 의사소통의 발달을 위한 부가적인 도구들을 필요로 하는 사람들에게 명확한 방법을 제공한다.

4. 사람, 여러 과정 그리고 생산성 사이의 관계에 대한 이해의 방식을 제공한다.

이 책이 구체적으로 조직을 어떻게 도울 수 있는가

스트레스로 인한 결근을 다룬 많은 노동 연구에서는 스트레스가 매우 심각한 문제임을 보여 주고 있다(MacKay et al., 2004). MacKay 등(2004)의 연구 이후 스트레스로 인한 근무일 손실의 추정치가 증가되고 있는데, 영국 보건안전청(Health and Safety Executive)의 2008/2009년 조사에 따르면 업무 스트레스로 인해 심장 질환을 겪는 사람들의 수가 1만 9,000명이 넘으며 이들의 근무일 손실은 총 1,140만 일에 달한다고 한다.

만약 사람들이 의사소통을 효과적으로 하고 다른 사람과 긍정적인 관계를 맺기 위해 어떻게 해야 하는지 이해한다면 스트레스의 가장 큰 근원이 사라질 것이다. 의사소통은 그것이 어떻게 진행될 것인지에 대한 명확한 동의가 부족하기 때문에, 혹은 잘못된 가정으로 인해 엇나가게 될 수 있다. 이러한 것들을 바로잡을 수 있다면 우리는 전 세계의 많은 직장인들이 업무를 온전히 처리할 수 있도록 해 주고 그들 자신과 남들에 대해 긍정적인 감정을 갖게 해 주며 갈등 회피가 아닌 갈등 해결을 할 수 있도록 도움을 줄 수 있을 것이다.

나아가 자기 자신에 대한 이해는 사람들이 좋은 관계를 발전시킬 수 있게 됨을 의미한다. 그들은 난처한 상황이 악화될 때까지 기다리는 것이 아니라 그러한 상황이 일어날 시점을 인지하고 초기에 잘 대처할 수 있게 될 것이다.

당연하게도 스트레스는 이 책을 읽는 유일한 이유는 아니지만 매우 중요한 이유 중 하나이다. 다른 요소들은 모든 수준에서의 생산성 제고를 위한 효과적인 리더십에 대한 필요성을 포함한다. 많은 사람은 타인과의 관계가 원활하지 못할 때 수동적으로 될 수 있으며 직장에서 이러한 행동들은 비생산적이고 나아가 파괴적일 수 있다.

이 책은 타인과의 관계를 증진하고 고양시키는 모든 전반적인 면에 관하여 종합적인 시각을 제공하고 있다. 또 여기서는 실용적인 방법들을 포함하여 효과적인 의사소통을 발달시키고 유지하는 데 독자들이 필요로 할 모든 것을 다루고 있다.

조직에서의 수행

우리 저자들은 다양한 방법으로 TA를 조직 내에서 활용하고 있는데, 예를 들어 군대의 한 부서와 일하며 리더십 교관과 트레이너들을 위한 직접적인 TA 교육을 담당하기도 했다. 또한 경영관리 프로그램을 운영하는 광고 회사와 일을 하며 그들 조직과 관련된 일에 적용되는 TA의 다양한 요소에 관해 200명의 스태프를 대상으로 세미나를 열었다. 마운틴 어소시에이츠(Mountain Associates) 사의 주된 작업은 팀 개발이었는데, 우리는 의료 서비스(NHS), 연금 서비스와 학교 지원을 위한 IT 부서를 포함한 각기 다른 다양한 조직의 프로그램을 떠맡았다. 우리는 의사소통의 기술을 강의했던 국제 택배 회사와 같은 다양한 범위의 조직에서 국내외적으로 일을 하고 있다. 그리고 비정부 민간기관과 여러 조직 개발 및 코칭 자문회사를 포함한 다양한 조직과 함께 코치들의 슈퍼비전과 전반적인 코칭 업무를 맡고 있다. 저자들은 TA와 관련된 전문 지식뿐만 아니라 이러한 다양한 경험을 기반으로 이 책을 썼다.

이 책은 온전한 이론적 정보들과 관련된 실용적인 정보들로 채워져 있다. 그렇다고 이 책이 진부한 직장 이야기도 아니고 즉효약도 아니다. 조직을 통해 TA 활

용을 발달시키는 것은 조직 문화의 향상에 도움을 준다. 다시 말해 영역과 사회적 통제를 형성하고 유지하는 기술을 제공할 뿐만 아니라 사람들이 자신의 가치가 존중되는 창의적인 환경에서 일할 수 있도록 촉진하는 것이다.

이론과 실제 사이의 이런 특별한 균형은 개인, 팀, 부서 그리고 더 큰 조직을 거시적 혹은 미시적으로 동시에 고려할 능력을 제공하면서 TA가 조직 개발에 있어서 중요한 위치를 차지하게 해 준다. 또 이러한 것은 우리의 접근법을 사용하고 통합하는 사람들에게 그들 스스로가 직장 동료, 그리고 효과적으로 의사소통을 개발하려고 하는 사람과 관련하여 생각해 볼 수 있는 능력을 부여해 준다. 나아가 이러한 기법은 우리 스스로와 타인의 소중함에 관한 철학과 가치관을 기반으로 하고 있는 것이다.

다른 이론들처럼 TA 또한 기계론적으로도 적용될 수 있다. 이런 상황은 통합적인 접근을 하지 못하는 사람이나 혹은 개인적 자각을 개발하여 사용할 수 없는 사람들에게 발생할 수 있다. TA는 자기뿐만 아니라 다른 사람에게도 적용되므로 구조와 신중함을 잃지 않는 '마음(heart)'과 사려 깊음을 지니는 것이 필요하다.

TA는 현재 전 세계적으로 활용되고 있다. 이로 말미암아 TA 학회원들이 서로 정기적인 만남을 갖고 TA 학술지를 위한 논문을 쓰며 국제적인 관심도를 높이는 기회가 늘어나고 있다. 이러한 상호 간의 교류는 다른 국가나 민족에 대한 이해를 높이는 데 좋은 기회를 제공하며 또 우리의 준거들이 빈번히 도전받고 발전됨에 따라 다원성을 다루는 방법을 제공하고 있다.

실제로 많은 사람이 이 책에 소개된 여러 관점을 접하고 매우 유용했다고 말하였다. 조금 다른 방식의 리더십을 갖추고 싶었던 한 가족 소유 회사의 CEO가 직원들의 지식과 능력을 깨닫게 된 경우도 있는데, 그 리더십은 과거의 전통적 방식의 리더십이 아닌 그가 원했던 방향의 것이었다. TA를 배우면서 그는 생산성과 이익을 증대시키기 위해서 무엇을 해야 할지, 어떻게 해야 할지에 대해 깨닫게 되었다. 또 어떤 때에는 자신들이 속한 팀의 특정 구성원과 자신들 간에 명확한 경계를 긋는 방법을 몰라 다른 구성원들과 마찰이 생긴 경우가 있었다. 이때에도 논점에 대한 명확한 이해가 소통에 큰 도움을 주었고 그러한 이해는 현재까지도 더욱 깊어지고 있다.

조직 TA

우리는 '조직에서의 TA'가 아닌 '조직 TA'라는 용어를 쓴다. 일종의 말장난처럼 보일지 모르겠지만 여기에는 중요한 차이가 있다. '조직에서의 TA'라는 표현은 TA라는 지식 체계를 작은 상담실이나 학교, 단체 등에 적용한다는 의미를 내포한다. 그러나 '조직 TA'라는 용어는 TA의 여러 가지 분야들 중에서 조직에 전문화된 분야로서 확립되어 있음을 의미한다. 물론 조직 TA에서도 TA의 개념과 적용을 공유하지만, 조직 TA만의 특징적인 이론과 적용의 체계를 갖추며 발달해 왔다.

이는 어떤 전문 분야 내의 세부 전공과 연관되어 있다. 모든 세부 전공에 의해 공유되는 지식의 공통체(common body)와 각 응용분야에 한정된 특수한 지식 및 실제가 있다.

우리는 이 책이 조직 TA에 대한 인식을 높이는 계기가 될 뿐 아니라, 자신과 타인을 계발하고 조직을 향상시키고자 하는 사람들에게 도움이 되기를 바란다.

TA의 기저를 이루는 원칙과 가치

당신은 직장에서 사람들이 흔히 "아, 저 사람은 말과 행동이 달라서 믿음이 가질 않아."라고 말하는 것을 얼마나 많이 듣는가? 그러한 말은 그 사람의 기초적 가치를 의심하게 하고 일관성이 없는 사람처럼 보이게 한다. 개인과 조직의 가치 기반 사이의 일치와 발달 정도는 생산성이 유지 · 향상되기 위해서는 핵심적인

것이다. 사람들 사이에서의 신뢰는 계발되어야 하며 조직적 과정을 통해 뒷받침 되어야 한다.

TA의 원칙과 가치는 앞에서 언급한 우리의 접근의 축과 토대를 강조한다. 우리는 이 책을 읽는 사람들이 TA 이론에 관해 이해할 뿐만 아니라 그것을 통해 자신이 어떤 사람인가를 구체적으로 파악해 봄으로써 자신의 말과 행동이 더 많이 일치하게끔 발달시키기를 바란다.

조직적으로 보았을 때, 윤리적 행동은 철학, 가치 그리고 행동 사이의 일치성에 달려 있는 것인데 그러한 것들이 없다면 신뢰, 공감, 혹은 직장 동료 간의 이해는 크게 줄어들 것이다. 인간 기반의 철학을 바탕으로 사람들은 TA의 개념을 이해하고 적용하게 될 것이며, 적용과 개념은 일치하게 되고 결국 신뢰는 자동적으로 따라오게 된다.

TA는 일련의 기술 체계일 뿐만 아니라 발전과 변화로 이끄는 전체적인 틀을 제공하는 종합적인 개념의 구조적 체계라고 할 수 있다. TA는 개인 수준에서의 이해를 넘어 조직에 대한 평가와 이해, 조직 안에서 벌어지는 상황을 위한 개념을 제공한다.

윤리적인 조직 문화의 발달은 냉혹한 경쟁을 요구하는 생각을 버리고, 대신에 사회적 인지와 책임감 있는 조직으로 움직이는 것이다. 이러한 움직임은 직원들에게 자부심과 희망을 자동적으로 스며들게 한다. 또 그런 직장 환경으로 올 새로운 직원들은 그 조직의 시각과 방향을 더 긍정적으로 받아들이게 될 것이다.

TA의 구체적인 철학적 토대는 다음과 같이 크게 세 가지로 말할 수 있다.

- 모든 사람은 생각하는 능력이 있다.
- 사람들은 자라면서 그들 자신과 타인에 대한 결정을 내린다. 그리고 이러한 결정 중 많은 것이 성인이 되어 도움이 되지 않지만 변화될 수 있다.
- 모든 사람은 세상에 존재하고 잘 대우받을 권리가 있으며 타인을 대할 때에도 이는 마찬가지이다. (TA에서는 이를 '우리 모두는 OK다[People are OK].'라고

표현한다.)

이러한 철학적 관점은 열린 의사소통의 더욱 기초적인 원칙과 계약적인 방법으로 나아가게 도와준다.

우리 모두는 생각할 능력이 있다

가치 결정에 영향을 미치는 '집단사고'는 조직을 쉽게 움직인다. 집단사고는 Janis(1972)가 그룹에서 구성원들이 대안을 고려하지 않아 의사 결정에 크게 제한을 가하는 경우를 보고 만든 용어이다. 그의 주장에 따르면 그러한 그룹에서는 모두가 서로에 대해 동의하도록 압박을 가한다. 그리고 이러한 압박은 개인으로 하여금 갈등 해결보다는 갈등 회피의 의사 결정을 하게 함을 의미할 수 있다(Peck, 1987). 사람들이 갈등 회피를 한다는 것은 아이디어와 가치에 대한 비판적인 평가보다 피상적인 조화가 유지됨을 의미한다. 그리고 이는 곧 어떤 한 선택의 결과로 다른 사람을 착취하게 된다고 해도 그 선택이 진행될 수 있음을 의미한다(예: 의류 생산을 위해 아이들을 이용하는 것).

조직 가치 기반은 생산과 제공된 서비스에서부터 마케팅, 회계 그리고 경영 스타일 등의 전 영역에 퍼져 있다. 이는 결국 직원들의 충성도, 정직성 그리고 성실성에도 영향을 미친다. 예를 들면, 고용인들이 해고될 수도 있거나 고용주들로부터 절도로 인한 소송을 당할 수도 있다. 다른 사람들도 이에 대해 알고 경계가 강화되었음을 알게 된다. 이러한 행위들은 조직 전반에 걸쳐 조화되어야 관리자가 신임을 잃고 심각한 지경에 이르렀을 때 '고액의 퇴직금'을 받지 않고 사퇴할 것이다. 이는 공정함에 대한 직원들의 의식을 고취하고, 충성도와 책임감을 유지하는 데 도움이 될 것이다.

결정은 어린 시절 만들어지며 그 결정은 변화될 수 있다

모든 사람은 결정을 내릴 충분한 사고력을 개발할 수 있고 이는 직장에서 타인에게 인식되는 개인의 능력이 된다. 그러나 각 리더나 경영자 자신만의 스타일이나 혹은 그들만이 결정을 내릴 수 있다는 믿음으로 인해 모든 결정이 항상 일관되게 이루어지는 것이 아니다.

새로운 결정은 구식의 사고를 개선함으로써 이루어질 수 있다. 어린 시절에 형성된 특정한 결정들은 마치 그것들이 사실인 것처럼 결정되어 행동으로 나오기 때문에 갱신될 필요가 있는데, 또 그런 결정은 종종 직장에서 복합적인 문제로 이어지곤 한다. 예를 들어, 극도로 엄격하고 벌을 주는 부모 밑에서 자란 한 관리자가 있다고 하자. 그런 경우 이 관리자는 성인이 되어 통제력을 갖기 위해 그들 스스로 같은 행동을 행해야 함을 초기에 결정 내리게 된다. 그 대신 일처리를 할 때 그들 스스로 하려는 것에 익숙해지고, 직장에서는 팀플레이어의 역할보다는 아무에게도 말하지 않고 결정을 내려 버리기도 하는데, 이와 동시에 그는 고립감과 무력감을 느끼고 있는 것이다. 이런 종류의 행동은 그의 초기 결정에서 비롯된 것인데 이 초기 결정이 타인과 관계하는 방식을 형성하게 된다. 조직의 컨설턴트나 관리자가 왜 이 사람이 이런 식으로 행동하는가에 대해 너무 깊게 파고드는 일을 하지는 않지만, 가끔은 우리 자신과 타인의 행동에 관해 이해하는 것과 현재 그 행동들이 적절한가에 대해 알아보는 것은 유용할 것이다.

모든 사람은 OK다

TA의 기본적인 전제 중 하나는 우리 모두는 'OK'하다는 것이다. 이 경우 'OK'라는 말은 모든 사람은 이 세상에 존재하여 잘 지낼 권리가 있다는 철학적 입장을 의미한다. 'OKness'의 개념은 개인적 성장과 발전뿐만 아니라 다양성 차원에서 중요한 것이다. 결국 다른 사람은 'OK'하지만 우리는 그렇지 않다든가 혹은 그 반대의 경우를 주장하는 것은 모순된 것이다. 나아가 우리는 모든 사람이 'OK'하도록 만들 수 없으며 다른 사람을 이용해서도 안 된다.

철학적 입장에서 이 진술은 모든 사람은 이곳에 존재할 권리와 평등하게 대우받을 권리가 있음에 대한 것이다. 비록 경우에 따라 행동은 용납될 수 없는 것이지만 그들의 권리는 무시당할 수 없는 것이다. 이렇게 되지 못할 경우, 만약 어떤 사람이 당신에게 심하게 거슬리는 행위를 했는데 이때 당신에게 있어서 문제가 되는 것이 그 행동이 아닌 그 사람으로 생각된다면 문제가 해결되지 못할 가능성이 크다. 이와 반대로, 그 사람의 'OK'함을 인지하고 문제가 된 행동에 초점을 맞춘다면 모든 사항을 이해할 시야가 생기게 될 것이다.

열린 의사소통

열린 의사소통이라 함은 우리가 타인과 최대한 많은 양의 정보를 공유하는 것을 의미한다. 직장에서의 열린 의사소통은 폐쇄적인 태도를 취하기보다는 열린 마음가짐을 가지고 있음과 불필요한 비밀을 가지지 않음을 의미한다. 또 열린 의사소통은 문제를 해결하지 않은 채로 두거나 험담하기보다는 그 사람 혹은 관련된 사람과 함께 해결해 나가는 것을 말한다. 우리는 사람들의 의사소통 능력을 향상시켜 갈등이나 문제가 생길 경우 그들이 해결할 수 있도록 지도해 준다.

계약

직장에서는 어떻게 함께 일을 해 나갈 것인지, 누가 무엇을 책임질 것인지에 대

해 합의가 되어야 한다. TA에서 우리는 가정이 없는 구체적인 계약을 맺는 방법을 지도해 준다. 종종 일이 잘못되어 갈 때를 보면 그러한 일들은 계약 과정에서 명확성이 떨어졌음을 알 수 있다. 예를 들어, 한 그룹 작업에서 어떤 사안에 대해 조사해 보고 보고하기로 하였다. 그 팀원 중 한 명은 그 모임에 참석하지 못하였지만 그가 전문 분야인 것에 대해 일이 그에게 주어졌다. 하지만 그는 업무량이 너무 많아 그 일을 할 수 없는 상황이었다. 아무도 이런 그의 상황을 고려하지 않았고 결국 그 그룹은 업무를 완수할 수 없게 되었다. 정확한 계약은 가정을 명료화하는 과정이 수반되고 업무와 관련된 모든 사람이 업무를 완수할 수 있도록 하는 의사결정 과정이 포함되어 있다. 이와 관련된 논의는 6장에서 살펴볼 것이다.

역량

우리가 하는 모든 일에 있어서 우리는 우리가 유능함을 알 필요가 있다. 우리는 우리의 기술과 지식의 경계를 알고 또 코칭과 관리감독을 받음으로써 우리의 업무 역할을 확고히 할 수 있다. 지속적인 전문 분야 개발은 경쟁력을 유지·개발하기 위해 세계 금융위기 시대에서도 여전히 필요한 것이다.

요약

이 장에서 살펴본 큰 원칙들은 모든 문화에 적용될 수 있는 것들이며, 윤리적 문제와 같이 특정 국가의 법률이나 정책에 따라 달라질 수 있는 세부적 사항을 고려하고 있다. 이러한 원칙들을 안고 가는 것은 생기 넘치고 창의적인, 그리하여 생산성이 증대된 직장이 되도록 도와줄 것이다. 그런 직장에서 일하는 사람들은 온당한 의견을 내는 것에 대해 편안함을 느끼고 일정한 경계를 설정하게 되고 각자의 인식을 주고받으며 아이디어를 공유하게 될 것이다.

이 책을 활용하는 방법

각 장은 같은 방식으로 구성되어 있다. 이 책을 다 훑어보는 것도 좋고 관심 있는 특정한 부분을 세밀히 공부해 봐도 좋다. 특정 주제만을 공부하려는 독자를 위해, 우리는 본문의 내용을 기술할 때 그와 관련된 다른 장을 명시해 두었다.

앞에서 소개한, TA에서 강조하는 원칙 및 가치들과 이 도입부 다음에 이어질 책의 나머지 내용은 크게 두 부분으로 나뉜다. 처음 부분이 조직 TA의 중심적인 개념을 다룬다면 두 번째 부분(12장 이후)은 갈등, 왕따, 괴롭힘, 스트레스, 동기부여 등을 다루는 TA 이론의 실제에 대해 알아보는 적용 부분이다. 이는 독자들에게 앞에서 다루어진 개념들을 공부할 기회를 주고 조직 문제의 해결에 관한 자세한 사례와 관련하여 개념을 적용·심화하도록 하는 데 적합할 것이다. 이론과 개념 부분은 적용 부분과 밀접하게 관련되도록 구성되어 있다.

이 책에서 대문자의 사용

TA에서 특정한 의미와 개념을 갖는 몇몇 단어는 일반적으로 통용되는 의미도 갖고 있다. 대개는 그런 기본적인 의미가 TA 용어와도 무관한 것은 아니지만, 그것들은 포괄적인 의미를 지니고 있다. 이런 단어들을 TA상에서의 용어와 구별하기 위해 어떤 단어가 TA 용어로 쓰였을 경우 대문자로 표기되어 있다. 따라서 'Parent'는 자아 상태(3장에 등장)를 의미할 때의 용어인 반면에 'parent'는 실제 부모님을 뜻하는 것이다.

WORKING
TOGETHER

직장에서 사람들의
맥락적 신념

CHAPTER

02

소개

이 장에서는 우리 자신, 타인 그리고 세계에 대한 믿음에 대해 다루고 있다. 이 믿음은 관계 속에서 일어나는 일들에 큰 영향을 미친다. 모든 일자리에서 우리는 다른 사람들과 효과적인 관계를 맺어야 하는데 바로 이 믿음 부분이 그 관계의 질을 결정짓는 요소이다. 의사소통은 서로 간의 존중이 있을 때 가장 효과적으로 이루어질 수 있다. 다음의 경우들은 사람들 사이에 부조화가 일어나는 상황이다. 존중이 없다면 많은 시간이 문제 해결을 위해 쓰이지 못하고 서로의 감정을 공격하고 방어하는 데에 소모되고 말 것이다.

이와 관련하여 TA의 중심 개념 중 하나로 'OKness'(문맥에 따라서 긍정, 행복, 만사형통, 편안함 등으로 이해될 수 있다-역자 주)가 있다. 이는 우리 자신, 타인 그리고 세계와 우리의 관계에 대한 것이다.

예시

다음의 예시들은 다양한 상황에서 어떻게 우리의 믿음이 반응에 영향을 미치는지 그리고 그 결과는 어떠한지를 보여 주는 것들이다.

1) 미란다는 승진심사에 지원하였으나 승진하지 못하였다. 그녀는 자신의 실력에 대해 확신이 전혀 없었기 때문에 승진심사에 지원하는 데 오랜 시간이 걸렸다. 그 후 승진에 실패하자 다른 사람이 자신보다 더 낫다는 믿음을 강화하게 되었다.

미란다가 그녀 자신에 대한 믿음을 바꾸지 않으면 그녀는 아마 다음 승진심사에 지원하기 쉽지 않을 것이다. 만약 어떤 사람이 그녀를 통제할 수 있다고 믿고 고용했다고 하자. 그 사람은 그녀가 다른 사람을 기쁘게 해 주는 것을 알고 그녀보다 다른 사람을 중요시하는 그녀의 믿음을 알 수 있을 것이다. 이는 다시 미란다의 믿음을 강화하게 될 것이다.

2) 니키는 승진에 있어서 무시를 받아 왔다. 그녀는 사장이 자신보다 승진한 닐을 더 선호한다는 것을 알고 있다. 이러한 경험은 그녀로 하여금 자신이 실력 없는 사람이라는 믿음을 강화하게 된다. 그와 동시에 그녀는 닐이 사장에게 아첨을 떨며 그 덕분에 승진을 하게 된 것이라 생각하고 있다. 니키는 사장이 말을 고분고분 잘 듣는 사람을 뽑는다고 생각하고 있다.

니키는 경험한 것으로부터 온전하게 배우려 하지 못하여 상황에 동의하는 데에 어려움을 겪고 있다. 그녀는 세상은 끔찍한 곳이며 단지 그것을 견뎌 내야 한다고 믿고 있다. 또 그녀는 자신은 형편이 없으며 다른 사람들 또한 그러하고 괜찮지 않다고 생각한다.

3) 존은 어떤 자리에 지원했지만 떨어졌다. 그는 자신이 그 자리에 적임자라고 생각했기에 화가 났다. 응시 과정에서 프레젠테이션을 하는 부분이 있었는데 그는 그에 대한 정보가 없었기 때문에 거기서 다른 사람들이 자신보다 불공정하게 이점을 가지고 있다고 생각하고 있다. 그는 다른 곳을 알아보기로 하였고 자신이 다른 사람보다 더 나은 것처럼 행동하며 다른 사람이 불공정하거나 비겁한 일을 할까 봐 조급해한다.

존이 결국 승진을 하게 될지라도 그는 여전히 화가 난 상태일 수 있으며 자신이 원하는 방식대로 일이 진행되지 않을 경우 그에 대해 다른 사람만을 비난하며 자신의 책임은 생각하지 않을 수 있다. 그는 자기 자신이 다른 사람보다 뛰어나다고 생각하며 다른 사람들을 소외시키는 경향이 있을 수 있다.

4) 프랜시스 또한 존과 같은 자리에 응시하였다. 그녀 또한 떨어졌지만 그 자리에 들어간 조직 외부의 사람의 경력에 대해 인정을 하였다. 프랜시스가 자신의 동료인 티나에게 자신이 떨어졌다고 말했을 때, 티나는 "뭐, 그럴 줄 알았어."라고 말하였다. 프랜시스는 이에 대해 공격적으로 받아들이지 않고 티나에게 그 의도를 물었으며 티나는 자신이 조금 서투르게 표현했다고 사과하고 단지 조금 더 경력을 쌓으라는 말이었다고 말하였다. 프랜시스는 티나의 반응에 긍정적이었으며 다음 기회를 위해 기술과 경력을 더 키우리라 다짐하였다.

프랜시스는 다른 사람의 기술과 능력을 인정할 줄 아는 사람이다. 그녀는 여러 상황에서 온전히 배우며 상황에 실망하지 않고 있다. 티나가 무심한 반응을 했을 때에도 프랜시스는 소심해지거나 티나를 공격하려 하지 않았으며 상황에 대해 명확히 하고 관계를 지속하였다.

사례 살펴보기

이러한 예시들은 TA 개념 중 인생태도와 OKness를 통해 살펴볼 수 있다. 인생태도는 당신이 당신 자신과 타인을 바라보는 방식의 측면에서 깊숙하게 자리 잡고 있는 당신의 자세이다. 예를 들어, 당신은 스트레스 상황에서 지속적으로 스스로가 잘못된 것이라 믿고 수동적으로 변하게 될 것이다. 그런 상황 속에서 당신은 다른 사람을 막 띄워 주고 다른 사람이 자신보다 일을 잘 할 것이라고 생각하게 될 것이다. 이런 마음의 상태에서 당신은 타인으로부터 피하고 싶게 되고, 사무실에 있기 싫어지고, 직장을 그만두고 싶어 하는 생각마저 들 것이다. 이와 같은 상황은 미란다의 인터뷰 반응에서 나타날 수 있다.

또 어떤 경우 문제가 발생했을 때 당신은 아무도 그 문제를 해결할 수 없을 것이며 모든 것이 절망적이라고 생각할 수도 있을 것이다. 다른 사람에게 도움을 구하려 요청을 해 봐도 그들의 제안 속에서 아무런 가치를 느끼지 못하게 되고 "네, 근데 노력해 봤는데……." "네, 근데 그쪽은 이해하지 못하고 있네요." 등의 대답만 한다. 이러한 모습은 당신을 더욱 수동적으로 만들고, 최악의 경우 당신은 약물 복용을 통해 문제를 해결하려 할 것이다. 그런데 이는 약간의 고통만 줄여 줄 뿐이다. 이 경우는 니키의 반응에서 나타날 것이다.

한편 다른 사람들이 항상 잘못하였다고 믿고 비난하는 반응이 있다. 이 경우 당신은 화가 나 있으며 사람들이 당신의 일을 내버려 두는 것을 좋아할 것이며 다른 사람들의 일은 믿으려 하지 않을 것이다. 당신은 다른 사람을 깎아내릴 때 자신에 대해 좋은 감정을 느끼게 된다. 만약 어떤 상황에서 다른 사람의 태도가 미란다와 같다면 그 사람의 상태와 당신의 상태는 서로의 것을 강화하게 되어 들어맞게 된다. 만일 당신이 다른 사람을 자신보다 밑에 두려는 성향을 가진 사람이라면 당신은 가정에서 가족들에게 무시를 받으며 자라왔을 수 있다. 당신은 내면 깊이 자신이 열등하며 다른 사람이 더 중요하다고 인식하게 되었을 것이다.

하지만 이러한 것들이 자신을 괴롭게 만들기 때문에 당신은 후에 그에 반대로 행동하게 되고, 그렇게 함으로써 자기 자신을 더 우위에 두려는 경향을 가지게 된 것이다. 최소한 자기 자신이 피해자의 감정을 느끼지 않기 위해 다른 사람을 괴롭힘으로써 당신은 그들이 피해자가 되도록 만드는 것이다. 앞의 사례들 중에서 존은 면담 과정에서 이러한 방식으로 반응하였다(9장의 드라마 삼각형에 관한 내용을 참고하여 보라).

이상적으로 당신은 자기 자신과 다른 사람 모두가 OK라고 믿어야 한다. 이는 설령 누군가 실수를 하게 된다고 하더라도 그것을 단지 실수 그 자체로 보아야 함을 의미한다. 어떤 행동을 그 사람으로부터 분리시켜 생각해야 상황으로부터 온전히 배울 수 있는 방법을 찾을 수 있다. 프랜시스의 경우가 이에 해당한다.

그렇다면 OKness란 무엇인가

인생태도

인생태도는 자신과 타인에 대한 기초적인 믿음 체계인데, 이를 바탕으로 다른 여러 결정과 행동을 정당화하게 된다. 인생태도는 자기긍정과 자기부정('I am OK'와 'I am Not OK') 그리고 타인긍정과 타인부정('You are OK'와 'You are Not OK')의 네 가지 조합으로 나누어 살펴볼 수 있다.

태내에서 별다른 사건 없이 정상적으로 자라는 동안 태아는 세상으로 나와서도 살아남을 수 있을 만큼 충분한 준비를 할 수 있게 된다. 이러한 순수한 관점에서의 아이는 아마 세상을 'I am OK, You are OK'의 태도를 지니고 바라볼 것이다. 그러나 이 단계에서 아이는 언어를 배우지도 않았으며 이성적인 생각이나 믿음보다는 본능과 감각에 의존하고 있다. 이러한 점에서 이는 아직 인생태도를 형성한 것이라고 보기 힘들다.

Berne(1972)은 어머니가 임신기에 가진 일종의 충격적인 경험이나 출생의 과정에서 가진 힘겹고 위협적인 경험은 아이가 세상을 인식하는 방식에 큰 영향을

미칠 것이라고 말했다. 이 경우 그 아이는 삶이 무섭고 힘든 것이라고 인식할 것이다. 삶에서의 지속적인 자극들은 처음의 인상을 더욱 강화시키거나 바꾼다. 만약 그 아이가 심하게 벌을 받고 열등감을 느끼며 폐쇄적으로 생활한다면 그는 'I'm Not OK, You're OK' 또는 'I'm Not OK, You're Not OK'의 믿음을 가지게 될 것이다. 그가 경험을 통해 형성하는 것은 이러한 인식 정도의 것이 될 것이다.

다음으로 또 다른 경우를 생각해 보자. 어떤 사람이 어렸을 때 괴롭힘과 왕따를 당했다. 이런 사람은 살아가기 위해서는 다른 사람을 괴롭혀야 하며 그를 통해 자신이 더 강하다는 것과 통제력을 느낄 수 있게 될 것이다. 이러한 행동은 'I'm OK, You're Not OK' 사분면에 속하는 것이다. 하지만 이러한 행동은 사실 그들은 'Not OK' 함을 보여 주는 내면적 믿음을 감추기 위한 것이다. 하지만 다른 보통 사람들은 그러한 내면적 믿음을 볼 수가 없다. 사실 그런 사람들은 그들 자신에 대한 모든 부정적인 감정을 잊어버리는데 위와 같은 행동을 통해 그러한 감정을 아주 잘 숨기고 있는 것이다.

이러한 인생태도는 세상에 대한 인식이다. 실제는 나도 존재하고 너도 존재한다('I am and You are')는 것이다. 내 자신과 타인을 바라보는 방법은 실제 그 자체가 아닌 하나의 관점에 불과한 것이다. 그러나 우리는 그것들이 마치 사실인 것처럼 행동한다. 이는 마치 "이를 어떻게 해야 할지 모르겠어. 나에게 좀 방법을 보여 줄래?"라고 말하는 것이 아니라 "아, 난 이것을 할 수 없어. 난 쓸모가 없나 봐."라고 말하는 것과 같다. 전자의 경우는 사실에 머무르고 있는 것으로, 그들은 그것을 어떻게 하는지 모를 뿐인 것이다. 반면에 후자의 경우 아무것도 하지 못하는 상태로 접어들며 '쓸모없음'으로 연결되고 있는 것이다.

인생태도를 도식화하는 방법은 많다. 'OK 목장(OK Corral)'의 창시자인 Ernst(1971)는 네 가지의 위치를 사분면 위에 그렸다. 비록 그가 기술한 것은 기저에 깔린 믿음이 아닌 관찰 가능한 행동에 관한 것이다.

나에게 당신은 OK다.

자기부정 타인긍정 우울한 태도	**자기긍정** **타인긍정** 건강한 태도
자기부정 타인부정 절망적인 태도	자기긍정 타인부정 독선적인 태도

나에게 나는 OK하지 못하다.　　　　　　　　　　나에게 나는 OK다.

나에게 당신은 OK하지 못하다.

[그림 2-1] OK 목장

　이 장의 그림에서 우리는 굵은 글씨로 의사소통과 건강한 관계를 위한 태도에 있어 효과적인 것을 나타내고, 가는 글씨로 비효과적인 것을 나타내었다.

　당신이 생각하기에 자신이 할애하는 만큼의 시간을 그림자 영역으로 표시하여 자신이 기능하는 방식에 대한 생각을 알 수 있다.

나에게 당신은 OK다.

자기부정 타인긍정 우울한 태도	**자기긍정** **타인긍정** 건강한 태도
자기부정 타인부정 절망적인 태도	자기긍정 타인부정 독선적인 태도

나에게 나는 OK하지 못하다.　　　　　　　　　　나에게 나는 OK다.

나에게 당신은 OK하지 못하다.

[그림 2-2] OK 목장-그림자-Not OK

첫 번째 예시의 사람은 많은 시간을 자기부정/타인긍정의 태도로 보내며, 자기긍정/타인긍정에는 적은 시간을, 나머지 2개의 태도에는 더 적은 시간을 보내고 있다. 다음의 두 번째 예시의 사람은 대부분의 시간을 자기긍정/타인긍정의 태도로 보내고 있다.

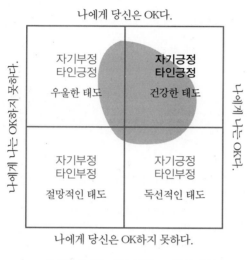

[그림 2-3] OK 목장–그림자–OK

물론 일상에서 당신은 이 네 가지 태도를 옮겨 다니겠지만, 특정한 태도에서 당신이 가장 스트레스 상황에 빠질 때가 있을 것이다. 이것이 바로 인생태도이며 인생태도는 당신이 발전하고 성장해 가며 바뀔 수 있는 부분이다. 어떤 행동과 그 기저에 있는 믿음 사이의 차이는 매우 중요하다. 기본적으로 '실존적' 인생태도는 사람들과 오랜 기간 함께 일할 때 특히나 유용하게 생각될 수 있는데, 그러한 인생태도를 통해 사람들이 어려움에 봉착하게 되는 경우의 패턴에 대해 이해할 수 있기 때문이다. 이러한 방식으로 우리는 그런 사람들이 자기긍정/타인긍정(I'm OK, You're OK)의 태도를 취할 수 있도록 적절한 개입을 할 수 있게 된다. 하지만 그럼에도 행동에 대해 이해하는 것은 중요한데, 사람들이 서로 지속적으로 주고받는 '초대'에 관한 이해를 돕기 때문이다(이 장의 뒷부분에 나오는 OKness

혼합을 보라).

　TA 분야의 동료인 Jim Davis는 OKness를 생각하는 방식으로, 특히 문제 해결적인 것과 관련하여 '비난'이라는 말을 사용해 보는 것을 떠올렸다. 문제를 일으키는 상황이 발생했을 때 어떤 사람들은 상황이 잘못된 데 대해 자기 자신이나 다른 사람들을 비난하거나, 모두를 비난하거나 혹은 아무도 비난하지 않을 수 있다. 물론 아무도 비난하지 않는 것은 그 문제를 단지 해결하기 위함일 수 있다.

　Jim의 다이어그램은 다음과 같다.

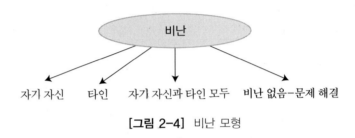

[그림 2-4] 비난 모형

　여기서 자기 자신을 비난하는 것은 자기부정(I'm Not OK)을 뜻하며, 타인을 비난하는 것은 타인부정(You're Not OK), 그리고 비난이 없는 것은 자기긍정/타인긍정을 뜻한다고 할 수 있다.

　우리는 다른 사람과 분명히 다를 수 있으며 혹은 그들이 한 행동에 대해 기분이 좋지 않을 수는 있지만 그들을 여전히 OK하게 둘 수 있다. 이렇듯 OKness는 다른 사람을 존중과 수용으로 대우하는 윤리적 태도를 보여 주는 것이라 할 수 있다. 물론 언제나 이 목표에 부합하게 지낼 수는 없지만 이는 분명 충분히 가치 있는 목표일 뿐만 아니라 실용적인 것이기도 하다. 사람들은 당신이 그들을 존중해 줄 때 더 긍정적으로 당신과 반응한다. 이것이 꼭 그들을 좋아하거나 그들과 동의한다는 것과 같은 의미는 아닐 수 있다.

　우리는 실존적 인생태도를 삶에 대한 한 사람의 전체적 관점을 다루는 사고의 틀로 이해할 수 있다. 하지만 이와 더불어 Ernst(1971)가 말했듯이 당신은 당신의

순간순간에 맞게 네 가지 인생태도 중 어떤 것으로라도 옮겨 갈 수 있다. 이에 대한 예시는 다음과 같을 수 있다.

프랭크: 당신은 좀 바보 같네요!	I'm OK, You're Not OK
존: 당신이 감히 저에게 그런 말을 하다니 무례하군요!	I'm OK, You're Not OK
프랭크: 글쎄요, 당신이 먼저 시작했죠!	I'm OK, You're Not OK
존: 죄송합니다만 기분이 별로군요. 제가 말하기 전에 좀 더 생각을 할 걸 그랬습니다.	I'm Not OK, You're OK
프랭크: 당연히 미안하다고 말해야죠. 먼저 시작했으니까요.	I'm OK, You're Not OK
존: 이를 어떻게 해야 할지 모르겠어. 혼란스럽고 당신은 전혀 도움이 되지 않네요.	I'm Not Ok, You're Not OK

하지만 당신이 압박감을 느끼게 되는 어떤 일관된 태도가 있을 것이며 이것이 바로 인생태도이다.

우분투

아프리카 원시부족의 우분투(Ubuntu) 철학은 '서로를 향한 인간애'라는 의미를 지니며 OKness의 개념과 잘 들어맞는다. 우분투 철학은 우리의 인간적 존재는 오직 타인이 존재함으로써 가능함을 말하고 있다. 비록 현대 서구 사회의 사람들은 사람들을 독립된 개인적인 존재로 보는 경향이 있지만, 실제 우리는 생존과 웰빙을 위해서 서로가 서로를 필요로 하는 존재들이다(Nabudere, 2007). 우리는 태어날 때 완전히 의존적인 상태에 있는데 이때 우리 주변에 어른들의 힘이 없었더라면 성인기는 물론이고 청소년기에도 살아남지 못했을 것이다. 어른이 되어서도 우리는 여전히 상호 의존적인 존재로 살아간다.

인생태도

자기긍정/타인긍정

당신이 자기긍정/타인긍정(I'm OK, You're OK)의 위치에 있다면 자신과 타인을 긍정적이고 수용하는 방향으로 받아들일 것이다(이것이 다른 사람에게 무조건 동의한다는 의미가 아니다). 이러한 태도가 당신의 현재의 인생태도라면 이는 당신이 살아갈 때 지배적인 방식을 보여 준다. 따라서 당신은 다른 사람과 함께 잘 지낼수 있을 것인데, 그렇다고 해서 항상 타인의 행동에 동의하고 만족한다는 것은 아니다. 이것은 중요한 구분인데, 서구 사회에서 부모들은 아이들의 성격을 그들의 행동으로부터 판단하려는 경향이 있기 때문이다. (예를 들어, "방금 너의 행동은 받아들여질 수 없어."라고 말하기보다는 "너는 나쁜 아이야."라고 말하는 것이다.)

어떤 사람의 행동으로부터 성격을 끄집어냄으로써 우리는 종종 평가할 때의 상황과 같은 종류의 문제를 만들어 내기도 하는데, 이는 발전에 있어서 작은 몇몇의 문제를 참고함으로써 평가 대상자로 하여금 그러한 모든 피드백의 모든 부분에 반응하게 만든다. 이런 경험들은 사람들로 하여금 어떤 사람의 행동에 '결점'이 발견되면 그것이 곧 그 사람 자체에 결점이 있는 것과 동등하게 여기도록 만든다.

매우 빈번하게 사람들의 행동과 교류는 다른 사람으로 하여금 자타긍정의 태도에서 벗어나도록 '초대'하기도 한다. '그 자리'에 머무르며 자기 자신과 타인의 긍정성을 유지하는 것은 의사소통을 진행시키는 중요한 하나의 전략이다.

자기부정/타인긍정

당신이 자기부정/타인긍정(I'm Not OK, You're OK)의 위치에 있다면 스스로를

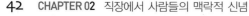

타인보다 덜 중요한 존재로 여겨 힘이나 주도권을 다른 사람에게 넘겨주게 되고 남을 띄워 주려는("당신이 저보다 훨씬 나아서⋯⋯." 등) 모습을 보일 가능성이 크다. 그리고 당신은 불편하거나 곤혹스러운 상황에서 남들로부터 도피하고 싶어할 것이다.

자기긍정/타인부정

당신이 자기긍정/타인부정(I'm OK, You're Not OK)의 위치에 있다는 것은 타인과의 관계에서 스스로를 한 단계 위에서 대할 가능성이 크다는 것이다. 이는 대표적으로 두 경우의 상태를 가진다. 다른 사람을 위해 무언가를 해야 할 때 당신은 내연적 혹은 외연적으로 그들이 스스로 일을 처리할 능력이 없음을 암시하고 있을 것이다. 또한 당신은 그들이 일의 처리 방향에 대해 만족하고 있는지에 대해 확인하지 않을 가능성이 크다. 결국 당신은 자신의 관점에서 그들이 잘못한 모든 일에 대해 비난하고 헐뜯고 비판하게 된다. 그러면서 또 '네가 없었다면 지금 내 삶이 훨씬 나아졌을 텐데.' 등의 생각을 하며 당신 개인의 문제를 남의 탓으로 돌릴 것이다. 이렇게 화가 난 상태에서는 결국 당신의 욕망은 남이 사라졌으면 하는 방향으로 이끌게 될 것이다. 이는 앞의 사례 중 존에 해당하는 모습을 보여 준다.

자기부정/타인부정

자기부정/타인부정(I'm Not OK, You're Not OK)의 위치는 한마디로 '절망감'이다. 아무도 OK하지 않다고 하는 것은 모든 일에 대해서 모든 사람이 비난받아야 한다고 생각하는 것이다. 이는 대화 중 흐름이 교착되거나 아무런 의미가 없는 상태로 빠진 최악의 상황에서 일어날 수 있다.

속성과 OKness

개인의 속성과 그에 붙는 수식어는 각각 다른 태도에 맞게 붙여질 수 있다 (Berne, 1972). 예를 들어 경영자와 노동자의 경우가 있다.

a. 나는 경영자이며 따라서 OK다. 당신은 노동자이며 따라서 Not OK다.
b. 나는 경영자이며 따라서 Not OK다. 당신은 노동자이며 따라서 OK다.
c. 나는 노동자이며 따라서 OK다. 당신은 경영자이며 따라서 Not OK다.
d. 나는 노동자이며 따라서 Not OK다. 당신은 경영자이며 따라서 OK다.

지위에 관한 서구의 전통적인 생각은 가진 자가 타고난 우월성을 가지고 있으며(예: 독재의 일원들), 혹은 성취된 지위는 그들의 힘든 노동을 통해서 가능하다는 것이다. 이를 반대로 생각해 보면 지위가 없는 사람은 그들이 게으르거나 '더 나음'을 추구할 만큼의 가치가 없는 인간이기 때문에 그러하다는 것이다. 이러한 생각을 가지고 있는 경영자는 위에서 (a)와 같은 태도에 상응하는 것이다. 이와 반대로 지위가 없는 사람은 이에 반대되는 생각을 가지고 (c)와 같은 태도에 상응할 것이다.

이는 Not OK 태도의 종속적인 성질을 보여 주는 것이다. 이상적으로 만일 당신이 모든 인간의 타고난 가치에 대해 믿고 있다면 당신은 위의 네 가지 관점 중 어느 것도 생각하지 않을 것이다.

맥락

고립된 상태에서는 관계가 지속될 수 없다. 우리의 모든 교류는 두 사람이든

그 이상의 사람이든 간에 가족, 우정, 공동체, 팀, 조직, 사회, 더 큰 의미에서는 세계적인 맥락에서 이루어지는 것이다. 우리는 평소 직장이나 가족 관계, 지역 공동체에서 복합적인 관계망을 다루며 살고 있다. 예를 들어, 사람들은 가족 관계에서는 자신들을 OK로 보는 긍정적 관계를 가진다. 그러나 직장에서는 그 순간일지라도 괴롭힘을 당하며 한쪽의 Not OK 위치를 경험하게 될 수도 있다. 자신의 존재적 인생태도 또한 한 부분을 담당하고 있는데, 이 중 Not OK의 위치가 있다면 직장에서의 따돌림이 그러한 태도를 강화시킬 수 있다. 이와 다르게 I'm OK-You're OK의 태도가 강하게 있다면 직장에서의 부정적인 경험 또한 잘 대처할 수 있을 것이다.

OKness 혼합

매 순간, 당신은 타인에게 또 타인으로부터 당신의 OKness 태도를 바탕으로 끊임없이 영향을 주고받는다. 당신은 네 가지 태도 중 하나를 가지고 다른 사람을 당신에게 반응하도록 이끌고 그러한 상태를 지속되게 한다. 모든 사람은 교류에 참여하는 에너지 또한 각각 다르다. 이는 한 사람의 에너지가 다른 사람의 에너지보다 훨씬 강할 수 있음을 의미한다. 예를 들어 서로 OK-OK 에너지를 가지고 있는 사람들의 그룹에 극도로 부정적인 에너지를 지닌 사람이 들어왔을 때, 그 그룹의 분위기는 완전히 바뀔 수 있다. 그리고 그 반대의 경우도 가능하다.

환경으로부터의 메시지

다음 그림들은 다음의 현상을 설명하기 위한 것이다. 첫 번째 그림은 사람들이 그들의 OKness와 관련하여 당신을 어떻게 반응으로 초대하는지에 관한 것이다.

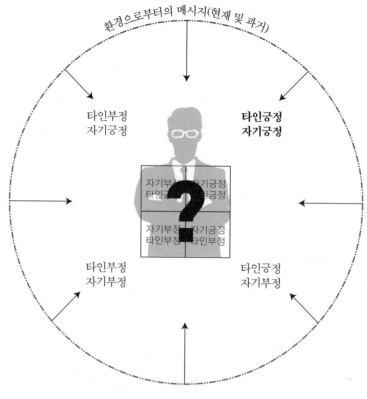

환경으로부터의 메시지(현재 및 과거)

타인부정
자기긍정

**타인긍정
자기긍정**

자기부정 자기긍정
타인긍정 타인긍정

?

자기부정 자기긍정
타인부정 타인부정

타인부정
자기부정

타인긍정
자기부정

[그림 2-5] 환경으로부터의 메시지

그들은 당신을 You're OK 혹은 You're Not OK의 태도를 가지고 대할 것이며 그에 따를 것인지 말 것인지는 당신이 결정하는 것이다. 하지만 여기서 중요한 것은 반응에 응하는 과정에서 대부분의 시간은 당신이 인식하지 못한 채 흘러갈 가능성이 높다는 것이다. 그 초대가 긍정적이든 부정적이든 만약 그 초대가 자신의 내면적 이야기나 믿음과 잘 맞는 것이라면 그 초대는 당신의 태도를 강화시킬 가능성이 매우 크다.

환경으로 전달되는 메시지

두 번째 그림은 의식적이든 무의식적이든 당신이 타인과 의사소통을 할 때 전달하는 메시지를 보여 준다. 세상에 대한 당신의 관점은 당신의 관계에 큰 영향을 미치는 것이며 또 당신이 그들로부터 얻는 반응들은 그 관계를 반영하는 것이다. 그리고 당신 자신과 타인에 대한 시각을 강화할 가능성이 매우 크다. 주변 환경으로부터의 메시지처럼, 당신은 다른 사람에게 특정 방식으로 당신에게 반응하도록 초대를 하고 있는 것이다.

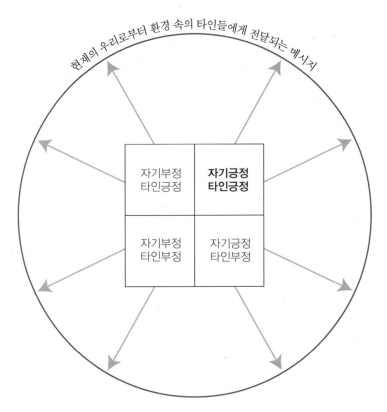

[그림 2-6] 환경으로 전달되는 메시지

중요한 것은 많은 사회적 상황이 당신이 생각하는 것보다 다양하게 변화한다는 점이다. 종종 아주 큰 노력을 들이지 않더라도 당신이 관계 속에서 주고받는 메시지를 통해서 절망적으로 부정적이었던 상황이 변할 수도 있는 것이다.

회복 탄력성

우리의 내면적 건강에는 넓게 두 가지의 측면이 있다.

1. 우리가 우리 자신을 보는 넓은 방식이 있다. 이는 앞서 살펴보았듯이 존재적 인생태도에 관한 것이다. 다시 말해, 특히 스트레스 상황에서 우리 자신과 타인을 바라보는 전체적 방식인 것이다. 네 가지의 기본 조합은 내 자신이 스스로 OK인지 아닌지, 타인이 OK인지 아닌지를 계속 돌고 도는 것이다.

2. 우리 관점의 더 즉각적인 변화는 많은 요인에 달려 있다.

• 일이 잘못되었을 때 우리의 균형이 무너지는 정도
• 누구와 함께 있는지, 그리고 우리의 직관적 안테나가 함께 있는 사람에게 무엇이라 말하는지
• 함께 있는 사람의 내면적 OKness 상태
• 우리 자신의 피곤하거나 활력이 있는 정도
• 우리의 육체적인 건강
• 최근에 우리에게 있었던 모든 믿음(아마도 가장 최근의 사건과 관련이 있을 수 있다)

회복 탄력성에 대한 예시

회복 탄력성(resilience)은 스태미나와 같은 말이 아니다. 우리가 말하고자 하는 것은 다음과 같다.

시나리오 1: 낮은 회복 탄력성

당신은 기분 좋게 일어나서 샤워를 했으나, 끝날 때까지 찬물만 나왔다. 당신은 욕설을 하고 불평을 하며 아침 식사를 한다. 시리얼을 먹으면서 커피를 내렸는데 커피를 옷 위에 쏟고 만다. 당신은 결국 아까보다 더 심한 욕설을 한다. 집을 나왔는데 버스가 이미 출발하여 언덕을 넘어가고 있는 모습을 본다. 시계가 멈춰 시간을 착각한 것이다. 이 정도면 충분히 형편없는 하루였다고 생각하고 다시 들어가 씩씩거리며 피곤한 상태로 침대로 간다.

시나리오 2: 높은 회복 탄력성

당신은 기분 좋게 일어나서 샤워를 했으나, 찬물만 나와서 재빠르게 샤워를 마치고 문제를 해결하기 위해 배관공에게 전화를 하여 혹시 더 큰 온수통이 필요한지 문의하였다. 또 아침을 먹으며 커피를 내렸는데 옷에 쏟고 말았다. 왜 이런 일이 일어나고 있는지에 대해 생각해 보고 바꾸기로 결심했다. 시간을 확인하려는데 시계가 고장 난 것을 알았고, 결국 버스를 놓치게 되었다. 그래서 직장에 전화하여 늦을 것 같다고 알리고 출발하기 전까지 급한 전화는 집으로 해 달라고 말하였다.

위의 두 사례에서 드러난 다른 결과는 그 원인과 상관이 없다. 원인은 같았으나 각각 인지하는 방식이 달랐고 일어난 일에 대해 어떤 반응을 보이는지에서 차이가 난 것이다. 첫 번째 시나리오에서 그 사람은 일어난 일로 인해 피해를 입은 희생자가 된 것처럼 보이는데, 그 자신과 세상에 대한 기존의 OKness 감각이 세 가지 사소한 일로 인해 흔들린 것이다. 이에 반해 두 번째 시나리오에서의 사람은 벌어진 일에 대해 '문제 해결적' 태도를 보이고 있다. 이런 모습이 단순히 금욕주의적이고 터프한 것처럼 보일 수 있겠지만, 회복 탄력성 측면에서 보았을 때 핵심적인 변수는 단순히 일을 다루는 방식이 아니라 OKness를 유지하는 내면적 체험이라고 진단할 수 있다.

대인관계 속으로의 OKness 모형 적용

직장에서 갈등이 일어난 상황을 상상해 보자.
이때 필요한 몇 가지 유용한 자기 관찰 질문이 여기 있다.

1. 이 사람이 내게 중요한가?
2. 그 사람들을 대함에 있어서 일반적으로 나는 어려움을 겪는가?
3. 나는 그들이 나를 대함에 있어서 일반적으로 어려움을 겪는다는 것을 인지하고 있는가?
4. 그들이 좋든 좋지 않든 나는 그들과 함께 일해야 하는가?
5. 몇 가지 사항에 대해 그들과 불일치하는 면이 있더라도 실제로 그들과 일을 계속 해야 하는가?
6. 다른 때나 다른 관계를 고려해 보았을 때 지금 상황에서 나에게 인식할 수 있는 패턴이 있는가?

이들 질문은 그 자체로 갈등의 상황에서 OKness의 패턴을 변화시키는 수단을 제공하는 것이 아니다. 대신 위의 질문들은 당신이 다른 사람과 관계를 맺는 방

법에 대해 이해하는 방식을 제공해 주며 당신에게는 선택권이 있음을 알게 해 준다. 인생태도는 사실 그 자체가 아닌 믿음 체계이며 변화될 수 있는 것이다.

궁극적으로, 당신은 OKness에 대한 내면적 감각을 지녀야 한다. 만일 당신의 OKness 감각이 당신에게 지속적으로 안심시키는 말을 하는 사람에게 의존하고 있다면, 그러한 감각은 무너지기 쉽고 실질적이지 못할 수 있다. 결국 사람들이 떠나가거나, 지속적인 확신과 안심이 사라지게 되면 당신은 그 감각을 잃게 될 가능성이 크다.

당신은 타인으로 하여금 OK-OK 태도로 옮기도록 할 수는 없다. 하지만 그들을 대함에 있어서 당신 스스로가 계속 OK-OK 태도를 유지한다면 타인 또한 그렇게 될 가능성이 점점 높아질 것이다. 대체적으로 당신이 어렵게 대하는 사람이 당신을 어렵게 느끼는 일은 크게 놀랄 일이 아니다. 수년 전에 저자 중 한 명이 사무실에 있었을 때의 일이다. 우체부는 매일 아침 불평을 하며 책상에 우편물을 던져 놓고 갔다. 사무실 사람들은 매일 아침 그 우체부를 매우 친철하게 반기고 감사하다는 말을 꼭 전하기로 다짐하였다. 일주일이 지났을 때, 그 우체부는 와서 매우 활기차게 "좋은 아침이에요!"라고 말했다. 며칠이 더 지난 후에 그가 사무실에 와서 이렇게 친근한 곳은 없다고 말했다. 결국 그 우체부의 입장에서는 그런 방식으로 행동했던 그 자신보다는 자신을 반겨 주지 않았던 다른 사람들이 문제였던 것이다. 우리는 사람들의 행동이 의도적이고 의식적으로 조건화되어 있으며 이 특정한 상황에서 타인과 함께하는 방법에 대한 매우 좁은 경험에서 비롯된 것이라는 환상을 갖는 경우가 있다.

OKness는 관계와 연결에 관한 것이다. 만약 조직에서 관계와 연결의 두 영역에 문제가 생긴다면 효과성이라는 것은 크게 손상될 것이다. 위의 우체부의 사례에서는 사무실 직원이 먼저 주도하여 연결 형성을 하고 관계를 발전시키게 된 것이다. 이러한 상황을 주도하는 자세가 우체부에게 소속감을 키워 주었고, 비록 그가 즉각적으로 믿음을 바꾼 것은 아니었지만 결국 자신의 태도를 바꾸게 된 것이다. 이 맥락에서 사무실 직원과 우체부는 깊고 의미 있는 관계를 찾고자 했던 것이 아니다. 그들은 단지 자신의 일만 하면 되었지만, 만일 일이 방해 없이 명확한 의사소통을 가지고 행해졌더라면 그들은 좀 더 생산적일 수 있으며 타인과의 관계를 만족스럽게 생각할 수 있었을 것이다.

조직 내에서 리더십과 권력의 문화는 그 조직 구성원들의 스스로와 타인에 대한 믿음에 큰 영향을 미친다. 예를 들어, 관리자가 직원들의 보고서를 부정적으로 평가한다면 그것은 동기부여의 하락으로 이어질 것이며 생산성 또한 저하시킬 것이다.

그러한 상황 속에서 당신이 OK-OK 태도를 지니길 결심하고 그에 임하는 것은 효과적인 전략일 수 있으나, 성공하여 효과를 발휘하기 위해서는 당신의 철학과 행동의 측면에서 일관된 모습을 보여야 한다.

상승하는 조직과 OKness

이 절에서는 조직에 대한 거시적 관점에서의 OKness의 적용에 대해 살펴볼 것이다.

Wickens(1995)는 '상승하는 조직(Ascendant Organization)'에 관하여 언급했는데, 이는 수준 높은 작업 이행 능력과 장기적인 관점에서 높은 영향력과 삶의 질의 결합으로 이어지는 일련의 과정에 대한 통제, 즉 지속 가능한 비즈니스 성공을 결합시킨 조직을 뜻한다.

작업 수행력을 가지기 위해서 직원들은 그들의 경험과 전문성으로 평가받을 수 있어야 하며 그들의 기술을 더욱 개발할 수 있도록 기회들이 있어야 한다. Wickens의 기본 모형은 TA의 OK 목장과 상응하는 것이다. 즉, 상승하는 조직의 사분면 구조는 I'm OK, You're OK와 일치한다. 이러한 유형의 조직은 충분한 번영과 힘 그리고 행복이 생겨나는 곳 중의 하나이다.

무정부적 사분면은 개인 차원에서는 높은 작업 수행력을 가지고 있으나 통제

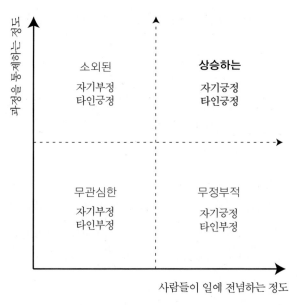

[그림 2-7] 상승하는 조직과 OK 목장

가 거의 없는 상태이다. 그러한 곳의 사람들은 조직의 목적에 대해 많은 관심을 보이기보다는 각 개인이 생각하기에 조직에 옳은 일 혹은 자신에게 옳은 일을 한다. 이것은 OK 목장에서 I'm OK, You're Not OK 사분면에 해당된다.

소외된 조직은 사람들의 참여나 협조를 구하려는 시도도 없이 어떤 규칙이나 절차를 하향식으로 시행한다. 이러한 조직의 관리자는 아마 독재적인 성향을 보일 수도 있다. 이는 I'm Not OK, You're OK의 태도와 부합한다.

무관심한 조직에서는 작업 이행이나 통제가 없으며, 딱히 존중받는 권위나 인력을 모으려는 시도가 없다. 그곳의 사람들은 대개 자신이 원하는 일을 하지만 어떤 공유된 비전이나 방향성을 지니고 있는 것도 아니다. 이는 OK 목장에서 I'm Not OK, You're Not OK의 태도와 일치한다.

Wickens는 상승하는 조직은 높은 질의 투자와 기술력, 경제적 통솔권과 생산 개발이 요구된다고 보았다. 무엇보다도 그러한 조직이 되기 위해서는 높은 자질과 함께 일에 매우 열정이 있는 사람, 그리고 목적 달성을 위해 뭉친 조직 문화와

리더십이 필요하다. 결국 그의 관점에서는 조직을 전체적, 유기적 시각으로 봐야
한다는 것이다. 이는 조직 TA의 관점과 일치하는 것이다.

OKness의 3차원 모형

기존의 OK 목장에서는 오직 한 사람이 나와 같은 선상에서 교류하는 것을 전
제하고 있으나, 현실에서는 이보다 더 많은 이가 대상이 된다. 예를 들어, 어떤
한 조직의 팀원들의 행동은 그들은 OK이고 팀의 다른 구성원 또한 OK임을 나타
내고 있지만, 다른 팀 혹은 다른 팀원들은 Not OK임을 나타내고 있을 수 있다.
그러한 곳에서 당신은 당신이 좋아하는 사람을 찾아가 다른 사람을 흉보거나 얕
보는 이야기를 하게 될 수 있다. 그럼으로써 당신은 자신과 동료들의 뒷담화는
OK이지만 그 대상들은 그렇지 않다고 당신이 믿고 있음을 말해 주는 것이다.

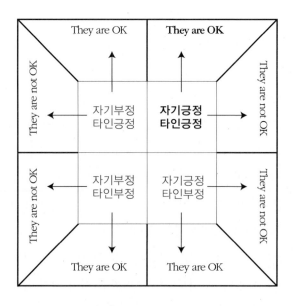

[그림 2-8] 3차원 태도

또 다른 예는 어떤 조직에서 고위 관리자가 실질적인 일은 안 하고 이리저리 돌아다는 것처럼 보이기 때문에 행정 직원과 금융 부서로부터 Not OK하게 보이는 경우이다. 결국 두 부서는 힘을 합하여 그 관리자를 Not OK하게 만든다.

도식적으로, 이 3차원 구조를 설명하기 위해서는 네 가지였던 인생태도를 여덟 가지로 확장해야 한다. 이는 [그림 2-8]에서 화살표로 나누어지는 것처럼 제3자가 OK한지 Not OK한지를 기준으로 기존의 네 가지 태도가 두 개의 3차원 태도와 연결되고 있음을 볼 수 있다.

이러한 형식에 맞는 교육은 어릴 적부터 시작된다. 부모들은 아이들에게 '사람들이 어떠한지, 얼마나 재미있는 곳인지, 사람들을 믿어야 하는지 아닌지' 등 세상에 대해 말해 준다. 아이들은 그들 자신, 자신과 직접 관련된 특정한 사람들, '저기 어딘가'의 사람들에 관해 시선을 가지기 시작한다.

새로운 직원 또한 새 조직의 문화로 재사회화된다. 예를 들어, "금융 부서 쪽 사람들은 시간 낭비를 할 뿐이야." 혹은 "보스는 당신이 동의를 잘 해 주는 한 좋을 겁니다." 등이 있다.

I'm OK, You're Not OK의 2차원에서 '그들'을 포함한 3차원으로 확장하는 것은 사람들의 사회적 맥락을 이해할 수 있는 방법을 제공해 주며 자신과 타인의 OKness의 차이를 설명해 줄 것이다. 이 모형은 어떤 개인 또는 팀이 타인이나 다른 팀과의 교류를 이해하고 그러한 교류 경험을 말로 표현할 수 있도록 도와줄 것이다. 또 이 모형은 관리자나 동료의 입장에서 타인과의 대화에서 직원들의 반응을 이해하는 데 도움을 줄 것이다.

이 모형은 조직에서 효과적으로 타인과 관계를 맺기를 원했던 개인들의 그룹에 성공적으로 사용되었다. 이 모형을 통해 그들 스스로 영속화해 온 패턴을 인식할 수 있었고, 변화를 이끌어 낼 수 있었던 것이다.

3차원 OKness의 한 예시

2005년 4월 다수의 계열사로 구성된 로버(Rover) 그룹은 파산신청을 해야만 했다. 몇몇 직원은 TV 뉴스 프로그램 인터뷰 당시 영국 시민들의 외제차 구매에 대해 비난하였다. 일부 평론가는 정부가 기업이 문닫는 것을 막기 위해 재정적 지원을 한 것은 잘못된 것이며 혈세를 부도덕하게 사용한 것이라고 보았다(그들은 기업 간부들이 거액의 돈을 보너스로 챙겨갔을 것이라고 생각한다). 결국 이는 대중과 그들의 소비 습관이 직원들의 시각에서는 Not OK였던 것이며, 기업 간부들이 회사의 자산을 유용한 것이라고 생각하는 사람들에게는 그 간부들이 Not OK였던 것이다. 그리고 다른 사람들은 그 기업을 금융 구제해 준 것이 결국 그 간부들을 정당한 이유 없이 도와준 것이라고 생각하기 때문에 정부를 Not OK라고 본 것이다.

조직 안에서의 3차원 OKness의 예시

[그림 2-9]는 여덟 개 각각의 3차원 위치에 대한 구체적인 예시를 보여 주고 있다. 연속적인 상황을 나타내고 있는 것이 아니라 하나의 상황에서 벌어질 수 있는 한 형태를 예로 들고 있다.

3차원 차트의 예시에서 알 수 있듯이 부정적 위치로 빠지는 일은 쉽게 일어날 수 있다. 그러나 경영자가 긍정적 접근을 가지고 있다면 부정적인 문화를 개선해 나감에 있어서 좋은 영향을 받을 수 있을 것이다. 하지만 이 예시들이 실제 상황이라면 추가적인 지원이 더 요구될 것이다. 왜냐하면 이 수준의 부정성을 나타내는 상태에서 회복 탄력성을 유지하는 것은 사실 매우 어려운 일이기 때문이다. 다행히도 이러한 상황에서도 보통은 우리와 함께 OK-OK 방향을 나란히 하는, '용기를 북돋아 주는' 역할을 하는 사람이 있기 마련이다.

바버라는 자기비하를 통해 제9 주제를 비롯이 했다. 그녀는 팀이 대체로 유익하고 잘 운영되고 운영되고 있지만 자신이 모두를 방해하고 있다고 주장했다.

그 팀은 균형 잡힌 발전을 이루게 된다. (팀 내의 상호작용에서 중요한 문제(인) 의견의 불일치가 나타날 가능성이 있고, 사람들이 서로를 꼭 '좋아하는' 것은 아니지만, 함께 효율적으로 일할 뿐 아니라 남을 탓하기보다는 문제를 해결하려는 분위기가 형성되어 있다.

(여기서 시작)
그 팀은 소속되어 있었던 팀들의 해체를 꼭 한 사람들로 구성되었다. (이것은 '지금 여기'에서 일어날 수 있는 갈등을 피하려고 만들고 현재의 팀이 잘 운영될 것이라는 환상을 갖게 만들었다.)

어떤 시점에 이러한 가식은 허물어지고 원활한 작업이 불가능해지게 된다. 제니는 팀 구성원들에게 '당신들은 다른 팀 사람들만큼이나 실망스럽다.'고 비판했다.

잭은 이 팀이 그동안 자신이 몸담았던 다른 팀들과 달리 두드러지게 OK하다고 말했다. 그러나 그는 자신은 OK하지 않고, 다른 구성원을 도울 수도 없다고 말했다.

그 팀에서 최악인 부분은 안드레아는 자신이 OK하지 않을 뿐 아니라 다른 구성원들도 OK하지 않으며 다른 팀들도 좋지 않은 상태라고 여겼다는 점이다.

[그림 2-9] 팀 내의 3차원 OKness에 관한 예시

	They are OK	They are not OK
They are OK	자기긍정 타인긍정	자기긍정 타인부정
They are not OK	자기부정 타인긍정	자기부정 타인부정

논의를 하기 위해 들어온 앨버트는 자신은 팀이 다른 구성원들이 모두 OK하지 않으며, 자신의 소속되었던 다른 모든 팀들은 이 팀보다는 나았다고 말했다. 이런 언급은 두 가지 있게 만들었는데(그리고 그럼으로써 전체 시험에 의미를 부여하려는) 시도인 것처럼 보이지만, 이 팀이 제대로 운영되지 않고 있다는 관점을 강화하는 것이기도 했다.

사이먼은, 팀이 위태로울 뿐만 아니라, 자신을 포함한 모든 팀 구성원들이 OK하지 않다고 말했다. 이것은 가장 비관적인 상태가 되어 가고 있다.

OKness와 팀

상황에 따라 자주 변하지만, OKness는 사람들 사이에서 활발하고 지속적인 일상 행동에서 보이는 것이다.

혼히 체계적이고 영향력 있는 리더십이 없는 팀에서는 Not-OKness가 발달한다. 사람들이 필요한 게 무엇인지를 알 수 없는 상황이라면 무언가 잘못된, 인식할 수 없는 믿음이 있을 것이며 이는 누군가가 분명 Not OK임을 뜻한다. 이 말은 결국 그 사람의 인생태도와 관련되어 있을 것이다. 예를 들어, 이 상태가 I'm Not OK, You're OK의 상태라면 그들은 그들 자신에게 문제가 있다고 생각할 가능성이 크다. 그리고 이는 그들이 누구인가, 무엇을 하고 있는가(혹은 무엇을 하지 않았는가)에 관한 것일 수 있다. 또 그들의 행동은 명료하지 못한 양상을 보이기도 한다. 사회적 상황은 그 속의 사람들이 상황을 어떻게 끌어가는지, 서로 어떻게 반응하는지, 어떤 특정 방식으로 전개되는지 등의 상호 창조적인 혼합(co-creative mix)으로 보일 수 있다. 특별히 기분이나 상태가 좋은 날에 그 사람은 Not OK 위치로 유혹하는 다른 사람의 초대를 받아들일 가능성이 덜 하다.

OKness 감각을 개발하기 위해서 당신은 자신의 내면적 반응에 대해 면밀히 살펴볼 필요가 있는데, 내면적 반응이란 당신을 다른 방향의 인생태도로 유혹하는 다른 사람의 초대와 자신 및 타인에 대해 깊숙이 자리 잡힌 믿음에 관한 당신의 반응의 총체를 뜻한다. 당신이 OK-OK 태도를 유지한다면 타인과의 효과적인 의사소통을 계속해 나갈 가능성이 크다. 또 이럴 때 명확한 의사소통을 떠나 당신은 타인을 당신과 함께 OK 태도로 초대하는 것과 같다.

OKness와 관련된 요소

〈표 2-1〉은 OKness와 밀접하게 관련된 요소들에 관해 설명한 것이다.

〈표 2-1〉 OKness와 관련된 요소

분야	이 분야가 어떻게 중요하며 관련이 있는가
관계의 성질	사회적 차원에서 사람들이 어떤 집단에서 경험하는 관계의 성질은 OKness 단계에 있어서 중요한 변수이다. 이는 행동 OKness(behavioural OKness)의 모든 조합을 포함하는 것으로 전체로서의 팀과 팀 속의 개인과 개인, 한 조직 내의 팀과 다른 팀 모두에서 고려될 수 있다.
자존감	낮은 자존감을 가지고 있는 사람들은 타인으로 하여금 자신을 Not OK로 여기도록 강한 유혹을 한다. 타인으로부터 낮은 자존감을 계속 강화시키는 것은 다른 여러 원인이 있지만 같은 결과로 그러한 상태를 악화시킬 것이다. 높은 자존감은 자신 스스로뿐만 아니라 긍정적 에너지를 발산해 주는 동료나 상사로부터 생기고 유지될 수 있다.
결속력	사람들이 느끼는 소속감이나 결속력의 정도는 중요한데, 그 이유는 행동적 차원에서 그것이 OKness의 용기(encouragement of OKness)를 제공하기 때문이다.
비난	세 개의 Not OK 태도를 바라보는 한 가지 방식은 누가 '비난'의 대상이 되고 있는가를 고려하는 것이다(Davis, 미발행, 이 장의 앞부분을 보라). 팀 내에서 비난이 높은 정도로 존재하는 것은 사람들이 자기 자신 혹은 타인을 Not OK로 보는 명백한 신호로 생각할 수 있다.
배움에 대해 열려 있는 태도	이 영역은 사람들이 얼마나 팀 혹은 조직 속에서 자신의 삶을 개선하려는 방식을 변화하려는지에 대한 척도이다. 그들은 구식의 행동 방식을 기꺼이 버리려 하는가 혹은 과거의 방식을 지나치게 강하게 잡으려는 요구가 강한가?
변동성	팀 내에서 변동성이 크면 클수록 그만큼 변화가 더 큰 영향력을 가질 수 있게 된다. OK 태도가 자유롭지 못하게 굳어져 있는 곳에서는 부정적인, 사회적 수준의 OK 태도를 가진 사람들이 더 강하게 그들의 부정적인 인생태도와 관련되어 있을 것이다.

관리 능력	사람들이 활동하는 곳에 긍정적인 구조와 지지적인 환경을 제공할 수 있는 경영 능력은 행동적 Not OKness를 해결하기 위해서는 매우 중요하다. 구조화의 부족 (그리고/또는) 경영 방식이나 관리 구조 전체에서의 지지 부족은 진공 상태(vacuum)를 야기할 수 있으며, 이때 Not-OKness는 모든 일이 잘못되어 가게 만든다.
기대	기대는 현재보다는 미래에 집중하는 방식이다. 우리 모두는 기대감을 유지하여 현재 안에서 감정적 안정성을 갖도록 해야 한다.
투자	그 상황에서 사람들은 각각 어떤 투자를 하였는가(긍정적으로나 부정적으로나)? 만일 그들의 기초적 에너지가 다른 곳(가정, 취미, 친구 등)에 있다면 그들은 기꺼이 에너지나 시간을 투자하려 하지 않을 것이며 팀의 문제를 해결하기 위해 약간의 불편도 감내하려 하지 않을 것이다. 실제로 그런 사람들은 그 팀의 상황으로 인해 자신이 특별히 영향받고 있지 않다고 생각할 수 있다.
회복 탄력성	난처한 상황을 뚫고 나가는 능력과 관련하여 회복 탄력성에 관한 내용은 많이 있다. 이에 더하여, 조직의 변화 과정 동안에 긴장을 잘 조절하는 경영인의 능력을 설명하는 데에 이 용어가 사용될 수 있다.

요약

이 장에서는 직장, 특히 일대일 관계에서의 그리고 조직 내의 큰 네크워크에서의 OKness에 대한 많은 특성에 대해 살펴보았다. 분명히 실제 상황에서는 관계 문제에 있어서 매우 다루기 힘든 상황도 발생하겠지만, 이 장에서는 모든 것을 다루지는 못했어도 평소 사람들이 생각하는 것보다는 사람 사이의 어려운 상황이 쉽게 이해될 수 있음을 보여 주었다. 그러한 이해를 바탕으로 문제에 대한 해결책을 충분히 찾을 수 있을 것이다.

연습

연습문제 1

스트레스를 받거나 일이 잘못되었을 때 당신은 그 원인을 자기 자신 혹은 타인 중 누구에게서 더 많이 찾으려 하는가? 이를 인생태도와 연관 지어 보라. 그 후, 긍정적인 자타긍정 태도로 다시 돌아가기 위해 자기 자신에게 어떤 말을 하는 것이 좋을지 생각해 보라. 이를 위해 누가 당신을 도와줄 수 있는가? 지속적으로 자타긍정 태도를 유지하기 위해 당신은 무엇을 할 수 있는가?

연습문제 2

• 당신이 OK라고 여기는 특정 집단의 누군가(혹은 특정한 사람)에 대해 생각해 보라. 그 사람이 당신에게 자신을 Not OK로 생각하게 하려면 어떤 일을 해야 할까?

• 당신이 Not OK라고 여기는 특정 집단의 누군가(혹은 특정한 사람)에 대해 생각해 보라. 그 사람이 당신에게 자신을 OK로 생각하게 하려면 어떤 일을 해야 할까?

• 다음과 같은 것들이 당신에게 어떤 의미를 가지는지 고려해 보라.

 −자기 자신과 타인에 대한 당신의 견해가 얼마나 안정적인지 혹은 불안정한지

 −당신이 사람들을 한 태도에서 또 다른 태도로 얼마나 잘 움직이게 하는지

 −그 태도가 얼마나 사실이 아니라 관점과 믿음에 관한 것인지

 −관계에 대한 투자 여부와 차이를 만들어 내는 요인

 −다른 사람들이 당신이나 당신의 행동에 대해 어떤 의미를 부여하는지

이러한 인식을 가지고 이제 당신은 어떻게 행동할 것인가?

연습문제 3

이 연습문제는 팀원 혹은 단체 사람들 간의 이해를 증진시켜야 할 때 유용하다. 특히 모임의 과정이 순조롭게 진행되도록 하는 데에 도움이 될 것이다. 다음의 세 사항을 적어 놓은 쪽지를 준비하라.

서술문

- 당신은 매우 높은 개인적인 책임감을 지니고 있다. 실제적인 리더십은 없으며 당신은 혼자 자신과 조직에게 바람직하다고 생각하는 일을 한다. 당신은 자신이 있는 곳이 '치열한 경쟁의 현장(dog-eat-dog)'이라고 생각한다. 당신은 살아남기 위해 자신의 몫을 하고 있다.

- 당신은 어떠한 책무도 없으며 주변에 당신이 존경할 만한 사람도 없다. 보통 당신은 사람들이 자신들이 무엇을 하는지 혹은 왜 하는지에 대해 알고 있지 않을 것이라 생각한다. 최악의 경우 당신은 모든 것이 무가치하다고 생각한다.

- 당신은 독재적인 관리자가 있는, 엄격한 하향식의, 규칙에 얽매어 있는 조직에 소속되어 있다. 당신은 다른 사람을 우러러보며 일이 잘못되어 갈 경우 당신은 그것들을 올바로 하지 못할 것이라 생각한다. 이럴 때면 당신은 꽤 절망적인 감정을 느낀다.

최종 서술문

- 당신의 조직에서 당신을 의사 결정 과정에 참여시켰다. 당신은 코스를 진행하며 자기 자신을 향상시키는 것에 기운을 얻고 있다. 당신은 다른 사람들과 잘 지내며 그들의 견해를 경청하는 것에 즐거워하고 있다. 또한 당신은 해야 할 일에 관한 불확실성이 있을 때 팀 리더 혹은 관리자가 내리는 최종 결정에도 만족스러워하고 있다.

절차

• 각각의 사람이 처음의 세 사항에 대해 쪽지를 갖도록 하고 다른 사람에게 보여 주지 않게 하라.

• 어떤 예산을 어떻게 쓸지에 관한 의사 결정과 같이 당신의 조직에서 실제로 일어날 법한 상황에 관해 미팅을 가지라. 그 미팅에서는 해결점에 도달하는 데 어려움이 있을 것이다.

• 그다음에는 각각의 사람에게 마지막 사항이 적힌 쪽지를 전달하는데, 이 또한 서로 알리지 않아야 하며 각자의 상황에서 미팅을 갖도록 요구한다. 그 미팅은 좀 더 자연스럽게 각자의 의견을 잘 수용하며 흘러갈 수 있을 것이다.

• 그러고 나서 Wickens 사분면을 그려 보는 연습에 대해 보고를 받고, 그룹 구성원들에게 그것을 소리 내어 읽고 각각의 서술문 중 자신과 관련된 것이 무엇인지 판단하도록 요청한다.

• 이것이 어떻게 당신의 조직과 각 개인에게 연관되는지 논의해 보라. 나중에 이는 이것을 논의하는 것이 적절한지에 관해 그룹에서 얼마나 많은 신뢰가 있는가에 달려 있다.

이에 기초하여 또 다른 연습을 자유롭게 고안해 보라.

WORKING
TOGETHER

의사소통의 기초

CHAPTER **03**

소개

직장에서의 올바른 의사소통은 긍정적이고 신뢰감 있는 조직 문화를 형성하는 데 필수적이다. 이는 결국 생산량, 창의적 아이디어나 제공받는 서비스의 질 등 생산성을 강화시키는 것이다. 이 장에서는 4장과 함께 오해, 가정, 짜증, 불화, 갈등의 근원에 대해 알아보고 효과적인 의사소통을 촉진하는 방법에 대해 탐구하고 있다. 즉, 이 장에서 사용된 모형들은 효과적인 의사소통을 촉진하여 관계에 긍정적 강화를 주는 데 큰 도움이 될 것이다.

우리는 크게 두 가지의 모형으로 그 틀을 잡고 있다. 하나는 관찰 가능한 행동과 관련된 것으로 OK 모드 모형(OK Modes Model)이고 다른 하나는 우리의 내면을 살펴보는 내면 그림(Inside Picture)이다.

OK 모드 모형

예시

다음은 의사소통 과정에서 어떻게 한 사람의 행동이 오해를 일으키며 청자를 당혹스럽게 하는지 보여 주는 예시이다.

1) 디어드리는 그녀의 동료들을 괴롭히는 행동을 자주 한다. 동료들은 그녀가 관리자가 아님에도 그들에게 일을 시키는 것처럼 느껴 불편하다고 한다. 그녀는 항상 정답을 아는 것처럼 행동하며 다른 누구보다 더 잘하는 것처럼 보인다.

디어드리는 아마도 그녀가 통제권을 가지고 있는 한 그녀만이 OK라고 믿고 있을 것이다. 동료들이 마치 그녀가 자신들을 Not OK인 사람처럼 대하는 것을 느끼기 때문에, 이것은 그녀가 다른 사람에게서 멀어지게 한다.

2) 존은 그의 동료들에게 아이 같다는 인상을 주고 있다. 존은 유머 감각이 매우 뛰어나지만 종종 부적절한 유머로 난감하기도 하다. 존의 동료는 그가 돌아다니며 팀에 에너지를 불어넣는 것에 대해 좋아한다. 하지만 그로 인해 종종 그가 난처해지는 경우도 있다. 그의 상사는 그가 좀 더 나아지기 바라는 마음에서 코칭을 하기도 한다.

존은 종종 상황에 적절히 접근하고 반응하지 못하고 있는 것이다. 존의 생각에는 유머가 그를 살아 있게 하는 것이다. 존의 행동은 그가 실상 스스로를 Not OK로 믿고 있다는 것을 보여 주는 것이다. 그래서 그는 그러한 믿음을 재밌는 행동으로 덮으려는 것이다.

이와 대조적으로,

3) 사람들은 잭의 스타일을 관리자 같다고 평가한다. 그는 의사 결정과 팀을 구성하는 데 있어서 명확하고 주변 사람에게 매우 힘이 된다. 그가 맡은 일에 대해서는 믿음직스러운 인상을 주기도 한다.

잭은 함께 일하는 동료의 가치를 알며 그들과 동등하게 대우받는 것에 대해 만족스럽다(I'm OK, You/They are OK). 잭의 이러한 태도가 결국 타인으로 하여금 남을 그들처럼 가치 있게 여기도록 초대하는 것이다(이 또한 I'm OK, You're OK 태도에 해당한다).

모형

전에 TA를 접했던 사람일지라도 '모드(Modes)'라는 용어에 대해 들어 보지 못했을 수 있다. 이 용어는 Porter(1975), Lapworth, Sills와 Fish(1993), Temple(1999, 2004)을 포함한 많은 TA 이론가로부터 나온 것이다. 그리고 우리의 OK 모드 모형은 타인과의 교류에서 우리가 어떻게 행동하고 상호작용하는지를 설명하는 시각적 방법을 제공하고 있다. 열 가지의 의사소통 모드가 있는데, 그중 네 가지는 효과적이며 마음챙김에 의해 만들어진 것이며, 이는 나머지 여섯 가지의 비효과적 모드와 더불어 현실과 그에 맞는 행동을 고려한 것이다.

'효과적'이라는 말의 정의

우리가 쓰는 '효과적'이라는 말의 뜻은 다음과 같다.

- 의사소통을 통해 의도했던 반응 혹은 결과를 이루어 낸 경우; 정보를 얻고, 적절한 행동을 수반하며 원만한 관계가 유지·발전된 경우
- 필요하다면 의사소통이 지속될 수 있는 경우
- 의사소통을 하는 양 당사자 모두 서로에 대해 좋든 싫든, 동의하든 못하든 간에 I'm OK, You're OK 태도를 유지하는 경우

'비효과적'이라는 말의 정의

'비효과적'이라는 말은 다음의 경우에 해당할 때 쓰인다.

- 의도된 의사소통이 이해되지 못한 경우
- 의사소통 과정에서 듣는 사람이 'Not OK' 위치로 유혹되거나 다른 사람을 'Not OK'하게 만들도록 유혹되는 경우
- 의사소통이 결렬되어 지속할 수 없거나 더 심해져 불편이나 오해가 생길 경우. 심한 경우 영구적인 균열이 생길 수 있다.
- 처리되었어야 할 부분이 미해결된 경우 혹은 부적절하게 처리된 경우

서체

이 책의 일부 그림에서는 효과적인 영역과 비효과적인 영역을 각각 굵은 글씨와 가는 글씨로 구분하고 있다. 이러한 방식을 사용하는 것은 한 대화에서 막히는 곳과 진행되는 곳을 시각적으로 쉽게 볼 수 있도록 해 주며, 따라서 지나간 교류를 추적하고 이해하는 작업을 쉽게 만들어 준다. 만일 색을 이용하여 다이어그램을 그린다면, 효과적인 영역을 초록색으로 표현하고 비효과적인 영역에는 붉은 색을 사용할 수도 있을 것이다.

다이어그램

우리는 이제부터 OK 모드 다이어그램을 하나씩 쌓아 갈 것이다. 우리는 OK 목장의 축소 모형을 이 다이어그램에 활용하여 비효과적 모드는 Not OK 반응을 반영하고 이끌어 낸다는 것과 네 가지 효과적 모드는 I'm OK, You're OK 반응을 반영하고 이끌어 낸다는 것을 강조하고 있다.

효과적인 의사소통

당신이 효과적 모드 중 하나에 있다는 것은 당신이 현재 상황에 반응적이라는 것이다. 일반적으로 효과적 모드에서 한 말에 반응을 하는 사람 또한 효과적 모드에서 말할 가능성이 크다. 물론 현실에서는 단순히 효과적으로 행동하는 방식이 네 가지만 존재하는 것이 아니며 이들 기술어구는 상세히 설명하기 위함이 아니라 전반적인 양상을 보여 주도록 의도된 것이다. 또 어떤 경우의 행동들은 두 가지 이상의 모드의 연속선상에서 발생할 수 있는 것임을 염두에 둘 수 있다.

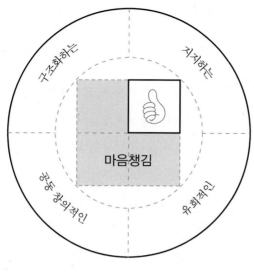

[그림 3-1] 행동 OK 모드

효과적인 모드

마음챙김 과정

단순히 반응하는 것뿐만 아니라, 인간은 대화를 시작하기도 한다. 어떤 때에 당신이 어떻게 행동할 것인가는 당신이 반사적 혹은 자동적으로 반응하는 것에 달려 있는데, 이는 현재 상황을 고려하며 과거 경험이나 현재 그 순간에 근거한 것이다.

다이어그램의 중심부는 '마음챙김(Mindful)'인데, 당신은 상황의 총체성과 모든 행동이나 개입으로 인한 발생 가능한 결과를 염두에 두어야 한다. 이것은 어떤 사람이 마음챙김 상태를 실제로 볼 수 없기에 하나의 행동이라고 할 수 없지만 당신은 그 사람의 마음챙김 과정을 보여 주는 일련의 행동을 통해 짐작할 수 있다. 마음챙김 과정은 '흐름 속'에 있는 것과 비슷한 것으로, 현재 상황을 고려하며 그 순간 효과적인 상태를 유지하는 것이다.

이 다이어그램 중심에 있을 때 당신은 과거로부터 긍정적인 행동을 활용·개발하여 현재 시점으로 가져와 적절하게 사용하게 된다. 따라서 우리는 [그림 3-1]의 다이어그램 주위에 다른 효과적 모드를 배치하여 마음챙김 과정을 강화하였다. 효과적 모드에서는 다른 사람과의 의사소통에서 의견에 관심을 가지고 현재 상황에 부합하는 생각과 느낌을 떠올린다. 상황에 따라서 당신은 다른 효과적 모드로 옮겨 가야 하는지 결정할 수 있기도 하다. 효과적 모드일 때 당신은 편안하고 창의적인 상태이기 때문에 공공연하게 효과적 모드에 있다는 것을 항상 인식할 수는 없다. 그러나 때때로 당신은 다음에 무엇을 할지 결정하기에 앞서 한발 물러서 상황을 예의주시할 필요가 있는데, 마음챙김이 다이어그램의 한가운데 위치한 것도 이 때문이다. 모든 효과적 모드는 I'm OK, You're OK 그리고 They're OK로 의사소통을 진행한다.

지지하는 모드

이 모드에서 당신은 당신의 행동을 적절하게 관리하고 확신을 가질 수 있으며 타인의 힘을 뺏으려 하거나 타인의 능력을 비하하지 않는다. 당신은 일관된 모습을 보일 것이고 당신의 도움은 신뢰감이 있을 것이며 실질적인 필요에 맞는 도움이 될 것이다.

구조화하는 모드

이 모드에서는 경계선을 잡아 주는데, 구조적인 비판과 보살핌을 제공해 준다. 이 모드에서 당신은 어떤 한계에 다다르거나 과도해졌을 때 그 상황을 잘 다루고 조치를 취할 수 있다. 예를 들어, 트레이너는 불가피하게 조정이 필요하지 않는 한, 무슨 날에 무슨 일을 할지 정해 놓고 지속될 수 있도록 도와준다.

공동 창의적인 모드

이 모형에서 공동 창의성은 타인과 함께 일하여 다른 무언가를 개발하고 창작하려는 것을 의미하는 것으로, 논의 속에서나 실용적, 논리적 용어에서 사용될 수 있다. 이 모드에서 당신은 타인과 공동 작업함으로써 혼자 했을 때보다 더 좋은 결과물을 만들어 낼 수 있다는 것을 잘 알고 있다. 이 모드는 다른 사람과 더불어 살고 모두를 위해 함께 일하는 법을 배움으로써 개발된다. 리더와 팀원들 모두는 공동 창의적이고 협동적이어야 하는데, 이는 불평을 하는 행동과 정반대의 것이다. 이 모드와 관련하여 당신은 자신과 타인을 긍정하는 방식으로 행동한다. 당신은 제안에 대한 찬성 혹은 반대를 고려하며 타인과 함께 일을 할 수 있다. 실제로 사람들이 협력하지 않으려 한다면 생산성은 크게 줄어들고 일 처리는 어려워지게 될 것이다. 이는 당신이 언제 어디서 누구를 만날 것인지, 누가 어떤 일을 맡아 할 것인지와 같은 기본적 일처리 세부사항을 포함하는데, 그리하여 당신은 상호 관계와 공동 창의성을 발전시킬 수 있다.

유희적인 모드

이 모드는 독창적이고, 즐거움을 추구하며, 호기심이 넘치는 활기찬 상태이며 공동 창의적인 모드와 긴밀하게 연관되어 있다. 이 모드의 강점 중 하나는 어려운 상황을 헤쳐 나가는 방법으로 타인을 즐겁게 대한다는 것에 있다. 이것이 잠재적 문제를 미연에 방지하게 하며 메시지를 전달하는 데 도움을 준다. 당신은 적절한 유머를 유지하면서 타인 또한 즐거움을 느끼도록 격려할 수 있다.

마음챙김 과정에 있을 때 당신은 어떤 효과적 모드에 머물 것인지 상황에 맞추어 선택할 수 있다. 항상 의식할 수 있는 부분은 아니지만, 만일 당신이 비효과적 모드가 되도록 유혹당하더라도 당신에게 선택권은 있다. 당신은 그 비효과적 모드를 수용할 수도 있는데, 그리하여 당신은 대화 중 복종적인 혹은 지배하려 드는 위치로 옮겨 가거나, 혹은 OK-OK 자세를 유지하고 효과적 모드에서 반응함으로써 그 유혹을 견뎌 낼 수도 있다. 유혹에 이끌리지 않는 경우 당신은 마음챙김을 유지하는 것이다. 이를 TA에서는 교차교류라고 하는데, 교차교류는 비효과적 모드로 초대하는 사람의 입장에서는 기대하지 않던 반응이 될 것이다. 다음장에서 교류에 대해 다루는데, 우리는 대화의 흐름과 맥을 시각적으로 제공하기 위해 교류 다이어그램을 사용하게 될 것이다.

마음챙김 과정에서 당신은 자신과 타인을 OK로 대우할 것이며 긍정적인 반응을 얻게 될 수 있다. 당신은 또한 유익한 재미를 얻게 될 수 있으며 타인과 공동창의적으로 즐길 수 있을 것이다. 이는 Berne의 생각을 따르는 것으로, 우리가 마음챙김의, '통합된' 방향으로 나아갈 때 우리는 활기차고 자신감이 있으며 과거 경험을 적절하게 현재 상황에 활용하게 된다. 이러한 태도는 비효과적, '비통합적' 모드에 있는 사람의 경우와 구별되는 것이고 그 사람들은 "활기차게 있기를 거부하며 아마 용기 있는 모습을 가졌으면 할 것이다"(Berne, 1961).

비효과적인 모드

이제 우리는 [그림 3-1]의 다이어그램에 비효과적 모드를 추가할 것이다.

만약 당신이 비효과적 모드에 빠져들었다면, 당신은 현재를 잊고 아이처럼 혹은 어린 시절의 특정한 당신으로 행동하고 있다는 것이다. 다이어그램에서 비효과적 모드는 과거 행동으로 빠져드는 과정을 보여 주기 위해 박스로 그려져 있는데, 비효과적 모드에서는 경직되어 있고 유연하지 못하다.

비효과적 구역은 현재 쓸모가 없고 과거로부터 온 통합적이지 못한 경험을 반영하고 있다. 예를 들어, 어떤 사람은 의사가 무릎 진료를 위해 두드리는 것으로 인해 다리에 총상을 입었던 것과 같은 느낌이 갑자기 떠오를 수도 있다. 당신은 이러한 반응들을 스스로 통제할 수 없는데 일종의 반작용으로 표현되는 것이 더

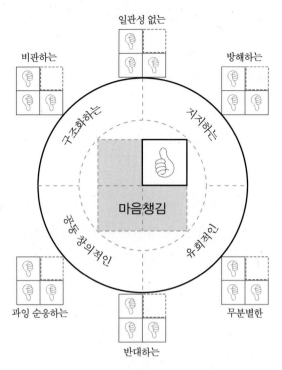

[그림 3-2] 완성된 OK 모드 모형

정확하다. 이러한 것들은 마음챙김 과정 주위의 긍정적 반응들에 대한 '과장된' 대응 관계를 가지고 있는 것이며 하나의 촉발제로 순식간에 유발될 수 있다. 그러한 촉발제는 다음과 같다.

• 대화 상대의 비효과적 의사소통
• 어떤 사람이 당신의 '버튼'(당신에게 민감한 사항이나 주제)을 건드렸을 때

비판하는 모드

이 모드에 있을 때의 당신은 권위주의적 성향을 띠며 마치 당신이 타인은 당신처럼 능력이 있다고 생각하지 않는 것처럼 행동할 수 있다. 이때 당신은 타인을

박해하거나, 깔보는 혹은 무언가를 금지시키는 모습을 하고 있을 것이다. 이 모드에 이끌리는 상태에서는 충실하고 힘 있는 팀이나 문화를 개발할 수 없는데, 이는 그때의 사람들은 긴장되어 있고 불편한 상태를 유지하기 때문이다. 이 모드에서는 I'm OK, You're Not OK로 의사소통하게 된다.

일관성 없는 모드

이 모드의 리더는 변덕스러운 모습을 보이는 경향이 있는데, 예측 불가능하고 무작위적인 행동을 한다. 예를 들어, 당신은 때때로 어떤 일을 스스로 할 수 있는 사람들을 통제하기도 하고 또 다른 때에는 그들이 알아서 하도록 내버려 두기도 한다. 이러한 행동은 사람들이 관리자인 당신이 어떤 것을 선택할지 모르기 때문에 그들로 하여금 혼란을 주기도 한다. 이 모드는 I'm OK, You're Not OK로 의사소통되는데, 당신은 타인보다 자신이 일을 더 잘할 수 있는 것처럼 행동하고 타인의 욕구를 무시하는 것처럼 보일 수 있다.

방해하는 모드

이 모드에서 당신은 마치 다른 사람을 '구출'하는 행동을 하는데, 이는 다른 사람의 일을 도와주기는 하지만 사실 그 일은 그 사람이 스스로 할 수 있는 일이다. 또한 당신은 심하게 제멋대로이거나 소란스러운 행동을 하고 있을 수도 있다. 이는 행동적으로 I'm OK, You're Not OK를 표현하고 있는 것이다.

과잉 순응하는 모드

이 모드에서 당신은 타인에 대한 과잉순응의 행동을 보이는데, 이는 그들에게 무엇을 원하지는 묻지 않고 그저 타인을 기쁘게 하려는 것으로 당신은 수동적이

거나 불평스러운 모습을 보인다. 만약 당신이 리더인데 이 모드에 있다면, 당신은 항상 모든 사람을 만족시킬 수 없으므로 결국 스트레스를 받게 될 것이다. 이 모드는 I'm Not OK, You're OK 또는 I'm Not OK, You're Not OK를 표현하는 것이다.

반대하는 모드

이 모드에서는 어떤 목적이나 일의 일관성 없이 단순히 저항하고 반대하는 행동을 보인다. 이러한 태도를 지닌 직원은 일을 방해하는 듯한 인상을 남길 수 있는데, 다른 사람들은 'No'라고 할 때 자신만 'Yes' 혹은 그 반대로 행동하는 경향을 보이기 때문이다. 이는 I'm Not OK, You're OK 또는 I'm Not OK, You're OK를 표현하는 것이다.

무분별한 모드

이 모드에서 당신은 You're Not OK(혹은 당신은 부적절하다)의 태도를 표현한다. 직장에서 이 모드에 있는 당신은 당신의 행동에 책임을 지지 않으려는 방식으로 행동하는 경향이 있다. 당신의 에너지는 분산되어 있는 듯하며 시간 약속을 잘 지키지 못하는데, 예를 들어 자주 지각하는 경우가 있다. 이 모드는 반대하는 모드와 차이가 있는데, 무분별한 모드의 행동은 타인에 대한 반응이 아니라, 주변 사람 및 상황과 무관하게 일을 하는 당신에 대한 것이기 때문이다.

내면 그림

이 장에서 다룰 두 번째 내용은 우리의 내면 구조가 어떻게 되어 있는가에 대한 것이다. 종종 다른 사람의 행동을 관찰할 때면 그 행동이 이해가 가지 않는 경우가 있다. 이에 행동 모형과 더불어 약간의 설명은 당신의 이해를 도와줄 것이다.

구조적 자아 상태 모형

이 모형은 어떻게 사람들은 발전하고 그들의 머릿속에서는 어떤 일이 일어나는지 설명하기 위한 것이다. 이 모형은 우리 자신과 타인을 더욱 잘 이해하기 위해 쓰이는 좋은 모형이기도 하다.

구조적이라는 말이 쓰인 이유는 이 모형이 우리 성격 구조를 그려 내고 있기 때문이다. 자아 상태란 개인의 응집된 태도, 생각, 감정, 행동 양식의 패턴을 가리킨다. 단순히 말하자면 자아 상태는 부모, 어른, 어린이의 구성 요소를 가지고 있다. 앞에서 말한 OK 상태 모형과 관련지어 우리는 이를 러시안 마트료시카 인형처럼 생각할 수 있다. OK 상태 모형이 외부를 둘러싼 인형이라면 자아 상태 구조 모형은 우리가 볼 수 없는 하나의 안쪽 인형이라고 볼 수 있을 것이다.

구조적 자아 상태 다이어그램

우리는 부모, 통합하는 어른, 어린이 자아 상태를 세 개의 원으로 표현하고 있다.

자아 상태를 다이어그램 속에 표현하는 방법으로 더 복잡한 것들도 있기 때문에, 우리는 [그림 3-3]의 그림을 1차 다이어그램이라 부른다.

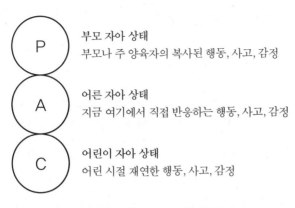

P 부모 자아 상태
부모나 주 양육자의 복사된 행동, 사고, 감정

A 어른 자아 상태
지금 여기에서 직접 반응하는 행동, 사고, 감정

C 어린이 자아 상태
어린 시절 재연한 행동, 사고, 감정

[그림 3-3] 부모, 어른, 어린이

부모

부모 자아 상태는 부모 혹은 주 양육자로부터 복사된 태도, 생각, 행동, 감정의 총체를 말한다. 우리는 살면서 모두 '완벽한' 사람을 만나는 것이 아니기 때문에, 이 자아 상태는 긍정적이고 부정적인 요소가 복합적으로 섞여 있다. 부모 자아 상태가 형성되는 과정은 부모가 자신에게 했던 말을 자신이 하고 있을 때 경험될 수 있다. 사람들은 깊은 생각 없이 그러한 행동을 할 가능성이 크며 자신들이 한 말이 무엇인지 깨달았을 때엔 아마 불편함을 느끼게 된다. 조금 자란 어린이는 자신의 어머니, 아버지가 자신에게 했던 것처럼 동생들에게 그런 말과 행동을 자주 하게 될 수 있다. 만약 부모가 아이의 그런 행동을 우연히 듣게 된다면 자신들이 그런 말을 했다는 것을 깨닫고 당혹감을 가질 것이다!

한편 부모 자아는 우리에게 다음의 것들을 제공해 주기 때문에 긍정적인 면이 있다.

• 자기 자신과 타인과의 관계를 어떻게 잘 다룰 것인가에 대한 잘 만들어진 청사진을 제공하기도 한다.

• 세상에 대한 일련의 가치와 믿음을 줌으로써 처음부터 모든 것에 대한 판단

을 시작하지 않아도 된다.

- 자신뿐만 아니라 타인에게 도움이 되고 따뜻하게 대하는 방법을 제공해 준다.

이러한 장점들은 단점이 될 수 있는데, 그것이 물려받는 것이기 때문이다. 부모 자아의 이미지는 당신 마음속의 사람의 이미지가 가지는 측면이기 때문이라는 것이다. 당신 스스로가 사실 덜 유연하고 또 모든 사람은 완벽하지 않기 때문에 그들의 시각과 방법 모두가 당신과 잘 맞지 않을 수 있는 것이다. 왜냐하면 당신은 부모 혹은 주 양육자와 오랜 시간 살아왔으며 당신은 그들의 시각과 행동 그리고 믿음을 아무 지각 없이 채택하는 경향이 있기 때문이다.

부모 자아 상태는 자신이나 타인에게 비판적이거나 벌을 내리려고 하며 옥죄려는 모습을 보인다. 예를 들어, 자기비판적인 사람은 아마 자신의 부모로부터 자신의 단점은 받아들여질 수 없는 것이며 비판받아야 마땅한 것으로 교육받았을 것이다. 따라서 부모 자아 상태의 또 다른 불리한 점은 실제 부모는 더 이상 비판하기 위해 우리 주위를 맴돌고 있지 않다는 것이다.

따라서 부모 자아 상태의 긍정적 혹은 부정적인 경향은 그 사람의 부모, 즉 부모나 선생님처럼 큰 영향을 준 사람이 그를 어떻게 대했는가에 달려 있다고 말할 수 있다. 사람들은 자동적으로 그러한 사람들의 경험을 반복하게 되고, 그들 스스로 그것에 대해 의심하거나 확인해 보지 않고 수용될 만한 가치와 그렇지 않은 가치를 그대로 지니게 된다.

자라면서 부모 자아 상태의 발달은 우리 삶을 좀 편하게 해 주기도 하는데, 매일의 상황에 대한 가치판단을 할 필요가 없기 때문이다. 앞의 OK 모드 모형에서 예시 1)의 디어드리는 부모 자아 상태에서 남들에게 자꾸 명령을 하는 것일 수도 있고 어린이 자아 상태에서 조숙하고 잘난 체하는 행동을 하는 것일 수도 있다. 그러나 우리가 디어드리에게 물어보지 않는 한 우리는 그녀의 그러한 행동이 부모로부터 물려받은 것인지 혹은 어린 시절 다른 사람을 쥐고 흔들면서 그 행동을 강화해 온 것인지 알 수 없다. 만약 그녀의 부모가 했던 것처럼 그녀가 행동하는

것이라면 그녀는 부모 자아 상태에 있다고 할 수 있다.

어린이

어린이 자아 상태는 어린 시절 겪었던 일련의 행동, 생각, 느낌이다(부모 자아 상태에서처럼 다른 사람으로부터 복사되어 온 것은 아니다). 앞의 예시 2)에서 존의 행동은 종종 부적절하며 제3자가 보았을 때 그는 어린이 자아 상태에 있다고 판단될 것이다. 존은 그의 보스가 그에게 보고서에 대해 물어볼 때 어린이 자아 상태로 이동했을 것이다. 이때 존은 즉각적으로 제인이 자신을 꾸짖기 위해서 부르고 있다고 생각한 것이다. 그래서 불안감을 느끼게 되고 그가 제인의 사무실로 갔을 때는 확신과 자신감이 떨어지게 된 것이다. 하지만 제인이 그에게 물어본 것이 보고서에 관한 단순한 사실이라는 것을 알았을 때 그는 그의 걱정이 아무것도 아니었다는 것을 알게 된 것이다. 그는 그의 상담사에게 가서 그런 일이 그에게 계속 일어난다고 말하였다. 그는 그것이 그가 학교 다닐 때 느꼈던 감정이었고 현재에 부적절한 반응으로 다시 일어나고 있는 것임을 알게 된다. 설령 그의 상사가 그를 꾸짖으려고 했더라도 어린아이처럼 행동하는 것은 도움이 되지 않는데, 그는 그렇게 행동해 온 것이다.

통합하는 어른

어린이, 부모 자아 상태는 과거에서 온 것들이다. 반면에 (통합하는) 어른 자아 상태는 현재, 지금 이 순간 우리의 부분을 이루는 것이다.

통합하는 어른 자아 상태에서 사람은 창의적이며 반응적이다. 통합하는 어른 자아 상태의 사람의 행동, 생각, 감정은 현재와 관련되어 있는 것이며 부모나 어린 시절 생각 없이 받아들여 반복되어 온 것이 아니다. 어른 자아 상태는 부모나 주 양육자의 긍정적인 측면을 통합하기도 하며 과거 어린 시절의 좋은 경험을 현재에서 적절하게 사용하기도 한다. 통합하는 어른 자아 상태는 부모나 어린이 자아 상태에서 발생하는 단순한 감정적 반응보다는 이성의 지배를 받는다. 앞의 예시에서 잭은 통합하는 어른 자아 상태에 있다는 것을 알 수 있는데, 상황에 맞게 적절히 반응하고 건설적이고 도움이 되며 명확한 생각을 하고 있다. 이러한 잭의 특성 때문에 그의 팀이 그를 높이 평가하게 되는 것이다. 하지만 통합하는 어른 자아 상태에서도 감정을 지니고 있다는 것을 간과해서는 안 된다. 몇 년 전에는 어른 자아는 컴퓨터처럼 감정이 없는 것으로 생각되었다. 이렇게 생각한다면 현재와 어른 자아 상태에 있는 것은 1차원적인 것으로 인식될 것이다. 하지만 오늘날 우리는 통합하는 어른 자아 상태에서도 상황에 맞게 적절히 생각하고 느끼며 행동한다는 것을 알게 되었다. 예를 들어, 슬픈 일이 생겼다면 그 감정을 '어린이 자아 상태로부터 생긴' 것으로 판단하기보다는 그 슬픈 감정을 적절하게 표현하는 것도 중요한 것이다.

자아 상태 평가

자아 상태는 내부적인 것이나 행동을 통해 표출되는 것이다. 어떤 사람이 어떤 자아 상태에 있는지 정확하게 분석하기 위해서는 상황을 네 가지 측면에서 분석해 볼 필요가 있다. 이러한 작업이 없다면 우리는 추측을 하게 될 뿐이다.

행동 평가

먼저, 우리는 그 사람의 행동 방식을 통해 그가 어떤 자아 상태에 있는지에 대한 지표를 얻을 수 있다. 부모 자아 행동은 양육과 동정심을 포함하며 이때 자세는 앞쪽으로 기울인다거나 조금 딱딱하게 서 있는 것일 수 있다. 부모 자아 상태에 있는 사람이 쓰는 어휘는 가치 판단을 포함할 수 있다. 예를 들어, "내가 생각

하기엔 넌 정말 이기적이야." "그거 별로 좋은 생각이 아닌 것 같은데?" 혹은 "너 피곤해 보이는구나. 내가 차 좀 만들어 줄게." 등의 말을 쓴다는 것이다. 이 때 그 사람의 말과 어조를 결합시켜 생각해 보는 것은 그 사람의 자아 상태를 판단하는 데 도움을 줄 것이다. 또 우리는 말의 속도와 그 사람의 감정을 자세히 관찰할 수도 있다. 부모 자아 상태에 있는 사람의 어조는 딱딱 끊어지거나 급작스럽고 통제하려는 느낌을 줄 수 있으며 딱딱한 표현을 쓰거나 불만스럽다는 듯 손가락을 흔들고 있을 수 있다. 이 모든 것이 부모 자아 상태를 나타내는 지표라고 할 수 있다. 하지만 사람마다 어린 시절 그 부모 혹은 주 양육자에게 배운 것들이 다를 수 있기 때문에 여기서 판단을 마치기엔 이르다.

어떤 사람의 말이 분명하고 잘 구조화되어 있을 때 그 사람은 아마 통합하는 어른 자아 상태에 있는 것이다. 이러한 판단은 만일 그가 자연스럽게 똑바로 서 있거나 다른 자세로 바꿀 충분한 준비와 유연성을 갖춘 자세로 있다면 더 강화될 수 있다. 그러한 사람은 또한 확신성과 타인에 대한 수용성을 동시에 보여 주고 있을 것이다.

어린이 자아 상태에 있는 사람의 행동은 그 말과 행동이 장난스럽거나 부루퉁하며 반항적, 창의적, 열광적이고 흥분하거나 혹은 부적절하게 취약하게 보일 수 있다. 예를 들어, 무언가 무섭게 하는 상황이 발생했을 때 대부분의 사람이 침착하게 대처하는 반면에 그 사람은 그렇지 못할 수 있다. 만일 당신이 어린이 자아 상태에 있다면 당신의 어린 시절의 모습을 떠오르게 하는 행동을 할 것이다. 예를 들어, 당신이 누군가를 기쁘게 해 주려 할 때 당신은 머리를 한쪽으로 기울이거나 동의의 표시로 고개를 끄덕이고 있을 수 있다. 또 당신의 목소리는 높아져 시끄럽고 왁자하게 들리거나 소심해져 조용해질 수 있다.

사회적 평가

이 평가는 한 사람의 타인과의 교류의 종류를 분석함으로써 그 사람의 자아 상태를 보려는 것이다. 예를 들어, 어떤 사람이 부모 자아 상태에서 반응을 하고 있는 것처럼 보인다면 그전의 의사소통에서 상대방은 어린이 자아 상태에 있었을 수 있다. 두 사람의 의사소통을 잘 관찰하면 우리는 그 교류를 통해 각각이 어떤 자아 상태에 있는지 판단해 볼 수 있을 것이다. 반면 통합하는 어른 자아 상태에서의 교류는 다른 사람으로 하여금 통합하는 어른 자아 상태의 반응으로 초대할 것이다. 물론 부모 자아 상태에서의 교류 또한 같은 자아 상태에서 반응하도록 유도할 수 있다. 예를 들어, 어떤 두 사람이 어떤 다른 것을 함께 비판하려 할 때 그들은 "아, 진짜 요즘 세금 너무 많이 걷는 거 같아 불만족스러워." "맞아, 구식 그대로 따라가는 걸 보면 정말 안타깝다니까." 등의 대화를 한다는 것이다. 여기서 '불만족스러워' 등의 어휘와 두 사람의 어조를 통해 그들이 부모 자아 상태에 있음을 알 수 있다.

여전히 이 평가를 통해서 타인의 자아 상태를 추측할 수 있을 뿐이다. 행동 평가와 사회적 평가를 모두 활용함으로써 명확한 진단을 할 수 있지만, 뒤에서 설명할 두 가지 평가 역시 필수적이다.

역사적 평가

한 사람의 과거 또한 중요한 정보를 제공한다. 만약 현재 당신이 느끼는 것이 어린 시절의 감정과 유사한 것이라면, 당신은 어린이 자아 상태에 있을 가능성이 있다. 또 현재 당신이 하고 있는 말과 행동의 방식이 당신의 어머니나 아버지의 방식과 같다면 당신은 현재 부모 자아 상태에 있다는 것이다. 예를 들어, 당신이 누군가에게 화가 났는데, 곰곰이 생각해 보니 그것은 당신의 어머니가 화났을 때의 반응했던 방식과 같은 것이었다.

예를 들어, 직장 상사가 당신을 불렀고 당신은 순간적으로 꾸짖음을 당할 것 같은 느낌을 받았는데, 곰곰이 생각해 보니 그것이 12세 때 담임선생님이 자신을 불렀을 때 느꼈던 것과 같은 것이라는 것을 인식할 수 있을 것이다. 이 경우에 당

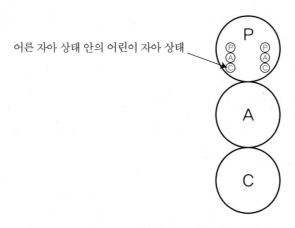

어른 자아 상태 안의 어린이 자아 상태

[그림 3-4] 부모 안의 어린이

신은 어린이 자아 상태에 있을 것이다.

　더 복잡한 경우도 있다. 예를 들어, 당신이 느끼기에 자신이 평소 자신의 모습과 너무 다른 행동을 하고 행동이 더 어린아이 같다는 느낌을 받았다. 당신은 그 행동이 당신이 어렸을 때의 행동과는 다르다는 것을 알고 있으나 어디서 온 것인지 알 수 없다. 더 정밀한 분석을 통해 당신은 결국 그 행동이 당신의 부모가 그런 상황에서 했던 방식이었음을 알 수 있을 것이다. 이 경우 이는 부모 자아 상태이지만 그 부모 속의 어린이 자아 상태에서 표출된 것이다. 이를 다이어그램으로 보면 [그림 3-4]와 같다.

현상학적 평가

　'Phenomenological(현상학적)'은 TA에서 사용되는 가장 긴 단어라고 할 수 있다. 현상학적 평가는 과거를 단순히 기억하는 것이 아니라 재경험하고 있을 때와 관련된다. 이 평가는 우리가 현재 이 순간에 있는지 혹은 과거에 있는지 알아보기 위해서 느끼고 있는 감정이나 감각 등을 이용한다. 예를 들어, 어떤 사람이 사무실 접수처를 가는 길에 라벤더 향을 맡게 되었는데 순간 어린 시절 라벤더 향세제로 가구를 닦았던 할머니 집에 있는 기분이 들었다. 이 경우 그 향으로 인해 그 상황을 재경험하게 된 것이다. 잠시 동안 그 사람은 어린이 자아 상태에 있었던 것이다.

따라서 자아 상태에 대한 자세한 진단은 더 나은 정보의 층위와 이해에 도움을 줄 수 있다. 하지만 조직 분야에서는 이러한 수준의 세부적 탐구는 대개 불필요할 것이다.

자아 상태와 OK 모드의 관계

자아 상태는 우리 내부적으로 어떠한 상황인지 이해하는 하나의 방식이다. 다른 사람이 어떤 자아 상태에 있는지 확실히 파악하려면 우리는 이상의 네 가지 진단 방법을 적용해 볼 필요가 있다. 역사적 평가나 현상학적 평가는 항상 실용적이고 적절한 것은 아니다. 조직 분야에서 우리는 보통 행동 평가와 사회적 평가에 의존하게 되는데, 방금 동료에게 잔소리한 사람에게 다가가 "방금처럼 당신의 부모님께서는 당신에게 그렇게 말하곤 했나요?"라고 물어보는 것은 적절하지 못하기 때문이다. 만일 이렇게 물어보게 된다면 당신은 정말 난감해질 것이다.

비록 이 자아 상태 모형은 그 기초 구조가 너무 단순화되어 있다는 비판을 받아오기도 했지만, 자아 상태와 관련된 당신의 행동과 스스로와의 대화를 이해하는 데 도움을 준다. 따라서 이 자아 상태 모형은 개인의 발전에 유용한 개념이 될 것이다. 스스로의 자아 상태를 점검해 보고 상황에 따라 자신이 부모나 어린이 자아 상태로 옮겨 가는 경우를 잘 진단하여 충분히 인지하고 있는 상태에서 통합하는 어른 자아 상태로 유지할 수 있도록 하는 것이 좋을 것이다. 따라서 자아 상태 모형을 이해하는 것은 자신을 위한 사용과도 관련되며 타인을 파악하는 데에도 큰 도움이 된다.

부모 혹은 어린이 자아 상태에서 오는 모든 교류는 과거로부터 전달되어 온 것이며 우리는 그것을 '전이(transference)'라고 한다. 이 개념은 당신이 왜 특정 사람에게 특정 방식으로 반응하는지 알아보는 데 유용하다. 예를 들어, 권위적인 모습을 보이는 사람이라든지, 여성이 강력한 이미지를 가지고 있다든지 등 특정한 성격을 이해하는 데 도움을 준다. 이는 아마 당신이 그 사람에게 그 사람이 아닌 '다른 어떤 사람의 가면을 씌운' 것이라고 볼 수 있으며, 따라서 당신은 그 사람을 현재와 연결해서 다루지 못하였다고 볼 수 있다. 이에 관해서는 후에 나오는 리더십과 충성, 우애와 관련하여 이야기해 볼 것이다.

OK 모드와 자아 상태 모형은 서로 연결되어 있다. 만일 당신이 통합하는 효과적 롤모델을 가지고 있고 당신의 창의성을 잘 활용하고 즐거워한다면 대체로 당신은 효과적인 통합하는 어른 자아 상태를 지니고 있다고 할 수 있다. 이러한 것은 당신의 행동을 통해 드러날 수 있으며 OK 모드 모형 측면에서 당신은 마음챙김 과정에 있다고 할 수 있다.

대부분의 다른 TA 책에서는 자아 상태 구조 모형을 사람들 간의 교류를 파악하는 데 사용한다. 하지만 한 사람의 자아 상태를 진단하기 위해서는 네 종류의 진단 방법을 모두 쓸 필요가 있으므로 단 한 가지의 방법으로 확신할 수가 없다. 따라서 의사소통 상황을 나타내기 위해 쓰는 가장 적절한 모형은 OK 모드 모형이라고 할 수 있다.

당신의 행동에 관해 인식하고 타인과 교류할 때 어떤 모드에 있는가에 대해 앎으로써 타인과의 의사소통 방식을 변화시키고 개선할 수 있게 된다. 이렇게 된다면 당신은 타인으로부터 좀 더 나은 반응을 얻을 수 있게 될 것이다.

연습

연습문제 1: 자신의 언어를 살펴보라!

이 연습문제는 각기 다른 행동 모드에서 사용하는 어휘에 대해 친숙하게 하여 그러한 말들을 듣게 되었을 때 자기 자신 혹은 다른 사람의 상태를 알고 적절한 반응을 하기 위한 것이다.

- 다른 모드에서 왔을 모든 메시지, 단어 혹은 구절에 대해 잠시 생각해 보라. 예를 들어, "도대체 지금이 몇 시야?"(상대방에게 몹시 화를 내며) 혹은 "그건 불공평해요!"와 같은 말은 대체로 어떤 모드에 해당할까?
- 당신이 생각한 것에 대해 살펴보고 이러한 말을 당신이 자주 하는지 고려해 보라. 만일 그러하다면 어떤 믿음이 그 뒤에 있다고 할 수 있는가?
- 이러한 표현이 좋은 의사소통을 위해 도움이 되었는가? 그렇지 않다면 이러한 믿음과 행동에 변화를 주기 위해 어떤 일을 해야 할까?

연습문제 2: 비효과적인 영역

TV 프로그램을 시청한 후에 그 속에서 보이는 모든 행동 모드에 대해 파악해 보라.

- 그것들이 효과적 혹은 비효과적인 의사소통의 경우에 해당하는가?
- 해결될 수도 있었던 어떤 상황이 악화되고 있는가?
- 그 상황의 인물이 쓰지 않은 다른 옵션에는 무엇이 있는가?
- 그들이 했던 같은 말도 다른 방식으로 말할 수 있었는가?
- 그들은 다른 방식으로 반응할 수도 있었는가? 다음 장에 대한 준비로 어떻게 다른

방식을 활용할 수 있었는지 예를 들어 생각해 보라.

연습문제 3: 롤모델

만일 당신이 바뀌기로 결심하여 이를 도와줄 방법을 찾고 싶다면 긍정적인 롤모델을 찾아보는 것이 도움이 될 것이다. 이러한 롤모델은 당신의 현재 삶에 존재하지 않아도 된다. 당신은 수년 전의 훌륭한 직장 상사에 대해 떠올려 보는 것도 좋다. 그 후 당신이 어떤 난관을 만났을 때 스스로 한번 그 사람들이라면 비슷한 상황에서 어떻게 행동하였을지를 곰곰이 떠올려 보고 그런 방식으로 대처해 보라. 이는 그 사람들이 주는 모든 긍정적인 메시지를 포함하는 것이다. 마침내 새롭게 형성된 행동은 당신이 그것을 통합하여 자신의 것으로 만들게 됨으로써 더욱 자연스럽게 느껴질 것이다.

WORKING
TOGETHER

효과적인
의사소통자가 되기

CHAPTER

04

소개

아무리 훌륭한 리더나 전략가일지라도 자신의 뜻을 전달하는 데에 어려움을 겪을 수 있다. 조직에서의 에너지는 갈등과 부조화가 아닌 생산을 위해 쓰여야 한다. 조직의 입장에서는 조직원들이 편하게 그들의 일에 전념하고 서로의 일을 위해 협력하기를 원한다. TA의 강점 중 하나는 원활한 의사소통으로 발전시켜 주는 여러 길을 가지고 있다는 것이고 문화나 조직의 위계질서를 넘어 모든 사람이 배우고 이해할 수 있다는 것이다.

TA는 사람들 사이의 교류를 분석하는 도구에 주목한다. 물론 바로 이 점이 TA에게 명성을 안겨 준 것이다. 사람들 간의 교류를 분석하는 것은 당신이 효과적인 관계를 발전시키고 틀어진 일을 어떻게 처리해야 할지 이해하는 데 도움을 준다. 게다가 무엇이 당신에게 효과적인지에 관한 이해를 돕기도 한다. 의사소통 상황에서 어떤 선택권이 당신에게 유효한지를 알고 감정을 읽을 줄 알게 되면 잠재적 갈등이 있는 상황을 피할 수 있게 될 것이다.

단방향의 교류는 한 사람이 또 다른 한 사람 혹은 다수에게 말을 하는 것을 뜻한다. 이는 연설을 포함하기도 하나 다양한 비언어적 표시를 포함하기도 한다. 본래 의사소통의 목적은 양방향이기 때문에 교류라는 것은 자극과 반응, 짝으로 만들어진다는 것을 알 수 있을 것이다.

교류를 탐구해 본다는 것은 당신이 의사소통 전체 혹은 일부분을 되짚어 보고 무슨 대화였는지 이해해 보는 과정이다. 물론 모든 것이 온전히 잘 풀렸다면 이러한 과정은 필요하지 않을 것이다. 그렇지만 그 의사소통을 원활하게 해 주었던 과정을 이해하는 것 또한 이 공부를 지속하기 위해서는 필요하다. 예를 들어, 다음의 것들을 생각해 보는 것도 좋다.

• 무엇이 잘 풀렸고 왜 그러하였는가?

- 어떤 부분 혹은 지점에서 당신은 그 사람을 원활한 소통의 장으로 이끌었는가?
- 어떤 부분 혹은 지점에서 논쟁은 사라졌는가?

다음에 나오는 것들은 왜 의사소통이 잘못된 방향으로 갔는지 잘 알아챌 수 있도록 도와주는 다른 개념들에 대한 것이다.

공동 창의성

TA의 목표 중 하나는 자기 자신 및 타인과 긍정적인 관계를 맺도록 하는 것이다. 이를 위해서는 당신은 타인을 대함에 있어서 마음챙김 과정에 있어야 한다. 이를 통해 당신은 딱딱한 방식의 단순한 무의식적 반응보다는 유연한 자세로 현재 상황에 대처할 수 있을 것이다. 다른 사람이 당신을 대할 때 어떤 다른 모드를 지니고 있다 하더라도 당신은 당신의 것을 유지할 수 있을 것이다. 우리는 여기서 '공동 창의적'이라는 용어를 쓰고 있는데, 이는 진솔한 대화의 본질적인 부분이라고 할 수 있으며, 따라서 우리의 OK 모드 모형의 일부로 이해할 수 있다.

공동 창의적이라는 것은 당신이 타인과의 관계를 수용함으로써 혼자서는 하기 힘들었을 무언가를 함께 만들어 나가는 것을 뜻한다. 단순히 반응을 할 수 있다는 것이 타인에게 단순한 응답을 해 주는 것에 그치는 반면, 공동 창의적인 공간에서 당신은 자신뿐만 아니라 타인까지도 적극성과 자신감을 가지면서도 겸손함을 갖게 만들 수 있다.

다른 사람과 함께 생각을 공유할 수 있는 관계로 발전하기 위해서 당신은 의사소통의 흐름을 설명하는 데 도움을 주는 OK 모드 모형을 이용할 수 있다. 또 만일 당신이 스스로의 반응과 타인과 관계를 맺는 방식에 대해 이해하고 싶다면 자

아 상태 기초 모형을 이용하면 된다.

교류

OK 모형을 사용하며 교류의 종류에 관해 살펴보자. 지금부터 두 개의 OK 모드 다이어그램을 나란히 놓고 두 사람이 교류에서 어떻게 보이고 있는지 알아보고자 한다.

상보교류

상보교류는 반응에 대한 자극으로 의사소통 당사자들이 같은 모드에서 서로 반응함을 뜻한다. 따라서 이는 예측 가능한 반응이며 의사소통은 별 무리 없이 계속 유사한 방향으로 진행될 가능성이 크다.

배리-자극: 경제 침체 기간 중 훈련 프로그램을 계속 유지하는 것에 대해 어떻게 생각하세요?

필로미나-반응: 연구 결과에 따르면 훈련 프로그램을 지속한 경우 회복 기간에 큰 향상이 있었다고 합니다. 제가 한번 정보를 더 알아보고 월말에 또 논의를 해 보는 것은 어떨까요? 이러면 정보를 얻기 전에 크게 움직일 필요가 없을 것 같습니다.

이것이 바로 상보교류를 하고 있는 상황으로 대화는 끊임없이 지속될 수 있다. 서로가 서로에게 존중하는 자세를 지니고 있다. 이는 공동 창의적인 공간으로 필요한 경우 적절하게 더 다양한 대화가 오갈 수 있다.

배리와 필로미나 사이의 대화를 [그림 4-1]과 같은 다이어그램으로 나타낼 수 있다.

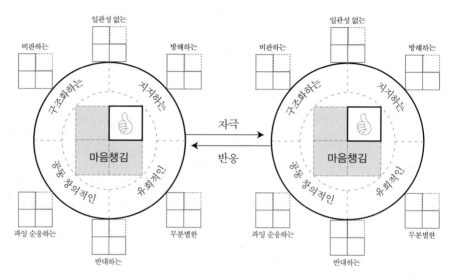

[그림 4-1] 마음챙김에서 마음챙김으로의 상보교류

반면 상보교류는 다음의 대화처럼 불안하게 나아갈 수도 있다.

브로디–자극: 당신은 대체 출근 시간이 몇 시라고 알고 있는 겁니까? 태미–반응: (울먹이며) 어쩔 수 없었어요. 키우는 고양이가 아팠고 버스가 또 늦게 왔어요. 전 최선을 다했다고요.	이 상황에서는 공동 창의성은 없고 단지 마찰과 저항을 불러일으키는 초대를 하고 있다. 브로디의 자극은 비판하는 모드에서 온 것이며 태미의 반응은 과잉 순응하는 모드에 있는 것이다. 이러한 과정이 끊임없이 지속된다면 의사소통은 아무 성과를 거두지 못할 것이고 긍정적인 관계를 형성(혹은 유지)하는 데 방해가 될 것이다.

이는 [그림 4-2]와 같이 그려질 수 있다.

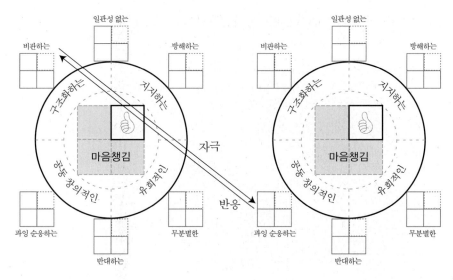

[그림 4-2] 비판하는 모드에서 과잉 순응하는 모드로의 상보교류

교차교류

두 번째 교류의 종류는 교차교류이다. 이는 상황에 따라 필요한 것일 수도 있고 아닐 수도 있는 교류이다. 부정적인 교차교류의 예시를 먼저 보자.

펠리시티−자극: 지금 시간이 어떻게 됩니까?	이 경우 자극은 마음챙김 과정에서 나온 것이지만 반응은 비판하는 모드에서 나온 것이다. 이로써 앵거스의 반응은 펠리시티를 밀쳐내게 된다.
앵거스−반응: 당신의 시계를 보시죠!	

교차교류를 다이어그램을 이용해 표시하면 [그림 4-3]과 같다.

이에 대한 대안으로 시간을 물어보았던 사람이 올바른 반응을 이끌어 내기 위해 교차교류를 시도할 수 있다.

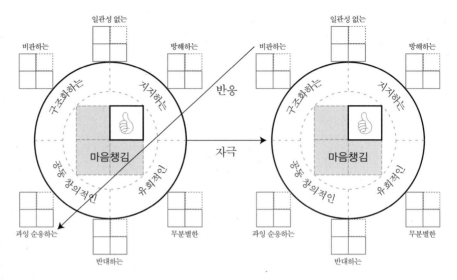

[그림 4-3] 교차교류: 마음챙김/비판하는 모드에서 반대하는 모드로

펠리시티-아, 알겠습니다. 시계를 가지고 다니라는 말씀이시군요. 그렇지만 한번 시간 좀 알려 주실 수 있을까요? 앵거스-네, 3시입니다.	펠리시티는 앵거스를 마음챙김 과정으로 초대한 것이며, 물론 완전히 동참한 것은 아닐지라도 그는 그녀에게 적절한 반응을 해 주었다. 이는 다시 펠리시티에게 비판하는 모드로 옮겨가지 않을 가능성이 크다.

이러한 교차교류의 예시는 앵거스의 어조에 따라 달라질 수 있다. 하지만 그가 마음챙김 과정으로 돌아온 것이라고 생각해 본다면, 다이어그램은 상보교류의 모습을 보이게 될 것이다.

이면교류 혹은 함축된 메시지

당신이 가지고 있는 생각과 믿음이 당신이 하고 있는 말과 일치하지는 않는다면 당신은 타인에게 엇갈리는 메시지를 전달하게 될 것이다. 예를 들어, 당신은

마음속으로 '이런 망할, 또 그녀잖아! 어떻게 하면 대화를 빨리 끊을 수 있을까?'라고 생각하고 있다. 이러한 상황에서 타인은 아마 당신의 처신, 태도 혹은 어조를 통해 무언가를 알아차릴 수도 있다.

다음의 말이 상대방에게 어떤 영향을 미칠지 생각해 보자.

- 저 지금 정말 바빠요. 지금 이 대화를 할 시간이 없습니다.
- 제가 지금까지 들은 당신에 대한 것이 정말 사실인지 의문이 드네요.
- 오늘 아침 출근하면서 거의 사고가 날 뻔했어요. 아직 잊히지가 않네요.
- 방금 전 직장 상사와 싸웠는데, 어떻게 말해야 좋을지 계속 생각해 보고 있어요.
- 아, 일 때문에 지치고 이런 대화도 힘드네요.
- 지금 정말 화장실이 급한데 그쪽에게 이 사실을 말하기가 좀 그렇네요.
- 저번에 이 주제에 관하여 했던 대화를 잊어버렸어요. 저번에 썼던 수법으로 이번 대화를 모면할 수 없을 겁니다.

만일 당신이 이 중 하나를 생각하고 있다면 그 메시지는 의도하지 않았더라도 어떤 방식으로든 표출될 것이다. 다른 사람은 그 숨겨진, 심리적 혹은 이면적 의미를 찾아내고 그에 반응할 것이다. 따라서 숨겨져 있는 심리적 메시지는 갈등을 유발할 가능성이 있다. 종종 당신은 사람들이 "네가 하고 싶은 말은 그게 아닌 거 알고 있어, 넌 이런 뜻이잖아!"라고 말하는 것을 들을 수 있다.

예를 들어, "그거 정말 멋진 옷이네요. 근데 그거 저번 회의 때 입었던 옷 아닌가요?"라든지 "사장님이 당신과 함께 브루셀에 가자고 한 것은 정말 놀라운 일이네요. 둘이 같은 체육관 다니죠? 그렇지 않나요?"라고 말할 수 있다. 이 경우 당신은 그러한 교류를 어떻게 대처할 것인가가 중요해진다.

가끔 당신은 당신을 거슬리는 의도가 무엇인지 확신이 서지 않을 때도 있지만 당신은 불편함을 느끼고 있을 수 있다. 당신은 스스로를 탓하며 그들이 당신을 좋아하지 않는다고 생각하여 그런 사람들과의 접촉을 피하려고 애쓰게 된다. 이는 그 사람들이 자신들이 가졌던 문제에 매몰되어 있었기 때문에 당신을 밀어내려고 한 것이다.

점차적으로 고조되어 한 사람은 기분이 상하게 되는 의사소통의 과정의 예를 들어 보고 어떻게 그것을 피할 수 있을지 살펴보자.

이 경우 당신은 발표를 하는 중이며 플립 차트에 당신이 가르치고자 하는 것을 적고 있는 중이다. 발표가 끝난 후 한 참가자가 말하였다. "당신은 behaviour를 세 번이나 틀리게 적었어요." 이 대화에는 이면교류가 있는데, 이면교류는 실제로 표현되지 않은 말을 내포하고 있다. 다시 말하면, "당신은 behaviour라는 말을 쓸 줄 모르네요."이다. 이때 당신은 그 말을 듣는 사람으로서 선택권을 가지고 있다. 당신은 스스로를 어리석게 생각하고 부끄러워하여 수동적으로 변할 수 있는데, 이 경우 과정이 원치 않는 방향으로 나아갈 수 있다. 대신 당신 자신과 다른 사람을 OK하도록 잘 지키고, 침착한 목소리로 잠시 알아차리지 못하였다고 말하면서 혹시 그로 인해 그 참가자에게 문제가 있었는지 확인해 볼 수 있다. 이러한 방식으로 당신을 나타내려는 시도가 있었더라도 (실제로 일어나지는 않고) 당신은 그 다른 사람의 생각을 이해하려 노력한다. 왜냐하면 그 말에 대해 당신이 차마 이해하지 못한 이유가 있었을 수도 있기 때문이다.

따라서 당신이 어떤 분쟁의 장소로 초대받거나 혹은 기분 나쁘게 하는 상황을 만났을 때 당신은 어떻게 반응해야 할지에 관한 선택을 할 수 있는 것이다. 당신은 자기 자신과 타인을 OK하도록 유지하고 영역 유지를 하는 방식으로 상황에 대처해야 한다. 기억하라, 이러한 점에서 보았을 때 최소한 고통은 선택적인 것이다!

물론 당신이 느끼기에 다른 사람이 당연히 당신에게 좋은 의도를 보여 주는 듯하다면 그 심리적 메시지는 긍정적일 수도 있다.

이면교류는 어떤 이차적인, 숨겨진 그리고 모순되는 메시지를 담고 있는 말이다. 이면교류가 일어나게 되면 불신이 발달하게 되고 갈등이 뒤따르거나 기껏해야 대화의 끝에 가서 이면교류를 받은 사람은 뒤로 물러나게 되거나 어떤 일을 맡으려 하지 않을 수 있다.

다음의 대화는 이면교류의 또 다른 예이다.

톰-자극: 대체 언제 나에게 보고서를 제출할 수 있는가? (비꼬는 듯한 말투로 '너는 그 보고서를 너무 오랫동안 하고 있어 지금쯤은 완성됐어야 하는데 말이야.'를 내포하고 있다) 틸리-반응: 이번 주말까지요(다소 퉁명스럽게 '좀 저리가. 넌 내게 항상 짜증만 줘.'라는 말을 내포하고 있다).	만일 이러한 종류의 교류가 지속된다면 톰과 틸리의 의사소통은 서로가 가지고 있는 화를 실제로 표현하지 않고 악화되어 갈 것이다. 그들이 솔직하게 말하지 않게 되어 그들의 의사소통은 단절되거나 불쾌한 방향으로 흘러가게 된다.

이면교류를 도해적으로 설명하기 위해 우리는 OK 모드 모형을 사용하는데, 추가적인 탐구가 없다면 우리는 어떤 사람이 어떤 자아 상태에 있는지 실제로 알 수 없기 때문이다. 시작하는 자극은 마치 마음챙김 과정에서 비롯된 것처럼 들릴지 모른다. 물론 우리가 마음챙김에 있다면 우리는 이면교류가 아닌 솔직한 대화를 했을 것이다. 이면교류는 과거의 존재 방식에서 기인한 것이고 따라서 정직한 의사소통이 아니다.

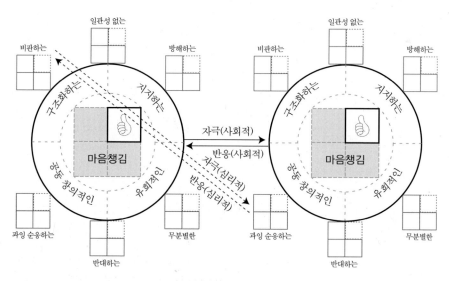

[그림 4-4] 이면교류: 행동 버전

〈표 4-1〉 세부 예시

교류		행동 모드	인생태도	OK 모드 모형에서의 교류
조	조앤, 지금 당장 내 사무실로 와요!	비판하는 모드	I'm OK, You're Not OK	
조앤	'내가 뭘 잘못했나?' 라고 생각하며 그냥 아무 말도 하지 않고 작업 중인 일은 생각하지도 않고 그냥 조를 따라 사무실로 간다.	과잉 순응하는 모드, 이는 후에 그녀로 하여금 인생이 쓸모없는 것처럼 믿도록 이끌게 된다.	I'm Not OK, You're OK	
	(사무실 안에서) 무슨 일입니까? (조용히 유순한 목소리로 말하듯이 말한다.)	과잉 순응하는 모드		
조	결국 왔군요, 이번 달 신규 판매량을 알아내서 그 정보를 오후 4시까지 내 책상에 올려놓도록 하세요.	비판하는 모드	여전히 그녀는 조앤이 Not OK 하도록 생각한다.	
조앤	네, 할 일이 많지만 오늘 늦게까지 일하면 오늘까지 요구하셨던 다른 일까지 할 수 있을 것 같아요. (낮은 가름고 간결한 목소리로 말한다.) 다시 그녀의 책상으로 돌아왔을 때 그녀는 그전의 작업을 잃어버렸음을 알게 되었다.	조앤은 수동적이며 여전히 과잉 순응하는 모드에 있다. 사실 순응보다는 반항하고자 하는 마음이 더 큰 부분을 차지하는 것처럼 보인다. 그녀는 늦게까지 일할 것이라고 말하고 있지만 그곳에는 이면의 류가 있다. 즉, 그녀는 그 일을 거절하고 싶은 것이다. 만일 그녀가 계속 대화를 이어 갔다면 긴장은 지속되어 그녀 상사가 목소리 톤에 대해 물으면서 다음으로 이어졌을 수도 있었으며 아는 과정을 고조시켰을 것이다.	이제 그녀는 마치 그녀가 I'm Not OK, You're Not OK의 인생태도에 있는 것처럼 있다.	

위의 상황에 대해 생각해 보라. 대신, 다음은 의사소통이 흘러갔을 수도 있었던 방향이다.

〈표 4-2〉 세부 예시: 대안 1

교류		행동 모드	인생태도	OK 모드 모형에서의 교류
조	조앤, 당장 내 사무실로 와요.	비판하는 모드	I'm OK, You're Not OK	
조앤	2분 안에 가도록 하겠습니다. 잠시 제 일을 컴퓨터에 저장해야 합니다.	마음챙김 과정, 구조화하는 모드를 선택하며 교류를 교차하고 있다.	I'm OK, You're OK	
조	결국 왔군요. 이번 달 신규 판매량을 알아내서 그 정보를 오후 4시까지 내 책상에 올려놓도록 하세요.	비판하는 모드	여전히 I'm OK, You're Not OK 인생태도를 지니고 있다.	
조앤	지금 당장 저는 작업 중인 일이 매우 많은데, 모두 오늘 우선적으로 처리해야 하는 것들입니다. 만일 지금 이 업무를 맡으면 혹시 다른 일의 부분은 뒤로 미루어 주실 수 있나요?	마음챙김 과정, 구조화하는 모드를 선택하고 있으며 새로운 일을 인정하며 협력하고 싶어 한다. 공동 창의적인 모드	여전히 I'm OK, You're OK다.	

교류 103

〈표 4-3〉 세부 예시: 대안 2

	교류	행동 모드	인생태도	OK 모드 모형에서의 교류
조	조앤, 혹시 잠깐 제 사무실로 와 줄 수 있을까요?	조는 마음챙김 모드-구조화하는 모드와 공동 창의적인 모드의 혼합에 있다.	I'm OK, You're OK	
조앤	좋아요, 잠시 하던 일 좀 저장하고 갈게요. (저장한 후에 조를 보러 간다.)	마음챙김 과정-구조화하는 모드와 공동 창의적인 모드의 혼합에 있다.	조가 조앤을 OK 상태로 초대한 것은 효과적이며 조앤 또한 자기 자신과 조를 OK하다 도록 유지하고 선택하였다.	
조	긴급하게 이번 달 판매량에 대한 통계가 필요해요. 혹시 오후 4시까지 해 줄 수 있을까요?	조는 마음챙김 과정-공동 창의적인 모드에서 정보를 제공하고 있으며 단순히 요구하는 것이 아니라 문의하고 있다. 이는 조앤에게 공동 창의적으로 문제 해결을 위한 선택권을 부여하고 있는 것이다.		
조앤	할 수는 있지만, 그렇게 되면 우선순위에 있는 다른 업무를 잠시 멈춰야 할 것 같네요. 지금 당장 가장 중요한 업무인 것 같은데 괜찮으시다면 이참에 해야 하는 일을 멈추고 바로 이 일에 착수하겠습니다.	조앤은 현재 생활을 인정하고 있다. 예를 들어 조의 시간적 상황 그리고 새로운 업무가 중요하다는 것, 따라서 이 업무를 위해 다른 일을 중단하는 것에 대한 협상을 해야 한다.	그녀는 OK/OK에 머무르고 있다.	
조	그래요, 좋습니다. 저는 이제 이 업무를 맡겨 드렸고 다른 일은 물론 중단되어야지요, 시간 관리 철저하실 거라 믿습니다.	조는 자신의 요구를 합리적으로 잘 유지하고 있다.	조앤에 대한 믿음을 표현함으로써 그녀는 관계를 OK/OK로 유지하고 있다.	

사람들이 생각하는 내부적인 경험과 외부적인 행동이 일치하지 못하게 되는 경우가 많다. 러시아 마트료시카 인형처럼 우리는 가장 바깥쪽 인형만을 볼 수 있는 것이다. 하지만 안쪽의 인형은 우리의 외부적 행동에 영향을 미치게 된다. 이상적으로는 내부적 그리고 외부적 행동이 일치하는 것이지만 그렇지 않을 경우 당신은 이면적 메시지를 느끼게 되고 의사소통의 어려움을 겪게 된다.

의사소통 규칙

TA에서는 몇몇의 기본적인 의사소통 규칙을 두고 있다(Berne, 1961).

의사소통의 흐름이 평행적(혹은 상보적)일 때 의사소통은 지속될 수 있다. 이는 마음챙김과 마음챙김에서 혹은 비효과적인 모드 중 하나에서 또 다른 비효과적인 모드가 만났을 때 가능한 것이다.

두 개의 다른 수준에서 메시지를 전달할 경우, 그 반응은 명시적, 사회적 메시지가 아닌 심리적 혹은 이면적 메시지를 향한 것일 수 있다. 조앤이 업무를 끝내기 위해 늦게까지 일을 하겠다고 말했을 때 그녀는 자신이 실제로 어떻게 느끼는지, 조가 그것을 어떻게 자극했는지에 대해 진술하지 못했고 상황은 더 악화되었을 수도 있다. 이러한 상황 같은 경우 당신은 "무슨 말씀을 하고 싶은 거죠?"라고 말하게 될 수 있으며 그 후 "무슨 말이에요. 저는 하겠다고 말했잖아요."와 같은 반응을 듣게 되며 "그래, 근데 그게 당신이 하고 싶은 말이 아니잖아요."와 같은 대화로 이어질 수 있다. 이때 말다툼은 계속 이어지게 되지만 아무도 실제로 자신이 해야 할 말을 하지 않기 때문에 대부분의 경우 해결책을 찾기 힘들어진다.

교차교류는 어떻게 해서든 의사소통을 잠시 끊을 수 있다. 교차교류는 당신이 비효과적인 모드로 초대받았을 경우 긍정적으로 사용될 수 있으며 교차교류를 통해 마음챙김 과정에서 생각할 수 있게 된다(조앤은 조의 교류를 교차하였다).

의사소통 중 중단이 일어나는 것은 매우 잠깐 동안이다. 교차교류가 반드시 부정적인 것은 아니며 또 상보교류가 반드시 좋은 것도 아니다. 만일 어떤 사람이 당신으로 하여금 부적절한 행동을 하도록 유도한다면 교차교류를 통해 잠시 끊는 것도 중요하다. 예를 들어, 한 팀의 리더가 상사에게 가 사람들이 어떤 의사결정을 해야 할지 모른다고 말하였지만, 사실 상사는 그 사람들이 충분히 의사결정을 할 능력이 있다는 것을 알고 있다. 상사는 업무를 떠맡도록 하는 비효과적인 모드에 초대받고 있는 것이다. 이때 상사는 교류를 차단하여 그들이 문제를 생각하고 대안과 그에 따른 결과에 대해 생각해 보도록 요청할 것이다. 이렇게 의도적으로 효과적인 마음챙김 과정에서 교차교류가 이루어지면 다른 사람 또한 자기 자신의 마음챙김 과정으로 갈 수 있도록 초대받는 것이다. 바로 이것이 목표라고 할 수 있다.

하지만 펠리시티는 시간을 알아보기 위한 첫 요청에서 원하는 반응을 얻지 못하였고(97쪽) 그 경우 첫 교류는 도움이 되지 못했고 비효과적이었다.

의사소통이 잘못된 방향으로 가는 것은 무언가가 비효과적인 모드에서 비롯되었기 때문이 아니라 누군가가 그 말을 비효과적인 모드에서 온 것으로 듣기 때문이다. 예를 들어, 누군가가 당신의 말을 듣고 수동적인 행동으로 반대하는 모드에서 반응할 수 있는데, 이는 그렇게 반응한 사람이 당신의 말은 비판하는 모드에서 비롯된 것이라고 생각했다는 것을 보여 주는 것이다. 만일 누군가가 비효과적인 모드로 당신에게 반응한다 하더라도 당신은 마음챙김 과정에 머무르도록 해야 하며 그들이 당신의 말을 어떻게 들었는지 확인해 보고 상황을 분명히 해야 한다.

자기 자신의 의사소통 과정에 대한 인식을 키우는 것은 중요한 일이다. 당신이 철학적으로 모든 사람은 이 세상에 존재할 권리가 있다고 믿고, 당신과 함께 대화하는 사람을 존중하며 당신의 행동이 이를 잘 반영하게 된다면, 효과적인 의사소통이 이루어지게 된다.

자기대화

효과적인 의사소통은 자기 자신의 효과적인 자기대화(Self-Talk)에서 시작된다. 당신은 타인과의 대화뿐만 아니라 자기대화가 문제 해결적으로 나아갈 수 있도록 혹은 상황을 잘 다룰 수 있도록 도와주는 것이 되도록 해야 한다.

다음은 어떤 사람이 자기 자신에게 건강하지 않은 방식으로 말하는 경우의 예시이다.

직장에서 맥스는 지금 하고 있는 일에 대한 발표를 하도록 요청을 받았다. 발표 준비를 하며 맥스는 온전히 그 일에 착수하였다. 그는 흥미롭고 유용한 정보를 주는 발표로 칭찬을 받았고 상부 경영진은 신선함을 느끼고 한두 사람이 그전에 없었던 흥미를 보이기 시작하였다. 그는 몇 가지 질문을 받았는데 그중 어떤 것은 그에게 정보가 없어서 대답할 수 없는 것들이었다. 심리적으로 맥스는 그 질문에 대한 대답을 알지 못하고 할 말을 잊어버린 것에 대해 자책을 한다. 그는 그 집단의 가장 중요한 흥미를 무시하고 프로젝트의 현 단계에서 그가 어쨌든 대답할 수 없는 질문임에도 불구하고 사소한 것에 집중하였다. 그는 소극적으로 변하였고 상대방과의 관계를 잃게 되었다.	이 경우 맥스의 자기대화가 자신의 의사소통 과정을 흐트러뜨렸다고 할 수 있다. 맥스는 자신감을 높여 주는 긍정적인 자기대화를 증진시켜 다른 사람과의 의사소통을 긍정적으로 발전시킬 수 있다. 그는 현재 자신을 Not OK라고 생각하고 있다.

어린 시절 부모님(혹은 중요한 다른 사람)이 당신에게 말을 할 때 당신은 그들의 태도와 행동에 아무런 의심을 품지 않는다. 그보다 당신은 그러한 태도나 행동을 자신의 것으로 통합하여 후에 성인이 되었을 때 과거와 같은 방식으로 상황에 반응하게 되는데, 이때 과연 그것이 최선의 선택인가에 대해 의심을 하지 않게 된다. 또한 당신은 과거에 그들이 당신에게 말을 하던 방식으로 자기대화를 하게 된다. 위의 예시에서 맥스가 OK 모드 모형의 비판하는 모드에서 자기대화를 하고 있음을 알 수 있다. 이는 자신에게 중요했던 사람, 아마 교사와 부모님이 그에

게 행동하던 방식과 같은 것으로, 이는 그가 타인과 의사소통하는 것에까지 영향을 미치게 된다.

어린아이는 매우 제한된 인생 경험을 바탕으로 자기 자신, 타인 그리고 삶에 대한 결정을 내리게 된다. 다행히도 어른으로서 우리는 더 넓은 경험을 바탕으로 새로운, 자기 인식적인 결정을 내릴 잠재력을 가지고 있다. 이는 부정적인 자기대화는 해로운 것임과 우리는 새로운 자기대화 방식을 찾아야 함을 말해 준다.

만일 맥스가 자신의 훌륭한 발표에 대해 칭찬을 했더라면 얼마나 더 나았을까. 실수가 있었다면 단순히 자신을 비난하는 데 그치는 것이 아니라 미진한 점들을 발달시키기 위해 그러한 것들을 되돌아보고 배움의 기회로 생각할 수 있었을 것이다. 어린 시절 원래의 비판은 다른 사람의 조롱으로부터 자신을 보호하기 위함과 같은 긍정적인 의도를 지니고 있었다. 아마 그는 비판받지 않기 위해 계속 신경을 쓰고 있었을 것이다. 하지만 이유가 어찌되었든 그러한 방식은 더 이상 맥스에게 도움이 되지 않는 것이다. 그로 인해 그는 자신감과 자부심을 잃게 되어 이상의 능력을 발휘하기 힘들게 되며 그것이 그의 관계를 방해하는 것이 되었다. 따라서 그는 더욱 적합한 긍정적인 자기대화를 개발해야 한다.

〈표 4-4〉는 우리의 자기대화에 관한 추가적인 예시들이다.

네 가지 인생태도 중에서 린이 '선호하는' 혹은 쉽게 빠지는 위치는 I'm Not OK, You're OK인데 I'm Not OK, You're Not OK로 옮겨 가고 있다. 이 사례 연구는 OKness가 3차원적인 것임을 보여 주고 있다. 그 예로, 린과 자기부정적인 동료들과의 술자리가 있다. 그들은 모이기만 하면 멜린다와 존 그리고 조직을 포함한 모든 사람을 Not OK로 만들 수 있다. 린이 그녀가 무슨 일을 해 왔는지 알아차리는 순간, 그녀는 I'm OK, You're OK, 그리고 They are OK로 옮겨 갈 수 있게 되었다. 이렇게 그녀는 자신을 통제한 것이다(2장에 3차원적 모형에 관한 내용이 더 많이 있다).

타인과의 효과적인 대화를 구축하기 위해서 당신은 자기 자신과의 효과적인 대화를 만들어 가야 한다. 일을 잘해 낸 자기 자신에 대해 칭찬을 하고 힘들 때

<표 4-4> 사례 연구: 린

사례 연구	행동 모드	인생태도
린은 관리자이다. 그녀는 6개월 전에 임명받았었다. 전(前) 관리자인 제이미는 활기가 넘치고 창의적인 사람이었었다. 제이미는 직원들이 생활을 수월하게 해 주었던 솔선수범함을 남기고 떠났다는 평가를 받았다. 린은 그 후 자리를 맡게 되었고 그런 전 관리자에 대해 알게 된 후 그녀의 자신감은 하락하게 되었다. 다른 사람들이 그녀에게 "당신은 이기기 힘든 사람의 뒤를 이었어요."라고 말할 때면 린은 자기 자신에게 '하긴, 나는 그런 일을 할 수 없을 거야. 나는 그만큼 창의적이고 활기가 넘치지 않아.'라는 말을 하곤 하였다.	그녀가 '이기기 힘든 사람'을 상대해야 함을 알게 되셨을 때 린은 파일을 순응하는 모드로 행동하게 되었다.	자기 자신에 대한 린의 믿음과 전임자의 존재는 그녀와 그녀의 업무 능력에 부정적으로 작용하고 있다. 그녀는 자신이 어떤 점에서 Not OK라고 믿고 있으며 다른 사람들이 자신보다 더 낫다고 생각하고 있다. 이는 그녀를 위축되게 만들며 자신의 힘을 발휘하지 못하도록 막고, 자존감을 낮추게 만들고 있다. 휠런다와 존은 자기 자신을 OK로, 린은 Not OK로 만들고 있다. 그들은 자신들을 전 경영자인 제이미와 비견하고 있으며 이면적으로는 린이 절대 자신들처럼 될 수 없다고 생각한다. 이러한 경우 사실 아무도 OK인 것은 아니다. 사기는 저조하고 해결책을 좀처럼 찾을 수 없으며 변화를 위한 선택이 보이지 않고 있다.
린이 실수를 할 때마다 그녀는 자신은 적합하지 않으며 다른 사람이 자신보다 더 낫다는 믿음을 강화하게 되었다.		
소개에서 린은 다른 관리자들을 만난다. 그 모임에서 휠런다와 존은 그녀가 들었던, 제이미가 훌륭하고 유쾌하며 똑똑하다는 이야기를 강조하였다. 그중 세 명은 사이가 매우 좋은 동료였고 자주 놀러 가기도 하는, 본부 측에서 매우 높이 평가받는 사람들이었다.		
린은 이 모든 이야기를 믿으며 친하게 지낼 만한 사람들을 찾아 나서기 시작하였다. 그녀는 자기 자신에 대해 썩 긍정적으로 생각하지 않고 조직을 싫어하는 다른 관리자를 찾았다. 그들은 술을 마시러 다니며 툴지지 않는 일에 대해 불평을 하였고 휠런다나 존과 같이 썩 괜찮지는 않지만 원하는 바를 이루기 위해 다른 사람들을 이용하는 방법을 아는 것은 괜찮다고 말하곤 했다.	이는 그녀가 소속감을 가지고 싶어 했기 때문에 그녀에게 어려운 결정이 있다. 하지만 아무도 해결책에 대해 말하지 않고 일을 개선시킬 대안이 없었기 때문에 찾기는 어렵고 시간의 비용은 너무 컸다고 할 수 있다.	

린의 위치는: I'm Not OK 그리고 You're Not OK, They are OK

린은 I'm OK로 이동하고 있다

린은 자신의 힘을 되찾았고 I'm OK, You're OK, They are OK의 태도로 이동하고 있다.

뒤로 물러서서 객관적인 태도를 지니는 린의 능력은 그녀에게 상황에 대한 새로운 통찰력을 주게 되었고, 그녀의 마음챙김 과정을 증진시켜 새로운 위치에서 조치를 취할 수 있도록 도와주었다.

자기 자신에 대한 새로운 태도를 지니고 그녀는 제이미나 다른 관리자에 대한 이야기에 다르게 반응하고 자신에게 부정적으로 다가온 내모된 메시지에 반응하였다. 그녀는 그러한 교류를 차단하고 마음챙김 과정을 유지하고 있는데, 이는 그녀가 자신의 능력과 기술에 대해 긍정적인 자기대화를 하기 때문이다. 이렇듯 그녀의 교류는 이면의 메시지들과 충돌하지 않고 마음챙김 과정을 따르고 있는 것이다.

얼마간 그렇게 술을 마시러 다니고 얼마나 일이 잘 안 되는지에 대해 이야기하고 난 후, 린은 술자리가 언제나 기분이 나쁘게 끝남을 알고 더 이상 가지 않기로 결정하였다.

술 마시러 다니는 일을 그만두고 린은 왜 자신이 그 자리에 임하였는지에 대해 생각해 보기 시작하였고 자신에게 많은 신경을 그들이 가지고 있음을 돌이켜보게 되었다. 또 그전의 직장에서 그녀가 가졌던 솔선수범함과 그곳에서 그녀가 얼마나 정확했는지를 생각하게 되었다. 지금까지 성공적이었던 그녀의 모습을 돌이켜 보기 위해 모든 것을 적어 보고 자신의 이력서를 보며 지금의 자리까지 오기 위해 한 일을 모두 살펴보았다. 곧 그녀는 자신이 부정적인 마음의 틀에 한 달을 가두었음을 깨닫게 되었다. 그녀는 상사를 찾아가 긍정적인 인정을 요구하기로 결심하였고 자신감을 되찾는 동안 코칭 비용을 지불해 줄 의향이 있는지 알아보기로 하였다.

이러한 방식으로 린은 그녀의 목적을 성취하게 되었고 시간이 지나면서 사람들은 점차 그전의 관리자에 대한 이야기를 멈추었고 그녀는 솔선수범함과 성과물에 대한 긍정적인 인정을 받게 되었다.

자신을 잘 보살피는 것은 중요하다. 사실 항상 자신을 잘 보살펴야 한다. 난관에 부딪혔을 때 자신을 비판하기보다는 격려해 주는 것 또한 중요한 작업이다. 이를 통해 당신은 대안을 고려하여 그 결과를 더욱 잘 생각해 볼 수 있게 될 것이다. 이에 더하여 당신은 억압적이기보다는 고무적인 자기대화를 할 때 창의적이고 자연스럽게 될 수 있다. 또한 이를 자기 자신부터 행하지 못하게 된다면 다른 사람을 창의적으로 만들 수 없게 될 것이다.

예시

1) 데릭의 관리자인 로버트는 자신의 사무실에서 소리치며 데릭에게 당장 자신을 보러 오라고 말한다. 데릭은 걱정스러워하며 위축되어 사무실로 곧장 들어간다.	데릭은 관리자와 이런 종류의 의사소통에 익숙해져 있다. 그는 로버트의 호출이 있을 때면 곧장 가야 한다는 것을 이미 알고 있다. 데릭으로서는 로버트가 그에게 보고해야 하는 사람들이 그의 명령에 즉각 반응하는 것을 기대한다고 생각한다. 로버트는 데릭의 과잉 순응하는 모드에 대해 비판하는 모드를 발달시켜 왔다. 이런 관계의 종류는 영원히 지속될 수 있다. 하지만 어느 날 데릭이 과잉 순응하는 모드에서 반대하는 모드로 옮겨 갈 수 있으며 이로 인해 갈등이 생길 수 있다. 그렇지 않으면 데릭은 로버트의 괴롭힘으로 인한 불만이 쌓여 스트레스를 심하게 받아 일을 못하게 될 수 있다. 데릭의 입장에서는 로버트도 스트레스를 받게 되지만 이는 그가 교류를 할 때 비판하는 모드를 사용했기 때문이며 그의 스트레스를 알아주는 사람은 거의 없을 것이다. 설령 있다 하더라도 많은 동정을 받지 못할 것이다.
2) 제인은 다른 회사로 진급되어 발령받았다. 약 2주 후 그녀는 회사 동료였던 샘을 만나게 되었다. 샘은 제인에게 다시 보게 되어 정말 기쁘다고 말을 전했다. 하지만 제인은 샘의 말에서 조금 다른, 모호한 메시지가 있는 것 같은 느낌을 받았다.	제인은 샘의 이면교류에 대한 많은 의심스러운 생각을 막기 위해 그녀 자신에 대한 긍정적인 시선을 가져야 한다. 제인은 샘이 말로 표현하지 않은, 의도한 것에 대해 생각하느라 여러 시간을 보내게 될 것이다. 사실 샘은 제인의 승진된 자리를 질투하며 더 먼저 온 직장에서조차 자신이 더 뒤에 있다는 것에 짜증이 났을 것이다. 이것은 제인이 샘과 이야기하지 않는다면 확인해 볼 수 없는 것이다. 따라서 제인은 대화를 해 볼 것인지 혹은 자신의 직관을 무시해 보고 샘과 점심을 나누든지 결정해야 할 것이다. 어떤 선택을 하든 그것은 그녀에게 샘과의 관계가 미치는 영향, 중요성에 따라 결정될 문제이다. 물론 그 이면 메시지에 대해 혼자만의 추궁을 하며 기분을 헤치는 것 또한 건강하지 못한 선택이 될 것이다.

3) 엘리슨은 동료에게 고객의 전화를 잘 다루는 방법에 관한 조언을 구하려 하였다. 하지만 그 동료는 그녀에게 날카롭게 다그치며 조언 따위를 해 줄 시간이 없을 만큼 자기는 바쁘다고 말하였다.

이 경우처럼 종종 누군가 예상치 못한 반응을 쏟게 되는 경우가 있다. 이러한 상황에서 당신은 그 사람의 비판하는 모드에 자신 또한 비판하는 모드에서 상대하고자 함이 아니거나 혹은 수동적, 반대하는 모드로 응답하고자 하는 것이 아니라는 것을 확실히 해 두어야 한다. 여기서 엘리슨은 몇 가지 선택을 할 수 있다. 그녀는 교차교류를 시도하고 마음챙김 과정에 머무르며, 적극적인 몇몇 기술을 활용하여 "아, 그렇게 느끼셨다면 당신이 그렇게 짜증을 낼 수도 있음을 저도 이해합니다. 그렇다면 다음에 다른 사람에게 물어보도록 하겠습니다." 와 같은 말을 해 볼 수 있다. 이런 방식으로 엘리슨은 교류를 교차하고 동료의 말에 대해 곰곰이 생각함으로써 동료가 존중받음을 느끼게 해 줄 수 있다. 이는 그 동료의 불만에 호응해 주고 공감을 표하며 미래를 위한 일종의 합의를 목표로 하는 것이다. 이런 방식으로 엘리슨은 자신과 동료가 OK임을 유지하여 관계를 지속할 수 있게 된다. 만일 엘리슨이 그녀 또한 비판하는 모드에서 반응하는 선택을 했더라면 앞서 말한 경우와 얼마나 달라질까. 만일 그랬다면 의사소통은 해체되었을 것이다.

OK 모드 모형은 의사소통 중 일어나는 일을 설명하는 데에 도움을 준다. 전체 대화의 작은 흐름은 그 교류 당사자의 관계를 축소판으로 표현해 주고 반영해 준다. 따라서 관계의 일반적인 패턴은 대부분 당사자 간의 교류의 작은 쌍들을 통해 파악될 수 있다.

의사소통 문제 해결하기

자연스럽게 일(대화)이 잘 진행되어 갈 때에는 이런 식으로 교류를 분석하는 것이 불필요한 작업처럼 보일 수 있다. 하지만 의사소통이 엇나가게 되거나 혹은 일반적으로 관계에 있어서 어려움을 겪고 있다면, 무엇이 잘못된 것인지 분석하는 데에 투자된 시간은 가치가 있으며 그만큼의 노력에 보답할 것이다.

의사소통이 틀어졌을 때

가끔 서로서로가 연결되는 것이 이 세상에서 가장 어려운 일 중 하나인 것처럼 느껴질 때가 있고, 당연히 자연스럽게 흘러갈 때에는 숨 쉬는 일처럼 쉬워 보인다. 어려움은 다음과 같은 때에 생기기 마련이다.

- 통제할 필요가 있을 때
- 다른 사람보다 자신이 더 나은 사람이라는 것을 보여 주려고 할 때
- 자기 자신을 억누를 때
- 우울함을 느끼며 다른 사람에게도 같은 일을 시도할 때
- 방어적으로 변할 때

의사소통을 살펴보면 당신이 선택하는 단어, 목소리 톤, 서 있는 방식 혹은 표정과 같이 많은 뉘앙스가 존재한다. 또한 여러 종류의 의사소통이 있는데, 누군가 당신을 어린애 취급하며 말한다든지, 당신이 누군가를 어린애마냥 생각하며 이야기한다든지, 다른 사람을 이야기할 때 마치 그들이 당신보다 못한 사람인 것처럼 혹은 실제로 말하지는 않아도 그런 뜻을 내포하며 이야기할 수 있다. 물론 타인을 진실로 생각하고, 당신이 다른 사람에게 영향을 미친다는 것을 인지하며, 타인이 생각하는 것을 배우고 진실로 함께 관계하기를 원하여 당신의 생각이 언제나 함께하도록 준비하는 그런 효과적인 의사소통이 존재하기도 한다. 물론 때때로 경계를 만들고 확고한 의지를 표명하는 것이 적절할 때도 있지만, 이러한 경우에도 누군가를 배척하거나 고통을 주지 않는 방식을 취해야 한다.

의사소통상 문제의 예시

마비스는 주변과의 관계가 매끄럽지 못하였다. 그녀는 다른 사람들이 어떤 프로젝트를 진행하는지, 얼마나 바쁜지에 관해 애매한 질문을 하며 그들에게 접근하려 하였다. 그녀는 잘난 체하고 공격적인 말투로 질문을 하였다. 동료 팀원들은 그녀가 불편하였고 그녀를 피하려 하였다. 누군가 그녀의 행동에 불만을 제기하려 한다면 그 사람은 소홀히 대접받거나 수일 동안 기피의 대상이 되기도 했다. 팀의 사람들은 이에 대해 이야기하기 시작했고 마비스에 대한 불평을 하였는데, 그들이 그렇게 할수록 그녀의 행동은 더 심해져만 갔다. 그녀는 팀의 리더와 가까워지려고 하였고 주변 사람들과는 더 적게 관계하려 하였다. 팀 리더는 마비스를 유능한 직원으로 보고 새로운 일이 들어왔을 때 그녀에게 호의를 베풀려고 하였다. 이는 그저 그녀가 나머지 팀원으로부터 더욱 소외되는 결과를 가져왔다.

이 사례에서는 효과적인 의사소통이 이루어지지 못하고 있음을 볼 수 있다. 마비스는 상황을 인지하지 못하고 있기 때문에 무엇이 문제인지 전혀 파악하지 못하고 있다. 마비스의 비난과 멸시로 인해 아무도 이에 대해 문제를 제기하지 못하고 있다. 팀 리더 또한 문제에 대한 명확한 인식이 없는 것처럼 보인다.

효과적인 슈퍼비전과 팀 발전으로 이를 해결할 수 있다. 예를 들어, 사람들은 제한된 인식을 가질 때 그들의 사고 혹은 감정을 다른 사람에게 투사하게 된다. 마비스는 아마 다른 사람이 느낄 수 있는 감정에 대해 전혀 인지하지 못하고 있을 수 있다. 곧 그 팀원의 가정은 마비스가 어떠한 감정도 가지고 있지 않다는 것일 수 있다.

설령 어떤 사람의 행동이 공격적이고 깔보는 듯한 것으로 보일지라도 이것이 곧 그런 사람들이 아무런 감정을 지니고 있지 않음을 의미하는 것은 아니다. 그러나 이는 그들이 방어적인 입장을 취하여 감정을 드러내지 않게 되고 직장에서 적절한 관계를 형성하는 데 어려움을 겪게 됨을 의미하게 된다. 이러한 상황에서는 관리자가 적절한 평가 체계와 지속적인 슈퍼비전을 통해 문제를 해결하는 것이 중요하다.

종종 마비스와 같은 사람들이 변하여 자신들의 관계의 부조화를 알아차리게

되는 반면 다른 사람들은 더 이상 위험을 겪으려 하지 않고 변화를 필요로 하지 않게 될 수가 있다. 이 경우는 리더는 협력적인 팀워크와 조직적 목표와 가치가 존속되기 위해 가장 적절한 반응에 대해 고려해 보아야 한다. 경우에 따라서 이 사회적 기술의 부재는 남을 괴롭히는 행동으로 이어지고 이는 14장에서 다루고 있는 것과 연관된다.

모든 사람은 의사소통이 엇나가기 시작할 때 의사소통에 관심을 가지게 된다. 우리는 타인과 매우 좋은 친밀 관계를 형성하고 그 친밀 관계를 유지하기 위해 많은 시간을 쓰고 있다. 하지만 약간의 의사불통, 갈등 혹은 혼란이 일어나게 되면 우리는 어떻게 그것을 다른 방식으로 다룰 수 있을지에 관심을 가지게 된다. 이는 특히 동일한 사람 혹은 어떤 무리의 사람들과의 지속적인 어려움이 있을 경우 그러하다. 이에 따라 우리는 너무나 당연히 "무조건 그들의 잘못이야."라고 말하기 쉽다. 여기서 모든 의문은 다른 사람뿐만 아니라 우리에게도 똑같이 적용될 수 있다. 우리는 종종 문제의 일부분이 되기도 하며 또 해결을 위한 일부분이 되어야 한다.

요약

이 장에서는 당신의 의사소통을 효과적으로 만들어 나가기 위한 방법을 살펴보았다. 설령 당신이 어떤 비효과적인 모드로 초대받더라도 당신은 지금 이 순간에 머물기 위해 결정을 내려야 한다. 이를 위해 당신은 자기 인식, 즉 자신이 느끼는 것에 대한 자신의 생각 그리고 자신이 생각하는 것에 대한 자신의 느낌과 항상 함께하고 있어야 한다. 이를 통해 당신은 지금 이 순간의 마음챙김에 머무르게 되고 당신이 원하는 바로 결정할 수 있게 될 것이다. 당신은 타인에 대한 관심을 지녀야 하며 공동 창의적인 대화의 과정에 있어야 하는데, 이를 통해 당신은 효과적인 의사소통을 증진시킬 수 있다.

연습

연습문제 1

　최근 실제로 했던 대화를 떠올려 보고 그중 한 쌍의 교류를 다음의 다이어그램에 나타내 보라. 나타내기 좋은 대화의 부분은 문제가 발생하기 직전의 것과 발생한 후의 것이다. 이 연습문제를 해 보면서 문제가 일어난 시점에 관한 당신의 생각이 변할 수 있다.

　먼저 당신 혹은 그들이 가장 먼저 무슨 말을 했는지 생각해 보라. 그 시작 자극이 어떤 행동 모드에서 온 것인가? 곰곰이 생각해 보고 그 모드에서 선을 그어 당신이 생각하기에 그 자극이 향한 모드로 이어지게 하라. 다음으로 그때의 반응을 생각해 보라. 어떤 모드에서 반응하였으며 어디로 향했는가? 각각의 교류를 이처럼 구성해 보고 제시된 다이어그램에 배치해 보라. 교류의 수에 맞게 더 많은 다이어그램을 써야 할 수도 있다.

1.

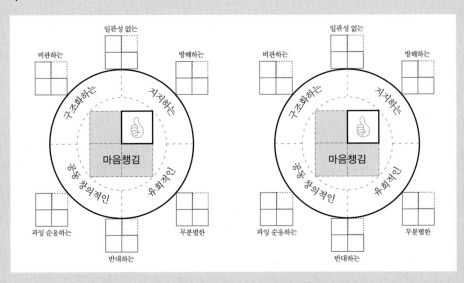

2.

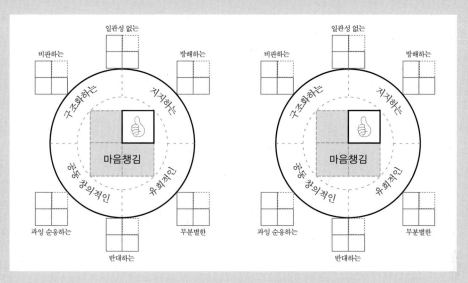

3.

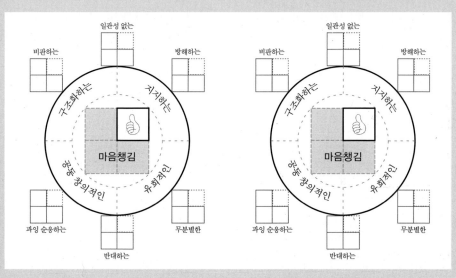

4.

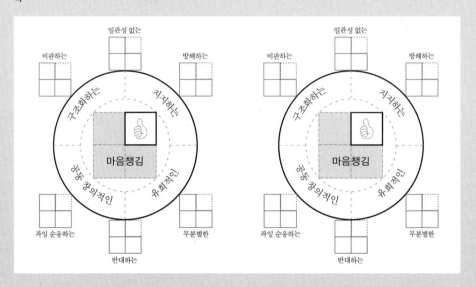

이제 당신이 이번 장에서 배운 내용을 통해 가상의 대안을 만들어 보도록 하자. 이 가상의 대안에서 당신은 다르게 반응하며 당신은 다른 결말을 예상할 수 있다.

1.

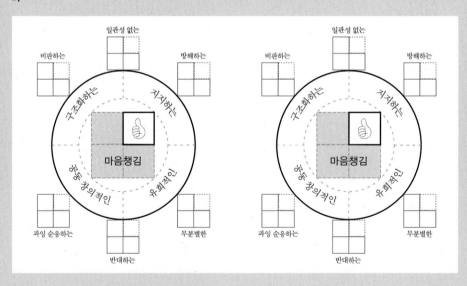

CHAPTER 04 효과적인 의사소통자가 되기

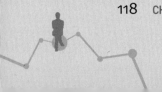

2.

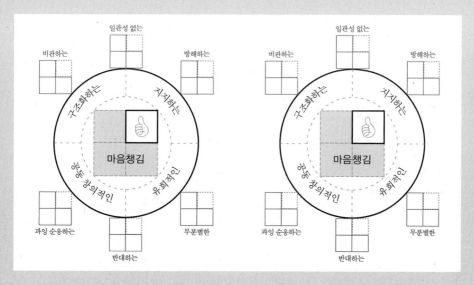

3.

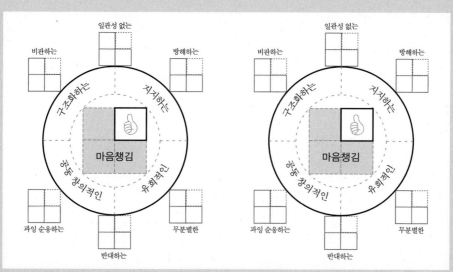

4.

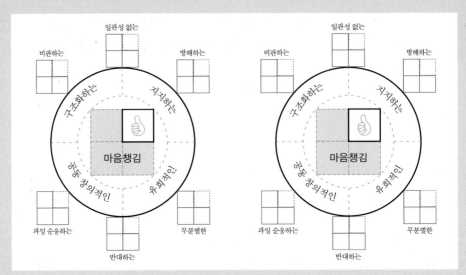

연습문제 2

당신이 스스로를 더 힘들게 만들었던 때에 대해 생각해 보라.

• 머릿속에서 당신은 어떤 말을 하였는가?
• 그것이 도움이 되었는가?
• 이와 다르게 당신은 어떤 것을 하고 싶은가?
• 이 과정에서 긍정적인 롤모델이 될 수 있는 사람으로 누구를 떠올릴 것인가?

제2장의 OKness에 관한 내용을 살펴보고 우리가 우리 자신과의 의사소통 방식과 타인과의 의사소통 방식 사이의 연관성을 찾아보자. 만일 당신이 자기 자신에게 부정적인 방식으로 이야기하고 자신이 다른 사람들보다 형편이 없다고 믿는다면 당신은 '자기부정/타인긍정(I'm Not OK and You're OK)'으로 이야기하는 것이다. 반면 당신은 다른 사람의 약점이나 취약한 부분 때문에 화나 짜증이 나며 비판하는 모드로 그들에게 부정적으로 이야기할 수도 있다(자기긍정/타인부정). 당신의 믿음을 변화시킴으로써 당신은 의사소통 과정도 긍정적으로 바꾸고 그에 따라 주변과의 관계도 향상시킬 수 있다.

다음의 것들에 대해 생각해 보고 그 밑의 표를 작성해 보자.

1. 당신을 방해하는 3개의 믿음 혹은 자기비판을 생각해 보자.
2. 각각의 믿음 혹은 비난이 당신에게 어떤 영향을 주었는가?
3. 그 반대의 믿음 혹은 긍정적인 자기대화는 무엇인지 적어 보자.
4. 그러한 새 믿음을 편안하게 가졌을 때 어떠할지 생각해 보자.
5. 당신의 행동을 어떻게 바꿀 것인가?

당신을 방해하는 믿음 혹은 비난에 관한 세 가지를 채워 본 후 차례대로 각각의 내용을 순서에 따라 완성시켜보자.

〈표 4-5〉 믿음과 자기대화

	1	2	3
부정적인 믿음 혹은 비난			
그것이 자신과 타인에게 어떤 영향을 주었는지			
기존의 믿음과 비난에 반대되는 믿음			
새로운 자기대화			
자신에게 그 새로운 메시지를 주게 되었을 때 어떠할지			
나의 행동을 어떻게 바꿀 것인가			

WORKING
TOGETHER

인정

CHAPTER

05

소개

조직이 그 직원을 인정해 준다면 그들은 직장에서 일하는 것에 대해 더 긍정적으로 느낄 것이며 그 에너지는 더욱 생산적으로 집중될 것이다. 이 장에서는 건강한 조직 문화를 기초로 한 긍정적 인정의 영향에 대해 알아보려 한다.

긍정적 인정은 사람들이 그들 자신과 타인에 대한 소속감, 애착, 감사함을 표현하는 수단이다. 이는 사람에게 칭찬을 해 주는 것뿐만 아니라 행동에 관한 것이기도 하다. 예를 들어, 누군가를 반겨 주지 않고 말을 끊는다거나 혹은 반갑게 아침 인사를 해 주는 것은 모두 인정의 형식이 될 수 있다. 인정은 다른 방식으로 우리의 행동을 통해 드러날 수도 있는데, 예를 들어 어떤 사람에게 업무를 맡김으로써 그 사람에 대한 신뢰를 보여 준다든가 어떤 사람의 의견을 들어보려는 태도가 있을 수 있다. TA에서는 이러한 인정의 행위를 스트로크(strokes)라고 부른다.

Berne은 '스트로크'라는 말을 유아들의 접촉 욕구에서 따왔다. Spitz(1946)는 고아원에서 자란 어린아이들은 욕구를 거의 충족하지 못한 채 살며, 특히 그들의 보호자로부터의 접촉과 자극이 부족했음을 알아냈다. 그는 곧 아이들의 신경 발달 및 촉진을 위해서는 아이들에게 적절한 자극이 필요하다고 말하였다. 이와 달리 병원에서 많은 시간을 보낸 아이들은 고아원에서 자란 아이들에 비해 욕구 충족 상태가 좋았는데, 이는 비록 치료의 목적이라 할지라도 병원에서 간호인으로부터 신체적 접촉을 더욱 많이 받아 왔기 때문이다.

이러한 욕구는 성인이 되었다고 사라지는 것이 아니다. 모든 사람은 그들이 누군가를 위한 일을 완수했을 때 혹은 아침에 직장에 출근할 때 인정받는 것을 가치 있게 여긴다. 만일 어떤 사람이 인정을 받지 못한다면 그 사람에 대한 인정의 부족으로 시작된 무언가가 노골적인 적개심을 낳을 수 있으며, 이는 그가 속한 부서나 팀 전체에 영향을 미치게 된다. 나아가 어떤 사람의 관리 단계가 높아질수록 스트로크를 제공하고자 하는 사람이 더 줄어들 것이고 사람들은 스트로크를 박탈당하게 된다. 그리고 이 박탈은 정신적 · 정서적 어려움을 야기할 수 있다.

그렇다면 인정이 왜 그렇게 중요한 것일까? 인정은 당신이 다른 사람들을 수용하고 있음과 당신과 그들이 함께 소속되어 있음을 보여 주는 한 방법이다. 따라서 인정은 그 사람이 중요하다는 것과 혹은 최소한 당신이 그들의 존재와 노력을 알고 있음을 보여 주는 수단인 것이다. 따라서 인정의 필요성을 간과하면 좋지 않은 결과를 초래할 수 있다.

미신과 그 해결책

사람들은 그들의 가정 내에서 어떻게 스트로크를 교환했는지에 따라 인정이나 스트로크를 주고받는 여러 방식을 가지게 된다. 이러한 것 중 어떤 것들은 건강할 수도 있고 건강하지 못할 수도 있다. 예를 들어, 어린아이가 너무 많은 스트로크를 받으면 오만해질 수 있다거나 혹은 어린아이가 인정을 요구한다면 스트로크가 매우 부족했음에 틀림없다는 믿음이 있다. 이러한 어린 시절의 믿음들은 성인이 되어서도 그대로 남게 되고 이에 따라 같은 패턴으로 스트로크를 주고받게 되는 경향이 있다.

Steiner(1971)는 스트로크에 대한 다섯 가지 미신에 대해 설명하였다.

- 그들에게 줄 스트로크가 있어도 주지 말라.
- 스트로크가 필요해도 요구하지 말라.
- 원하는 스트로크라도 받지 말라.
- 원치 않는 스트로크라도 거부하지 말라.
- 자기 자신에게 스트로크를 주지 말라.

위의 네 번째 미신은 부정적으로 교묘하게 주어진 스트로크의 거부를 다루고 있다. 이해하기 쉬운 한 예로, 집에서 아이가 "엄마, 오늘 정말 예쁘네요."라고 말할 때 당신은 그런 말은 경험상 자신의 부탁을 들어 달라는 것임을 알 수 있다. 어떤 스트로크를 거부할 때 그 의도는 누군가를 Not OK하도록 만드는 것이 아니라 단지 교묘한 수작을 차단하려는 데 있다. 엄마와 아이의 예에서 엄마는 마음 챙김 과정 속에서 유희적인 모드로 웃으며 "그래, 무엇을 원하니?"라고 응답할 수 있다.

스트로크에 관한 미신을 따르기보다는 다음의 것들을 알아 두어야 한다.

- 스트로크를 주는 것은 관계와 성장에 있어서 중요한 부분이다.
- 스트로크를 원하거나 필요로 할 때 그것을 요구하는 것은 OK다.
- 스트로크를 받아들이는 일은 자신감과 긍정적인 감정을 키워 준다.
- 스트로크를 거부하는 일은 OK-OK 방식으로 이루어졌을 때 건강한 행위일 수 있다.
- 자기 자신에게 스트로크를 주는 것은 중요하며 좋은 감정을 증진시켜 주는 일이다.

이러한 것들이 간단한 일처럼 보일 수 있지만 많은 사람은 무의식중에 미신을 믿고 있다. 위의 숙지해야 할 목록을 보며 당신은 스스로 '저렇게 하면 난 자만심만 커지게 될 거야.' 혹은 '나 자신에게 스트로크를 주어야 한다면 그것은 큰 가치가 없는 일이야. 스트로크는 오직 다른 사람으로부터 받아야 의미가 있어.'와 같은 생각이 들 수도 있다. 자신이 누구인지에 대해 그리고 잘하지 못한 일에 대해 부정적인 스트로크를 자신에게 주기만 한다면, 이는 자존감을 상하게 할 것이다. 그보다 자기 자신에게 주는 긍정적인 스트로크로 인해 당신의 긍정적인 자기 가치의 감정, 창의성은 높아지고 에너지의 수위 또한 증가하게 될 것이다.

당신은 긍정적인 자기대화뿐만 아니라 긍정적인 기억, 꿈, 행동을 통해 스스로에게 스트로크를 제공할 수 있다. 부정적인 경험을 통해 자기 자신에게 스트로크를 주는 일은 당신을 소진시킬 것이다. 예를 들어, 당신이 직장에서 어떤 일로 인해 비판을 받고 이후에 일을 잘못 처리할 때마다 그러한 경험을 반복하게 된다면, 이러한 경험으로 인해 당신 자신을 쓸모없는 사람으로 간주하는 믿음이 강화될 수 있다. 스트레스를 받을 때에는 잠시 공원을 산책하며 일을 잘 풀렸을 때의 시간을 회상하며 그 긍정적인 경험을 통해 자기 자신을 긍정적으로 생각하도록 해야 한다. 직장에서 어떠한 어려움이 있더라도 당신은 피부에 스치는 시원한 바람을 느끼고, 해의 따뜻한 온기를 느끼고 편하게 쉼을 느낄 수 있다. 그리고 나서 당신은 균형감각(a sense of perspective)을 얻고 직면해 온 어려움을 잘 다루며 업무에 복귀할 수 있을 것이다.

균형 찾기

스트로크를 거의 받지 못한 채 다른 사람에게 많은 스트로크를 주는 것은 당신을 지치게 만들 수 있다. 스트로크의 균형이 있어야 에너지와 긍정적인 가치관을 더욱 잘 지킬 수 있게 된다. 당신은 마사지, 산책, 고급스러운 목욕, 휴가, 친구와의 만남, 긍정적인 자기대화 등을 통해 스스로에게 인정을 줄 수 있다. 이런 방식으로 주변에 당신에게 스트로크를 줄 사람이 거의 없거나 다른 사람으로부터 부정적인 스트로크를 받을 경우에도 당신은 여전히 건강한 균형을 찾을 수 있다.

인정의 가치

누군가가 적절한 시기에 적합하고 사려 깊은 스트로크를 주게 되면 그로 인해 긍정적인 감정이 생기고 자존감이 높아질 수 있다. 그러한 스트로크를 받는 사람

은 자신이 존중받고 있다는 것을 느낌에 따라 스트로크 제공자와 더욱 가깝게 느끼게 된다.

사람들은 자신들이 가지고 있는 관계의 수준에서 스트로크를 제공하는 경향이 있다. 예를 들어, 새로운 관리자가 출근한 첫날부터 당신에게 다가와 당신이 매우 좋은 사람이라고 말하고 간다면, 당신은 이를 대수롭게 여기지 않을 것이다. 다시 말해, 스트로크는 자신이 가진 관계의 성질과 연관되어 있다고 할 수 있다.

우리 모두는 다양한 스트로크를 각자 다른 방식으로 평가한다. 예를 들어, 어떤 사람은 자신에게 어떤 주말을 보냈는지 혹은 가족의 안위는 어떤지에 관하여 묻는 것을 좋아하는 반면, 또 어떤 사람은 그러한 질문을 거슬리게 생각하는 경우도 있다. 어떤 사람들은 창의적이라는 말보다 똑똑하다는 말을 더 원하기도 한다. 또 사람들은 안타깝게도 윗사람으로부터 받은 스트로크가 동료의 것보다 더 가치가 있다고 여기는 경향이 있다. 또한 스트로크가 그다지 존중받지 못하는 사람으로부터 온 것일 경우 혹은 그 진실성의 문제로 인해 과도한 스트로크는 평가절하될 수 있다. 역으로 말하자면, 당신이 받아들이는 스트로크의 유형이나 특성을 제한함으로써 당신은 스트로크 제공자 혹은 스트로크 그 자체를 디스카운트(discount, 8장 참조)하는 것이다. 당신이 다양한 종류의 긍정적인 스트로크에 더 열려 있게 될수록 자기 자신과 자신이 하는 일에 대해 더 긍정적으로 느끼게 될 것이다.

우리의 존재와 행동에 관한 인정

넓은 의미에서 스트로크는 두 영역에서 교환될 수 있는데, 당신 그 자체 그리고 당신이 한 일이 그것이다.

- 존재 스트로크와 행동 스트로크(전자는 무조건적 스트로크, 후자는 조건적 스트로크로도 알려져 있다).

존재 스트로크는 당신이라는 사람 그 자체에 관한 것이기 때문에 그 스트로크를 얻기 위해 어떤 행동을 하지 않아도 된다는 점에서 무조건적이다. 직장에서의 예시는 다음과 같다.

"저는 정말 당신이 이 팀에 있다는 것이 즐겁습니다."

따라서 이 스트로크가 지속적으로 일어나기 위해 필요한 모든 것은 당신 그 자체로 계속 존재하는 것이다.

이와 달리 행동 스트로크는 당신이 행한 어떤 일(혹은 성취한 일)에 대한 반응이라는 점에서 조건적이다. 직장에서의 예시는 다음과 같다.

"당신이 그곳에 모아 둔 보고서는 정말 훌륭했어요. 그것은 그 계약을 얻어 낼 가능성을 높여 주었어요. 고마워요."

이 상황에서 당신이 또 다른 행동 스트로크를 얻고자 한다면 당신은 또 다른 보고서를 만들든지 혹은 다른 어떤 일을 해야 할 것이다(물론 우리가 행한 일에 대해서는 여러 스트로크를 받을 수 있다).

사람들은 이렇듯 다른 종류의 스트로크에 대한 선호를 가지고 있으며, 이는 주로 어린 시절의 경험의 결과에서 비롯된다. 예를 들어, 어떤 사람들은 그들이 행한 일에 대한 인정을 받는 것을 선호하고 존재 스트로크에 대해 불편하게 생각할 수도 있다. 다른 사람들은 행동 스트로크에는 관심이 없고 자신들의 개인적 특성에 대한 인정을 받고 싶어 하기도 한다. 이상적으로 우리는 그 두 유형의 스트로크를 함께 주고받으며 많은 것을 얻을 수 있다.

긍정적인/부정적인 인정

우리는 이 장에서 지금까지 '긍정적인'이라는 말을 자주 썼다. 우리는 긍정적인 스트로크를 I'm OK, You're OK 반응으로 이끄는 것으로 정의한다(2장을 보라). 반대로 부정적인 스트로크는 스트로크를 제공하는 사람과 받는 사람 어느 한쪽(혹은 양쪽 모두)을 Not OK하게 느끼도록 이끌어 들인다. 평가의 상황에서 이를 설명하자면, 직원들이 바뀌어야 할 모습에 관한 피드백은 그 자체로 부정적인 인정을 구성하는 것은 아니다. 여기서 핵심적인 요소는 그 피드백이 주어지는 방식이다. 종종, 특히 피드백이 기계적으로 주어진 경우, 피드백을 줄 때의 '샌드위치' 접근(좋은 것을 먼저 말해 준 후, 부정적인 것으로 공격하고, 또 다른 좋은 것을 말해 주는 것)은 너무나 속이 뻔히 들여다보여서, 그 피드백을 받는 사람은 조종당했다고 느끼고 그들이 Not OK라거나 혹은 피드백 제공자가 Not OK라고 결정하게 된다.

종종 사람들은 꽤 가벼운 스트로크에 부정적으로 반응하는 경우가 있는데, 이는 부모가 아이들에게 피드백을 주는 방식에서 그 원인을 생각해 봄으로써 알 수 있다. 어린아이들이 잘못을 저질렀을 때, 부모들은 "네가 방금 한 행동은 잘못된 거야."가 아닌 "너는 나쁜 아이야."라는 말을 자주 표현한다. 따라서 많은 사람은 자라면서 무언가 잘못된 행동을 하는 것이 그 사람이 Not OK라는 것과 같은 것으로 생각하게 되는 것이다.

인정과 동기

스트로크와 동기는 서로 연관되어 있다. 긍정적인 스트로크의 부재와 무(無)스트로크의 상황은 반감과 의욕 저하를 일으키게 된다. 우리 모두의 존재는 인정받아야 하며 우리가 한 일도 자기 자신과 타인에게 가치 있게 여겨져야 한다. 이러한 것이 전혀 없다면 당신은 자신이 하고 있는 일에 대해 흥미를 쉽게 잃게 되어 생산성에 영향을 미치게 될 수 있다. 이러한 상황이 한동안 지속된다면 당신의 자존감 또한 영향을 받게 될 것이다. 물론 이 책에서 강조하듯이 인정은 그 자체만으로 사기를 증진시키기에 충분한 것은 아니다.

스트로킹 사례

1) 조앤의 관리자인 세드릭은 경영 관련 일에 유능하며 잘 알려져 있다. 하지만 조앤은 그가 자주 그녀의 일을 비판하기 때문에 그를 까다롭게 생각한다. 세드릭은 조앤이 한 일에 대한 칭찬을 가로채 가기도 한다. 이에 대해 그녀가 이의를 제기할 때마다 그는 그녀에게 당신은 보수를 받으니 칭찬은 필요하지 않다고 말하였다.	조앤에게 가해지는 세드릭의 비난은 직업과 직장 상사에 대한 그녀의 신임에 부정적인 영향을 미칠 것이다. 조앤이 단호하게 세드릭에게 이의를 제기할 때면 그의 방어적인 태도와 더 심한 비난과 마주치고 있다. 그녀는 자신이 존중받을 수 있는 새로운 직장을 찾아보게 될 것이다.
2) 판매 팀의 의욕이 저하되어 있다. 그들의 조직은 인정(認定)이 없는 목적 지향적인 조직이다. 그럼에도 불구하고 팀원들은 업무를 즐기며 기한에 딱 맞춰 일을 능숙히 해낸다.	모든 기대가 결과에 쏠려 있지만 그 일들이 성취되었을 때에도 스트로크가 없는 상황이다. 그들의 추가적인 노력으로 인해 더 많은 보수, 감사 혹은 스트로크를 얻은 것도 아니다. 이러한 상황이 지속된다면 결국 팀원들의 생산성을 저하시키며 의지를 잃게 만들 것이다.
3) 섀런은 새로 승진한 까칠한 스타일의 관리자이다. 그럼에도 그녀는 논쟁적이거나 공격적인 스타일이 아니다. 그녀는 그녀 스스로를 사람들과 잘 어울리는 사람이라기보다는 일 중심의 사람이라 표현한다. 까칠함에도 불구하고 사람들은 그녀를 공정한 사람이라고 생각한다. 섀런은 자신이 좀 다른 스타일을 개발할 필요가 있음을 알고 있으며, 자신에 비해 사람들과 훨씬 잘 어울리는 부관리자를 임명하였다.	긍정적인 스트로크를 교류하는 데 어려움을 겪는다면 그 관계는 힘들어질 수 있다. 섀런은 자신의 업무를 잘해 내지만 사람들과 잘 어울리는 것은 아니다. 이 경우 부관리자는 긍정적인 스트로크의 교류를 장려하는 분위기를 만들어 낼 것이다. 그렇게 되지 못한다면 결과적으로 앞의 사례 연구에서와 마찬가지로 조직의 사기는 저하될 것이다.

스트로크와 관계

우리 모두는 각자 다른 방식으로 삶을 살아가는데, 어떤 사람들은 긴장을 해소하기 위해 다른 사람을 놀리기도 한다. 놀림 혹은 농담은 긴장을 풀기 위한 한 방법일 수 있으며 소속감을 나타내는 표시이다. '만일 우리가 너를 좋아하지 않거나 편안하게 생각하지 않는다면, 우리는 너를 이런 식으로 놀리지 않아.'와 같은 의미를 담은 표시인 것이다. 예를 들어, 이 책의 저자인 Mountain의 남동생은 그녀를 놀리곤 했는데, 지금도 친구들이 자신을 놀리는 것은 그녀와 동생이 즐겼던 관계와의 긍정적인 연결 고리를 제공해 주며 친구들과의 사이를 더 가깝게 만들어 주기도 한다. 이렇듯 긍정적으로 발현된 놀림 같은 것들은 사람들 사이의 끈끈한 유대를 만들어 주고 트라우마적 상황을 잘 대처할 수 있게 도와주는 한 방법이기 때문에 군부대에서 특히 잘 볼 수 있다.

농담의 문화 속에서 확실히 해야 하는 한 가지는 모든 사람이 그것을 긍정적인 소속감의 표시로서 받아들여야 한다는 점이다. 만일 당신이 어떤 팀의 비주류에 속해 있다든지 혹은 초임자라면 이 생각을 공유하지 못할 수도 있다. 예를 들어, 만일 당신이 저자의 경험과 같이 긍정적인 놀림을 경험해 본 적이 없다면 직장에서의 농담이 정말 심한 놀림과 수치심으로 다가올 수 있는데, 이 또한 당연히 그럴 수 있다.

만일 당신이 농담을 시작하게 된다면 그 속에는 어떠한 부정적인 의도도 담지 않도록 해야 한다. 예를 들어 "아 여기 폴이 오네. 우리는 다음 구조조정에서 누가 내쫓길지 알고 있지, 하하."와 같은 말을 할 수 있다. 이는 '스콜피온 스트로크(scorpion strokes)'라고 하며 이에 의문을 제기하는 것은 어려운데, 그 사람이 "그냥 농담이야. 우리는 원래 여기서 이렇게 농담을 해. 나약하게 굴지 마."와 같은 말로 대꾸할 수 있기 때문이다. 농담을 할 때에는 그 목표가 소속감을 높여 주는 것이며 OK-OK 위치에서 이루어져야 함을 잊지 말아야 한다.

긍정적인 스트로킹 문화의 발전은 서로에게 신뢰를 주는 분위기(trusting environment)를 증진시켜 준다. 신뢰감 넘치는 환경은 사람들 간의 비난을 없애 주고 책임감을 높여 준다. 이렇게 된다면 조직 문화는 역동적이고 창의적인 문화가 될 것이다.

생물학적 욕구

인간에게는 동기를 유발시키는 세 가지의 주요한 생물학적 갈망이 있다. Berne은 이를 '욕구(Hungers)'라고 명명했다. 그 세 가지는 다음과 같다.

- 자극 혹은 감각
- 시간 구조화
- 인정(소속감–필자의 용어)

자극 욕구

우리 모두는 자극을 필요로 한다. 우리는 이 자극을 벽에 걸려 있는 그림, 활동, 공부, 대화 등을 통해 얻고 있다. 불충분한 자극은 우리를 무관심하게 만들며, 과도한 스트로크는 우리를 지치게 만들 수 있다. 우리는 각자 즐기고 감당할 수 있는 정도의 자극 수준에 대해 다른 역치를 가지고 있으므로 이를 아는 것은 유용할 것이다. 지나치게 많은 자극이 당신을 힘겹게 할 때 당신은 많은 경우 자극이 과도하게 많음을 알리는 사인을 알아채지 못한 것이며 적절한 조치를 취하지 못한 것이다.

시간 구조화의 욕구

우리 모두는 우리의 시간을 구조화할 방법을 찾아야 한다. 우리는 다음과 같은 다양한 방법으로 시간을 구조화한다.

- 폐쇄
- 의식
- 잡담
- 활동
- 게임
- 놀이
- 친밀

(시간 구조화에 대한 더 상세한 내용은 15장에 소개되어 있다.) 당신이 시간을 구조화하는 방식에 주의를 기울인다면 당신의 전반적인 스트로크 욕구와 더 잘 마주할 수 있으며 직장 생활을 함에 있어서도 당신의 동기 욕구를 잘 유지할 수 있다.

인정 욕구 혹은 소속 욕구

Berne은 우리가 태어날 때부터 인정을 요구하는 것은 우리의 원초적인 동기 요인 중 하나임을 주장하였다. 하지만 인정은 자극의 특정한 형태로 볼 수 있다. '스트로크'는 특정한 사람으로부터, 특히 우리를 향한 자극으로 구성되어 있다. 우리는 이를 일반적인 자극과는 구분하는데, 주변의 소리, 태양의 온기, 선선한 바람과 같은 일반적인 자극은 외부적인 것들로 우리가 직접적으로 볼 수 있는 것들이다. 즉, 모든 사람이 접근할 수 있으며 특정한 누군가를 향해 주어지는 것이 아니다.

따라서 우리는 '소속감'을 두 번째 욕구로서 고려해 볼 수 있다. 우리가 누군가를 만나고 인사를 나눈다면 이는 자극이며 이를 통해 우리는 인정을 받고 가치를 얻을 수 있다. 이는 번영을 위한 개념과 연관되어 있다(16장을 보라). 우리는 소속감을 느끼게 되었을 때 더욱 기여도가 높아지며 충성심도 커진다. 직장에서의 소속감 증진 문제는 종종 중요시되지 않는 측면이지만, 변화의 기간뿐만 아니라 일상적인 날에서 효과적인 참여를 이끌어 내기 위해서는 매우 중요하게 여겨져야 하는 부분이다.

우리는 대리점 직원들이 들어왔을 때 그들이 조직의 일에 전념하는 정도가 우리와 같지 않음을 통해 소속감이 얼마나 중요한 것인지 알 수 있다. 그러한 사람들은 조직의 문화, 구조, 시스템에 대해 잘 알지 못하며 낮은 동기 수준에서 기초적인 업무량을 맡으려 할 것이다. 조직에 대한 대리점 직원의 애착 정도는 그들에 대한 인정과 포용의 정도에 달려 있으며 그러한 것들은 그들의 정직원이 되기 위한 열정 혹은 더 많은 활동으로 돌아오게 될 것이다.

이러한 상황은 인정이라는 것이 욕구가 아니라는 것과 욕구는 소속감이라는 것, 그리고 긍정적인 인정은 우리가 이를 다른 사람에게 표현하는 수단이라는 생각을 강화해 주는 것이다. 이는 명상하는 사람들이 가시적인 스트로크가 없을 때에도 높은 수준의 충족감과 연계성을 경험한다(그들은 자기 자신과 우주에의 소속감과 연계를 경험한다)는 명백한 반박에 설명을 제공한다.

다시 말해 다른 사람과 자기 자신에게 가는, 다른 사람으로부터 오는 인정은 우리의 다음의 것들에 소속되고자 하는 욕구를 만족시켜 주는 원초적인 수단의 하나라고 할 수 있다.

- 다른 사람과의 관계
- 팀 혹은 단체
- 조직
- 문화

- 지구 공동체
- 인류
- 자연 및 우주

OK 목장을 변형시킨 격자표는 이를 잘 표현해 주고 있다(〈표 5-1〉을 보라). 다음과 같은 것들은 소속감에 부정적인 영향을 주는 것들이다.

- 직장에서 자신의 동료 선택의 부족
- 높은 직원 이직률
- 주인 의식의 부족
- 정리 해고의 위협
- 사람들이 직장에 전념하는 정도
- 사람들의 직장 만족도
- 사람들의 각본 결정(10장을 보라)
- 스트로크가 주어지는 방식. 예를 들어, 스트로크의 이면적 메시지에는 '나는 이것을 경영 과정에서 단지 배웠기 때문에 행하는 것이지, 결코 당신이 그럴 만한 사람이어서 이러는 것이 아니다.'와 같은 뜻이 담겨져 있는 경우
- 우리의 스트로크 '필터', 특정한 종류의 스트로크를 걸러 내는 방식. 예를 들어, 우리 존재에 대한 긍정적인 스트로크

〈표 5-1〉 인정 격자표

나는 나 자신과 깊이 연결되어 있지 않으며 당신과 함께 소속되어 있고 싶지도 않다. (I'm Not OK, You're OK)	나는 나 자신과 깊이 연결되어 있음을 느끼고 있으며 당신과의 소속감도 느끼고 있다. (I'm OK, You're OK)
나는 나 자신과 당신으로부터 멀어져 있으며 나는 당신을 단지 무관한 사람이라고 생각한다. 소속감은 이미 전혀 느낄 수 없는 것이다. (I'm Not OK, You're Not OK)	나는 나 자신이 당신보다 나은 사람이라고 생각하며 당신은 나와 전혀 연관되어 있지 않다. (I'm OK, You're Not OK)

하지만 직장에서 사람들이 느끼기에 그곳에 자신들을 위한 진정한 관심이 있다면 이러한 것들은 그만큼 서로 상쇄될 수 있다. 스트로킹 문화(Hay, 2009)는 조직에서 사람들의 소속감을 증진시켜 주거나 혹은 저하시키는 일종의 배경막으로 이해될 수 있다. 조직적인 스크로킹 문화는 성공과 실패의 사안을 탐색해 보는 것과 유능한 사람이 스트로크를 받는 방식으로 구성되어 있는데, 이 내용의 이해를 위해 당신을 도와줄 연습문제가 이 장의 마지막에 실려 있다.

스트로킹 검사

당신은 직장에서 관계의 질에 대한 '검사'를 통해 그 결과에 따라 변화가 필요한지, 필요하다면 변화를 위해 어떤 일을 해야 하는지 결정할 수 있다. 종종 전반적인 구성원들을 통틀어, 동료 대 동료, 혹은 위 아래로 긍정적인 스트로크가 부족한 경우가 있다.

아픈 정도(sickness level)는 조직에서 사람들의 관계에 대한 한 지표를 제공해 준다. 높은 수준의 아픔은 팀, 부서, 국 혹은 조직 전체에 다른 그 무엇보다도 긍정적인 스트로크가 부족함을 나타내 주는 것이다. 1951년에 Homans는 보상이 중단되면 무관심으로 이어진다고 말하였다. 반대로 과도한 스트로크는 스트로크의 가치를 떨어트리게 된다. 그러므로 그 두 측면의 균형을 적절히 맞추는 것이 중요하다.

고려해 보아야 하는 몇 가지 문제

1. 관계의 질이 효과적인 업무 혹은 생산성으로 이어지기 위한 방법이 있는가?
2. 이직률이 별다른 이유 없이 높은가?

3. 아픈 정도가 비정상적으로 높은가?

4. 사기가 낮은가? (외부적 상황과 특정하게 관련 없는 이유로)

5. 만일 당신이 어떤 작업 공간에 들어간다면, 당신을 지배하는 감정은 어떤 것일까?

6. 사람들이 잘 지내는 것은 당신의 우선순위에 있는가?

7. 사람들에 대한 당신의 중심적인 믿음은 무엇인가? 그 믿음이 조직에 반영되어 있는가?

이러한 질문들에 대해 곰곰이 생각해 봄으로써 당신은 긍정적인 스트로킹 문화가 기존의 상황이 더 나아지도록 하는 데 최소한의 도움이 될 수 있을지 알게 될 것이다. 하지만 스트로크와 인정이 교환되는 방식의 변화는 사려 깊고 거짓 없이 이루어져야 한다. 변화를 도모하는 것은 사람들 간의 신뢰감이 충분히 쌓일 수 있도록 천천히 이루어져야 한다.

추가적인 질문

1. 변화의 목적은 무엇인가? 이 변화가 조직뿐만 아니라 조직의 인력 전체에게 예상되는 이익을 가져다주는가?

2. 그 변화가 사기, 의사소통 혹은 생산성의 문제와 직접적으로 연결되어 있는가?

스트로킹 문화를 생각할 때 우리가 고려해야 하는 것은 얼마나 많은 스트로크가 교환되느냐가 아니라 사람들과 그들 사이의 상호작용에 있어서 어떤 투자가 있느냐는 것이다. 만약 새로운 사무실 부지가 생겨 아직 페인트칠도 안 되어 있고 보험도 없으며 밤에 잠긴 상태로 있을 때, 이는 매우 무책임한 것으로 생각될 것이다. 하지만 시간이 지나면서 직장에 막대한 투자가 이루어지게 되었을 때 긍정적 인정이 그 투자의 일부분이 되어야 한다.

스트로크의 대상에 대해 주의하라

종종 우리는 바꾸고 싶어 하는 바로 그 무언가를 실제로 강화시키는 건강하지 못한 행동에 주의를 기울인다. 이는 OK 모드 모형의 비판하는 모드에서 비롯된 비판으로 인해 생기는 일이다. 스트로크의 최종 수용자는 결국 반감만 쌓게 되고 과잉 순응하는 혹은 반대하는 모드에서 반응하게 될 것이다(3장과 4장을 보라). 반대하는 모드로 빠지게 된다면 그 결과는 모든 부정적인 결과와 함께 더 공격적으로 혹은 수동 공격적으로 될 것이다. '우리가 스트로크하는 것이 우리가 얻는 것'이라는 점을 생각하면 어떤 사람이 잘하고 있는 점에 초점을 두는 것이 더 생산적인 스트로크일 것이다. 상대적으로 더 부정적인 면은 무시해야 한다는 것이 아니라 긍정적인 것을 인식하는 맥락과 함께해야 한다는 것이다.

다음은 한 사람(여기서는 피트라고 해 두자)이 질문을 받았을 때 논쟁적이고 방어적으로 반응할 경우에 대한 예시이다. 평가에서의 피드백이 이 부분을 강조하였으며 피트는 자신의 행동을 바꾸기 위해 결심하였다. 하지만 그의 상사와 동료들은 피트가 예전의 방식으로 얼마나 그 행동을 자주 하는지에만 주의를 주었고, 다르게 행동할 때에는 알아차리려 하지 않았다. 이럴 때마다 피트는 무기력해졌고 과거의 그의 방어적인 행동을 지니게 되었다. 우리 삶에서 우리가 주의를 기울이는 것들은 더욱 커지기 마련이며 만약 모든 사람이 피트가 다른 방식으로 행동했을 때 그에게 지지를 주었더라면 그는 더 의욕이 생겨 바뀔 수 있었을 것이다.

스트로크의 유형

긍정적인 스트로크는 서로가 기쁠 수 있도록 하는 것이고, I'm OK, You're OK 메시지를 담고 있으며 자존감을 키워 준다. 이에 반해 부정적인 스트로크는 자존 감을 해치게 되는 I'm Not OK 혹은 You're Not OK 메시지를 담고 있다. 스트로 크는 이처럼 부정적 혹은 긍정적인 것으로 나누어 볼 수도 있지만 조건적인 것과 무조건적인 것으로도 나눌 수 있다. 만일 누군가에게 "당신은 훌륭한 연설가입 니다."라고 말한다면 이때는 아무런 조건을 달고 있지 않다(그 사람이 정말 훌륭한 연설가라는 관점에서). 하지만 "조금 더 천천히 말한다면 당신은 더 좋은 연설가가 될 수 있을 겁니다."라고 말하는 것은 그 사람의 말 빠르기에 따라 훌륭한 연설 가는 조건적임을 나타내고 있다. 조건적 스트로크는 발전을 위한 피드백을 제공 할 때 매우 유용한데, 특히 어떤 합의 혹은 '계약'이 있을 때 그렇다. 물론 조건적 스트로크 또한 I'm OK, You're OK 방식으로 긍정적인 스트로킹 문화의 상황 속 에서 주어져야 한다.

무조건적인 부정적 스트로크는 "너는 무책임한 사람이야." 혹은 "난 네가 그 냥 싫어."와 같은 말이라고 할 수 있다. 대화 중에 이러한 말들은 관계에 도움을 주지 않으며 OK 모드 모형의 비효과적인 모드에서 시작되어 스트로크 수용자로 하여금 비효과적인 모드가 되도록 초대하는 말이다. 이는 상호 간의 조화는 말할 것도 없이 생산성을 떨어뜨리는 스트로크이며 자아존중감을 떨어뜨리는 모든 감정을 더하게 될 것이다.

조건적 스트로크는 발전적인 방향을 짚어 주기 때문에 어떤 기술을 배울 때 유 용하다. 이러한 스트로크는 구체적으로 주어져야 하며 그 사람이 행동에 착수하 기 이전뿐만 아니라 행동의 직후에 즉시 제공되어야 효과적이다. 워크숍을 촉진 시키기 위한 사람들을 트레이닝하는 상황을 예로 들어 생각해 보자. 제임스는 촉 진자의 역할을 할 차례이며 워크숍에서는 발전적 피드백을 위한 계약이 진행되고 있다. 이때 우리는 그에게 "저는 당신이 집단에서 계약을 형성하는 과정이 참 마음에 들었습니다. 질문에 잘 응답해 주시더군요. 당신은 분명하게 자신의 자질을 알고 이를 활용할 수 있는 것 같습니다. 아, 그런데 종종 말을 좀 빠르게 이야기 하셔서 조금 놓친 부분도 있었습니다. 조금만 천천히 말해 주시면 앞으로 듣는 사람이 당신의 말에서 더 많은 것을 얻을 수 있을 것 같네요."와 같이 말해 줄 수 있다.

구체적인 진술로 스트로크를 더 풍부하게 만드는 일은 더 큰 효과를 발휘한다. 예를 들어, "참 잘하셨어요."라고 간단히 말할 수도 있지만 "당신은 정말 하는 모든 일에 큰 에너지를 투자하시네요! 저는 정말 많은 어려움에도 불구하고 당신이 저 프로젝트를 다루어 주신 방식에 감사합니다."라고 구체적인 스트로크를 주는 것이 더 좋을 것이다.

요약

스트로크는 다른 사람과 자기 스스로에게 다양한 방식으로 주어질 수 있다. 누군가에게는 타인의 말보다 어떤 행동이 중요하게 여겨질 수도 있지만, 또 다른 누군가에게는 다를 수 있다. 어떤 사람들은 긍정적인 스트로크를 받았을 때 불편함을 느낄 수 있으므로 그런 사람에게 스트로크를 주고 싶을 때에는 과도하지 않도록 세심하게 해야 할 것이다. 또 어떤 사람들은 자신은 아예 인정을 필요로 하지 않는다고 믿어 자신이 받은 스트로크를 디스카운트할 수 있지만, 그래도 당신이 여전히 그 사람에게 줄 스트로크가 있다면 제공해 주어야 한다. 당신의 스트로크를 처리하는 것은 그들의 몫이기 때문이다.

당신은 그 사람(들), 그들의 (조직) 문화를 고려하여 나아가 스트로크의 적합성에 대해 따져 보아야 한다. 그렇지 않으면 당신은 종종 의도치 않게 누군가에게 실수를 저지르게 될 수 있다. 만약 당신이 어떤 나라 혹은 문화에 익숙하지 않다

면 그에 관해 알아보고, 듣고, 관찰하여 새로운 사람들을 향한 당신의 스트로크가 엇나가지 않도록 조정해야 할 것이다.

피드백과 인정을 줄 때에는 다음과 같은 의도에서 비롯된 것인지 확인해 보아야 한다.

- 그 사람을 존중하는 의도에서 나온 것인지
- 그들의 일 혹은 행동에 대한 발전적인 코멘트를 하기 위한 것인지
- 그 사람을 깎아내리기 위한 것인지, 즉 그 사람보다는 당신과 당신의 요구에 관한 것으로 당신이 그 사람보다 낫다는 것을 표현하기 위한 것인지

효과적인 스트로크 제공자가 되기 위해 당신은 다음과 같은 것들을 고려해야 한다.

- 관계의 맥락과 관련하여 교환되고 있는 스트로크 강도와 성질
- 현재 그 사람에게 친숙하고 편안한 스트로크의 패턴
- 계산적이고 부정적인 의도에서 온 스트로크나 '그들이 더 많이 고생하도록 만들어야지' 하는 방식이 아닌 관계와 자존감을 향상시켜 생산성까지 높여 주는 방식에서 비롯된 스트로크의 제공
- 사람들의 동기를 유발시킬 만한 주변의 아이디어들(이는 당신이 교환할 스트로크의 종류에 큰 영향을 미치기 때문이다)
- 무엇이 그 사람을 위한 '목표' 스트로크를 만드는가, 다른 말로 하자면 무엇이 그것을 특별하게 만들며 따라서 받는 사람들에게 더 강력하게 작용하는가

스트로크의 교환은 관계를 촉진시키거나 혹은 장애를 주는 매우 역동적인 과정이라고 할 수 있다. 직장에서의 분위기나 신뢰와 협력의 정도는 조건적 스트로

크와 더불어 진실되고 긍정적인 스트로크의 교환을 통해 강화될 수 있다. 각 개인들에 맞는 스트로크의 성질과 타입과의 균형을 획득하는 일은 경영과 리더십 측면에 있어서 중요한 부분이다.

연습

연습문제 1: 스트로크와 당신

이 연습문제는 당신의 지각(awareness)을 증진시키기 위한 활동이다. 다음의 질문들에 답을 한 후 당신에게 어떤 옵션이 있는지 고려해 보고 당신의 삶에서 긍정적인 스트로킹의 균형을 형성하기 위한 변화를 어떻게 만들 수 있을지 생각해 보자.

- 주변 사람들과의 관계를 어떻게 다루고 있는가?
- 그 관계들에는 충분히 공평한 정도의 인정과 칭찬의 교환이 있는가?
- 만일 당신이 관리자라면, 당신이 관리자가 되었을 때 주변과의 관계 그물망(web) 이 어떻게 변하였는가? 더 적은/많은 스트로크를 받게 되었는가?
- 균형이 맞지 않은 상태라면 균형을 찾기 위해 당신은 스트로크를 주고받음에 있어서 어떤 일을 할 수 있으며, 또 해야 할까?
- 만일 당신이 다른 사람들에게 너무 적은 스트로크를 주고 있다면 어떻게 바로잡을 것인가?

연습문제 2: 시나리오 활동

다음은 몇 개의 짤막한 시나리오들이다. 이 시나리오들은 긍정적인 문화의 발전을 도모해야 하는 사람들 모두에게 유용하게 쓰일 수 있다.

시나리오 1

당신의 상사는 모든 사람에게 지금 프로젝트에 온갖 노력을 기울이도록 하였다. 당신은 그에 따라 많은 노력을 했으며, 무보수로 초과근무를 하고 기존 결과에 대한 기대를 모두 뛰어넘으며 프로젝트에 큰 기여를 하였다. 하지만 당신의 상사는 이에 대해 아무런 반응도 하지 않았다. 당신은 상사에게 자신의 모든 노력에 대한 약간의 칭찬이라도 해 주시면 좋겠다고 말하였다. 그러자 그는 당신이 한 일에 대한 만족 그 자체만으로도 충분하다고 말하였다.

논의를 위해 생각해 보아야 할 질문/쟁점은 다음과 같다.

- 당신은 그 직장 상사를 어떻게 다르게 설득시킬 것인가?
- 그 상사가 한 말에는 어떠한 진심도 없었는가?
- 당신은 다음 프로젝트에도 온갖 노력을 기울일 것인가?
- 당신은 하는 모든 일에 전념하며 다른 팀원들을 소중히 여기며 함께 잘 지낸다는 가정하에 이 일이 당신과 팀에게 얼마나 큰 영향을 미칠 것이며 팀원으로서 당신은 어떤 일을 할 수 있는가?

시나리오 2

당신은 8명으로 구성된 팀의 관리자이다. 당신은 TA의 기초를 배웠으며 팀원들에게 노력에 대한 스트로크를 제공하는 것의 중요성도 잘 이해하고 있다. 하지만 팀원 중 어떤 사람은 더 많은 칭찬과 격려를 원하며 아직 만족하고 있지 못하는 것 같다. 당신은 팀원들의 칭찬받을 만한 일들에 대해서 만족하지만 이는 팀의 원활한 작업을 방해하는 개인적 문제라고 판단하고 있다.

논의를 위해 생각해 보아야 할 질문/쟁점은 다음과 같다.

- 당신은 그 사람이 이 문제에 대한 도움(심리치료, 카운슬링, 코칭)을 받도록 하는 이야기를 꺼낼 것인가?
- 물론 이것이 개인적인 차원의 문제이지만 당신이 이 사람의 변화를 위해 어떤 일을 할 수 있을지에 대한 몇 가지의 계획을 만들어 보자.

시나리오 3

당신에게는 매우 소중한 직장 동료가 있으며 당신은 그들을 한 인간으로서도 매우 아끼며 함께 있음을 즐긴다. 그들은 또한 업무 능력이 매우 좋기도 하다. 그들에게 가서 당신이 그들을 동료로서 얼마나 소중하게 생각하는지 모른다고 말을 전했을 때 그들은 민망해하고 당신의 칭찬을 피하려 하였다. 이 점이 당신을 걱정스럽게 하였고 당신은 왜 이러한지 이해하고 싶다.

논의를 위해 생각해 보아야 할 질문/쟁점은 다음과 같다.

• 스트로크를 주었던 방식을 검토하고 새롭게 만들어 보자.
• 존재 스트로크를 주기 위한 다른 대안으로 당신은 어떤 일을 할 수 있는가?

시나리오 4

당신은 얼마 전에 TA 입문 과정을 다녀왔는데, 그 과정에서 당신에게 큰 인상을 남긴 개념은 바로 스트로킹과 인정이었다. 이는 스트로킹과 인정이 당신의 끔찍한 업무 환경을 개선시켜 줄 방법에 큰 도움이 될 것 같기 때문이다. 당신의 팀에서는 서로 주고받는 어떠한 인정도 찾아볼 수 없다. 모든 사람이 단지 머리를 숙이고 자신의 일만 묵묵히 하지만 일에 대한 의욕은 매우 낮다. 당신이 팀 모임에서 팀원들의 인식을 제기하자 모든 사람이 그에 대해 비웃고 아무런 관심도 가지지 않았다.

논의를 위해 생각해 보아야 할 질문/쟁점은 다음과 같다.

• 당신의 의견을 잘 전달하기 위한 다른 방법을 생각해 보자.
• 당신에게는 어떤 선택권이 있는가?

연습문제 3: 주변 사람들과 어떻게 스트로크를 교환할 수 있을까?

매우 가까운 관계부터 단순한 지인까지 당신이 지금 가지고 있는 모든 관계에 대해 생각해 보라. 이제 매우 가깝다고 생각하는 한 사람, 단순한 지인 한 사람, 그 중간에 있는 한 사람을 생각해 보라. 마지막으로 같이 일하고 있는 한 사람을 떠올려 보라. 같이 일하는 사람은 직장에서 전형적으로 맺고 있는 관계의 사람으로 고르자. 밑의 질문지에 얼마만큼의 내용을 적을지 잘 생각하여 쓰도록 하라(어떤 다른 사람이 그것을 볼 수도 있음을 염두에 두자). 여기에는 맞고 틀림은 없으니 자신 그 자체를 적도록 하자. 이 질문지의 의도는 당신의 현재 삶에서 당신이 스트로크를 교환하는 방식에 대해 더욱 잘 파악할 수 있도록 돕는 데 있으며 어떤 변화가 필요할지 알아보기 위함이다.

방금 고려한 네 명과의 관계에서 일상적으로 이루어지는 스트로크 교환의 다섯 가지 예시를 적어 보자.

〈표 5-2〉 스트로크 교환: 예시

사람				
예시 1				
예시 2				
예시 3				
예시 4				
예시 5				

〈표 5-3〉 스트로크 교환

그 사람의 이름	(매우 가까운 사람) ←	← (중간) →	(단순한 지인) →	(직장 동료)
이 사람과 교환하는 스트로크가 당신에게 얼마만큼 중요합니까?(1~10점)				
당신과 이 사람은 얼마나 자주 연락합니까?				
한 번 연락할 때 보통 얼마나 오랫동안 합니까?				
당신이 생각하기에 이 관계가 당신에게 얼마나 활동하게 이루어집니까?(1~10점)				
당신과 그 사람은 균등하게 스트로크를 주고받습니까?				
평균 5~6점인 경우라면 당신이 그 관계에서 주로 교환하는 긍정적인 스트로크와 부정적인 스트로크의 평균 횟수를 세어 보세요.				
당신은 이 관계와 비슷하게 훌훌한 정도를 지닌 관계가 얼마나 많이 있습니까?				
이 사람과의 스트로크 교환으로 당신의 욕구는 얼마나 충족됩니까?(몇 %로 적어 주세요. 이 네 명과의 관계는 예시이기 때문에 총합이 100%로 계산될 필요는 없습니다)				

연습 149

자신이 답한 것을 다시 살펴보자. 당신은 그들과의 관계가 어떻게 되었으면 좋겠는가? 변했으면 하는 부분이 있는가? 당신이 바라는 바와 당신의 관계와 그 스트로킹 패턴이 함께 조화될 수 있도록 하기 위해 당신은 무엇을 할 것인가?

연습문제 4: 조직적 스트로킹 문화(Hay, 1993)

당신의 조직 문화는 긍정적인 스트로크를 주고받음에 있어서 불만족스러운 점이 있는가? 그렇다면 Hay의 연구에서 가져온 다음의 질문들이 도움을 줄 것이다.

대개의 경우 어떤 사람이 성공을 했을 때 그 사람들은 추가적인 이익, 보너스 혹은 스트로크를 받게 된다. 반대로 어떤 사람이 어려움에 처했다면 그 사람들은 다양한 방식에서 코칭, 멘터링, 혹은 부수적인 관심이나 부정적인 주목을 받게 된다. 하지만 또 어떤 사람들은 자신의 일은 충분히 잘 소화하며 최선을 다할지는 모르지만 야심가는 되려 하지 않기도 하다. 그러한 사람들은 아무런 혹은 많은 양의 스트로크를 받지 못할 수있다. 그들은 점점 스트로크를 얻을 방법에 대한 옵션이 없어지게 된다. 이러한 상황에서 어떤 사람들은 인정을 받기 위한 방식으로 병가를 내기도 하고 심한 경우 일을 그만두기도 한다. 또 어떤 사람들은 아무런 인정을 받지 못하는 것보다 부정적인 인정을 더요구하게 되기도 한다.

다음의 물음에 대해 생각해 보자.

- 당신의 조직에서는 무엇이 성공으로 여겨지며 어떻게 스트로크가 주어지는가?
- 당신의 조직에서는 무엇이 실패로 여겨지며 어떻게 스트로크가 주어지는가?
- 적합한/만족스러운 사람에게 어떻게 스트로크가 주어지는가?

답을 생각해 본 후 당신의 조직, 부서 혹은 팀의 스트로킹 문화를 바꾸기 위해 어떤조치를 취할 수 있을지 판단해 보자.

WORKING
TOGETHER

발전으로의 합의

CHAPTER

06

소개

　개인적으로나 집단적으로나 직장의 환경은 모든 것에 대한 서로의 합의에 따라 결정된다. 어떤 집단에서 일의 방향이 종종 잘못되어 가고 있을 때를 보면, 그것은 합의의 질에 문제가 있거나 합의가 결여되어 있는 것이다. 그러한 합의는 명료하지 못하거나 때때로 사람들은 다른 누군가에게 아무 언급을 하지 않고 그들의 일을 진행하기도 한다.

　이 장에서는 합의에 이르는 기술에 관하여 알아볼 것인데, 이는 다음의 것들을 포함한다.

- 합의의 서로 다른 종류들, 혹은 계약
- 합의에 이르는 과정: 계약하기라고도 불림
- 명확성, 전문적인 영향력, 목표 유도적 결과를 확보하기 위한 실용적인 조언들

　이 모든 측면이 잘 어우러지면 목표가 달성될 가능성은 훨씬 증가할 것이며 사람들 또한 그들의 역할과 업무에 대해 좀 더 명료하게 다가갈 것이다.

계약 정의하기

　우리는 계약을 다음과 같이 정의한다.

　　계약이란 특정한 움직임 혹은 결과물을 만들어 내도록 공개적으로 합의된 것으로, 그것을 이루어 내는 데 참여하는 모든 사람을 포함한다.

이상적인 상황에서라면, 각각의 사람들은 그들이 합의한 업무에 착수하기 위해 동기부여가 되어 있을 것이다. TA에서 우리는 이 개념을 일의 기반으로 생각한다. 유효한 계약하기는 효과적인 일 처리로 이어질 수 있다.

유효한 계약은 각 개인들이 다음의 것들을 명료하게 이해했을 때 이루어질 수 있다.

- 무엇을 해야 하는가?
- 왜 그것을 하고 있는가?
- 함께하는 사람은 누구인가?
- 자신들의 역할과 책임은 무엇인가?
- 일이 언제 완수되어야 하는가?

사람들은 꽤 자주 누가 어떤 업무를 맡고 있는지에 대해 잘 알지 못하며 결과물에 대한 착오를 하여 일을 끝내지 못하는 경우가 많다.

예시

다음의 예들을 살펴보자.

1) 존은 판매 직원 팀을 관리하고 있다. 그들은 한 달 전에 새로운 전략을 수립하기 위해 모임을 가졌고 모두가 그에 합의하였다. 하지만 그때 이후 하기로 했던 일들은 하나도 실행되지 않았고 존은 그런 상황에 대해 혼란스러웠고 화가 났다.	이는 그 팀원들이 사실상 새로운 전략에 '합의한' 상황이 아닌 것이라 볼 수 있다. 존이 생각해 보아야 할 것들에는 다음의 질문들이 필요하다. 시간 틀은 그 합의된 전략을 이행하기 위해 결정되어 있었는가? 개인에게 생길 수 있는 불이익에 대해 논의되었는가? 존은 그 팀과의 의사소통에 대해 고려해 볼 필요가 있다. 그는 어떤 모드로 관계를 맺었는가? 그가 생각하기에 그 팀원들은 어떤 모드로 관계를 맺었는가?

존은 아마 팀원들이 맡아야 할 업무량, 그들의 동기부여 상태 혹은 책무에 관해 디스카운트했을 수 있다. 그는 아마 다시 돌이켜 생각해 봄으로써 계약을 수립함에 있어 그 당시에는 미처 생각하지 못했던 것에 대해 깨달을 수 있을 것이다.

2) 프레드는 최근 승진 후보자였으나 승진하지 못하였다. CEO는 그에게 다음 달부터 승진 대상자들에게 소개 프로그램을 이끌어 갈 최고의 사람이 될 것을 제안하였다. 프레드는 그 일을 맡게 되었고 동의하였지만, 속으로는 '아, 나는 승진하기에 부족했구나. 그리고 이제 날 뒤로 밀려나게 한 사람들을 도와주게 생겼네!'라고 생각하였다.

OK 모드 모형 입장에서 본다면 이 상황에서 CEO나 프레드 모두 마음챙김 상태에 있지 못한 것으로 보인다. 당신이 생각하기에 프레드가 CEO의 제안을 받아들였지만 속으로는 불쾌하게 여길 때 그가 어떤 모드에 있었을까? 무엇이 그에게 단순히 들은 대로 하기보다는 이 소개 프로그램으로 다른 사람을 돕도록 동기부여를 했으며, 또 그에겐 어떤 선택권이 있었을까? 그것은 마치 프레드가 그의 사장과 반대하는 모드로 움직인 것처럼 보인다. 그것은 그의 슈퍼바이저가 그의 인터뷰에 대한 어떤 피드백을 주고 왜 그들이 새로운 임용자를 안내하는 것이 좋겠다고 생각했는지에 알게 했다면 적절했을 것이다. 만약 그가 이 계약을 떠맡았다면 마음챙김 과정 내에서 그렇게 하는 것이 필요하고 그렇지 않으면 그 일을 거절해야 한다.

3) 잭과 제니는 실행 계획에 참가하는 모든 사람과 미팅을 하기로 하였다. 그들은 개인 비서인 재키로 하여금 미팅에 참석하여 소송 기록을 설명하도록 하는 것이 좋을 것이라 생각하고 있다. 그렇게 하면 그들이 미팅의 모든 부분을 맡지 않게 될 수 있었다. 재키는 미팅에 오지 않았고 그녀가 없었음에도 모든 참가자는 그녀가 소송 기록을 만들어 줄 것이라 생각하고 있다. 재키는 그녀가 자발적으로 일을 맡고 있다는 말을 듣고 매우 화가 났으며 이미 맡은 일로 인해 극도로 힘든 상태이다.

TA에서의 계약을 생각하자면 이 상황에서는 계약으로 생각할 만한 것이 거의 없다고 할 수 있다. 개인 비서는 위계상 밑에 있으므로 의사 결정에 있어서 분명 동등하게 대우받지 못하였다. 자율성을 부여하는 열린 문화 속에서 사람들은 강요받지 않고 상의를 통해 의사 결정을 내릴 것이다. 재키의 참석 가능 여부를 미리 확실히 했더라면 일이 더 잘 풀렸을 것이다. 또한 사전에 그녀에게 그 일을 맡을 여력이 있는지 협의해 볼 수도 있었을 것이다.

힘과 계약하기 과정

효과적인 계약은 동등한 힘을 가진 사람들 사이에서 맺어질 수 있는 것이다. 이는 반드시 위계질서상의 힘을 의미하는 것은 아니다. 이는 조직의 문화를 통해 자율성과 개인의 역할을 촉진시키고 경계가 분명히 인식된 상황을 말한다. 예를 들어, 개인 보조와 관리자의 관계를 항상 복종적이라고 간주할 수는 없는 것이다. 사실 행정 부서가 어떤 시스템과 프로세스가 향상되었는지에 관해 잘 파악할 수 있기 때문에 그 상황에 대한 전망을 알리는 데에 큰 역할을 가지고 있다. 만일 어떤 조직에서 자율적이고 존중하는 문화를 촉진시키는 방향으로 나가려 한다면, 그 계약에 동참한 사람들은 비판에 대한 두려움 없이 그들의 의견을 표현하기 위해 노력할 것이다. 비판에 대한 두려움이 증가한다면 직원들은 과잉 순응하는 혹은 반대하는 모드로 옮겨 갈 수 있으며 이는 효과적인 의사소통, 관계 그리고 생산성을 가로막게 될 것이다.

합의가 애매할수록 그 목표는 성취되기 어려워질 것이다. 직원들의 소망, 두려움, 업무량, 능력을 고려하지 않을수록 그 계약을 이행함에 있어 직원들은 반감이나 무대책의 모습을 보이려 할 수 있다.

계약하기는 우리가 공동적으로 추구하는 목표들에 대해 서로 함께 합의를 만들어 내도록 하는 수단임과 동시에 그 목표를 이루게 해 주는 것이다. 간단하게 생각하면, 계약하기는 두 사람만으로도 이루어질 수 있다. 하지만 직장에서 있다 보면 오직 두 사람이 참여하는 경우는 매우 드물다. 더욱 많은 팀이 포함될수록 복합성은 증가하며 그 안에 소속된 모든 사람이 계약을 온전히 이해하는 것이 중요해진다.

모임과 계약하기

계약하기가 적용될 수 있는 한 분야로 모임과 그 모임이 이끌어지는 방식을 생각해 볼 수 있다. 당신은 모임에 참석하여 얼마나 많이 다음과 같은 생각을 해 보았는가?

- 내가 이곳에 왜 왔는지 모르겠다. 이 모임은 나와 관련이 없었다.
- 아무도 내가 할 말에 대해 들어 주지 않는다.
- 아무도 서로의 말을 듣고 있지 않다.
- 내가 감당할 수 있는 것보다 많은 업무를 맡고 있다.
- 누가 그 일을 언제까지 해낼 수 있을지 의문이다.
- 나는 그 일을 잭이 맡고 있다고 생각했으나 잭은 그 일은 제니의 것이라고 생각하여 그 상태로 석 달이나 지났지만 아직 일 처리가 되지 않았다. 이 얼마나 시간 낭비인가!
- 나는 이 모임에서 일하는 방식이 상당히 경쟁적이라고 생각한다.

이와 같은 상황들은 우리가 관계를 맺는 사람들과 함께 명료한 합의를 이끌어 냄으로써 올바로 해결될 수 있다. 최고 지휘자는 누가 어떤 업무에 착수할 것이며 언제까지 할 것인가에 대해 합의가 될 수 있도록 확실히 해야 한다. 합의에 동참한 구성원 모두는 그들이 목표를 달성했다는 것을 어떻게 알 수 있는지에 관하여도 명백히 할 필요가 있다. 또 구성원들은 왜 그들이 그 일을 하고 있으며 어떻게 이로울 것인지에 대해 이해하는 것도 필수적이다. 만일 업무가 프로젝트를 기반으로 한 것이라면 그들은 언제 프로젝트에 착수할 것인지, 또 얼마나 자주 모일 것인지 등에 관한 결정을 해야 한다.

계약의 유형

기본적으로 계약의 종류로는 세 가지가 있다.

- 행정적 계약(administrative contract): 행정적 계약은 시간, 장소, 기간, 비용, 부서 간의 합의, 신뢰도 그리고 그 한계와 같은 실제적인 조정을 모두 다룬다. 이것은 감시와 평가뿐만 아니라 정책과 법률과 관련된 행정적 측면까지 포함하고 있다.
- 전문적 계약(professional contract): 전문적 계약은 프로젝트나 목표의 내용을 다루며 더 구체적으로는 각자가 맡고 있는 업무를 잘 이끌어 가기 위한 다양한 각자의 능력까지도 고려한다. 이는 또 책임감, 목적, 이익과 한계점에 관한 것이기도 하다. 만일 프로젝트에 참가하는 사람이 자신이 무엇을 원하는지 명확히 알지 못한다면 이를 위한 준비 단계의 계약이 선행되어야 한다.
- 심리적 계약(psychological contract): 심리적 계약은 한 조직 내의 모든 직원 사이에서 생기는 일련의 비구두적, 비문서적 기대와 의무에 관한 것이다. '의무'는 '기대'보다 강한 것으로 어긋났을 경우 더 깊고 더 감정적인 반응이 일어날 수 있다. 부서진 기대는 실망감으로 이어질 수 있는 반면, 부서진 의무는 화나 분개로 이어질 수 있다. 이 심리적 계약은 무엇이 일어났는지보다는 일이 어떻게 처리되는지에 더 관련되는 것이다. 이는 비언어적인 것이기 때문에 조직의 움직임에 큰 영향력을 미치게 된다.

심리적 계약은 의사소통의 심리적 단계라고 할 수 있는데, 다시 말해 교류의 결과가 사회적 수준이 아닌 심리적 수준에서 결정되게 된다. 심리적 계약은 '여기서 흔히 일이 돌아가는 방식'으로 표현될 수 있다.

조직의 구조조정 임무를 맡을 새로운 이사를 임명해야 하는 조직의 경우를 생각해 보자. 기존의 경험이 부족한 사람들이 장(長)의 자리에 들어가게 되고 그들이 자신의 승급을 새 이사의 덕택으로 생각하게 됨에 따라 새 이사는 더 큰 힘을 발휘할 수 있게 된다. 하루는 팀장의 대행으로 관리 미팅에 참석하게 된 사람이 몇 가지 결정에 이의를 제기하려 했다. 조직의 방향이 반드시 최선의 선택은 아니라고 주장한 그 대리인의 의견에 동의하는 쪽으로 미팅은 끝이 났다. 하지만 그 미팅 직후 이사는 누군가 대행을 하는 것을 금지하였다. 여기서의 이면적 메시지는 바로 미팅에서 현재의 발전 방향에 이의를 제기하는 사람은 미팅에 오지 못하도록 하겠다는 것이다. 이에 따라 사람들 사이에서는 조직의 결정, 특히 이사의 결정에 이의를 제기하는 일은 안전하지 못하거나 납득될 수 없는 것이라는 생각으로 인해 심리적 계약이 생기기 시작한다. 결국 그런 조직 문화는 이와 같은 사건으로 이루어진 여러 이야기의 영향을 받게 될 것이다. 이는 조직 전체에 지속적으로 더 과장·확대되어 퍼지게 되어 어떤 일에 이의를 제기하는 사람이 더더욱 적어지게 된다.

심리적 계약은 조직의 보상 체계까지 결정한다. 조직원들은 권리, 기대, 의무 등을 포함하여 자신이 어떤 대우를 받아야 하는지, 그리고 조직적으로 이러한 것들이 어떻게 다루어지는지에 관한 일종의 믿음을 가지고 있을 것이다. Makin 등(1996)은 심리적 계약이 조직 행동에 대한 강력한 결정 요인이며 이는 조직 내외의 환경이 변화함에 따라 바뀔 수 있는 것이라고 말하였다. 심리적 계약은, 비록 명백히 드러나지는 않지만 여전히 일종의 합의라고 할 수 있다. 사람들이 이의를 제기하지 않기로 암묵적으로 '합의'하거나 그러한 것을 명확히 하지 않았기 때문이다. 따라서 이러한 타입의 계약을 무시한다는 것은 강한 심리적 영향을 거부하려는 것이라고 할 수 있다.

계약 만들기의 목적

바쁜 사람들은 우리가 지금 제안하고 있는 것 정도의 자세한 사항을 따르기에 시간이 없다고 말할 수 있다. 하지만 만일 세밀한 계약이 이루어지지 않아 오해와 잘못된 추측이 발생한다면 이를 해결하기 위해서는 더 오랜 시간이 걸릴 것이다. 계약하기는 다음의 것들을 보장해 준다.

- 과정 안에 있는 모든 당사자가 활발하게 참여하도록 하며 에너지가 분명한 비전과 목표로 향하도록 하여 게임을 최소화한다(9장 참고). 이는 잠재적 에너지를 의도된 행동으로 자유롭게 쓰일 수 있도록 도와준다.
- 변화를 위한 분명한 약속을 확보해 준다.
- 모든 당사자는 일의 완수 시점을 명백하게 알게 된다.
- 다른 사람들에 대한 목표들의 부여를 반대한다.
- 과정을 공개적으로 만들며, 숨겨진 의제가 생기는 것을 막아 준다.

계약에서 명시할 사항

- 누가 계약에 참여할 것인가: 아무리 그것이 분명해 보이더라도 이는 중요하다. 종종 계약에 핵심적인 당사자가 논의에 참여하지 않게 되어 다음 과정과 업무가 중단될 수 있으며 일이 완수되지 못할 수 있다.
- 계약 당사자는 무엇을 해야 하는가: 다시 말하지만, 이는 매우 분명하게 드러나 있는 것처럼 보인다. 그러나 이에 대한 확실함이 떨어지는 순간 합의 또한 약화되는 것이다. 더 많은 사람이 참여하게 될수록 누가 어떤 곳을 맡게 될 것인지 분명하게 하는 것이 중요해진다.

- 얼마나 오랜 기간이 걸릴 것인가: 이 지점에서 분명하지 못한 가정은 오해로 이어질 수 있다. "난 당신이 제가 마감기한을 이달 말까지라고 말한 것에 대해 알고 있는 줄 알았어요. 그건 당연히 말할 필요가 없는 것이었어요." 따라서 날짜나 시간에 관해 명확하게 언급하고 기록하는 동의는 매우 중요하다. 혹시 외부적인 일이나 사건 때문에 정해진 때까지 일을 완수하지 못하게 될 경우 시간을 바꾸고 다른 사람에게 어려움이 있음을 알리는 재계약 과정이 필요하다.
- 목표가 무엇인가: 거의 항상 계약이 완수되지 못하는 경우는 어떠한 목표들에 관한 명료함이 결여되었기 때문이다. 목표나 결과는 구체적이어야 하며, 측정 가능해야 하고, 관리할 수 있어야 하며, 동기부여가 되는 것이어야 한다. 종종 목표에 관해 갈등이 발생하는 경우가 있다. 예를 들어, 한 개인, 팀혹은 부서가 서로 조직적인 목표로 모아졌어야 할 에너지들을 분산시키는 각자의 의제와 각자의 목표를 가지게 될 수 있다. 이는 어떤 사람이 다른 조

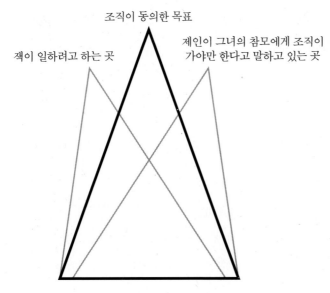

[그림 6-1] 에너지 모형

출처: 미상.

직으로 옮기길 원하고 조직의 목표에 흥미를 잃게 되었을 때 발생한다. 우리는 이러한 에너지의 분산을 [그림 6-1]과 같은 방식으로 표현할 수 있다.

- 업무와 그 과정의 완수 여부를 어떻게 알 것인가: 결과가 구체적으로 나왔을 때 당신은 비로소 그 일이 완성되었는지 아닌지를 평가할 수 있다. 만일 결과물이 '판매량을 증가시키기' 혹은 '다 함께 더 효과적으로 일하기'와 같이 추상적이거나 측정하기 힘든 것일 때, 그 계약에 참여하는 사람들은 언제 목표를 달성했는지를 알기 힘들게 될 것이다. 따라서 '우리가 이를 어떻게 측정할 것인가?'가 그 물음이 되어야 한다.

- 어떻게 목표가 그 당사자들에게 이익이 될 것인가: 만일 당신이 계약의 당사자라면 당신은 당신과 조직에게 어떤 이익이 주어질지 알아야 한다. 이를 통해 동기부여를 촉진시킬 수 있는 것이다. 또 우리는 우리에게 부정적인 영향을 주는 어떤 목표를 위해 노력하는 데에는 거의 동기부여가 되지 않는다.

- 계약의 완료는 어떻게 표시될 것인가: 계약의 완료가 축하의 형식이라든지, 사람들의 기여를 인정하는 것이라든지, 혹은 단순히 과정의 종료를 나타내는 것이든지 간에 이는 완성에 있어서 중요한 측면이다. 사람들은 그다음 단계로 나아가기에 앞서 그 전의 프로젝트가 완성되었음에 대한 인정이 없을 경우 의욕이 꺾이게 된다.

추측과 기대

명확한 계약은 막연한 가정을 없애 준다. 전원의 명확한 대답과 반응을 이끌어 내며 일함으로써 막연히 기저에 있던 추측들과 기대들은 표면으로 올라와 표현될 수 있다. 다음은 이러한 과정을 보여 주는 예시이다. 여기서 코치는 한 내담자와 계약을 맺고 있다.

예시

코치	자, 그럼 이번 회기의 끝에서 당신이 원하는 결과는 무엇입니까?	코치는 현재 고객이 이번 회기에 목표로 하여 성취하고자 하는 바에 동의해야 하며 따라서 그에 관한 명확성을 높이고자 하는 질문을 하고 있다. 이번 회기의 계약은 그들 공동의 작업 전반에 걸쳐 존재하고 있는 것이다.
내담자	아직 확신하지 못하겠어요. 저는 사실 조직 안에서 다른 사람들과 어떻게 관계를 맺는지 이해하지 못하고 있어요. 이론적으로는 이야기해 보았지만 저는 그저 막연하게 느낌으로 생각하려는 거 같아요. 저의 계약은 목표를 달성하지 못하는 것 같고 일은 자꾸 엉망이 되어 가네요.	내담자는 앞의 물음에 관해 생각해 볼 시간을 가지며 문제가 무엇인지 이야기해 보고 있다.
코치	아, 당신은 결국 계약을 맺는 방법에 관한 실질적인 이해가 이루어지지 않았군요. 당신은 이론은 이해하지만 그것을 하는 과정은 이해하지 못한 것 같아요, 맞나요?	내담자를 재촉하지 않기 위해 코치는 상황을 재설명하고 있다. 이는 그녀로 하여금 내담자를 이해하고 있음을 확인시켜 준다.
내담자	네, 저는 직접 맞닥뜨려 경험해 봐야 알게 되는 편인 거 같아요.	코치는 이미 그의 학습 방식을 추적하고 있다. 실천에 의한 학습과 그것을 바로 하는 과정을 활용하는 것.
코치	자, 그럼 만일 계약이 타당하고 효과적이라면 이에 관해 알고자 할 것인가요?	코치는 내담자를 '참여하도록' 하는 또 다른 질문을 던지고 있다.
내담자	조금 안도감이 생기네요. 배에 있던 긴장 상태가 조금 나아졌네요.	내담자는 육체적 반응을 보이고 있으며 그들 자신에 대한 어떤 것을 배운다.
코치	당신은 계약의 방법에 대해 이해하게 되니 안도감을 느끼게 되는군요. 지금 저와 당신이 무엇을 하고 있는 것 같나요?	코치는 이해를 돕기 위해 지금 여기서의 공동 창의적인 모드를 사용하고 있다.
내담자	계약하기네요. 아 이제 슬슬 알 것 같아요.	내담자는 그들이 방금 맺은 바로 이 과정이 계약하기에서 그가 해야 할 일이라는 것을 이해하였다.

코치	자, 제가 당신의 이해를 돕기 위해 무엇을 하고 있나요?	코치는 다시 한 번 내담자의 학습을 촉진시키기 위해 지금 여기 과정을 활용하고 있다.
내담자	음, 코치님은 계속 제가 어떻게 알아 가야 할지 물어보며 제 자신을 이해하도록 도와주셨어요. 전 계약을 할 때 그 부분을 잊어버리곤 했어요. 이제야 저는 행정적인 부분과 무슨 일들이 있는지 보아야 함을 깨닫게 되었어요. 제가 무엇을 원하고 어떻게 알아가야 할 것인지를 천천히 풀어 나가도록 코치님은 절 도와주셨네요. 계약하기에 있어서 차분하게 생각해야 세부적인 것들까지 고려할 수 있다는 것을 알게 되었습니다.	내담자는 자신의 과정에 대해 당연시하거나 막연하게 가정하기보다는 그것을 상세하게 이해할 필요가 있음을 깨달았다. 그는 그와 그의 동료들이 동행할 필요가 있고 그들 모두가 진정으로 이해하고 서로 소통해야 한다는 것을 확신하고 깨달아야 한다.

당신이 프로젝트를 진행하고 있는 상황에서 나아갈 방향을 제대로 파악하기 어려워졌다면, 당신은 관련된 사람들을 모아서 어떤 결과를 추구해야 하는지, 그 결과의 측정을 누가 어떻게 해야 하는지에 관해 논의하고 확인할 수 있다. 전반적인 계약을 파악한 후에 당신은 명확한 초점과 방향을 가지고 단기 목표들을 더 넓은 범위의 목표에 부합하도록 하는 일을 쉽게 할 수 있다.

복잡한 계약

한 계약에 둘 이상의 당사자가 있을 경우 과정에 대한 다이어그램을 만드는 것이 도움이 된다. 만일 세 당사자가 계약에 있다고 한다면 삼각형을 이용하여 각 당사자를 각 지점에 배치해 놓고 생각해 볼 수 있다(그림 6-1] 참조). 이런 식으로 표현하는 것은 복잡했던 것을 인식하는 데 도움을 주며 모든 사람 간에 의사소통이 자유롭게 흘러갈 수 있도록 방향을 만들어 준다. 모든 당사자의 부분에 있어서 기대를 명확하게 해 주는 일은 작업 과정과 계약의 과정을 도와준다. 각 당사자들은 다른 둘 사이의 관계에 대한 어떤 관점을 가지고 있을 것이다(종종 어떤 추측이나 사실에 근거한 관점일 것이다). 이를 예시를 통해 설명하자면 다음과 같다.

한 회사의 이사회는 마케팅 이사를 한 명 선임해서 CEO를 보좌하도록 하였다. 처음 이 계약에는 세 당사자가 있는데, 이사회는 이 일을 청탁하는 당사자이고 '큰 권력자(big power)'인 나머지 둘은 CEO와 마케팅 이사이다. 여기서 마케팅 이사는 이사회와 CEO가 서로 잘 알고 함께 일하는 서로 가까운 사이라고 볼 것이다(이 상황이 처음에는 현실적으로 적합하다). 처음 상황에서 그와 나머지 둘(이사회와 CEO) 간의 거리는 후에 문제를 일으킬 수 있는데, 만약 그(삼각형의 꼭짓점 중 가장 먼 지점에 위치한 당사자)가 계속 소중한 인원이 아닌 것처럼 여겨지고 덜 중요한 정보를 가지는 당사자 혹은 의사 결정의 과정에서 덜 중요한 부분으로 인식되는 상황에서 그럴 수 있다. 이를 TA에서는 심리적 거리(Micholt, 1992)라고 부른

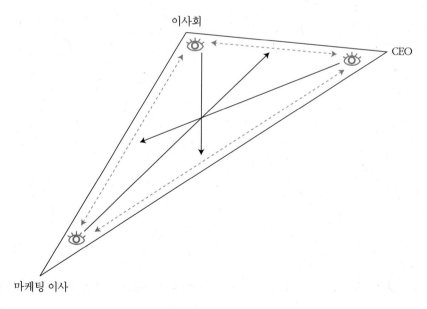

[그림 6-2] 눈을 가진 삼각계약

다. 이러한 시각을 나타내는 방법으로 삼각형의 각 꼭짓점에 눈을 붙여 나타낼 수 있는데, 한 눈에서 향하는 방향이 반대쪽의 점선으로 가고 있는 것은 바로 인식된 관계를 상징한다([그림 6-2]).

이 심리적 거리는 계약에 참여하는 모든 당사자와 관련한 것이다. 예를 들어, 만약 그 새로 온 마케팅 이사가 이사회의 일부와 아는 사람이라면 이때의 CEO는 그를 이사회 사람들과 친한 친구로 보고 그들과 친하다고 생각하게 될 것이다. 그래서 이는 CEO가 스스로 그와 관련을 맺음에 있어서 안심이 되도록 느끼는 데 영향을 미친다. 이때 또 일이 잘 풀리게 되면 이사회 측에서는 마케팅 이사와 CEO의 관계가 좀 더 가까워질 것을 생각하여 결국 그들 스스로 수동적으로 변할 수 있다(심리적 거리에 관한 더 자세한 내용은 이 장에서 나중에 볼 수 있다). 물론 신뢰가 가득한 업무 환경에서는 이러한 역학 관계가 덜 일어날 것이다.

다음에 점진적으로 나오는 다이어그램들은 한 회사와 함께 작업의 과정 속에 포함되어 있는 서로 다른 당사자들과 그 관계의 범주들을 보여 주고 있다. 일의 과정이 마치 '일대일'인 것처럼 보일 수 있으나, 현실적으로는 각기 다른 다양한 이해 당사자들이 그 일로 인해 영향을 받으며, 일에 포함되어 그 일에 공헌할 수 있어야 한다.

모든 당사자가 각자에게 요구되는 것에 대해 동의하는 일은 어렵지만 중요한 일이다. 각자에게 주어진 기대에 찬성하는 것은 일의 과정에 있어 좌절이나 오해를 줄여 주며 나아가 개입의 성공을 도와주기도 한다. 언제나 매 당사자가 직접적으로 다른 모든 당사자와 의사소통을 해 가야 하는 것은 아니지만, 삼각형의 각 꼭짓점의 관계는 항상 고려되어야 한다.

예시

만일 당신이 CEO와 함께 일해야 하는 마케팅 이사라 할 때, 당신은 그 회사의 중간급 관리자들 그리고 그들과 CEO 간의 관계 모두에 신경을 써야 할 것이다

([그림 6-3]).

또 현재 그리고 미래 회사의 고객들, 그리고 그들에 관한 CEO의 비전은 계약에 있어서 또 다른 중요한 측면인데, 이때 이사회와 CEO는 회사의 고객에 대한 그들의 관점과 비전에 관해 일종의 합의를 만들어 내야 한다([그림 6-4]).

이러한 상황들을 고려해야 하기 때문에 우리는 여기에 또 다른 삼각관계를 추가하였다.

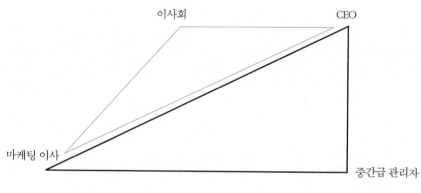

[그림 6-3] 두 번째 다이어그램

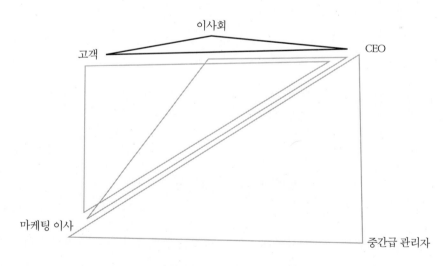

[그림 6-4] 세 번째 다이어그램

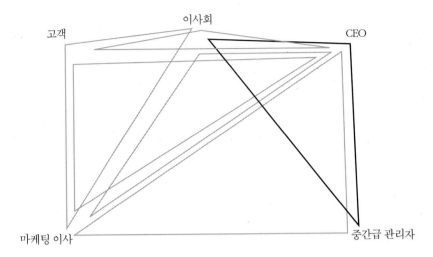

[그림 6-5] 네 번째 다이어그램

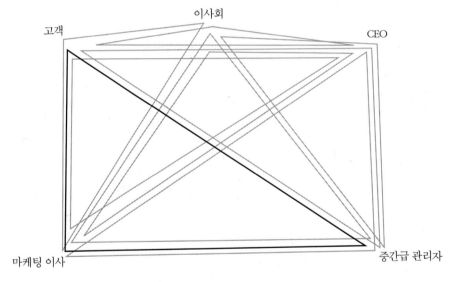

[그림 6-6] 다섯 번째 다이어그램

또 이사회와 CEO는 회사의 중간급 관리자들과 계약에 관해 동의해야 하는데 이로써 여기에 또 다른 차원의 구도가 생길 수 있다([그림 6-5]). [그림 6-6]에서 보

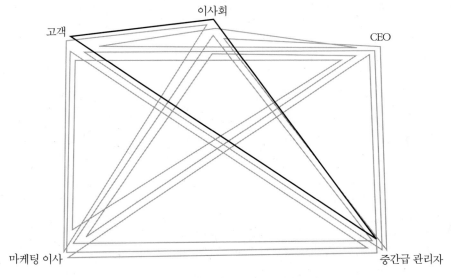

[그림 6-7] 여섯 번째 다이어그램

여 주는 것처럼, 중간급 관리자와 함께 일하는 마케팅 이사와 고객을 위한 간단한 계약이 맺어질 수도 있다. 마지막으로 이사회와 중간급 관리자들과 고객들 사이의 계약이 만들어질 수 있다(그림 6-7).

이렇게 다양한 구도의 다이어그램들을 그려 봄으로써 계약 과정의 복합성은 강조될 수 있으며, 만일 이러한 다이어그램이 프로젝트 초반부에 만들어진다면 계약 구성원들 간의 모든 간극과 함께 그 복합성이 다루어지게 된다. 물론 방금 설명된 모든 조합이 언제나 활발하게 각 당사자끼리 논의가 필요한 것은 아니지만 각 조합은 고려되어야 하는 것들이다.

특수한 예로 디트로이트에 소프트웨어 개발 부서와 영국에 도매점을 가진 글로벌 조직을 생각해 보자. 영국 팀들은 재고 계산에 도움을 줄 수 있는 소프트웨어를 디트로이트가 개발하기를 필요로 한다. 이러한 요청은 독일에 있는 본부에서 받아들일 필요가 있고 재무이사와 회장에게서 의논된다. 디트로이트는 소프트웨어를 개발하고 그것을 영국에 보낸다. 그 생산품은 그들의 요구에 진정으로 맞지 않아 영국에 있는 작업 현장에 도착과 더불어 좌절됐다. 그 상황이 탐색되었을 때 문제는 의사소통의 과정에 있었다. 그들은 상호 간 그들의 이해를 확인하지 않았다. 디트로이트에서 아무도 분명한 그림을 얻기 위해 영국에 오지 않았다. 과업에 대한 요청과 전달 사이에 아무런 의사소통이 없었다. 영국의 작업 현장의 노동자에게 알려지지 않은 채로, 독일에 있는 회장이 또한 재무이사에게 절약하여 기금을 만들라고 말했으며 그래서 그가 영국의 요청을 수정했다는 것이다. 만약 다음 사항이 충족되었다면 얼마나 달랐을까?

a. 적어도 독일, 디트로이트, 영국 모두가 참여하는 비디오화상 회의라도 있었더라면
b. 모든 기대와 제한점이 검토되었더라면
c. 각 지역이 다른 지역에서 보낸 것을 이해했는지를 그리고 그것이 '예'라고 말하는 것 이상의 것을 의미하는지를 확인했더라면
d. 누군가가 디트로이트에서 의뢰의 분명한 그림을 얻기 위해 영국으로 왔다면
e. 일들이 여전히 진행 중이라고 확신하는 프로젝트 내내 의사소통이 유지되었더라면

여기에 또 다른 예가 있다.

| 제인
(CEO) | 늘어난 업무량에 대해 불만의 목소리가 끊임없이 들립니다. 저는 이를 해결하기 위한 한 방법으로 모든 지역 경영자에게 각 팀 리더로 하여금 프로젝트 경영 업무를 대표하도록 만드는 것을 생각하고 있습니다. 하지만 이러한 작업이 지역 수준에서 효과를 잘 발휘할 수 있도록 하기 위해 우리는 이에 대해 의논해 보아야 합니다. 저는 지역에 있지 않기 때문에 이번 일이 현재 관행에 어떻게 영향을 줄지에 관해 보고받아야 합니다. 저는 짐에게 서기를 맡도록 하여 이 미팅이 끝난 후에 우리 모두 누가 무엇에 관해 동의했는지 명확히 하려 합니다. | 제인은 문제 사안의 요점을 말하여 이를 해결하기 위한 선택권들을 제시하고 있다. 그녀는 또한 지역에 관해서 그녀가 상황에 대해 잘 알고 있지 못함을 설명하고 있으며 적절한 전략이 이행될 수 있도록 정보를 얻고자 하는 모습을 보이고 있다. |

잭 (간부)	팀 리더에게 주어진 이 새로운 역할의 권한은 어떠한 것들이 있습니까? 그들 모두가 한 특정 지역 프로젝트와 관련하여 의사 결정 권한을 가지게 되는 것입니까?	잭은 변화 사항의 세부적인 것들에 대해 논의하려 한다.
제인 (CEO)	좋은 지적입니다. 우리는 의사 결정에 대한 제약이 어떠해야 할지 결정해야 합니다. 하지만 만일 우리가 그들에게 더 높은 수준의 권한을 부여하지 않는다면 우리는 그들의 효과성을 제한하는 것이 될 것입니다.	모든 당사자가 서로를 OK/OK로 두는 마음챙김 과정에 있기 때문에 논의가 원활히 성립할 수 있다.
팀 (재무)	그리고 우리는 올라간 책임 수준에 함축된 것들에 대해서도 고려해 보아야 합니다. 조합들은 연봉 인상을 추구하려 하며 이는 내년 예산에 영향을 미칠 것입니다.	각자의 역할과 책임이 고려되고 있으며 여기서 팀은 재정 문제에 대해 제기할 수 있다.
제인	그래요, 그럼 그 점에 대해 당신이 재정 처리 문제를 다루어 주실래요? 그것은 3월 31일까지 저에게 정보가 들어왔으면 좋겠습니다. 그때까지 하실 수 있으세요?	제인은 그 일이 가능한지 보기 위해 마감 날짜와 계약에 대해 명확히 하고 있다.
팀	네, 괜찮습니다. 함께할 작업 팀을 만들어 예산을 살펴보고 보고해 드리겠습니다.	
제인	좋습니다. 그리고 우리는 이번 일에 관련될 것들과 긍정적인 의지가 있는지 확인해 보는 시도에 대해 지역 경영자와 이야기도 해야 할 것입니다. 이것은 잭이 구성해 줄래요? 인터넷으로 설문지를 배포해서 그들의 생각을 확인해 보는 것도 아마 한 방법이 될 것 같습니다. 물론 그 안에 우리의 합리성을 조금 넣어서 말이죠. 예를 들어 제가 듣기로는 그들이 업무량 증가에 대해 걱정하므로 대표 파견을 늘리는 방향을 생각했습니다. 따라서 이러한 것을 문맥상에 넣어 주는 거죠. 또한 다음 지역 경영자 모임 때에 이 문제를 논의해 볼 수 있습니다. 짐, 이 사안이 의제로 들어갈 수 있도록 해 줄 수 있죠? 자, 그럼 다음 미팅 날짜를 잡아 봅시다. 짐, 합의된 사항들과 함께 이 미팅 기록을 내일 오후 중으로 만들어 줄래요?	제인은 어떤 결정의 결과에 영향을 받는 모든 사람과 논의하고자 함이 분명하다. 이는 긍정적인 의지를 촉진시키며 정직하고 열린 논의를 만든다. 그녀는 자신이 누구에게 일을 요청하는지에 대해서도 명확하며 이를 개인별로 확인하고 있다. 결정된 사항을 적는 것 또한 결과를 확실히 하고 명확히 하는 데 도움을 준다.

위의 대화는 좋은 계약하기의 예시이다. 미팅에 참가한 모든 사람은 각자의 역할과 행동에 대해 책임을 지고 있다. 논의 방향은 OK-OK이며 결과, 마감 날짜, 책임 사항에 대해 명확하다.

Berne은 논의 계약(treatment contracts)을 명백한(hard) 혹은 부드러운(soft) 것으로 정의하였다. 명백한 계약에서는 목표가 행동적 용어로 명확하게 정의되어 있다. 예를 들어, '나는 이 지역에서 컴퓨터 기술 분야로 1년 안에 2000파운드 인상된 연봉으로 새 직장을 찾을 것이다.' 부드러운 계약은 더 주관적인데, '우리는 위젯을 만드는 최고의 회사가 되고 싶습니다.'와 같은 것이 그 예이다. 그들이 어떻게 '최고'가 될 것인가에 대해 기술된 것이 없고 따라서 이는 '명백한' 계약이라고 말하기 힘들다. 부드러운 계약은 업무, 관계 혹은 결과물에 대한 명확성이 생기기 전에, 관계 맺음의 초반부에서 유용할 수 있다. 하지만 이러한 계약들은 점차 가능한 한 확고해져 가야 할 필요가 있다.

모든 사람이 의사 결정에 있어서 동등하고 공평한 역할을 가질 수 있는 것은 아니며 어떤 결정들은 상부에서부터 만들어지고 '주어진 것'이어야 한다. 하지만 새로운 발전과 관련한 협의는 발전, 새로운 생각, 일어날 수 있는 변화, 변화의 한계, 내포된 영향력, 시간 틀 그리고 작업을 유지시키는 데 취해지는 어떠한 방어적인 조치를 포함하여 정기적인 갱신 사항에 대해 직원들과 함께 이루어져야 한다. 이러한 방식으로 불안한 요소는 최소화될 수 있으며 다급한 고용 변화가 예기된다면 사람들은 그들 스스로 대비할 수 있을 것이다.

심리적 거리

Micholt(1992)는 서로 다른 계약 당사자들 간의 다양한 수준의 긴밀함과 거리에 대해 인식할 필요가 있음을 강조한다. 그녀의 연구는 역할과 관계에 대한 명확성을 높임으로써 TA 조직 분야에서 큰 영향력을 미치고 있다. 이는 계약 성립

전, 중, 후에 요구되는 인식의 증진을 가능하게 해 주는 작업이다. 그녀는 계약 당사자들 간의 각기 다른 관계를 도표를 통해 정리해 주며 그들 사이의 '심리적 거리'가 동등해져야 할 필요성에 대해 강조한다. 다시 말해, 만일 한쪽의 당사자가 자신이 극히 불리한 처지에 놓여 있음을 느끼게 된다면 이것이 계약에 큰 영향을 미칠 것이라는 것이다.

예를 들어, 어떤 경영관리자가 한 컨설턴트와 친한 사이이고 그 컨설턴트를 자신의 직원들과 함께 일하도록 데리고 왔을 경우, 이때 다음과 같이 고려해 볼 수 있는 가능성은 많이 있다.

- 만일 사람들이 둘의 관계가 친하다는 것을 안다면 직원들은 컨설턴트에게 마음을 여는 것을 조심스럽게 여기게 되어 특정한 컨설턴트를 고른 것에 대한 동기를 불신하게 될 수 있다.
- 만일 사람들이 둘이 친한 관계임을 모른다 해도 그들은 숨길 수 없는 어떤 친근함의 신호를 관찰하여 친한 관계임을 짐작하게 되거나 혹은 곧 무언가 공개적으로 드러나지 않았음을 인지할 수 있다.
- 경영관리자는 당연히 컨설턴트의 시각을 다른 직원의 시각보다 아마 더 고려하게 될 것이다.

여기서 경영관리자와 컨설턴트는 심리적으로 가까운 거리에 있고, 이로 인해 직원들은 무슨 일이 진행되고 있는지, 무엇이 결정되고 있는 것인지에 관해 무관심해질 수 있다. 심리적 거리에 대한 알아차림은 항상 도사리는 문제로 마음챙김 과정 속에서 쓰이는 더 많은 시간으로 이어지게 된다(3장과 4장을 보라). 이상적인 상황에서는 이 계약의 모든 쪽은 평등하다. 만일 그들이 평등함을 느끼지 못하거나 혹은 관계에 있어서 차별이 존재하는 현실에 관해 설명이 주어지지 않는다면, 그 계약의 과정 속에서 무언가 잘못 발생할 수 있으며 문제가 뒤따를 수 있다.

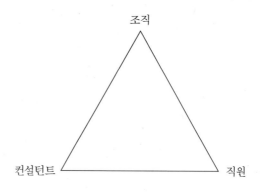

[그림 6-8] 심리적 거리

    이 조직의 경영관리자가 직원들에게 어떤 형태의 트레이닝을 받게 해야 하는 법적 의무가 주어진 상황에 대해 고려해 보자. 경영관리자는 이번 트레이닝의 중요성에 대해 확신하지 않고 이 트레이닝의 우선순위가 그다지 높지 않음을 모든 직원에게 알렸다. 이때 그러한 조직으로 오게 되는 트레이너는 사람들이 트레이닝에 온전히 협력하지 않는 모습으로 인해 자기 자신과 경영관리자, 훈련 참가자들 사이에서 심리적 거리감을 느끼게 될 것이다. 참여자들의 참여 부족이 경영관리자의 심리적 허가하에 있는 것이기 때문에 트레이너는 계약을 이행함에 있어서 훨씬 힘든 시간을 보내게 될 것이다. 이 경우에서 나타나는 심리적 거리는 [그림 6-9]와 같다.

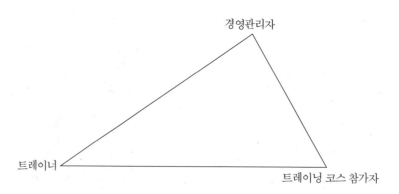

[그림 6-9] 심리적 거리: 궁지에 몰린 트레이너

이때 가능한 또 다른 변수는 트레이닝 코스가 매우 잘 진행되는 경우인데, 경영관리자는 이때 그 트레이너와 참가자들이 너무 잘 지낸다는 것을 알고 있다. 이 경우 경영관리자는 아마 그 과정 속에서 회사 사업에 관해 지나치게 많은 정보가 공유됐을지도 모른다는 것에 대해 걱정을 하거나 참가자들이 코스 참여 이전보다 더욱 적극적인 태도를 취하는 것에 대해 불편하게 느낄지도 모른다. 이 상황을 보여 주는 도식은 [그림 6-10]과 같이 나타낼 수 있다.

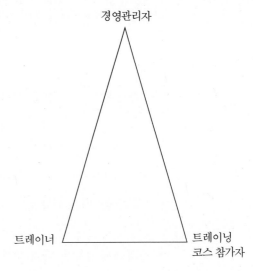

[그림 6-10] 심리적 거리: 경영관리자가 멀리 있는 경우

만일 리더와 경영자가 이중적인 역할과 관계를 갖게 된다면 상황은 혼란스러워질 수 있다. 이는 어떤 한 컨설턴트가 개발 팀의 일을 착수하고 있을 뿐만 아니라 그 팀의 리더까지 코칭하고 있는 경우 명백히 드러난다. 팀 리더가 트레이너로 바뀐 코치와 완전히 편하게 지내는 것은 매우 어려울 것이며 팀 전체로도 트레이너와 마음 편하게 지내기 쉽지 않을 것이다. 각 당사자들은 아마 그 코치/트레이너가 그들에 관해 부적절하게 오해할 만한 정보를 가지고 있다고 믿게 될 수 있다. 만일 팀의 인식을 코치와 팀 리더 사이의 관계로 생각한다면 심리적 거리는 [그림 6-11]과 같이 도식화할 수 있다.

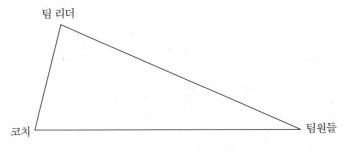

[그림 6-11] 심리적 거리: 팀원들이 멀리 있는 경우

코치/트레이너를 포함하여 누가 어느 정도 수준의 전문 지식을 가지고 있는가는 별로 중요하지 않다. 그 상황 자체로서 팀의 일부분에서 정서적 안정감이 증진될 수 없게 되며, 이에 따라 팀 발전이 위협받게 되는 것이다.

이러한 상황은 다른 상황에서도 발생할 수 있다. 다음 사례를 살펴보자.

부장인 새라는 그녀가 관리하는 6명의 팀원 중에서 앤과 레시와 매우 친한 친구 사이이다. 새라는 직장에서 계속해서 그녀와 레시와 앤이 지난밤 시내에서 놀았던 일에 대해 잡담을 하는데, 다른 사람들은 소외된 듯한 기분을 느꼈다.

이 상황에서 보이는 단체 역학 관계는 나머지 팀원들의 적개심을 키울 것이며 에너지가 업무보다는 감정적인 면에 더 소모되어 생산성이 저하될 수 있다.

나머지 팀원들에게는 이 상황이 [그림 6-12]과 같이 느껴질 것이다.

이중성 없이 역할과 관계를 명확히 하는 일은 팀원들 간의 마찰을 없애 주며 모든 사람으로 하여금 자신의 가치를 느끼게 해 준다. 또한 이는 게임하기(game playing, 9장을 보라)의 가능성을 줄여 주며 조직 내의 평등성과 신뢰의 발전을 촉진시켜 준다.

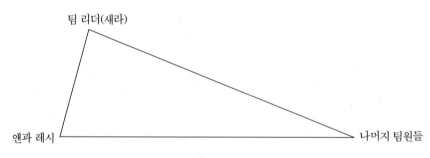

[그림 6-12] 심리적 거리: 특정 예시

효과적인 계약 만들기

TA에서는 계약이 미시적인 수준부터 거시적인 수준까지의 것들을 기반으로 만들어져야 함을 전제한다. 계약 과정의 미시적인 수준 혹은 개인적 차원에서 가장 먼저 고려되어야 할 것은 타이밍이다. 이에 대한 중요성을 강조하기 위해 한 번 일대일 계약 과정을 예로 들기로 하자. 당신이 누군가로부터 메일을 받았는데 그 속엔 당신이 퉁명스러우며, 비판적이고 통제적인 것 같다고 적혀 있었다. 당신은 같은 방식으로 상대방을 욕하는 대신에 직접 그들에게 찾아가 보려고 결정하였다. 이때 당신이 가장 먼저 해야 할 일은 바로 그들에게 지금 현재가 만나기에 적절한 시간이라는 것을 확인시키는 것이다. 만일 이를 제대로 하지 못한다면 그들은 심리적으로 그 시간을 회피하게 되어 방어적인 태도로 응답하려 할 것이고 점점 대화하기 어려운 상황이 될 것이다. 즉, 어떤 회의나 만남이 있을 땐 당신은 무작정 화난 상태로 찾아가는 것보다는 당신이 어떤 결과를 원하는지에 관해 고려해 보는 것이 좋다(이와 관련된 내용은 17장에서 더 자세히 다루고 있다). 그리고 사전에 당신이 생각하기에 어느 정도의 시간이 필요한지 미리 상대방에게 알리고 가야 당신이 그쪽을 무작정 보러 갔을 때 만날 시간이 고작 10분밖에 마련되지 않은 상황을 피할 수 있다.

회의나 만남을 가질 땐 당신은 동료와 함께 언제나 마음챙김의 과정에 머물고 최종 결과를 위한 계약을 맺어야 한다. 감정 읽기(emotional literacy; Steiner, 1984)를 사용하면서 상대측에게 왜 당신이 만남을 요청했는지에 관해 설명하고 당신이 추구하는 결과에 관해 표현할 필요가 있다. 그에 따른 진술문은 다음과 같을 수 있다.

대화를 여는 교류	당신이 보내 주신 메일에 관해 상의하고 싶은 게 있어서 그러는데, 혹시 저와 대화 좀 가질 수 있을까요?
그들의 반응	다행히도 '예'라고 응답할 것이다(우리는 오해의 소지를 없애기 위해 분명한 계약을 세울 필요가 있다. 아무런 계약이 없는 상황에서 우리는 상대방을 통제하려는 태도로 보일 수 있다. 만일 그들이 '아니요'로 응답한다면 다른 선택을 고려해 봐야 한다).
당신의 교류	당신의 이메일을 받았을 때 저는 당신이 어떤 어조로 말하려 하는 것인지 궁금했습니다. 혹시 제가 그 메일로 어떤 느낌이나 생각을 가졌을지 알고 계셨나요?
그들의 반응	……
마음챙김 과정에 있음으로써 당신은 그들의 반응에 따라 다양한 선택을 할 수 있다	나중에 제가 하고 싶은 것은 (어떤) 것입니다. 이렇게 (기꺼이) 해 주실 수 있을까요?
	저는 그쪽이 저를 불쾌하게 하려는 의도는 아니었음을 알고 있지만 나는 정말 당신의 태도를 알았습니다. 그리고 만약에 당신이 나에게 화가 났을 때 그것에 대해 나에게 와서 말하거나 그것에 대해 나에게 물었다면 감사했을 겁니다. 그 방식에 나는 바로 당신을 필요로 합니다. 당신은 이것을 기꺼이 하시겠습니까?

'이렇게 해 주실 수 있을까요?'라는 말은 하나의 작은 계약으로 상대방이 그럴 것이라고 추측으로 남겨 두는 것이 아니라 상대방을 당신과 함께하도록 초대하는 기능을 하는 말이다. 이 아주 작은 계약은 회사 내외로 관련된 프로젝트 그룹을 계획함에 있어서도 중요하게 작용한다. 프로젝트에 포함된 모든 당사자는 누가, 무엇을, 언제까지 책임지게 될 것인지 정할 필요가 있다.

물론 목표와 결과는 성취 가능한 것들이어야 한다. 만일 당신이 어떤 일로 버거워하는 상황에서 다른 업무를 또 맡겠다는 것은 좋지 못한 것이다.

계약을 생각할 때 당신은 '우리가 서로 목표에 달성하였을 때 나는 혹은 다른 사람들은 어떻게 그것을 알게 되는가?'에 대해 물어야 하며 이는 계약을 측정 가능한 것으로 만들어 준다.

계약과 관련된 핑계

다음의 말들은 우리가 신경을 써야 하는 말들이다. 이 말들은 우리가 무의식중에 일을 시작하기도 전에 탈출구를 마련하려는 방식을 나타낸다.

- 제가 그 문제를 한번 '다루어 보겠습니다.' (그리고 아마 저는 그 문제를 해결하지 못할 것 같습니다.)
- 제가 그것을 위해 '노력해 보겠습니다.' (하지만 아마 저는 해내지 못할 것입니다.)
- 제가 무엇을 '하고 싶습니다.' '할 것입니다.' (하지만 언제까지 할지는 모릅니다.)
- '할 수 있습니다.' (하지만 아마 안 할 것입니다.)
- '아마 (무엇을) 할 것 같습니다.' (하지만 확신은 하지 못합니다.)

효과적인 계약 만들기는 긍정적인 어구들을 포함해야 한다. 당신이 '(어떤 것을) 멈추고 싶습니다.'라고 말할 때 당신의 반대하는 모드는 우리가 계약을 멈추는 것을 환영하지 않기 때문에 저항적인 모습을 보일 것이다. 이는 당신이 어떤 비전이나 목표를 향해 가는 것이 아니라 무언가로부터 멀어지려는 것을 보여준다.

계약을 설정할 때 당신은 미래 지향적으로 무언가를 향해 나아가게 되는 것이다. 이 에너지 원동력은 긍정적인 것인데, 과거를 지향할 때 당신의 에너지는 분산되고 동기부여가 덜 되기 마련이기 때문이다. 당신이 지금 이 순간 계약을 세우게 되면 당신은 미래를 위한 비전을 가질 수 있으며 그 목표가 작은 것으로 보일지라도 그 목표를 향해 필요한 적극적인 행동을 취하게 될 것이다.

복잡성과 문제 정의

구조의 각 부분이 서로 다른 관점을 가지고 있기 때문에 계약을 맺을 때 당신은 무엇이 주요한 사안이며 누가 그것을 정했는지 고려해야 한다. 예를 들어, 최고 경영진은 지나친 분권화로 인해 화합이 어려워졌다고 생각하여 그것을 중요 사안으로 생각하는 반면에 중간관리자들은 반대로 너무 적게 분권화되어 있는 것을 중요 사안으로 생각할 수 있다. 그러므로 어떤 것을 중점으로 삼을 것인지 정하는 것과 계약이 목표 지향적이라는 점을 확실히 하는 것은 조직에서 일할 때 복잡한 특징들이다.

이러한 복잡성은 코칭과 멘터링 작업에 착수할 때 매우 확실히 보인다. 전통적인 내부 조직적 멘터링 계획(직장 선배가 신규 직원에 대해 멘터와 롤모델로 활동하는)은 계약하기의 다양한 측면을 잘 보여 준다. 더욱 전통적인 멘터링 역할에서는 멘터에 대한 심리적 계약이나 복종을 요구한다. 멘터는 신규로 채용된 직원이 조직 속으로 자리 잡도록 도와주어야 한다. 이는 조직을 방해하는 과정이었는데, 멘터들은 조직적 과정과 체계에 대해 어려움을 겪지 않을 것이기 때문이다. 반대로 조직으로부터 자유로운 외부 코치들을 이용하는 방법은 그들의 전문적인 기술로 코칭 당사자를 도와줄 수 있는데, 이로부터 조직은 불가피한 이점을 취할 수 있다. 그들은 또한 더욱 고정관념에서 벗어나 생각하게 될 것이며, 더 큰 융통성과 창의성을 키워 줄 것이다. 외부 코치/멘터를 활용하는 것의 단점이 될 만한 점은 그들이 사업과 관련한 세부적인 지식이 적다는 것이다.

계약에 포함되어 있는 모든 사람은 자신 스스로 확신하고 의문을 제기할 권리가 있다. 계약상의 구성원들이 그 계약 과정 속에서 평등함을 느끼게 된다면 이는 더욱 큰 창의성을 만들어 내는 경향으로 이끌어 준다. 즉, 각자가 확실한 자아의식을 개발하도록 요구되는 것이다.

시간적 압박과 계약

압박이란 언제나 있는 것이며 계약하기의 과정에서 부적절한 시기로 판단되는 일을 하려는 생각은 쓸모없는 것으로 느껴질 수 있다. 하지만 다음의 두 가지 질문은 심사숙고해 볼 만 한 것들이다.

- 이 결과가 얼마나 중요한 것인가: 성취되지 못할 경우 어떤 손해가 발생하는가?
- 목표를 위한 각 사람들의 다양한 기여는 얼마나 중요한 것인가: 만일 일부 사람이 계약의 일부분을 이행하지 못했을 경우 전체적인 프로젝트를 어떻게 타협할 것인가? (여기에는 프로젝트 경영과 최상 경로 분석[critical path analysis] 이 연관되어 있다.)

누가 계약하는 과정을 촉진할 것인가

조직적인 계약은 명시적으로 진술되어야 하며 측정 가능, 운영 가능해야 하며 동기부여가 될 수 있어야 한다. 이때 어려운 점은 한 사람에게 동기부여가 될 수도 있는 것이 다른 사람에게는 의욕을 저하시키는 요인이 될 수도 있다는 것이다. 그러므로 누가 중개인(혹은 대리인)이 될 것인지, 누가 계약 과정 중의 매일 업무를 협상할 것인지, 그리고 누가 주된 의뢰인으로 상정될 것인지 등의 문제는 단체·조직과 일할 때 고려해야 할 복잡한 특징들 중의 부분이다. 계약에 참여하는 당사자의 수와 규모가 증가함에 따라 관계의 복잡한 특징들을 잘 관리하는 것이 갈수록 중요해진다.

계약을 위해 필요한 기술은 무엇인가

당신은 예리한 감각과 흐름을 잘 파악하는 능력을 길러야 하며, 다른 사람과 적절히 관계하고 협상할 줄 알아야 하며 그들에게 귀 기울일 자세를 지녀야 한다. 경청의 과정을 통해서 다른 사람이 무엇을 추구하는지, 생각하고 있는지, 그리고 나아가 계획하는 바까지 찾아낼 수 있다. 듣는다는 것은 당신이 들었던 것을 다시 곰곰이 생각해 봄으로써 미래를 위해 명시된 것들(날짜, 시간, 역할, 책임)에 대한 명료성을 증가시킬 수 있음을 의미한다.

가장 섬세하고 예민한 기술은 계약하기의 심리적 수준과 관련한 것이며 '게임하기'를 회피하는 것에 있다(9장을 보라). 계약의 어떤 면이 무시되고 있는가를 알아차리고 직면함으로써 당신은 자칫하면 게임하기에 쓰였을 수도 있는 원활한 통로로 쓰이는 긍정적인 에너지를 촉진시키는 효과적인 계약을 만들어 낼 수 있다.

요약

당신이 사람들과 함께 하는 크고 작은 결정과 활동들은 효과적인 계약으로 인해 이익을 가질 수 있다. 이는 가정, 직장, 여가 등 모든 삶의 부분에 적절하게 적용될 수 있는 것이다. 우리가 여기서 계약의 개념을 사용하는 방식은 한 사고의 틀에 더 가깝다고 할 수 있다. 이는 우리가 하는 일과 타인과의 교류까지 이끌어 주며 따라서 TA 접근의 기반이라고 할 수 있다. 우리가 계약에 관해 한 장을 쓰고 있는 반면 다른 이들은 책 전체를 썼지만, 우리는 이 장이 긍정적인 결과로 향하는 에너지의 원활한 교류를 위해 다양한 상황 내외에서 이 개념의 사용을 촉진하는 방향으로 가기를 바란다.

연습

연습문제 1: 결과를 위한 계약하기

현재 혹은 과거의 프로젝트를 생각해 보자. 다음 서식을 활용하여 계약의 어떤 측면이 간과되었는지 혹은 불충분하게 다루어졌는지 살펴보라.

〈표 6-1〉 결과를 위한 계약하기 서식

목표/결과	
이 단계에서 목표/결과가 합의 혹은 적절히 제안되었는가? (이 부분이 항상 딜레마에 빠지게 된다. 실제적인 전망이 나오기 전에 어떻게 충분히 넓게 대안적으로 가능한 제안이 공유될 수 있는가?)	
제안되었다면, 제안된 사항이 어떻게 합의에 도달하였는가?	
이 목표의 어떤 점이 좋은 것이며 누구에게 좋은 것인가? (만일 그 결과가 본래적으로 이로운 것이 아니라면 이 부분이 사람들의 불만의 근원이라는 것을 알아내는 것은 매우 중요한 일이다.)	
그 목표/결과에 영향을 받게 되는가? 그 사람들에게 부정적/저항적인 결과가 되지는 않는가?	
만약 그렇다면 이 부분이 어떻게 다루어져야 할 것인가?	
세부사항의 합의에 있어서 누가 주요한 역할을 맡아야 하는가?	
또 다른 사람으로 누가 있는가? (첫 번째 리스트를 제외한 사람들 중에서 다시 한 번 확인해 보라.)	
그 목표와 실행과 관련하여 어떤 숨겨진 두려움, 희망 사항이 있는가? (이 부분이 바로 계약의 '심리적인 수준'의 것이다. 그것이 적절하게 밝혀지거	

나 혹은 인지되지 못할 경우 실패를 야기하는 가장 큰 잠재력을 지닌 영역이다.)	
이 목표를 성취해야 하는 기간의 척도는 무엇인가?	
사람들은 이 목표가 성취되었음을 어떻게 알 수 있는가?	
이 목표가 성취되었을 때 어떻게 축하할 것인가?	

연습문제 2: 여러 당사자와의 계약하기

실제로 한 프로젝트나 목표에 여러 사람이 참여한 경우를 생각해 보라. 고려되어야 하는 여러 당사자의 계약을 표현하기 위해 다이어그램을 그리라. 목표를 완성시키기 위해 핵심적인 것은 무엇이며, 무엇이 바람직한지, 그리고 무엇이 실제적인 측면에서 터무니없는 일인지 파악해 보라. 각 당사자들이 그 목표를 위해 해야 하는 계약의 세부사항에 대해 고려해 보고 모든 사람이 '실행 중에' 있도록 하기 위해 당신은 무엇을 해야 하는지 생각해 보라.

연습문제 3: 심리적 계약

지금 현재 당신이 참여하고 있는 한 프로젝트를 생각해 보라. 당신과 다른 사람들에게 들어 있는 계약의 심리적 수준에는 어떤 것들이 있는가?

- 당신은 이 프로젝트에 대해 어떤 숨겨진 희망 사항을 가지고 있는가?
- (당신이 직감하기에) 다른 사람들은 어떤 숨겨진 희망 사항을 가지고 있는가?
- 당신은 이 프로젝트에 대해 어떤 숨겨진 두려움을 가지고 있는가?
- (당신이 직감하기에) 다른 사람들은 숨겨진 두려움을 가지고 있는가?
- 당신은 본래 목적이 아닌 프로젝트의 결과로 어떤 것들을 기대하고 있는가?

• 다른 사람들은 본래 목적이 아닌 프로젝트의 결과로 어떤 것들을 기대하고 있는가?

• 이에 대한 것들을 생각해 보며 당신이 지금 취해야 할 어떠한 조치가 있는가?

당신의 스타일 목록
확장하기

CHAPTER **07**

소개

　사람들은 인간관계에서 어려움을 겪을 때 종종 '성격 차이' 때문에 생기는 문제라고 변명하곤 한다. 그러나 만일 사람들이 각자의 스타일과 존재 방식이 다르다는 것을 고려한다면 우리는 대인관계에서 효과적인 의사소통 방식을 발견할 수 있을 것이다. 이 장에서는 이해를 높이는 한 방법으로서 업무 스타일(working style)의 개념과 허용의 발달 그리고 타인과의 상호작용 능력을 향상시키는 방법에 관해 살펴보고자 한다.

　조직 TA에서는 남을 기쁘게 해라, 강해져라, 서둘러라, 완벽해져라, 열심히 해라의 다섯 가지 서로 다른 업무 스타일이 있다고 가정한다. 우리는 성장하면서 어떻게 인생을 살아야 하는지를 결정한다. 이는 분명하게도 우리의 OK 감각과 연결되어 있으며, '내가 강하거나 완벽하다면 나는 OK다.'는 그러한 한 예다. 이러한 초기 결정들은 우리의 성격에 영향을 미치며, 이러한 영향은 또한 긍정적인 측면을 가진다.

　이 장에서 다섯 가지 업무 스타일의 서로 다른 특성을 살펴보면 저자들의 전문 분야인 '조직 TA'와 '개발 TA'가 무엇인지 짐작할 수 있을 것이다. TA에서는 사람들이 부정적인 행동을 하게 만드는 원인을 '드라이버(Driver)'라고 부르는데, 이는 우리가 그것에 의해 '이끌리고(are driven)' 그것을 방어 수단으로 사용하기 때문이다. 일이 잘 되어 갈 때는 드라이버의 긍정적 특성을 하나의 '업무 스타일'로 활용할 수도 있다.

　사람은 성장하는 과정에서 삶의 경험에 대한 반응으로 '드라이버 행동(Driver behaviour)'을 발전시키고 이를 방어 수단으로 사용하게 된다. 당신은 어린 시절에 어떻게 살아가야 하는지를 결정하게 되고, 이는 당신의 가족들에 의해 영향을 받는다. 이 스타일들은 '하지 마'라는 (어릴 때 부모로부터 받은) 메시지의 반응에 의해 만들어진다. 예를 들면 다음과 같다. '네가 되지 마' '친밀하지 마' '성공하지 마' '건강하지 마' '중요한 사람이 되지 마' '너의 성(gender)이 되지 마' '느끼지 마'(TA에서는 이를 '금지령[injunctions]'이라고 함). 이들 '하지 마' 메시지에 맞서 자신을 OK(부정적인 메시지에 맞서)로 유지하고자 드라이버 행동을 발전시키게 된다.

마케팅 회사에서 팀이 꾸려졌다. 앨런은 전문 지식이 있다는 이유로 그 팀에 포함되었다. 그 팀은 역동적이면서 생산성이 뛰어난 인물들로 구성되었으나 서로 협력적인 노력을 기울이는 팀원은 없었다. 팀원들은 자신의 일이 타 팀원보다 더 중요하다고 믿었으나 정작 클라이언트에게 이익이 되는 것이 무엇인지 모른 채 회의에 참여하곤 했다. 브리핑을 받고 계약을 따낸 사람은 무엇을 해야 하고 어떠한 기술이 요구되는지를 잘 알고 있었다. 앨런이 이 팀에서 해야 할 일은 분명했다. 하지만 그 팀원의 일부는 앨런의 능력 밖의 일을 요구하였고, 앨런은 팀원들을 기쁘게 하고자 했으며, 앨런 자신의 입장을 표현하면 팀원들이 자신을 인정해 주지 않을까 염려하여 자신의 능력 이상의 것을 떠맡곤 했다. 이러한 상황은 정해진 업무 기일을 넘기지 않아야 한다는 생각에 엘렌을 조바심과 불안으로 몰아넣었다.

앨런의 믿음: '남을 기쁘게 하는 한 나는 OK다.' 앨런의 드라이버는 '남을 기쁘게 해라'이다. 그러므로 '중요한 인물이 되지 마'라는 메시지를 방어하고자 이러한 드라이버를 가지게 된다. 만약 누군가가 앨런이 일을 제때 마치지 않았다는 이유로 화를 낸다면 그는 스트레스에 휩싸이고 삶이 점차 힘들어지는 것을 발견하게 될 것이다.

다섯 가지 드라이버

남을 기쁘게 해라

앨런처럼 만일 당신이 OK 상태가 되고자 남을 기쁘게 해야 할 필요성이 있다고 결정했다면 당신은 인간관계에서 자신을 낮추게 될 것이다. 당신은 순응적인 경향을 띠거나 이를 신체 언어로 표현하려 할 것이다. 또한 머리를 한쪽으로 숙이거나 상대를 바라보며 당신의 머리를 땅으로 숙이는 등의 행동을 할 것이다. 또한 당신의 목소리를 높일 것이다. '남을 기쁘게 해라' 드라이버를 가진 사람은

자신의 의견은 타인의 의견만큼 중요하지 않다는 관점을 갖고 있기 때문에 자신의 의견 표현을 힘들어한다. 이러한 사람들은 비난을 받을 때면 설령 이 비난이 옳지 않다 할지라도 그것을 가슴으로 받아들이고 괴로워한다. 그리고 상대방보다 우위에 서 본 경험이 거의 없기 때문에 스스로를 약자라고 간주할 것이다. 이로써 당신은 좌절을 경험하는 반면, 타인들은 당신이 하기 싫어하는 일을 하도록 강요함으로써 당신을 착취할지 모른다.

당신의 의견은 중요하고, 자신을 기쁘게 할 수 있다는 것을 알아야 한다. 비록 당신이 변화하려는 동의나 결정을 내리지 않은 상태라 하더라도 자신을 위해 결정을 내리는 것이 당신에게 유익한 것이 될 것이다.

강해져라

반면에 만약 당신이 '강해져라' 드라이버를 가진 사람이라면 종종 낯선 느낌을 표현하는 데 어려움을 느낄 것이다. 당신은 자신과 접촉하거나 자신의 느낌과 접촉하는 것을 피하기 위해 제삼자에 관해 이야기하는 경향이 있다. 당신의 표정은 굳어 있으며, 당신의 업무가 과한 상태일지라도 당신에게 도움을 청하는 사람을 보게 될 것이다. 주변 사람들은 당신에 대해 많은 일을 하며, 사랑을 받을 필요도 없고, 취약하지도 않은 사람이라고 생각할 수 있다. '강해져라' 드라이버를 가진 사람으로서 당신은 스스로 느끼고 필요하면 도움을 청할 수 있다는 것을 허용할 필요가 있다. 이렇게 하면 당신은 느끼지 말고, 취약해지지도 말라는 (부모로부터의) 메시지를 거스를 수 있다. 실제로 종종 당신은 이를 느끼지만 이러한 느낌을 표현하는 것은 Not OK라고 생각하며, 만일 당신이 이러한 느낌을 표현한다면 당신의 생각은 이러한 느낌에 의해 압도당할지도 모른다고 생각한다. 만일 당신이 변화를 원하고 당신의 감정이 옳고 다스릴 수 있다는 것을 인정한다면, 당신은 동료와의 협력 관계에서 변화를 이끌어 낼 수 있을 것이다.

서둘러라

당신이 '서둘러라' 드라이버를 가졌다면 상대의 느린 말투가 당신을 힘들게 한다는 이유로 상대방의 말을 도중에 끊을지도 모른다. 당신은 초조한 방식으로 행동하고 발을 구르거나 손가락을 두드리며 얼굴을 만지작거리는 행동을 할지도 모른다. 당신은 서두름으로써 실수를 하지만 이를 제대로 인지하지 못할 수도 있다. 당신이 서두르는 것은 남들뿐만 아니라 자신을 회피하기 위한 하나의 방법이다. 만일 당신이 느리게 행동한다면 당신은 자신의 육체와 감정 그리고 다른 것들과 접촉할 수 있을 것이다. 당신은 또한 바쁘게 일상을 보내는 것 때문에 주위로부터 인정을 받을 수도 있으며, 서두르는 것 때문에 주위 사람을 힘들게 할 수도 있다. 만약 당신이 이러한 드라이버를 가지고 있다면 자신의 시간을 가져도 된다는 것을 허용해 줄 필요가 있다. 비록 힘이 들 수도 있겠지만 요가, 태극권, 필라테스 등은 당신이 삶의 속도를 늦추고 당신의 내면이나 육체와 접촉하는 데 도움이 된다.

완벽해져라

당신이 '완벽해져라' 드라이버를 가졌다면, 당신은 현명하고 정돈된 책상을 가진 것처럼 그리고 말과 행동에서 간결함을 보여 주려고 애쓸지도 모른다. 말을 할 때 당신은 "하나, 이 이슈는 중요하며, 둘, 그것은 매우 시급합니다."와 같이 숫자를 제시하면서 말하기를 좋아할지도 모른다. 당신은 또한 과하게 세밀화하려는 탓에 문장을 길고 자세히 말하려 할 수도 있다. 주위 사람들은 당신이 자신과 타인에 대해 높은 기대를 가지는 것에 대해서 염려하고 있다. 이러한 드라이버를 가진 사람의 일부는 단지 자신만 완벽해야 한다는 기대를 가지는 반면 일부는 모든 이가 완벽해지길 원하기도 한다. 스스로 완벽해야 한다고 기대하는 사람들은 자신의 실수로 인해 힘들어할 가능성이 크고, 타인의 실수에는 관대할 가능성이 있다. 상대방은 '완벽해져라' 드라이버를 가진 당신을 신뢰하고 일을 맡기

기도 하며, 당신이 일의 오류나 실수를 발견하고 그 일을 다시 하라고 요구할 때 좌절하기도 한다. '서둘러라' 드라이버를 가진 사람과 '완벽해져라' 드라이버를 가진 사람은 (일을 하는 데 있어 후자가 시간을 오래 끌기 때문에) 서로 충돌할 수 있다. 만약 당신이 이러한 드라이버를 가졌다면 즐기기, 실수하기를 허용하고, OK는 당신이 한 일에 의해 만들어지는 것이 아니라 당신이 하고 싶을 것을 하느냐와 연관되어 있음을 알도록 할 필요가 있다.

열심히 해라

'열심히 해라' 드라이버를 가진 사람들은 마치 무언가를 이해하려고 노력하는 사람처럼 구는 경향이 있다. 이런 드라이버를 가진 사람은 자신이 관심을 가졌던 첫 번째 과제를 수행하기도 전에 다른 일에 관심을 가지는 경향이 있다. 이들은 '열심'에 관한 용어를 사용하지만 그러한 태도는 지속되지는 않으며, 수동적으로 변하기도 하고, '열심히 해 보았으나 잘 되지 않았습니다.'와 같은 태도로 도움을 청하므로 상대를 좌절시키기도 한다. 이들은 또한 '이런 일들이 항상 나에게 생겨.'와 같은 잘난 체하는 말투를 쓰기도 하며, 주변에서 도와주려고 해도 세상을 부정적으로 바라보기 때문에 그들은 이들과 함께할 수가 없게 된다. 이런 경우 주변 사람들은 이들에게 좌절하고 희망을 가지기 어렵게 된다. 만일 이러한 드라이버를 가진 사람이 있다면 쉽게 만들기, 일 끝내기, '아니요'라고 말하기, 직접적인 감정 표현의 허용이 필요하다. 이들은 타인들이 어떤 일을 다 마치지 못할 때에 좌절할지 모른다. '강해져라' 드라이버를 가진 사람은 '열심히 해라'와 같은 에너지 넘치는 행동에 대해 부러워하거나 업신여길 수 있다.

드라이버에서 업무 스타일까지

우리는 당신이 드라이버 상태에 있을 때, 어린이(C)의 수준에 있기 때문에 자유롭지 못하다고 말한다. 드라이버와 같이 자동적 반응을 할 때는 생각이 제대로 기능할 수 없다. '현재'의 관점을 취한다는 것은 생각을 깊게 하고, 타인의 행동에 대해 고려한다는 것을 의미한다.

당신이 변화에 대한 허용을 주고받을 때 그리고 변화하고자 할 때 당신의 오래된 드라이버 행동들은 하나의 '스타일'로 변형되고, 하나의 자원으로 활용된다. 게다가 당신이 항상 스트레스 상태에 있는 것은 아니기 때문에 극단적인 드라이버 행동을 하지 않을 수도 있으며, 그 드라이버를 강점으로 활용할 수도 있다. 이에 대해서는 Hay(1992)가 저술한 *Working Style*을 읽으면 도움이 될 것이다.

당신이 '강해져라'의 업무 스타일이라면 당신은 위기 상황일 때 당신의 침묵적 태도가 이득이 될 것이며, 이는 당신이 리더의 위치에서 뭔가를 생각해야 하는 상황일 때 더욱 도움이 된다. 당신은 문제 해결을 통해 많은 에너지를 느낄 것이며, OK-OK 방식으로 피드백을 주는 데 능숙해질 것이다. 만약 당신이 생존 방식으로 '남을 기쁘게 해라' 드라이버를 가졌다면 당신은 직관과 배려를 통해서 사람 사이에 다리를 놓는 능력을 발휘할 수 있다. '서둘러라' 스타일을 가진 당신은 업무를 잘 끝낼 수 있으며, 시간을 앞당길 수도 있고, 많은 일을 즐겁게 해낼 수 있다. 만약 당신이 '완벽해져라'의 업무 스타일을 지녔다면, 그것은 당신이 신뢰 있는 사람으로 평가받는 데 기여할 것이고, 업무 기한 준수, 타인 업무의 편집, 만일에 일어날 사태의 대비에도 도움을 줄 것이다. 그리고 마지막으로 당신이 '열심히 해라'의 업무 스타일을 가졌다면 당신은 많은 다른 활동을 할 때 상당한 동기를 보일 것이다. 그리고 새로운 과제를 즐길 때 당신은 훌륭한 기획 리더가 될 수 있고, 많은 가능성을 가질 수 있을 것이다.

당신의 드라이버 행동이 초래할 수 있는 가능성에 대해 아는 것은 중요하다.

당신의 오래되고 성가신 신념과 행동을 유발하는 촉매제가 무엇인지를 살피는 것이 필요하며, 그렇게 하고 나면 드라이버 행동을 유발하는 첫 번째 신호를 알아낼 수가 있고 이를 바꿀 수 있다. 예를 들면 일단 호흡과 빠른 말투, 대화하는 상대의 말 끊기 등을 통해 알아낼 수 있으며, 말을 느리게 하고 호흡을 차분히 하여 생각을 지금 여기에 집중할 수 있다. 대안적으로 과제에 착수하기 전에 '예'라고 말을 한 후 당신의 위가 마구 뒤틀리고 긴장하는 것을 지각할 수 있다. 당신은 이러한 신체적 징후에 관심을 기울일 필요가 있으며, 당신이 취할 행동을 결정하는 것이 필요하다. 예를 들면, 당신은 당신과 관련된 인물들과 재계약을 맺을 필요가 있으며, 당신에게 주어진 업무가 너무 많으면 끝까지 수행하기 어렵다는 것을 그들에게 알릴 필요가 있다.

가끔 새로운 결정을 내린 후에 새로운 결정을 후회하고 옛날로 돌아가고자 할 수도 있다. 이러한 일을 막기 위해 당신은 긍정적인 자기대화를 지속해 나가야 한다. 우리가 앞서 본 앨런의 예로 돌아가 보면, 만일 앨런이 타인을 고려하는 새로운 결정을 내리거나 자신을 위하는 결정을 했다면 그의 삶은 훨씬 쉽게 전개되었을 것이다. 이렇게 하기 위해서는 '하지 마' 메시지의 영향을 명확히 하고, 허용과 함께 이러한 메시지를 거스를 수 있어야 한다. 다음은 허용의 예이다. '나는 스스로 생각할 수 있어.' '나는 중요해.' '나 자신에게 귀를 기울이고 나에게 옳은 것을 선택해야 해.' '나의 의견은 중요해.'

앨런은 자신의 중요성을 인식하고 자신이 현실적으로 할 수 있는 일만 맡는 것에 관한 내적 자기대화를 할 필요가 있다. 또한 목적과 목표가 분명하다는 것을 보증할 수 있도록 계약 과정을 명료화하는 것이 필요하다. 이것은 리더의 과업 중 일부이지만 모든 팀원은 목적과 목표가 분명해지는 데 관심을 가져야 하고, 그 계약이 명료화되도록 해야 한다.

행동을 변화시키고 환경으로부터 긍정적인 피드백을 받음으로써 자신의 생각을 변화시킬 수 있다. 이러한 변화는 타인들과의 관계에서보다 업무 스타일에서 훨씬 더 잘 발생한다. 예를 들어, 당신이 '남을 기쁘게 해라'의 업무 스타일을 바꾸고자 한다면 일부 사람은 당신에 대해 좋지 않은 평을 할 수도 있다. 왜냐하면 당신은 그들이 원하는 것들을 다 하지는 않을 것이기 때문이다. 만일 당신이 변화를 준비하고 생각을 바꾸고자 하며 그 변화를 지지한다면, 당신은 주위로부터 좋지 않은 평을 견뎌 낼 수 있을 것이다.

다른 예

함께 일을 잘하기 위해서는 팀이 신뢰를 빠르게 형성하고 발전시켜 나가야 한다. 리더는 이러한 상황에서 중요한 역할을 한다. 앨런은 팀 내에서 많은 일을 하도록 압력을 받는 상황이기 때문에 그가 이 팀을 신뢰하기란 쉽지 않고 이로 인해 스트레스를 더 많이 받을 수밖에 없다. 이런 경우 앨런이 맡은 프로젝트 업무는 힘들어지게 된다. 앨런이 이러한 상황을 어떻게 다루는가 하는 것은 그의 내적 대화에 의해 영향을 받는다. 자, 그럼 그가 이 상황을 다루기 위해 어떠한 내적 대화를 하는지 살펴보도록 하자.

제니퍼	앨런, 이 질문이 무슨 의미인지를 파악하기 위해 그 회사의 CEO와 접촉하고 나서 우리에게 그 내용이 뭔지 알려 주세요.
앨런	그거 좋은 생각입니다. 누군가는 그 CEO와 만나 볼 필요가 있습니다. 그러나 만약 내가 그 CEO와 접촉하길 원한다면 다음 주까지 기다려야 합니다. 나는 그 전에 그 CEO를 만날 시간이 없어요. 그러나 다음 주에 우리가 그 질문에 대한 정확한 답을 알아내기에는 시간이 너무 늦다는 것을 알고 있어요.
제니퍼	오, 좋습니다. 앨런은 이 일에 너무나 적임자예요. 그리고 당신은 우리를 어려움에서 벗어나도록 해 줄 수 있습니다.
앨런	그 칭찬 고마워요, 제니퍼. 그러나 다른 누군가가 그 CEO를 만나는 일을 지금 해야 합니다.

심지어 제니퍼는 앨런에게 다시 돌아와서 CEO에게 전화해 달라고 요청하였지만, 앨런은 '다른 누군가가 이 일을 해야 합니다.'라는 애초의 언급을 계속할 필요가 있다. 처음에는 변화가 쉽지 않다. 왜냐하면 사람들은 변화하려는 것을 저지하려고 하기 때문이다. 모든 사람이 알고 있는 스텝의 왈츠를 추고 있는데 갑자기 탱고를 추게 된다면 당신 주변 사람들은 당신이 왈츠로 되돌아오기를 원할 것이다. 왜냐하면 그들은 왈츠의 스텝에 익숙하기 때문이다. 앞서 살펴보았듯이, '남을 기쁘게 해라' 드라이버 각본하에서 앨런은 스스로가 중요하다는 인식을 허가할 필요가 있었고, 스스로 이러한 욕구를 충족하도록 해야 한다. 이는 정확하게 두 번째 예에서 앨런이 보여 주었다. 앨런은 같은 내용의 말을 반복함으로써 애초의 결정으로부터 벗어나지 않는 '부러진 기록(broken record)' 기법을 사용하면서 적극적인 자세를 유지하였다.

당신이 스트레스 상태에 있을 때는 드라이버 행동으로 복귀하면서 좋지 않은 업무 스타일을 반복하게 된다. 우리는 다음 장에서 스트레스 이슈를 탐색할 것이다.

조직에서 업무 스타일의 적용

다음은 각각의 드라이버와 업무 스타일이 직장에서 어떻게 나타나는지에 대한 예이다.

열심히 해라

톰은 훌륭한 프로젝트 감독이다. 그는 창의적이고 다양한 관심을 가지고 있다. 직장에서 그는 새로운 프로젝트를 즐겼고, 남들이 그 프로젝트를 완수하도록 업무를 남겨 두는 것을 좋아했다. 그는 종종 업무를 위임해서	톰은 '열심히 해라' 드라이버를 가진 사람이다. 그래서 그는 직원들로부터 많은 것을 끌어냈고, 직장도 톰으로부터 많은 것을 얻어 냈다. 그는 위임할 일과 자신이 할 일을 제대로 구별할 필요가 있다. 그는 업무 완성을 위

처리했는데, 그의 직원들은 신뢰받는다고 느꼈기 때문에 그 위임은 그들에게 유익한 것이었다. 반면에 직원들은 톰이 해야 할 일을 자신들에게 시키는 것에 대해 화가 났다. 톰은 대화를 할 때 그의 의중을 분명히 드러내지 않았고, 새로운 주제에서는 옆길로 빠지곤 했다. 그러므로 동료들은 톰이 자신들이 하는 말과 행동에 대해 관심을 가지지 않는다고 생각했다.

해 동료들과 의견을 주고받을 필요가 있다. 프로젝트 관리직은 실질적으로 그에게 매우 중요한 직업이다. 그는 경청과 요점 파악을 통해 사람들과 관계하는 기술을 배워야 한다. 만약 그가 상대를 제대로 이해하지 못한 경우라면 상대를 더 잘 이해하기 위해서는 이해하려는 노력보다 설명의 반복을 요청하는 편이 더 낫다.

강해져라

다음으로는 '강해져라' 드라이버를 가진 앤이라는 간호사를 만나 보자.

사람들은 앤을 좋아하지만 앤은 힘든 상황에서도 자신의 느낌을 말하지 않는다고 생각하였다. 직장에서 그녀의 입지는 좁아졌고, 만약 그녀가 직장에 계속 남고자 한다면 직위 강등을 감수해야만 했다. 국민건강보험(NHS)의 혜택을 받는 그녀가 이전과 동일한 직위의 직업을 구하기란 매우 어려운 일이다. 그녀의 동료가 앤에게 이러한 정보를 주었을 때 앤은 어떠한 감정도 드러내지 않았다. 따라서 그녀의 동료들은 그러한 앤을 지원하는 것이 힘듦을 알았고, 오히려 그녀로부터 거부당하는 경험을 하였다. 일부 사람은 앤이 위기 상황에서도 자신의 생각과 입장에서만 행동하며 감정을 드러내지 않는 이상한 사람이라 여기곤 했다.

앤의 관리자는 앤에게 '관리자가 모든 정답을 가지고 있지는 않으며, 앤이 스스로 생각하도록 도움으로써 앤을 지원할 수 있다.'고 말할 필요가 있다. 이렇게 하는 것은 앤의 사회성 개발에 도움을 줄 수 있다. 관리자는 또한 앤이 일을 잘 할 수 있도록 지원할 필요가 있고, 앤이 처한 힘든 상황에 따른 스트레스를 다루어 주어야 한다. 앤은 자신의 모든 느낌은 옳으며, 느끼는 동시에 생각할 수 있다고 자신에게 말할 필요가 있다. 그녀는 취약함을 남에게 보여 주어도 되며, 자신 및 타인과 더불어 OK에 머무를 수 있다는 것을 알아야 한다. 게다가 도움을 청하는 것의 중요성을 알아야 한다.

서두르고 강해져라

모든 사람이 그렇듯이 프레다의 인격은 긍정적 양상과 부정적 양상을 모두 지니고 있다.

프레다는 위기를 다룰 능력을 지녔고, 당황스러운 상황에서도 침착함을 유지한다. 가끔 그녀가 직장에서 위원들에게 업무를 발표할 때는 약간 불안해지고 말이 빨라진다('서둘러라' 드라이버). 그녀가 사용하는 단어들은 주로 속도에 관한 것이 많은데, 예를 들면 '시작하자' '빨리 서둘러' '빈둥대지 마' 등이다. 프레다는 사람들이 일이나 모임에서 서두르지 않거나 늑장을 부릴 때 초조해하는 경향이 있다. 프레다는 발을 동동 구르거나 손가락으로 책상 위를 두드리거나 반복적으로 시계를 보곤 한다. 그녀는 서두름으로써 자신의 불편한 느낌을 회피하고자 했으며, 그녀의 '강해져라' 드라이버는 강화되었다. 프레다의 행동은 동료들을 Not OK로 경험시키기 때문에 동료들을 불편하게 만들었다.

프레다의 관리자는 프레다에게 자신만의 시간을 가지라고 조언할 필요가 있다. 그 관리자는 제 시간에 일을 정확히 끝내는 것보다 일을 잘 마치는 것을 더 선호했다. 프레다는 구조화하는 모드를 통해 사람들의 말을 도중에 차단하지 말아야 한다는 조언을 들을 필요가 있다. 만약 프레다가 상대의 의견을 도중에 차단한다면 동료들은 프레다에 의해 의견이 차단될 때의 느낌과 프레다가 회의에 오기 전에 자신들의 말을 다 끝내겠다는 의사를 전할 필요가 있다. 프레다는 자신의 시간을 가질 필요가 있다고 스스로에게 말해야 한다. 또한 자신이 동료의 말을 차단하는 것은 동료의 말을 무시하는 것이란 걸 알아야 하며, 동료가 말을 끝낼 때까지 기다릴 필요가 있다. 더불어 자신의 상황에 대한 느낌을 발견할 때까지 충분한 시간을 가져야 하며, 타인에 대한 공감을 얻도록 하는 것이 도움이 될 것이다.

완벽해져라

직원들은 임명된 새 부서장이 일을 잘하기보다는 완벽하길 바란다는 것을 알았다.

래리는 매우 탁월한 부서장이다. 그는 추진력과 야망을 가졌고, 그의 부서가 노력을 통해 이전의 판매 기록을 갈아치우길 바랐다. 그는 넓고 확 트인 책상을 가지고 있었다. 래리의 좋지 않은 점은 그가 팀원들의 책상 위에 식물이나 가족들의 사진이 놓이는 것을 원치 않는다는 것이다. 그는 업무 집중을 위해 대화를 막기도 하였다. 팀원들은 래리의 열정적 근무 태도에 좋은 점수를 주었지만 경직되고 사무실에서 긴장을 많이 한다는 것을 알았다.

래리의 '완벽해져라' 드라이버는 최근 그가 새로 발령난 것과 스트레스 수준이 높다는 게 그 증거이다. 래리의 직장 상사는 래리가 이완될 것을 격려할 필요가 있으며, 만일 이렇게 한다면 직원들의 저항이 줄고, 사기와 생산성이 늘어날 것이다. 만일 사장에게 보고하는 관리자들이 신뢰가 가는 사람들이라면 래리가 직장에서 보인 경직성의 결과에 대해 래리와 충분히 공유할 필요가 있다.

업무 스타일의 충돌

종종 팀원 간의 충돌은 상이한 드라이버 행동에 기인한다. 예를 들면, '서둘러라' 드라이버를 가진 사람은 '완벽해져라' 드라이버를 가진 사람으로 인해 화가 난다. 이러한 경향이 강할수록 두 사람 간에는 어려움이 커진다. '완벽해져라' 드라이버를 가진 사람은 무언가를 체크하는 데 관심이 있는 반면, '서둘러라' 드라이버를 가진 사람은 이보다는 다음의 일을 진행하기를 원할 것이다. 각 드라이버별로 이러한 차이를 해결하는 방법은 '서둘러라' 드라이버를 가진 사람에게 일을 끝내도록 요구하고 나서 그 일을 '완벽해져라' 드라이버를 가진 사람에게 체크하도록 하는 것이다. 만일 각자가 그들의 드라이버 행동의 이동을 자각할 수 있다면, 이는 그들의 드라이버로 인해 생기는 어려움을 피할 수 있다는 것을 의미한다.

만일 당신이 어떤 행동에 대한 자신의 경향을 알고 있다면 당신은 타인과의 관계에서 어려움을 초래하는 행동들을 보완할 방법을 발견할 수 있을 것이다. 예를 들어, 만일 당신이 '서둘러라' 드라이버를 가진 사람인데 상대가 말을 길게 해서 화가 난다면 당신은 자신에게 다음과 같이 말하는 것이 도움이 된다. "그의 시간에 자신의 말을 하는 것은 OK이고, 나도 나의 시간에 나의 말을 할 수 있다." 당신은 심지어 다른 사람의 말을 끊고 싶을 때 '중단(stop it)'이라고 스스로에게 말할 수 있다. 이러한 과정에서 자신을 유지할 수 있고, 상대도 OK가 된다.

각각의 직원이 자신의 장점을 배가하면서 일하도록 하는 것은 중요하다. 예를 들어, '열심히 해라'의 업무 스타일을 가진 개인은 프로젝트 관리자에 적임자가 될 수 있으며, 반면에 '강해져라'의 업무 스타일을 가진 개인은 위기 관리 상황에 적합한 인물이 될 것이다. 반면에 '열심히 해라'의 업무 스타일을 가진 사람에게 장시간 소요되는 일이 주어질 경우 그들은 지겨워하면서 잦은 실수를 범하기 때문에 동료들을 좌절시킬 수 있다. 결국 모든 사람은 개발과 성장이 필요하

며, 스스로에게 완료하기, 계속하기, 느끼기, 중요한 사람이 되기, 의견 갖기, 자신의 시간 만들기와 같은 것을 허용해 줄 때 현재 자신이 가진 약점을 강점으로 만들 수 있다.

요약

업무 스타일은 드라이버 행동의 긍정적 자원으로서, 당신이 어린 시절에 부모로부터 받은 '하지 마' 메시지에 대응하기 위한 방어로서 유년 시절에 결정된다. 당신의 인격은 당신이 강해지거나 남을 기쁘게 하는 등의 행동을 하는 한 나는 OK라는 믿음과 관련된 결정에 의해 영향을 받는다. 드라이버와 관련된 결정이 아동기 때 내려진 것이라는 것을 당신이 알았다면 '당신은 언제나 OK'라는 자각에 기초해서 이러한 아동기 때의 결정을 변경할 수 있다.

유일한 사실은 나는 여기에 있고 당신과 그들은 거기에 있다는 것이다. 이렇게 하면 설령 우리가 서로를 좋아하지 않는다고 해도 우리는 잘 지낼 수 있다. 이렇게 할 때 당신은 자원으로서 긍정적인 형태의 스타일을 사용할 수 있다. 당신은 최고의 업무 스타일을 만들 수 있고 당신의 장점이 발휘되는 즐거운 직업을 찾을 수 있다. 또한 당신은 자신과 다른 업무 스타일의 사람과 화합해서 잘 지내는 방법을 발견해 낼 수 있다.

연습

연습문제 1

- 당신과 사이가 좋은 사람들이 당신에게 보여 준 드라이버나 업무 스타일이 무엇이라 생각하는가?
- 당신과 사이가 좋지 않은 사람들이 당신에게 보여 준 드라이버나 업무 스타일은 무엇이라 생각하는가?
- 당신의 드라이버와 업무 스타일은 무엇이라고 생각하는가?
- 당신과 사이가 좋은 사람과 좋지 않은 사람 간의 드라이버와 업무 스타일 간의 관련성을 알 수 있는가?
- 당신을 좌절시키는 주위 사람들과 잘 지내도록 당신을 도와줄 수 있는 내적인 말과 행동은 무엇인가?
- 이러한 행동을 어떻게 유지할 것인가?

연습문제 2

- 당신과 다른 업무 스타일은 무엇이며, 다른 업무 스타일을 가진 사람들과 어떻게 충돌되는가?
- 어떤 사람과 잘 지내고 어떤 사람과 충돌하는가?
- 드라이버 행동을 대신할 행동들은 무엇인가? 팀원들에게 그들이 가진 자원이 될 만한 업무 스타일을 보여 주고 각 개인이 가진 장점과 그 이점을 알 수 있도록 하라.

연습문제 3

각각의 상이한 드라이버가 어떻게 OKness 모형과 연관되는지 생각해 보라. 상대의
어떤 스타일이 다음의 OK 모형 중에서 Not OK로 느껴지는가?

(I'm OK/You're Not OK; I'm Not OK/You're OK; I'm Not OK/You're Not OK)

WORKING
TOGETHER

현실 무시:
자각과 디스카운트

CHAPTER

08

소개

"그들은 모두 왜 그 일이 일어나지 않았을까라는 주제에 동의했다."

"나는 그들에게 말했지만 아무도 내 말을 듣지 않았어요."

"나는 당신이 도대체 무슨 말을 하는지 모르겠어요."

"우리의 재정 상태가 그렇게 나빴는지 몰랐어요."

당신의 상태가 가장 좋을 때는 당신은 당신 자신과 다른 사람들과 당신을 둘러싸고 있는 세상에서 일어나고 있는 일들을 다양한 각도에서 고려할 수 있다. 당신이 그렇게 할 수 없을 때는 어려움이 뒤따르게 된다. 이 장은 어떤 상황에서 이러한 일이 발생하는지를 다양한 방법으로 검토하고 어떻게 그것을 변화시킬 수 있는지에 대한 이해를 돕고자 개입 모형을 제시한다.

디스카운트(discount)는 어떤 것을, 그것의 중요성을, 또는 그와 관련된 필요한 행동을 취해야 함을 무의식적으로 알아차리지 못하는 과정이다. 우리는 어떤 것에 대해서는 과장할 수도 있다("나한테만 항상 이런 일이 일어나." 또는 "이것은 너무 어마어마한 일이라 평생 걸릴 거야."). 디스카운트는 우리 자신, 필요한 행동, 다른 사람들 또는 우리의 상황과 관련이 있다. 예를 들면 다음과 같다.

- 보이는 것, 들리는 것, 냄새 맡을 수 있는 것, 만져지는 것, 느껴지는 것, 경험되는 것을 무시하는 것, 다시 말해, 감각적 자극을 무시하는 것("논쟁? 나는 아무 소리도 못 들었어.")
- 상황과 관련된 선택권을 알아차리지 못하는 것("할 수 있는 것이 아무것도 없어.")
- 상황을 처리하기 위해 어떤 역할을 해야 하는 우리 자신의 또는 다른 사람의 책임을 인식하지 못하는 것("내가 할 건 다 했어. 다른 사람들이 방법을 찾아

내야 해.")

자극을 인식하기

일반적인 방법으로, 우리가 지속적으로 받아들이는 정보(소리, 장면, 냄새 등)를 걸러 내지 않는다면 우리의 지각은 곧 넘쳐나서 압도될 것이다. 회의에 참석 중이라고 상상해 보라. 회의실의 창문을 통해서 지나가는 사람들을 볼 수 있고 간간이 대화 내용도 들릴 것이다. 건강한 사람은 매 순간 이러한 모든 정보를 모니터링하고 (보통은 무의식적으로) 어떤 것을 걸러 낼 것인지 혹은 어떤 것을 인식할 것인지를 결정한다.

이러한 시스템은 보통은 잘 작동하며 급변하는 환경 때문에 배경이 된 어떤 것을 잘 알아차려서 이제는 중요한 것이 되게 할 만큼 충분히 융통성이 있다. 예를 들어, 회의 중 대화가 갑자기 그 순간에 방을 지나가는 어떤 특정인과 얘기를 하는 것이 중요한 것으로 바뀔 수 있다. 비록 지나가는 다른 모든 사람을 건성으로 본다 하더라도 지금 지나가는 그 사람은 중요하게 꽂힐 수 있다.

디스카운트를 할 때 우리는 배경과 관련된 정보를 무시하고, 이유가 무엇인지와 그것의 중요성을 인식하지 않는다.

디스카운트의 유형

정보, 선택권, 책임

다음 도표에는 세 가지 사례가 제시되어 있다.

1) 아만다는 동료들 모두에게 스트레스가 많은 것으로 보인다. 그녀는 점점 같이 일하기 힘들어졌고 정확한 업무 처리에 있어서도 침착하지 못해 자주 감정이 폭발했으며 지난 몇 개월 동안 더 많이 휴무를 냈다. 사람들이 이러한 점에 대해 이야기를 할 때 그녀는 자신은 힘들지 않다고 주장했다. 아만다는 성실한 직원이다. 회사에서 굉장한 경력을 갖고 있으며 이것이 그녀의 스트레스와 관련된 문제의 한 부분일 수도 있다. 그녀는 초과 근무를 해야 할 때, 동료가 조언을 구하고 의지할 때 싫다고 말하지 않았으며 문제를 해결해 주었다.	아만다는 그녀의 스트레스로 인해 드러난 징조(동료들은 모두 인식하고 있는)를 디스카운트하고 있다.
2) 제인은 회사에서 주요 변화를 이끌고 가는 지역 담당 책임자이다. 그녀는 직원들이 변화를 힘들어하는지 관리한다. 제인은 대안은 없다고 주장하며 모든 일이 계획대로 정확히 진행되어야 한다고 생각한다. 제인은 매우 유능하지만 관리자로서의 능력에 대한 자신감이 부족하다. 사람들이 그녀에게 도전하거나 혹은 질문이나 제안을 하면, 그녀는 자신의 권위로 묵살하려고 하며 매우 경직된다.	제인은 그 일을 해내는 데는 한 가지 방법만 있다, 다른 선택권이 없다고 주장한다.
3) 잭은 시장 점유율을 지키기 위해 발버둥치는 바쁜 회사의 판매책임자이다. 지난 6개월 동안 그가 맡은 지역의 판매가 확실히 감소하고 있다. 이 문제에 대해서 해명할 때 그는 이것이 하락세이며 중요하다는 것은 인정했지만 그것이 자신의 책임이 아니라고 주장하였다. 잭은 이 문제는 동료들에게 가장 중요하다고 보았고 아무런 지원 없이 일을 관리하는 자신에게는 자부심을 느꼈다.	잭은 판매 부진과 관련된 자신의 책임을 디스카운트하고 있다(판매 감소를 인식하고는 있지만).

아만다는 자신의 신체가 그녀가 처한 스트레스의 충격을 알려 주고 있지만 그 정보를 무시하고 있다. 그녀는 이러한 징조를 강화하는 그녀의 동료들의 말을 듣지도 않았다. 정보가 있더라도 그것을 인식하지 않는 것이다. 이러한 과정이 '의식 속에서' 일어날 때도 있다(다른 말로, 본인이 알고 있다는 뜻이다). 그러나 이 과정이 디스카운트와 함께 '의식 밖에서' 일어나는 것이 더욱 일반적이다(본인이 이 과정을 알지 못한다).

제인은 엄격함으로 추진력이 있으며, 변화를 주어 다르게 해 보는 데 있어서 선택의 여지가 없다고 본다. 여기서 함정은 그 일을 달성하는 데는 오직 한 가지 방법만 있으며 변화를 주어도 사실은 동일하다고 생각하는 것이다.

잭은 더 큰 그림으로 보면서 자신의 책임이 어디에 있는지를 자각하려고 하지 않는다. 문제를 더 큰 규모로 본다면 어쨌거나 자신이 그림의 일부를 차지한다는 것을 알게 된다.

디스카운트의 영역

디스카운트를 할 수 있는 세 가지 넓은 영역이 있다. 당신 자신, 타인, 상황의 현실성이 그것이다.

자신

당신은 여러 가지 방법으로 당신 자신을 디스카운트할 수 있다. 예를 들면 다음과 같다.

- 당신의 능력, 지식, 잠재력: 예를 들어, 능력 있는 관리자가 "나는 여기에 있는 직원 중 한 사람일 뿐입니다."라는 식으로 말하는 것
- 당신 역할과 관련된 책임의 수준: 예를 들어, 관리자가 반항에 대응하여 어깨를 으쓱하면서 "오, 글쎄요. 그런 식으로 원하신다면 그건……."이라고 말하는 것
- 당신의 감정: 예를 들어, 직원 한 명이 그만둔 것에 대해서 또는 한 명이 해고되었다는 소식에도 속상함을 느끼지 못하는 것
- 당신의 사고와 직관: 예를 들어, 어떤 상황에 대한 강한 직감을 무시하고 나중에 '내 직감을 따랐더라면'이라고 하는 것
- 타인에 대해 당신이 갖는 영향력: 예를 들어, 당신의 힘을 어떻게 사용하느냐에 따라 그것이 갖는 영향력을 인식하지 못하는 것

타인

당신은 비슷한 방법으로 타인을 디스카운트할 수 있다. 예를 들면 다음과 같다.

- 그들의 능력, 지식, 잠재력: "나는 당신이 어떻게 생각하든 관심 없어. 그냥 시키는 대로 해."
- 조직 내에서 당신과 관련되어 그들이 갖는 책임 수준: 예를 들어, 위로든 아래로든 또는 당신과 같은 급수에서든
- 그들의 감정
- 그들의 사고와 직관: 어떤 주제에 대해 누군가 가질 수 있는 생각이나 아이디어를 디스카운트하는 것
- 그들에 대한 당신의 영향력
- 당신에 대한 그들의 영향력

상황의 현실성

상황의 현실성을 디스카운트하는 사례는 다음과 같은 것이 있을 수 있다.

- 즉각적이고 관련된 정보를 무시하는 것: 예를 들어, 이상한 냄새, 연기, 비상벨 소리, 고온
- 인류와 세상에 대한 새로운 진실이 될 수 있는 과학의 발견과 신체에 대한 새로운 지식을 무시하는 것(또한 이러한 것을 의문 없이 항상 그대로 받아들이는 것은 자신의 생각할 수 있는 능력을 디스카운트하는 것일 수 있다)
- 세계적인 현실을 무시하는 것: 정치, 무역, 재정 등과 관련하여

당신이 디스카운트하는 상황들에는 일정한 패턴이 있는것 같고 이러한 패턴

<표 8-1> 디스카운트의 수준

수준	내용	사례 (S - 자극, O - 선택, R - 책임)
존재	여기서 당신은 자극, 선택, 당신의 책임을 무시한다. 이것은 가장 심각한 수준의 디스카운트이다.	(S) "무슨 연기 냄새가 난다고?" (O) "여기서 우리가 할 수 있는 일은 아무것도 없어. 해결 안 돼." (R) "나는 이것에 대한 책임 없어."
중요성	여기서 당신은 자극과 선택과 당신의 책임을 인식하지만 그것의 중요성, 심각성, 위험성을 인식하지 못한다.	(S) "가끔 이런 냄새 나." (O) "아무런 방법도 안 돼. 의논할 가치도 없어." (R) "우리가 책임이 있다고 하더라도 여기서 그건 중요하지 않아."
변화 가능성	여기서 당신은 자극과 선택과 당신의 책임은 물론 그것의 중요성도 인식하고 있다. 그러나 변화 가능성은 알지 못한다.	(S) "어떤 것도 변화되지 않아." (O) "이 방법도 다르지 않아." (R) "누군가 이것에 책임이 있다고 쳐, 나는 아니야."
개인적 능력	여기서 당신은 자극, 선택, 책임을 인식하고 중요성과 변화 가능성도 인식하지만 그것을 해낼 만한 자신의 능력을 디스카운트한다.	(S) "다른 사람은 할 수 있을 거야, 근데 나는 해낼 수 없어." (O) "나는 이런 것을 결코 해낼 수 없어." (R) "내가 책임이 있다는 건 사실이야. 하지만 무엇을 해야 할지는 모르겠어."

을 인식하는 것은 지각을 더욱 발달시키는 한 방법이다. 스트레스 상황에서나 도전받는다고 느낄 때 디스카운트하게 되는 것 같다. 당신은 삶의 경험의 결과로 또는 학습된 결과로 어떤 특정한 사람들을 디스카운트하게 될 수 있다. 이전 예에서 아만다가 스트레스를 겪는다는 것을 동료들은 분명하게 알 수 있는데도 그녀 자신은 이것을 최소화한다는 것을 인식하지 못하는 것이다.

디스카운트의 주요 특징 중 하나는 그것이 의식 밖에서 이루어진다는 것이다. 당신이 의식적으로 어떤 것을 무시하기로 선택했다면 이것은 여기서 말하는 디스카운트가 아니다. 그러나 한 가지 요소를 기준으로 결정한다면 다른 면에서는 디스카운트일 수도 있다. 예를 들어, 임박해서 통지된 회의에 너무 바빠서 참석

하지 않기로 선택할 수 있다. 당신은 아마도 이렇게 임박해서 통지하는 것이 당신이 얼마나 바쁜지를 디스카운트한다고 느낄 수 있고 그래서 안 가기로 반응하는 것이다. 결국 회의가 정말로 중요하다면 더 미리 계획했어야 한다는 것이다. 그러나 이것을 결정함에 있어 디스카운트한 것이다.

- 회의가 임박해서 소집된 이유는 화급한 조치가 필요했을 수 있다.
- 참가하지 않은 결과: 예를 들어, 의사 결정의 한 부분이 될 수 없다.
- 이러한 선택을 한 다른 사람들의 영향력: 그들은 당신의 경험의 도움을 받지 못하거나, 당신 없이는 최종 결정을 할 수 없을 수도 있고, 결국 연기될 수도 있다.
- 위급한 상황에 조치를 취할 수 있는 당신의 명성의 영향

이러한 결과들을 모두 고려할 수 있으며 또한 어떤 다른 사건/국면을 디스카운트하지 않기 위해 참가하지 않기로 결정할 수도 있다. 이런 경우 당신은 디스카운트보다는 우선순위를 고려할 것이다.

변화와 디스카운트 과정

대부분의 조직은 많은 시간이 변화의 상황이다. 디스카운트는 변화로 인한 스트레스에 반응하는 것이다.

조직에서 진행되는 변화의 존재

관리자의 관점에서	직원의 관점에서
이 변화는 아주 작아서 달라지는 것은 전혀 없어.	일은 이전과 같아. 그냥 해내지 뭐.
의견: 관리자가 이런 식으로 축소할 때, 직원들의 업무는 변화에도 불구하고 계속 이어지도록 기대된다. 발생 가능한 수많은 사실에 대해 사람들의 정서적이고 현실적인 반응에 대한 여지는 거의 없다. • 그들의 업무가 과격하게 바뀔 수도 있다. • 변화 과정에서 동료가 해고될 수도 있다. • 살아남았다 하더라도 그들의 위치가 위협받을 수 있다. • 그런 직원들과 함께 친하게 일하던 동료들은 이직을 원할 수도 있다. • 이 관리자는 자신에게 일어나는 변화의 영향을 인지하지 못하고 이런 일들이 그냥 일어나도록 내버려 둘 것이다.	의견: 직원의 입장에서 현실로 닥친 변화의 실체를 축소하는 반응이면 똑같은 메커니즘을 반복한다(효과적이진 않지만). 이런 경우 직원은 관리자와 공모한다. 그 결과 그들은 항상 일해 왔던 그런 방법으로 일을 계속하고 새로운 상황을 받아들이지는 못한다.

조직에서 진행되는 변화의 중요성

관리자의 관점에서	직원의 관점에서
이런 변화는 필요하며 사람들에게 충격은 전혀 주지 않을 거야.	그들이 계획하는 것이 내 일에는 전혀 어떤 변화도 주지 않을 거야.
의견: 변화는 중요한 요소로 보이며 그 충격이 축소된다.	의견: 직원은 자신에게 변화가 있어도 별로 달라지는 건 없을 것이라고 스스로를 타이른다.

조직에서 진행되는 변화 가능성

관리자의 관점에서	직원의 관점에서
여기서의 변화는 다른 곳도 모두 마찬가지야. 다 그런 거야.	모든 회사가 모두 이럴 거야. 누구도 어쩔 수 없어.
의견: 관리자의 신념은 이 상황에서는 누구도 다르게 할 수 없다는 것이다. 변화가 도움이 되든 안 되든 사람들은 어쨌거나 이렇게 해 나가야 한다.	의견: 직원들은 이 상황을 어쩔 수 없다고 믿으며 의욕이 없어진다.

조직에서 진행되는 변화를 처리하는 개인의 능력

관리자의 관점에서	직원의 관점에서
나는 이 문제를 다른 방법으로 해낼 만한 시간과 능력이 없어.	변화하려고 애를 쓰지만 나는 그렇게 해낼 능력이 없어.
관리자는 어떻게 하면 다른 방법으로 변화를 이루어 낼 수 있는지 진지하게 고려해 볼 자신의 능력을 디스카운트하고 있다.	직원은 변화의 유익을 직시하고 자신이 어떤 역할을 해낼 수 있을지 융통성 있게 자신의 능력을 보지 않는다.

더 자세한 사례

다음은 마지막으로 두 가지 더 자세한 디스카운트의 실례들이다. 이 장의 시작 부분에서 디스카운트의 다양한 수준을 자극, 문제, 선택으로 도표에 제시했던 사례들인데 이것은 디스카운트 매트릭스로 알려졌다(Mellor & Sigmund, 1975).

〈표 8-2〉 디스커운트: 사례 – 판매책임자

유형 / 수준	지급을 디스카운트	선택을 디스카운트	책임을 디스카운트
존재를 디스카운트	1. 이 수치를 보면 판매가 하락세라고 보이지 않아요.	2. 판매에 있어 문제가 있어요. 하지만 이것을 해결할 다른 방법이 없어요.	3. 이 중 어떤 것도 내 책임은 아니에요.
중요성을 디스카운트	2. 판매가 하락하고 있지만 그리 중요하지 않아요. 대응책을 세울 필요는 없어요.	3. 판매가 떨어지는 문제를 해결할 수 있는 방법은 있지만 그중 어떤 것도 별로예요.	4. 나는 여기에 대해서 이미 하고 있는 것보다 더 이상 뭘 어떻게 해야 할지 모르겠어요.
변화 가능성을 디스카운트	3. 판매가 하락하고 있고 이것은 심각해요. 하지만 할 수 있는 건 아무것도 없어요. 지금이 시장 상황 문제이에요.	4. 이 선택들 중 어떤 것도 상황을 다르게 할 수 없어요. 그것들은 가시적인 선택이 아니에요.	5. 이것은 우리 매장뿐만 아니라 머든 곳에서 일어나고 있어요.
개인의 능력을 디스카운트	4. 하락세가 있고 심각해요. 그리고 평가를 해야 하는 것은 맞지만 상황을 분석할 기술도 없고 평가를 할 능력도 안 돼요.	5. 이 문제를 풀 수 있는 몇 가지 가시적인 선택이 있다는 것을 알아요. 하지만 그것을 해낼 만한 능력이 없어요.	6. 여기에 대해서 평가를 더 할 수 있는 사람이 필요하다면, 슈퍼맨을 데리고 와야 할 거예요.

〈표 8-3〉 디스카운트: 사례 – 과속

수준 \ 유형	자극을 디스카운트	선택을 디스카운트	책임을 디스카운트
존재를 디스카운트	1. 나는 과속하지 않았어요.	2. 속도에 문제가 있어요, 하지만 어쩔 도리가 없어요.	3. 제한속도를 유지하는 것에 나는 책임이 없어요, 내가 다루어야 할 것이 너무 많아요.
중요성을 디스카운트	2. 과속했어요, 하지만 그리 중요하지는 않아요, 왜냐하면 나는 무엇이 안전한지 판단할 수 있거든요.	3. 속도 제한을 넘어서 운전하는 문제를 해결할 방안이 있다는 것은 알지만 고려할 만한 가치가 없는 것이에요.	4. 내가 운전할 때 속도를 확인하는 것은 시간 낭비이며 불필요해요.
변화 가능성을 디스카운트	3. 과속했고 심각한 문제예요, 하지만 할 수 있는 건 아무것도 없어요, 시간이 없을 때는 어쩔 수 없지요.	4. 이 선택들 중 어떤 것도 상황을 변화시킬 수 없어요, 가시적인 대안은 아니에요.	5. 여기의 제한속도는 너무 엄격해요, 특별한 주의를 기울일 필요가 없어요.
개인의 능력을 디스카운트	4. 과속했고 심각한 문제이며 여기에 대해 뭔가 해야 하는 것도 알아요, 하지만 서두를 수밖에 없는 나의 시간을 어떻게 할 수 없어요.	5. 안전운전자가 될 수 있는 몇 가지 가시적인 선택이 있다는 것은 알아요, 하지만 그것을 해낼 만한 능력이 없어요, 결국 나는 연초의 결심을 결코 지킬 수 없죠.	6. 이렇게 까다롭게 운전하길 원한다면 운전면허 시험을 더 엄격하게 해야 할 거예요.

처리 경로

어떤 사람이 디스카운트할 때, 초점은 그들이 디스카운트하고 있는 수준 바로 앞 단계에 둘 필요가 있다. 그들이 선택이나 책임으로 진행할 수 있기 전에 정보의 존재 수준으로 바로 돌아갈 필요가 있을 것이다. [그림 8-1]에서 여덟 가지 단계는 결과로 가는 다양한 경로를 보여 준다.

단계				
1	입력		☞ 여기서 무엇이 특정한 과업/상황인가?	
2	I^1 정보의 존재			
3	I^2 정보의 중요성	I^2 선택의 존재		
4	I^3 즉각적이고 명확한 정보	I^3 선택의 중요성	I^3 책임의 존재	
5	I^4 정보를 사용할 수 있는 능력	I^4 선택의 다양성	I^4 책임의 중요성	
6		I^5 선택을 실천할 수 있는 능력	I^5 책임의 배분	
7			I^6 책임을 감당할 능력	
8	한 사람 혹은 더 많은 사람에 의해 행해진다면 결과는 ☞		합의된 과업	

[그림 8-1] 처리 경로

출처: Macefield & Mellor (2006).

디스카운트하는 대신 당신은 완전히 알아야 하고 '상황을 정산할' 필요가 있다. 다시 말해 자극을 알아차리고 그것이 행동을 요구한다는 것, 거기에는 선택이 있으며 그것을 수행하려면 개인적으로 책임을 져야 한다는 것을 인식하는 것이다.

직장에서 행동을 이끌어 내는 결정

사람들은 때로는 모든 사람이 회의에서 결정한 대로 정말로 할지 의문을 가지면서 회의장을 떠난다. 디스카운트와 디스카운트 시스템을 사용하는 것이 여기서는 4단계의 과정으로 되어 있는데 이것으로 무엇이 합의되었는지를 체크할 수 있다.

존재

먼저 토의할 사안을 명확하게 규정할 필요가 있다. 모든 부서가 이 토론 건에 대해 동의하는가? 그렇지 않다면 토의는 이 수준에 그냥 두고 더 진행해 나가기 전에 모든 사람이 회의장에 참여했는지 혹은 쟁점은 없는지를 확인하라. 이런 확인 작업이 없으면 개개인은 과정 중에 반발할 수도 있다.

심각성

모두가 토의가 필요한 주제라는 것에 동의하였다면 그 사안의 심각성에 초점을 모아야 한다. 그 순간에는 최고의 중요성을 둔다. 이 단계에서 모든 사람이 토의할 만큼 충분히 중요한 사안이라는 데 동의하면 계속해서 진행되며, 만약 그렇지 않다면 토론은 (1) 모든 사람이 현재의 사안에 동의하는지를 확인하는 단계로 돌아간다.

변화 가능성

토의를 하면서 변화를 위해 어떤 선택이 있는지 합의하는 절차로 넘어갈 수 있다. 이 단계에서 당신은 모든 사람이 그 변화가 가능한지와 선택이 있음에 대해 동의하는지를 확인해야 한다. 가끔 사람들은 "다른 선택이 없어요."라고 말하면서 "이전에도 해 봤는데."라든가 "그렇게 하도록 허락하지 않을 걸요." 또는 "네, 그렇지만……." 식의 대답을 할 수도 있다. 이런 일이 일어나면, 토론은 심각성 수준으로 돌아갈 필요가 있다. 질문들로는 이 사안에 여전히 동의하는지와 어떤 행동을 취할 만큼 충분히 중요한지를 알아보는 질문을 할 수 있다.

개인의 능력

이것은 언제까지, 무엇을, 누가 할 것인가에 대한 결정을 하는 단계이다. 누군가 설득도 없이 그것을 하자고 말하면 이 과업을 수행함에 있어 열심 혹은 확신의 정도가 검토되어야 한다. 저항은 과정 중에 거부로 나타날 수 있으므로 사람들이 정말로 행동으로 옮길 것인지에 대한 동기를 확인해야 하는데 이는 동기가 중요하기 때문이다. 개개인이 하려고 하지 않고 행동하는 데 확신도 없다면 이전 단계로 돌아가야 한다.

이것은 시간이 걸리는 작업이며 성공의 가능성을 더 크게 하도록 처음부터 시간을 투자해야 한다. 조급하게 서두르는 것은 과정에 대한 환상을 줄 수 있고, 단지 누군가 다른 사람이 이것을 했다고 모두들 생각할 수도 있고, 그들은 다른 할 일이 있었다고 할 수도 있으며, 변화는 가능하지 않다거나 그것을 해낼 능력이 없다고 믿었기 때문에 그 행동을 취하지 않을 수 있다는 것을 발견할 수 있을 뿐이다. 회의에서 시간을 충분히 갖는 것은 6개월 후 아무 일도 일어나지 않았다는

것을 발견하게 되는 것보다는 낫다.

이러한 모든 단계는 충분히 고려되어야 하며 사람들이 자신의 관점을 나눌 수 있도록 비억압적인 방법으로 토의되어야 한다.

요약

존재, 중요성과 그 상황에서의 가능한 선택을 고려하고 인식하면서 당신은 때로는 어려움에 직면할 수도 있다. 현재에 초점을 맞추고 현재 상황에 집중하면, 당신은 잘 처리하게 될 것이다. 각 단계에서 당신이 무엇을 해야 하는지 과정 목록을 제시하였다.

- 행동을 필요로 하거나 혹은 잠재된 어려움이 있는 상황을 감지하라.
- 이러한 징조는 원인이 있음과 여기에 관심을 기울여야 함을 인식하라.
- 이것은 만약 관심을 기울이지 않으면 실제적인 어려움과 문제가 될 수 있는 것임을 이해하라.
- 상황이 변화될 수 있는 가능성이 있음을 받아들이라.
- 어떤 선택이 있는지 고려하라.
- 다르게 행동할 수 있는 능력을 당신이 갖고 있음을 인식하라.
- 일반적인 어려움과 특별히 이것은 효과적으로 처리될 수 있음을 인식하라.
- 사람들이 일반적으로 문제를 해결할 수 있고 특히 당신도 포함하여 해낼 수 있다는 것을 받아들이라.
- 어떤 행동을 취할 것인지 결정하라(다양한 국면에서의 책임은 누가 질 것인지를 포함하여).

연습

연습문제 1

당신 직장의 상황을 생각하면서 이 장을 읽으며 뒤돌아보니 뭔가 잘못되었고 디스카운트한 것처럼 여겨지는 한 가지 사례를 채택하라. 대안으로 (당신이 관련된 상황을 사용함으로써 개념을 더 잘 이해하는 이점을 얻을 수 있겠지만) 어떤 다른 사람과 관련된 사례를 선택할 수도 있다.

여기에 있는 12칸을 모두 채워야 한다는 부담을 갖지 않아도 된다. 그러나 당신 자신이 기꺼이 할 수 있는 만큼 가능한 한 많이 적어 보라. 칸에 쓰인 말에서 같은 번호에 다른 방식의 디스카운트를 적게 됨을 알게 될 것이다. 예를 들어, 자극의 중요성을 디스카운트(첫 번째 열의 2번 칸)하는 것은 존재의 디스카운트 문제(두 번째 열의 2번 칸)를 설명하는 것과 다르다.

⟨표 8-4⟩ 디스카운트 연습표

수준＼유형	자극을 디스카운트	선택을 디스카운트	책임을 디스카운트
존재를 디스카운트	1	2	3
중요성을 디스카운트	2	3	4
변화 가능성을 디스카운트	3	4	5
개인의 능력을 디스카운트	4	5	6

닫힌 마음을 나타내는 50가지 변명

당신은 사람들이 아무것도 하지 않는 이유들의 목록을 본 적이 있을 것이다. 그러나 여기에서 제시하는 이 리스트의 출처는 알 수 없다.

〈표 8-5〉 닫힌 마음을 나타내는 50가지 변명

	핑계	디스카운트하는 영역	디스카운트 수준	의견
1	전에 해 봤다.			
2	여기는 다르다.			
3	비용이 너무 많이 든다.			
4	안 바쁠 때 까지 놔두자.			
5	시간이 없다.			
6	여기는 너무 작아.			
7	너무 큰 변화야.			
8	직원들이 힘들어할 거야.			
9	직원들이 안 받아들일 거야.			
10	전엔 한 번도 이런 거 안 했어.			
11	부서 정책에 대항하는 거야.			
12	예산 초과야.			
13	우린 그럴 권한이 없어.			
14	변화를 좋아해. 우리가 관여되지 않은 변화라면 말이야.			
15	그건 너무 '이론적인 상아탑' 이야.			
16	현실로 돌아가 보자고.			
17	그건 우리 문제가 아니야.			
18	왜 바꿔? 지금 좋잖아.			
19	그 아이디어는 싫어.			
20	당신이 맞아, 하지만…….			
21	우린 아직 준비가 안 되었어.			

22	늙은 개에게 새로운 기술을 가르칠 수 없어.			
23	예산에 없던 일이야.			
24	좋은 생각이야. 하지만 비실용적이야.			
25	잠시 보류해 두자.			
26	웃음거리가 될 거야.			
27	더 생각해 보자.			
28	내 마음은 정해졌어. 그걸로 나를 혼란스럽게 하지 마.			
29	이제 그만.			
30	장기적으로 보면 손해 볼 거야.			
31	그건 어디서 찾아온 거야?			
32	그거 없이도 잘하고 있어.			
33	그걸 직원들한테 기대하는 거야?			
34	전에 한 번도 해 본 적이 없어.			
35	위원회를 구성해 보자.			
36	고객이 좋아하지 않을 거야.			
37	어떤 사람이 그걸 해 봤대?			
38	그걸 해 보기에는 우린 너무 바빠.			
39	여기에는 안 맞아.			
40	누가 내 일을 가르치려고 하나?			
41	당신 부서에는 맞을지 몰라도 우리 부서는 아니야.			
42	나는 확신이 없어.			
43	잠이나 잡시다.			
44	혼란을 가져오게 될 것을 생각해 봐.			
45	우리 장비가 구식이 될 거야.			
46	될 리 없어.			
47	바꾸기에는 너무 문제가 많아.			
48	그럴 가치가 없어.			
49	그거 해 본 사람 알고 있어.			
50	이런 식으로 항상 해 왔는걸.			

WORKING
TOGETHER

우리가 하는 게임

CHAPTER 09

소개

"전에도 이런 적이 있어."

"왜 이런 일은 항상 나에게 일어나지?"

"이 상황이 어떻게 흘러갈지 나는 알아."

당신은 때때로 결국 이러한 발언을 하게 되는 상황에 놓이곤 한다. TA에서는 이러한 상황 유형을 심리적 게임이라고 부른다. 게임(game)은 익숙한 행동 유형을 따르는 둘 또는 그 이상의 사람들 사이에서 발생하고, 예외 없이 나쁜 감정을 수반하는 예측 가능한 결과를 가져오는 교류의 세트(4장 참고)이다. 당신이 게임을 할 때, 에너지는 비생산적으로 사용되고 시간은 긴장과 갈등으로 인해 낭비된다. 이 장에서는 게임이 무엇이고, 우리가 왜 게임을 하는지에 관해 다룰 것이다. 이는 게임을 피하여 시간을 더 효율적으로 보낼 수 있게 되는 방법에 대한 조언을 제공할 것이다.

당신은 욕구를 충족하고자 하는 목표를 가지고 당신도 자각하지 못하는 사이에 심리적 게임을 하게 되지만 이는 성공적인 방법이 아니다. 빈번히 사람들은 게임이 끝난 후 자신이 게임을 하고 있었다는 것을 깨닫게 된다. 이 장에서는 당신이 게임을 더 경계할 수 있게 해 주는 경고 징후에 대해 살펴볼 것이다.

게임의 사례 I

| 필립: 자비스, 제 파일을 어디에 뒀나요? 어제 제가 가지고 있었는데 여기 없네요. | 필립의 목소리 톤은 날카롭고, 자비스가 파일을 제자리에 놓지 않은 장본인이라고 말하는 것처럼 보인다. 자비스는 억울함을 느낀다. 그는 필립의 목소리 톤을 통 |

자비스: 당신이 파일서랍장 위에 올려 놓았네요!
필립: 저한테 그렇게 신경질적으로 말하지 말아 줘요. 저는 단지 그게 어디에 있는지 물어본 것뿐이에요. 저는 요즘 너무 바쁘고, 개인비서도 자리를 비운 상태라 모든 것을 훤히 알고 있을 수 없어요.

해 그가 자신을 비난하고 있다고 믿는다.
그러나 필립과 자비스 중 어느 누구도 실제로 그들 사이에 일어나고 있는 일에 대해 언급하지 않는다. 그들은 종종 이러한 상황에 처해 왔고, 한 명 또는 양쪽 모두 짜증난 상태로 끝났지만 그 어떤 것도 직접적으로 말해지지 않았기 때문에 아무런 해결책이 없다.
이 특정 상황에서 필립은 자비스를 박해하는 것을 시작하고 그런 다음에는 자신이 매우 바쁘다며 자신을 희생자로 만든다. 그러고는 자신이 힘든 시간을 보내고 있기 때문에 비난받아서는 안 된다는 것을 방어적으로 암시한다.

이 사례에서 필립과 자비스는 둘 다 동시에 메시지를 보내고 있다. 둘 다 자신이 마음챙김의 사람들이라고 생각한다. 그러나 서로에게 던지는 말의 사실적 내용 뒤에는 분명히 비난의 태도에서 오는 목소리 톤이 존재한다. 이는 마치 그들이 내면적으로 이렇게 말하는 듯하다.

> 필립: '그는 항상 내 파일들을 옮겨 놓지.'
> 자비스: '그는 정리하고 서류 관리를 하는 능력의 부족에 대해 책임질 필요가 있어.'

그러므로 그들의 대화는 이면교류(4장 참고)의 예이다. 목소리 톤, 얼굴 표정 그리고 자세에서 오는 신호가 존재해 타인에 대한 심리적 메시지를 전달한다.
이러한 행동양식은 그들 사이에서 반복되어 왔고 예측 가능한 결과를 가져온다. 일반적으로 사람들이 게임 안에서 하는 한정된 수의 역할이 있는데 이는 드라마 삼각형과 함께 뒤에서 다뤄질 것이다.
이러한 상황들은 팀, 부서, 그리고 다른 회사 사람들 사이에서 역시 발생할 수 있다.

게임의 사례 II

1) 조지는 얼마 전부터 현재의 회사에서 근무해 왔다. 그는 요즘 기분이 좋지 않아 제인에게 자신이 겪고 있는 잭과의 갈등에 대해 이야기하고 있다. "잭과 나는 항상 이래요. 오늘 아침에 그가 나에게 와서는 내가 통계를 아직 끝내지 않았다고 했어요. 그는 나의 상사가 아닌데도 이래라 저래라 해요. 그는 자신이 그럴 때마다 내가 화가 난다는 것을 알지만 그래도 항상 내 잘못을 찾아내요. 나는 그럴 때마다 '그래서 뭐요!'와 같은 말을 하게 돼요. 그러면 그는 내게 짜증을 내며 도도하게 굴지 말라며 자신은 단지 도와주고 싶어서 그랬다고 말해요. 그러면 나는 분노하며 당신 일이나 신경 쓰라고 말해요. 나는 그런 날 종일 분노가 치밀어 결국 일을 조금밖에 못하게 되죠. 나는 그가 나에게 왜 이러는지 모르겠어요."

잭 역시 기분이 좋지 않을 것이고 자신이 진심으로 그에게 통계에 대해 상기시켜 줌으로써 그를 도우려고 했을 뿐이라고 믿을 수도 있다. 또는 잭이 '당신은 게을러요.'와 같은 이면적 메시지와 함께 조지에게 덤비는 것일 수도 있고, 그로 인해 조지가 메시지의 심리적 수준에서 응답해 그러한 행동으로 반응을 했을 것이다. 두 남자 사이에서 반복되는 행동양식을 고려해 볼 때 후자일 확률이 더 높다. 이는 사려 깊은 교류가 아니고 문제 해결도 되지 않는다. 이제 조지는 이 반복적 양식에 대해 인지하게 되었고 잭과 함께 이를 해결해야 하는 상황이다.

2) 앨런은 자신이 현재 맡은 프로젝트로 인해 고군분투하고 있음을 느낀다. 그는 존에게 이에 대해 말했고 도움을 요청한다. 존은 앨런에게 이 문제를 해결하기 위한 제안을 한다. 앨런은 존에게 그 제안이 효율적이지 않다고 말한다. 존은 다른 제안을 한다. 앨런은 이미 그것을 시도해 봤다고 말한다. 이 과정은 몇 번 더 반복되고, 앨런은 갑자기 존에게 그가 전혀 도움이 되지 않으니 가라고 말해 존은 얼떨떨해진다.

이 사례에서 앨런은 희망이 없다고 느끼고, 자신이 도움을 요청했음에도 그것을 받아들이려 하지 않는다. 존이 도움이 안 되는 사람이라는 것을 경험한 앨런은 자신의 '자기부정/타인부정(I'm Not OK, You're Not OK)' 인생관을 강화시킨다. 이는 지속적으로 삶을 예측 가능하게 만들고 앨런 또한 자신의 발언에 대한 구조를 강화한다. 이 상황에서 존은 더욱더 노력하기를 요구받는다. 만약 이것이 존의 약점이라면 그들은 지속적으로 이러한 상황에 처하게 될 것이다. 대신에 존은 휴식을 취하면서, 상황에 대해 고려한 후 이러한 말을 하고 앨런의 문제 해결을 위해 노력하는 것으로부터 벗어나야 한다. "나는 당신이 스스로 이 일을 해결할 수 있으리라 확신해요."

3) 진은 다른 사람의 상처를 보살피는 정말 배려심이 많은 사람으로 알려져 있다. 어느 날 샐리가 그녀에게 찾아와 자신에게 못살게 구는 재니스에 대해 이야기한다. 재니스는 야심가로 알려져 있으며 이제 막 프로젝트의 리더로 임명되었다. 샐리도 그 직책에 지원했지만 탈락했다. 이 이야기를 듣고 진은 걱정이 되었다. 진은 샐리를 오랜 시간 동안 알아 왔고, 그녀를 만나서 도울 수 있는 방법이 있을지 보기 위해 그녀를 만나기로 결심한다. 재니스는 진 때문에 매우 짜증이 났고, 그녀가 무슨 말을 하고 있는지 몰랐고, 심지어는 문제의 그날에 사무실에 있지도 않았다. 그녀에게는 샐리가 모두를 적으로 만들려고 하는 것처럼 보였다.

진의 '단점'은 그녀의 구원적인 천성이다. 샐리는 기분이 좋지 않기 때문에 인정받고 싶었고, 진이 자신에게 시간을 내주어 자신의 이야기를 들어 줄 것이라고 생각했다. '불쌍한 나'는 진의 구원적인 천성에 대한 샐리의 낚싯바늘이었기 때문에 진은 그녀가 박해받는다는 사실을 알아내기 위해 관계에 개입하려고 한 것이다. 샐리의 요구에 대한 진의 초기 반응은 달랐어야 했다. 그녀를 대신해서 끼어들기보다는 경청하고 공감한 다음에 샐리가 무엇을 할수 있을지에 대해 토의해야 할 것이다.

드라마 삼각형

Stephen Karpman(1968)은 사람들이 서로에게 시작하는 '게임들'에 대한 분석을 위한 간단한 도해를 고안했다. 그는 연극이나 드라마에서처럼 박해자(Persecutor), 구원자(Rescuer) 그리고 희생자(Victim)의 세 가지 역할을 사용했다. 이 세 용어는 일반적인 사용과 구분하기 위해 첫 글자를 대문자로 표기한다. 예를 들어, 누군가가 교통사고의 희생자라고 말할 때는 소문자로만 표기하지만 누군가가 희생자의 역할을 했다고 말할 때는 첫 글자를 대문자로 표기한다.

예를 들어, 당신은 인생의 구원자의 역할일지도 모른다. 당신은 먼저 확인하지 않고 누군가를 도우러 뛰어갈 것이다. 그들은 당신의 도움이 필요하지 않거나 원하지 않을 수도 있고, 또는 당신이 제공하는 만큼의 도움이 필요치 않을 수있다. 구원자의 역할은 앞에서 언급된 진, 샐리, 재니스의 이야기에서처럼 항상누군가의 문제 해결 능력을 경시한다. 당신이 구원자의 역할을 할 때, 당신은 타

인의 생각을 떠안고 일의 절반 이상을 하게 되며, 타인을 희생자의 역할에 놓거나 그 역할을 유지하게 한다. 이는 OK 모드 모형(3장 참고)의 방해하는 모형과 관련이 있다.

사람들은 희생자의 역할을 하는 것을 원치 않기 때문에 그것에서 벗어날 방법을 찾는다. 샐리의 시나리오에서 샐리는 진이 재니스를 찾아간 것에 화가 날 것이고, 그로 인해 희생자에서 박해자로 옮겨 가고, 진이 희생자의 역할로 옮겨 가도록 하게 된다. 박해자의 역할은 희생자의 역할보다 더 강력한 힘이 느껴지기 때문에 사람들은 종종 교체를 원하는 것이다.

당신이 희생자의 역할을 한다면 당신은 오랫동안 고통을 받는 사람처럼 행동하고 당신을 구원하거나 박해할 누군가를 찾을 것이다. 당신은 의사 결정을 하고 스스로의 문제를 해결할 능력이 없는 사람처럼 행동한다. 희생자의 역할은 더 적은 힘을 가지기 때문에 당신의 구원자가 무언가를 잘 해내지 않거나 당신을 실망시킨다고 느낄 때 당신은 박해자의 역할로 옮겨 갈 것이다. 그러므로 당신은 OK 모드 모형의 과잉 순응하는 모드에서 비판하는 모드로 옮겨 갈 것이다.

당신이 박해자 역할을 한다면 자신이 상황과 타인을 통제해야 한다고 믿을 것

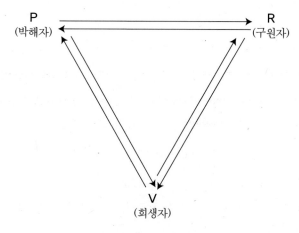

[**그림 9-1**] 드라마 삼각형

출처: Karpman (1968).

이다. 이는 약자 괴롭히기 상태이며 당신의 거래는 비판하는 모드에서 기인한다.

이 모든 역할은 당신 자신, 타인 또는 당신이 처한 상황에 대한 디스카운트를 수반한다. 드라마 삼각형에 놓이게 되면 당신은 자신이나 타인이 무능력하다고 믿거나 당신을 제대로 돌봐 주지 않는 것에 대해 타인에게 책임을 묻게 한다. 한번 이 세 가지의 역할(박해자, 구원자 또는 희생자)에 놓이게 되면 당신은 무한정으로 이 삼각형을 돌게 된다. 이 삼각형에서 각각의 역할은 비효율적인 모드(3장 참조)이므로 마음챙김 과정은 어디에서도 발견되지 않는다.

아마 당신이 더 자주 맡는 역할이 하나 있을 것이고 이를 인지함으로써 당신은 그것을 바꿀 수 있다.

이 모형에서 삼각형은 역삼각형 모양을 하고 있고 게임 참가자들은 어떤 역할로든 옮겨 갈 수 있다. 비록 삼각형에 꼭짓점이 세 개이지만, 어떤 상황에서건 세 위치 모두 점령될 필요가 없으므로 진, 샐리, 재니스의 이야기에서처럼 게임은 두 참가자의 역할만 필요로 한다.

예측 가능한 결과

사람들은 각기 다른 가족과 다른 인생 경험을 가지므로 다른 게임을 한다. 사람들은 자신, 타인, 그리고 인생에 대한 신념을 유지하기 위한 전략으로 게임을 채택한다. 그렇게 되면 세상은 예측 가능하다. 만약 당신이 세상을 박해자의 위치에서 바라본다면 당신은 세상을 희생자의 위치에서 바라보는 사람과 게임을 할 것이고 따라서 각각의 관점은 강화될 것이다. 당신은 함께 게임에 참여할 타인에게 신호를 보낼 것이다.

당신은 인지하지 못한 채 누군가가 당신의 게임을 함께 할지 알아보기 위해 메시지를 보낸다. 이는 마치 물고기가 물어 주기를 기다리는 낚싯바늘과 같다. 몇몇 바늘은 어떤 물고기들에게는 유혹적으로 다가오는 반면에 다른 물고기들

은 더 맛있는 바늘을 찾아 수영을 계속할 것이다. 이런 물고기들 사이의 차이는 당신이 어떤 유형의 낚시꾼이 될지를 결정한다. 다시 말해, 사람들은 상대의 유형에 따라 다른 게임을 벌이는 것이다.

게임에는 다음의 네 가지 단계가 있다.

- 첫 번째 단계: 참가자들이 사회적 모임 안에서 게임하고자 함
- 두 번째 단계: 참가자들이 공표하려고 하지 않음
- 세 번째 단계: 게임이 영원히 지속되거나 병원, 법정 또는 공동묘지에서 마무리됨
- 네 번째 단계: 전체 지역사회, 도시, 국가 또는 세계에 영향을 줄 수 있는 결과를 낳는 게임(이 마지막 단계는 저자가 추가한 것임)

네 번째 단계는 한 명 또는 그 이상의 리더의 행동이 전체 지역사회 또는 전 세계에 영향을 미칠 수 있는 오늘날의 정치적 현실을 고려하여 설정한 것이다. 이것은 결과의 심각성이 대단히 커질 수 있다는 것을 의미한다. '기업 회생'이라는 명목하에 특정 기업을 인수한 후 실제로는 다시 매각하여 막대한 이익을 얻는 대규모 사기극, 그리고 폭동이나 전쟁은 모두 이 네 번째 범주에 포함된다.

조직에서 스트로크 패턴은 서로 관계가 있다. 직원들은 경영진으로부터의 스트로크에 불공평함이 존재한다고 믿고 다음과 같은 여러 가지 방식으로 대응한다(Clavier, Timm, & Wilkens, 1978).

- 고통을 견디기
- 보상 요구하기
- 보복
- 불평등을 심리적으로 정당화하고 합리화하기: 예를 들어, "나는 그만큼의 대우를 받을 만큼 열심히 하지 않았어." (또는 "나는 더 열심히 일을 하겠어. 그

런 다음 내가 응당히 받아야 할 것에 대한 협상을 하겠어.")

• 물러나기

이 모두는 문제를 해결하지 못하는 행동이고 가능한 선택 사항들을 디스카운트할 가능성을 가지고 있다. 모든 게임이 디스카운트(8장 참고)로 시작하기 때문에 게임 과정을 시작할 수 있는 가능성을 갖게 된다.

TA에 관한 초기의 문헌들은 참가자들의 개인적 움직임과 역할에 초점을 두었다. 조직에서는 이보다 더 멀리 바라볼 필요가 있다. 조직의 게임에서는 내적-외적 집단 역동성에 관심을 가져야 한다.

조직 내에서는 전형적이고 잘 알려진 게임이 벌어진다. 게임 속에 포함된 역동을 묘사하기 위해 TA에서는 각각의 게임에 독특한 명칭을 부여하고 있다.

점심 가방: 당신은 점심시간까지 일을 지속하기 위해 점심 가방을 가지고 온다. 다른 사람들은 점심을 사 먹으러 나가고 당신은 걸려오는 전화를 받으라는 부탁을 받는다. 전화벨은 멈추지 않았고 동료들이 돌아왔을 때 당신이 그들을 대신해서 한 일에 대해 이야기하며 그들을 기쁘게 한다. 당신은 자신이 독선적이었다고 느끼고 동료들은 죄책감을 느낀다. 이러한 방법으로 당신은 구원자의 역할에서 희생자의 역할로 옮겨 갔고, 다른 사람들을 박해했다.

이젠 넌 내 손아귀에 있어: 이는 힘겨루기를 수반하는 전형적인 조직 내에서의 게임이다. 이는 당신이 누군가를 속이거나 곤란하게 만들 방법을 찾을 때 발생한다. 당신이 이에 성공하면 그 당사자는 당신에게 복수할 수 있는 기회를 찾을 가능성이 크다(또는 그 반대도 마찬가지). 이는 때로 누군가가 직장을 잃게 되는 시점이 되기도 한다. 이에 대한 예로는 관리자가 팀의 일원을 훈계할 명분이 있을 때이다. 이 사람은 아마 '관리자에게 복수'할 방법을 찾을 것이고, 첫 번째 실수에서는 그 문제를 다루기보다는 칭찬을 하면서 고소해한다. 한 개인이 누군가에게

복수를 함으로써 게임을 수행하는 것은 때로 오랜 시간이 걸리기도 한다.

소란: 이는 다른 사람들이 말싸움을 하도록 부추기고 뒤로 물러나 '불구경'하는 것이다. 그러고 나서 당신은 행인들에게 "나는 단지 X에 대해 물었을 뿐이에요." 또는 "나는 그들이 Y에 대해 어떻게 생각하는지 궁금했을 뿐이에요."라고 말한다.

게임은 지속되고 서로 잇따라 일어난다(각 참가자들의 '낚싯바늘'이 다른 사람들과 맞물리면서).

Berne이 말하는 게임의 여섯 가지 이점

우리는 게임이 우리에게 이점(또는 혜택)을 제공하기 때문에 게임을 한다. 예를 들어 앞의 시나리오에 소개된 잭과 조지에 대해 생각해 보자. 조지는 잭이 어떤 사람인지 알고 있지만 여전히 비슷한 행동 패턴에 빠진다. 그는 잭에게 자신이 통계 일을 아직 끝내지 않았다는 것을 말하며 단지 고마움을 표현하고 일을 처리할 수도 있었다. 이는 마음챙김 과정에 해당하고 구조화하는 모드를 사용하는 것이다. 이렇게 함으로써 그는 잭의 낚싯바늘을 물지 않고, 이면의 메시지를 읽어 내려 하지 않으며, 대신에 사회적 수준에서 응답함으로써 처리할 수 있게 된다.

우리가 게임을 하는 여섯 가지 주요 이유가 있는데, 그것들을 쉽게 기억할 수 있는 방법이 있다.

	왜 나는	
	(게임의 반복적/예측 가능한 특징)	
	다시 여기?	
	(외부 심리적)	당신과 나는 친밀한 척할 수 있음
	(외부 사회적)	소문
이 점	(내부 심리적)	준거 구조에 대한 도전 피하기
	(내부 사회적)	각본 믿음 유지하기
	(실존적)	확고부동한 실존적 위치
	(생물학적)	스트로크/자극/구조의 원천

[그림 9-2] 왜 게임인가

위 표에 대해 좀 더 자세히 알아보면, 게임이란 다음과 같다.

- 당신이 개방된 사람인 척할 수 있는 기회를 제공한다. 당신은 타인과 가까이 지내는 것은 위험을 수반하고 안전하지 않다는 것을 경험한다. 이러한 상황에서는 가까운 척하는 것이 더 안전함을 느끼게 한다. Berne은 이것을 외부 심리적 이점이라고 부른다.

- 당신에게 친구와 무언가 이야기할 거리를 제공하고 이야기를 함으로써 스트로크를 얻게 한다. Berne은 이것을 외부 사회적 이점이라고 부른다.

- 당신의 준거 구조에 도전하는 상황을 피하게 하여 불안을 피하려는 상황을 회피하는 방법이다. 당신의 준거 구조는 당신이 자신, 타인 그리고 세상을 바라보는 전체적인 방법이다. Berne은 이것을 내부 심리적 이점이라고 부른다.

- 당신이 인생에서 경험했던 고통의 기억을 피하고 각본 신념(10장 참조)을 유지하게 하는 방법으로, 이는 그 결과가 당신에게 상처를 줄지라도 관심을 받게 한다. Berne은 이것을 내부 사회적 이점이라고 부른다.

- 당신의 기본적 인생태도, 다시 말해 자신, 타인 그리고 세상에 대한 당신의 전체적인 태도를 강화한다. 이는 Not OK 관점 중 하나로, 당신이나 타인 또

는 모든 이가 OK하지 않다는 것이다. Berne은 이것을 실존적 이점이라고 부른다.

- 스트로크가 부정적인 것일지라도 그것을 얻을 수 있는 믿을 만한 방법이다. Berne은 이것을 생물학적 이점이라고 부른다.

게임과 윤리

조직에서 일할 때 윤리적 입장을 취하는 것은 게임을 피하는 데 도움이 된다. 당신이 자기긍정/타인긍정(I'm OK/You're OK) 입장을 유지하면 당신은 더 마음 챙김 과정에 머물게 되고, 의사소통에 있어서 더 직설적이 되고, 당신이 진정 의미하는 것을 말하게 된다. 이는 당신의 에너지를 자유롭게 하여(과거의 사건과 패턴 안에서는 묶여 있었던), 직관을 사용하게 하고, 존재할지도 모르는 숨은 의도에 대해 고려하게 하고, 비열하고 교활한 정치 공작을 피하게 한다. 또한 불분명하고 자세하게 쓰인 계약은 가정을 방지하고 착취와 같은 디스카운트 행동을 막는다.

게임은 누군가가 경계선을 넘을 때 시작될 수 있다. 예를 들어, 누군가가 반복적으로 지각을 할 때이다. 사장이나 동료가 이 문제에 대해 언급할 때, 분노가 쌓이기 시작한다. 그 사람이 타인의 일에도 늦을 수 있다는 암시와 함께 시간의 경계선이 디스카운트되기 때문에 이러한 종류의 행동은 게임으로 이어진다.

또한 당신은 조직의 문화를 바꾸고 싶은 마음이 있지만 그것을 존중할 수 있다. 현재의 문화가 어디에서 기인했는지와 그것의 장단점에 대해 인지함으로써 윤리적 행동에 걸맞는 행동을 위한 방법을 찾을 것이다.

조직에서의 성공

때로는 조직 내의 한 팀의 성공이 다른 팀에게는 부정적인 경험이 될 수 있다. 예를 들어, A팀은 팀의 모든 목표에 도달하고, 그 목표를 뛰어넘어 상사로부터 칭찬을 들었다. 다른 직원들은 목표의 60%밖에 도달하지 못한 자신들의 결과에 대해 열등감을 느낄 것이다. 그러한 차이를 동기부여적인 것이나 도전으로 경험하기보다, 그들은 목표를 성취한 팀에게 등을 돌리게 된다. 따라서 가장 높은 생산성을 보인 A팀은 갑자기 희생자가 되어 자신들의 성공에 대해 타인으로부터 박해를 받게 된다. 관리자들은 그렇게 높은 생산성에 도달하도록 동기 부여하는 능력의 부족으로 인해 실패한 팀들을 박해하게 된다. 이 상황에서 가능한 결과 중 하나는 A팀이 더 낮은 수준의 사람들과 수준을 맞추기 위해 자신의 생산성을 낮추는 것이다.

만약 질투하는 팀의 리더들에게 질투심 대신에 효율적인 팀의 리더십을 배우도록 장려했다면 어떠한 차이를 가져올까. 다른 팀 관리자들과 구성원들이 성공한 팀에 대해 '이젠 넌 내 손아귀에 있어' 게임을 하는 대신에 그들은 향상을 향해 동기부여될 수 있었을 것이다.

반면에 모두가 최선을 다해 일한다고 하더라도 어떤 일들은 시간이 더 오래 걸리기 때문에 생산된 제품에 대한 뛰어난 서류 작업을 처리하지 못할 수 있다. 이러한 예의 주요 초점은 실행 계획을 관리하는 것과 관계가 있는 조직의 시스템과 구조이다. 그러나 이 역시 상호 간 대화가 부족하다면 게임으로 이어질 수 있다.

조직이 성공하기 위해서는 모두가 OK 상태에 머무를 수 있는 방법을 찾고, 경쟁을 멈추는 방법을 찾기보다는 그것을 건강하게 사용할 수 있는 방법을 찾아야 한다. 조직원들이 자신이 하는 일을 더욱더 즐길 수 있게 되고, 결과 향상을 위한 창의적이고 동기부여적인 방법을 찾기 위해 건강하지 않은 경쟁은 문제시되어야 한다.

금전적 게임

Edmunds(2003)는 사람들이 어떻게 투자 게임을 하는지에 대한 글을 썼다. 그는 부동산, 채권, 주식 또는 다른 투자들에 대한 사람들의 행동이 자신뿐만 아니라 타인의 미래를 파괴할 수 있다고 했다.

돈과 관련된 게임의 또 다른 예는 상당히 부자로 여겨지는데도 자신이 부자라는 사실을 받아들이지 않으려고 하는 사람들이다. 그들의 원가족은 부자는 좋지 않은 것이고 가난한 것은 덕 있는 것이라고 믿었을 것이다. 그러므로 그들은 돈을 잘 벌기도 하지만 자산을 소비하고 잃는 것 역시 잘하여 자신의 가족이 계속 옳았다고 생각할 것이다. Edmunds는 이 게임을 '가난한 어린 부자 소녀 또는 소년(Poor Little Rich Girl or Boy)'이라고 부른다. 이 사람들은 또한 '왜 이런 일은 항상 나에게 일어나지?' 게임도 한다.

게임은 돈에 대한 문제를 가지거나 준거 구조를 가진 구성원들을 가진 집단에서 빈번히 행해진다. 조직의 변화가 시작되면 불안과 적대심이 뒤따르고, 이는 게임이 행해질 가능성을 증가시킨다. 방어의 한 부분으로, 직원들은 자신들의 두려움을 경영진에게 투사하고, 만약 그들이 보복한다면 전체의 과정이 확대될 수 있다. 또한 직원들에 대한 인정이 불충분하면 비록 부정적인 관심일지라도 그것을 얻기 위해 어떻게 게임을 하는지 보는 것은 어렵지 않다.

집단이나 팀 사이에서 게임이 행해질 때 다음을 통해 구별할 수 있다.

- 구성원들 사이에서 반복적이고 습관적으로 게임이 행해짐
- 집단 자체 안에서 '보상'을 받음. 즉, 게임과 게임을 하는 사람에게 관심이 주어지고 그 행동이 승인됨
- 집단 문화의 지지를 받음
- 게임의 정당화와 발전을 위해 문화 안에서 기회가 제공됨

게임에 대처하기

당신은 게임의 시작 단계에서 발생하는 디스카운트에 대해 인지함으로써 게임에 관계되는 것을 피하여 낚싯바늘에 낚이지 않거나 스스로 낚싯바늘을 빼낼 수 있게 된다. 낚싯바늘에 대해 알아차리는 것은 약간의 연습이 필요하나, 한번 그렇게 하기 시작하면 당신은 마음챙김 안에서 게임을 다룰 수 있게 된다. 한 가지 방법으로는 무엇인지는 잘 모르겠으나 무언가가 옳지 않다는 당신의 직관적인 감정을 알아내는 것이다. 직관은 당신을 좀 더 망설이게 하고, 질문을 하고, 당신의 반응에 대해 고려해 보게 한다. 또한 당신은 디스카운트를 듣고 적절히 반응하는 연습을 할 수도 있다. 비록 당신이 익숙한 과정의 중반쯤에 알아채더라도 당신은 여전히 무언가 다른 것을 하고 게임에서 빠져나가기로 결심할 수 있다.

게임에 대해 고찰하는 또 다른 방법은 James(1973)가 고안한 다음과 같은 질문들에 답하는 것이다.

- 그 반복적 패턴은 어떻게 시작되었나?
- 다음에는 무슨 일이 일어나나?
- 다른 사람에 대한 나의 비밀 메시지는 무엇인가?
- 그런 다음은?
- 나에 대한 다른 사람의 비밀 메시지는 무엇인가?
- 그것은 어떻게 끝나는가?
- 나는 어떤 기분을 느끼는가?
- 나는 다른 사람들이 어떤 기분일 거라고 생각하는가?
- 나에게 어떤 일이 반복되어 일어나는가?

게임에 대처하는 방법

게임을 멈추는 방법은 다음과 같다.

1. 교차교류

교차교류는 자극을 제공한 사람의 의도와는 다른 모드로 반응하는 것이다.

존에게 도움을 요청하는 동시에 앨런은 "네, 그렇지만……." 이라고 지속적으로 반응한다. 계속 제안을 하는 대신에 존은 말한다. "나는 앨런 당신이 해결할 수 있으리라 확신해요."	이는 교류를 교차하고 둘 다 OK하게 한다. 존은 도와주려는 노력을 지속하지 않아도 되어 더 노력해야 한다는 의무에서 벗어날 수 있게 된다.

2. 이면적 또는 심리적 메시지에 대처하기

사회적 메시지보다는 이면적 메시지에 대처해야 한다. 예를 들면 다음과 같다.

수전이 메리에게: "나는 이것을 할 수 없어요. 나는 쓸모없는 사람이에요."라고 말한다. 메리는 "내가 당신을 위해 이렇게 해 줄게요."라고 말하는 대신에 "당신 지금 문제가 있는 것 같은데 내가 그것에 대해 어떻게 해 줬으면 좋겠나요?"라고 응답한다(마음챙김 과정을 통해 말하고 명백한 계약을 요구함).	이는 메리가 명백한 계약 없이 수전을 위해 무엇을 해 주어야 한다는 의무에서 벗어나게 한다. 수전은 명백하게 계약 맺기를 요구받고, 메리는 그녀를 구조해 주기를 바라는 또 다른 방법인 "나는 쓸모없는 사람이에요."라는 말을 하지 않는다.

3. 디스카운트를 알아차리기

게임에 초대하는 메시지는 디스카운트를 수반한다. 그리고 게임의 각 단계에서 디스카운트는 더욱 강해진다. 디스카운트를 알아차림으로써 당신은 게임 초대를 인지하고 다른 선택을 제시하며 그것을 피한다. 디스카운트는 당신이 문제의 몇몇 양상을 최소화, 최대화 또는 무시하여 당신이 그 문제를 해결할 수 있게 한다. 예를 들어, 당신은 우는 소리를 하며 누군가가 자신을 도와주기를 바라는 요청 없이 "내가 하기에는 너무 어려워요."라고 말한다. 위의 사례에서 수전이 "나는 쓸모없는 사람이에요."라고 말하는 것이 한 예이다.

4. 스트로크 대체하기

게임은 스트로크(인정)를 얻기 위한 방법이다. 그러므로 당신이나 타인이 게임을 함으로써 얻어지는 스트로크를 대체할 필요가 있다. 사람들은 비록 부정적인 것일지라도 게임에서 상당히 많은 스크로크를 얻는다. 그러나 긍정적 스트로크를 충분히 얻지 못하거나 스스로에게 주지 못하면 당신은 스트로크의 질보다는 양을 추구하게 되고 그것을 얻기 위해 게임을 하게 된다. 사람들이 게임을 더 적게 할 때 스트로크의 원천이 사라지고, 게임이 만들어 내는 흥분 역시 사라지게 되므로 우리는 이것들을 긍정적인 방법으로 대체할 필요가 있다.

5. 각 단계에서 의식 함양하기

당신은 일반적인 패턴으로부터 행동을 변화시킬 수 있다.

6. 게임에 직면하거나 무시하기

누군가가 게임을 한다거나 당신이 게임에 관여되어 있다는 것을 인지하게 되면, 당신은 그것을 직면하는 것과 무시하는 것 중에서 선택하게 된다.

게임 직면하기: 이는 OK 모드 모형의 마음챙김 과정 안에 머무는 자기긍정/타인긍정(I'm OK, You're OK)의 자세에서 행해진다. 당신은 이러한 말을 할 것이다. "나는 당신과 나 사이에 종종 이런 일이 일어난다는 것을 알고 있어요. 당신은 미래에 이런 일을 방지하기 위해 우리가 어떻게 다르게 행동하면 되는지 궁금한가요?"

게임 무시하기: 당신은 게임으로의 초대를 무시하기로 결심할 수 있지만 당신이 그동안 해 왔던 게임을 멈추었기 때문에 타인의 행동이 악화될 것에 대한 가능성을 인지하고 있다.

요약

변화는 게임의 어떤 단계에서든 가능하다. 당신은 각각의 위치가 비효과적인 모드 중 하나에 속하는 드라마 삼각형을 멀리해야 한다.

누군가가 게임을 멈추도록 할 수는 없지만 당신은 게임에서 떨어져 있을 수는 있다. 또한 당신은 다른 사람을 게임으로부터 벗어나게 만드는 기회를 최대한 활용해야 한다.

당신은 또한 당신의 스트로크 은행이 가득 차 있고 마음챙김 상태에 머물러 있도록 해야 한다.

누군가에게 그들이 게임을 하고 있다고 알려 주는 것은 보통 유용하지 않은데, 이는 우리가 무슨 말을 하는지 그들이 알지 못하기 때문이다. 그렇게 해야 한다면 비유적으로 '누군가를 때리기' 위해 TA를 사용함으로써 가능하게 할 수 있다. 그보다는 게임하기 과정에서 당신의 역할이 무엇인지 고려하고 필요한 변화를 만드는 것이 낫다.

마음챙김 상태에서 작동한다면 당신은 영향력 있는 상태에서 타인과 관계를 지속할 수 있고, 그들을 이해하려고 하고, 당신의 행동에 대한 책임을 지고, 당신의 기분이 어떤지 자진해서 말할 수 있다. 예를 들어, 샐리는 진과 대화하고 싶어서 그녀를 찾아갔을 수 있다. 그 과정에서 샐리는 자신이 진을 구원 과정에 초대했다는 것을 깨닫는다. 그러므로 그녀는 잠시 멈추고 진에게 자신이 깨달은 것을 말하고 자신과 재니스의 관계에 대해 스스로 책임지는 것에 동의한다. 샐리는 재니스가 자신에게 말하는 방식 때문에 상처받는다는 것을 알지만 두 사람이 같은 직책에 지원했기 때문에 재니스가 난감해할 수 있다고 생각한다. 샐리는 관계 개선을 위해 재니스를 찾아가기로 결심한다.

드라마 삼각형은 변덕스럽고 불안정하다는 것을 상징하기 위해 희생자의 위치를 아래에 두었다. [그림 9-3]은 우리가 효과적인 의사소통을 위해 필요한 다른 행동들을 나타내는 네 개의 꼭짓점을 바닥에 가진다. 이는 효과적인 의사소통을 위한 비망록의 역할을 할 수 있다.

이 모형에서 영향력이 있다는 것은 당신이 마음챙김 상태에 있고 확신에 차 있다는 것을 의미한다. 꼭짓점은 당신이 타인과 접촉하고 있는 상태일 때 발생하는 긍정적인 에너지를 의미하는데, 이는 당신의 행동에 대한 책임을 지는 동시에 당신의 생각과 감정을 인정하고 공유하는 것뿐만 아니라 타인을 이해하려고 노력하는 것이다. 이렇게 할 때 당신은 또한 다른 사람이 영향력을 가지도록 격려한다. '내가 어떻게 느끼는지 인정하고 공유하기'라고 불리는 꼭짓점은 당신의 감정을 공유함과 동시에 영향력 있고 확신에 찬 상태를 유지하는 것을 의미한다. 예를 들어, "나는 지금 ……(분노/상처/슬픔/두려움/실망감 등)을 느껴요. 그리고 당신의 행동이 나에게 미치는 영향에 대해서 이야기하고 싶어요. 그렇게 할 의향이 있나요?" 이 상황에서 당신은 당신의 감정에 대해 스스로 책임을 지고 상황에

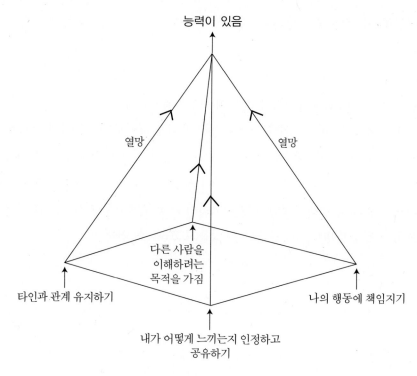

능력이 있음

열망

열망

다른 사람을
이해하려는
목적을 가짐

타인과 관계 유지하기

나의 행동에 책임지기

내가 어떻게 느끼는지 인정하고
공유하기

[그림 9-3] 승자 피라미드

대해 의논하기 위해 상대방과 계약을 맺고 있다.

책임을 진다는 것은 타인을 비난하기보다는 자신의 행동과 기분에 대한 책임을 수용하는 것이다.

이 도식의 중요성은 다른 사람과의 관계이며 피라미드의 다른 두 꼭짓점은 이 부분에 대한 고려이다. 무슨 일이 일어났는지와는 관계없이 다른 사람에게 무슨 일이 있었고, 일어나고 있는지 이해하는 것이 중요하다. 그 사람과 관계를 유지하는 것은 해결책에 도달할 수 있는 가능성을 증가시킨다. 누군가가 무슨 일을 했을 때, 대개 그들에게 무슨 일이 일어나는지 당신이 마음챙김 상태에서 질문할 때, 당신은 다른 사람의 동기에 대해서 이해할 수 있게 된다. 그러면 갈등은 더 쉽게 이해된다. 당신은 이를 공동 창의적인 모드로 옮겨 갈 수 있다는 목표와 함께 구조화하는 모드에서 행할 수 있다.

위 꼭짓점으로 향하는 화살표는 열망이다. TA에서는 이를 성장원(physis)이라고 부르는데, 인생에서의 추진력이 된다. 승자 피라미드에서 위쪽 꼭짓점은 모든 양상이 합류될 때 발생하는 긍정적인 에너지를 의미한다.

효과적이고 건강한 의사소통을 위해서는 게임을 하기보다는 건강한 스트로크를 추구해야 한다. 당신은 승자 피라미드를 자기 자신과 타인과의 관계에 대해 생각하는 방법으로 고려해야 한다. 당신이 게임을 한다는 것을 인지하기 위해서는 자신에게 그 목적이 무엇인지 묻고 당신이 어떻게 욕구를 과거가 아닌 현재와 관련 있는 건강한 방법으로 충족할 수 있을지 고려해야 한다.

연습

연습문제 1: 게임 기록 일지

이 연습은 당신의 게임 과정에 대해 생각해 보게 할 것이다. '예전과 똑같은 묵은 감정'을 느낄 때가 바로 일지를 꺼내서 무슨 일이 있었는지 검토할 시간이다. 이렇게 함으로써 당신은 그 과정에 더 적절하게 반응하고, 초기에 멈출 수 있는 방법을 찾고, 결과적으로 관여되지 않게 된다.

이는 게임 이론을 기반으로 한다. 논쟁에서 예측 가능한 요점을 알아냄으로써 당신은 어떻게, 어디서 그 과정에 개입하여 결과를 변화시킬 수 있는지 알 수 있다.

무엇을 해야 하나

최근 사건에 대해 살펴보자. 계속해서 반복되고 마지막에 비슷한 결과에 도달하는 감정이나 생각을 경험할 수 있었던 사건을 하나 선정하라.

종이 한 장에 각 칸마다 기록할 수 있는 충분한 공간을 가진 표를 그리라.

1. 〈표 9-1〉의 차트에 있는 질문들에 답을 기록하라.
2. 시간이 흐르면서 아마 두세 개의 사건 후 예측 가능한 결과를 보이는 익숙한 패턴이 발견될 것이고 이는 게임을 의미한다.
3. 그 과정의 마지막에 동반되는 익숙한 감정을 확인하라.
4. 비슷한 사건이 생길 때마다 이 과정을 거치라.
5. 당신이 알아차린 어떤 패턴이나 주제에 대해 고려하라.
6. 당신은 어떤 단계에서 다르게 행동할 수 있나? 각 단계에서 당신은 어떤 선택을 가지나?
7. 당신이 누군가를 게임으로 끌어들이거나 당신이 끌어들여졌을 때, 당신이 미래에

〈표 9-1〉 게임 기록 일지 표

	그것이 시작되게 한 원인은 무엇인가 시간 내가 무엇을 느꼈나	내가 무엇을 했나	그들이 무엇을 했나	무슨 일이 있었나	결과, 또는 끝나고 내가 무엇을 느꼈나
일요일					
월요일					
화요일					
수요일					
목요일					
금요일					
토요일					

출처: Mountain (2004).

어떻게 다르게 행동할 수 있는지 고려해 보라. 예를 들어, 당신이 인생의 구원자 중 한 명이라면, 당신이 누군가를 돌보지 않아도 되면서 지금 있는 그대로 OK라는 것을 상기시키기 위해 무엇을 할 수 있을지 고려해 보라.

8. 당신이 어떻게 하면 인정받고 싶은 욕구를 미래에 건강한 방법으로 충족할 수 있나?

연습문제 2: 비밀

당신이 마지막으로 게임을 했던 경험에 대해서 다음 사항을 고려해 보라.

1. 다른 사람이나 사람들을 향한 당신의 비밀 메시지는 무엇인가?
2. 당신을 향한 그들의 비밀 메시지는 무엇이었다고 생각하나?
3. 이에 대해 당신이 미래에 어떻게 다르게 대처할 수 있을까?

WORKING
TOGETHER

스토리 말하기

CHAPTER **10**

소개

    모든 조직은 조직의 기원, 설립자들, 설립자들과 함께한 사람들에 관한 일종의 스토리를 가지고 있다. 이러한 이야기는 긍정적이거나 부정적일 수 있으며 그 조직의 직원들이 조직을 보는 관점에 큰 영향을 미치는데, 조직에 무엇이 좋고 나쁜지 그리고 어떻게 하여 성공하게 됐는지 등을 포함한다. 조직의 스토리는 무엇이 조직 안에서 행해도 괜찮은 것인지 혹은 그렇지 않은 것인지에 대한 직원들의 이해에 큰 결정력을 지니고 있다. 그 스토리에는 제목이 붙을 수 있으며 많은 것이 그 제목과 함께 울려 퍼질 것이다. 이 특정한 스토리를 알고 이해함으로써 우리는 적절히 개입(interventions)하는 방법을 알 수 있다. 이 장에서 우리는 개인에서 시작하여 조직에까지 확장하여 이러한 측면에 대해 알아볼 것이다.

스토리에서 계획까지

    TA에서는 이 '스토리'를 인생 각본(life script)이라고 한다. 이는 사실상 당신이 어린 시절에 형성하는 일종의 계획이라고 할 수 있으며 당신이 누구인지, 다른 사람들과 어떻게 관계를 맺는지를 결정한다. 인생 각본은 당신의 삶의 방식, 예를 들어 어떤 결과를 맺게 될지 혹은 타인으로부터 스스로를 어떻게 보호할지를 좌우하는 운명과도 같은 것이다. 비록 성인기에 이 계획은 대체로 우리의 의식 밖에서 작용하는 것이지만, 당신이 누구이며 어떠해야 하며 무엇을 하는지 혹은 하지 말아야 하는지에 큰 영향을 미치는 것이다. 그 계획 안에는 여러 테마가 들어가 있다. 예를 들어 성공 혹은 실패, 믿음과 배신에 관한 것들이 있다. 인생 각본은 문화적인 영향뿐만 아니라 당신이 의미 있는 사람들로부터 받은 메시지들의 영향을 받게 된다. 당신은 성장하는 과정 속에서 자신만의 감각을 형성하게 되고 결과적으로 당신 스스로에 관한 일련의 믿음과 결정을 개발하게 된다. 이 믿음과 결정은 후에 당신 인생 전반에 걸쳐 당신이 세운 전략이나 행동에 영향을 미치게 된다.

예시

1) 프레드는 직장과 경력 면에서 성공적이다. 그는 만족스러운 대인관계를 맺고 살며 일할 때와 별개로 여가 시간에 즐길 만한 취미들도 가지고 있다. 하지만 프레드와 대화를 해 보면 과연 그가 정말 그런 사람인지 의심하게 된다. 그는 스스로를 불완전하며 실패한 사람이라고 표현한다. 그는 그가 '성공'할 때만을 바라보고 산다.

프레드는 그의 현재 상황을 디스카운트하며 이는 그가 성취한 것들도 그렇게 만든다. 이때 그의 초기 결정은 성공하려고 '노력'해야 하는 것에 관한 것이며 그래서 그는 그가 지금까지 성공한 것들에 대해 편히 즐기지 못하는 것이다. 대신 그는 스스로 만족할 만한 때를 기다리는 것이며, 따라서 그는 현재를 위해서가 아니라 내일을 위해 살고 있다. 그의 인생은 기뻐하며 즐기기보다는 분투하며 사는 것처럼 보인다.

2) 제니는 전문적인 능력을 갖추고 있는 사람이다. 그녀는 새로운 프로젝트에 매우 흥미로워하긴 하나 그 열정을 길게 지속하지는 못한다. 회사 입장에서는 프로젝트를 힘있게 끝까지 끌고 갈 수 있는 사람이 있을 것이라는 것을 확신하며, 그녀의 회사는 그러한 문제에도 불구하고 문제를 해결해 나갔다.

제니는 무언가 이루기 위해 열심히 하나 그 일이 미처 끝나기 전에 쉽게 지루해져 버린다. 그녀의 각본은 위의 프레드의 경우와는 조금 다른데, 그녀는 열심히 노력하며, 새로운 일에 흥미를 보이나 일을 완료하는 것이 중요하다는 내적 메시지(internal message)가 없다. 즉, 그녀의 각본은 어떤 일의 완료보다는 시작에 관한 것이다.

3) 제프는 그의 일은 항상 잘되지 못한다는 강한 신념 때문에 괴로워하고 있다. 그는 꼼꼼하게 일을 계획하지만 인생은 그에게 그가 무언가를 얼마만큼 준비하든 간에 결국 어떤 방식으로든 실패하고 실망감을 가지게 된다고 말하는 것 같다.

제프는 다소 비관적인 태도를 가지고 어떤 일을 흥미롭게 하지 못한다. 일이 잘못된 방향으로 나아갈 때면 그는 항상 그런 태도를 떠올리며 자신에게는 항상 이런 일이 일어난다는 각본을 강화하게 된다. 그의 초기 결정은 '나는 정말 세밀하게, 완벽히 준비하기 위해 열심히 일해야만 하고 설마, 단지 설마 나쁜 일은 일어나지 않을 것이다. 하지만 당연하게도 언제나 나쁜 일은 일어난다.'와 같이 이루어졌을 것이다. 이런 준거 틀에서 제프는 그의 인생을 충분히 즐기기 어려울 것이다.

당신의 각본 형성

당신은 유아기부터 이미 각본 결정(script decisions)을 점차 만들어 가기 시작하는데, 이 시점은 당신이 추상적인 개념을 다루거나 성인의 시각에서 사건을 이해하는 능력이 거의 없을 때이다. 비록 당신이 유아기를 넘어 어린 시절을 통해 여러 방면으로 발달함에 따라 어느 정도 그 각본 결정을 수정하기는 하지만 그러한 믿음과 결정의 많은 부분은 (그것들이 매우 제한적이고 왜곡된 것일지라도) 당신이 성인이 된 후에도 당신과 함께 살아남아 있다.

Kolb(1984)는 학습을 '경험의 변형'이라고 표현하였다. 일반적으로, 학습의 산물이라는 것은 자신을 둘러싼 세상에 대한 감각의 증가, 그리고 삶을 더욱 잘 예측할 수 있도록 도와주는 것을 의미한다. 학습이 세상을 이해하려는 시도라고 생각한다면 우리는 어린아이일 때 우리의 경험을 자신과 타인 그리고 우리를 둘러싼 세상이 '돌아가는' 방식에 대한 의미를 형성하는 데 이용한다. 이는 크게 우리의 생존과 소속 본능에 의한 것이라고 할 수 있다.

한번 자기 자신과 타인 그리고 세계에 대한 결정을 내린 후에 받아들이는 새로운 경험은 이미 형성된 틀에 맞추어 해석된다. 이런 방식으로 당신은 세상을 비교적 잘 예측 가능할 수 있게 되는 것이다. 당신은 당신이 알고자 하는 것들 위주로 회상하게 되고 나아가 그것들을 기억할 땐 어떤 중요한 것에 관한 믿음과 결정에 들어맞도록 조정하는 방식을 사용한다. Gregory(1970)는 인식이 우리가 본 1%와 우리가 구성한 99%로 이루진 것이라고 말하였다.

각본의 예는 다음과 같다.

- 당신이나 타인의 행동이 반복적인(그리고 종종 자기 파괴적인) 고리에 갇혀 있는 경우에는 같은 종류의 사건이 계속 일어나는데, 이는 효과적으로 작동하는 데에 방해가 된다. 이에 관한 자세한 예는 같은 패턴으로 지속되는 다툼

이나 갈등이 될 수 있다.

- 자신 혹은 타인에 관한 인식이 사실과 다르게 나타날 경우, 예를 들어 당신은 지속적으로 당신의 능력을 과소평가(혹은 과대평가)하게 되거나 직장 상사를 '그 사람은 항상 그래.'라는 식으로 고정관념을 가지고 생각하게 될 수 있다.

각본은 당신의 부모 혹은 주 양육자가 당신이 어릴 때 어떻게 영향을 미쳤는지 보여 줌으로써 설명될 수 있다. 비록 어른이 어린아이에게 주는 메시지는 강력하게 작용하지만, 메시지들의 어떤 점을 이해했는지 그리고 받아들일 것인지 안 받아들일 것인지 또 어떻게 받아들일 것인지는 아이에게 달려 있다. 각본은 우리가 이전의 장들에서 다루었던 거의 모든 TA 개념을 포함하거나 적어도 그것들에 긴밀하게 연관되어 있는 개념이다.

당신의 매우 작은 행동과 결정을 통해 당신은 매 순간 발현되고 있는 당신의 인생 각본의 패턴을 보게 될 것이다. 결국 전반적으로 당신이 가지고 있는 각본이 일생을 통해 보여 주는 패턴은 당신의 매우 작은 행동을 통해 드러난다고 할 수 있다.

각본이라는 개념을 생각해 낸 사람은 바로 Berne인데, 각본이란 드라마와 유사하게 영웅, 악당을 포함한 중심인물이 있으며 하나의 플롯, 비극적 혹은 행복한 주제의 결말을 가지고 있는 것이다. 연극이 초반에 미리 정해진 '각본'이 있는 것처럼, 사람도 끝까지 자신만의 각본을 가지고 살게 된다고 할 수 있다.

대체 감정

'라켓(racket)'이라는 용어는 Berne이 처음 소개한 것으로, '대체 감정(substitute feelings)'이라고 불리기도 한다. Berne의 이 용어는 미국 금주법 시대로부터 유래하는데, 이때는 세탁소로 위장하고 불법 양조장을 운영하는 경우가 많았던 시기

였다. '라켓'은 경멸적이고 분명하지 못한 표현이므로(불법적인 돈벌이를 의미함), 우리는 주로 '대체 감정'이라는 용어를 사용하고 있다.

Stewart와 Joines(1987)는 이런 종류의 감정을 다음과 같이 정의하였다.

> 어떤 익숙한 감정, 유년기에 습득, 촉진되어 많은 스트레스 상황에서 느끼게
> 되고, 성인이 되어 문제 해결의 수단으로는 부적응한 성격을 지니는 어떤 익숙
> 한 감정.

우리는 지금까지 접해 보지 못한 독립적으로 발생하는 스트레스 상황에 반응할 때 대체 감정을 경험하게 된다.

이 대체 시스템은 각본 시스템(Erskine과 Moursund[1988]가 Erskine과 Zalcman [1979]의 저술에서 원용함)이라고도 불리는데, 이는 우리가 어린 시절에, 나아가 성인이 되어서도 사용하는 한 과정으로 어떤 한 감정을 다른 것으로 감추기 위해 사용된다. 이에 대한 예로, 당신은 어떤 사람의 행동으로 인해 (감정적인) 상처를 받았지만 그런 종류의 심적 고통을 스스로에게 허용하지 않기 때문에 재빠르게 분노의 감정 상태로 이동하게 되는데, 이는 당신이 필요에 의해 합리화한 것이다. 이러한 변화로 당신은 당신의 상한 감정을 무시하게 되고, 다른 사람도 당신의 그런 감정을 무시하도록 초대하게 되며, 그리하여 당신의 욕구는 충족되지 못하게 되는 것이다. 이에 따라 당신은 이러한 대체를 위주로 신념과 행동 체계를 발달시키게 되고 이는 차례로 그러한 믿음을 정당화하는 방향으로 상황을 해석함으로써 그 믿음을 강화하는 데 이르게 된다.

예시

마틴은 티나와 함께 일하는데, 티나는 장애를 가지고 태어났다. 그녀의 부모님은 아이의 장	이 경우 티나는 더 적절할 수도 있는 다른 다양한 감정에 대해서도 행복해 보이는 감정으로

애에 대해 큰 미안함을 가지게 되었고 티나는 슬픔을 드러내지 않으며 항상 웃으며 행복해 보이는 척하도록 배웠다. 이 상황은 마틴이 그녀와 프로젝트에서 함께 일하고 그녀가 무슨 일이 있든지 간에 항상 웃는 법에 관해 언급했을 때 분명해졌다. 티나는 그녀의 부모님에 대해 설명했고 자신의 웃음은 내면에서 느끼는 외로움을 감추는 것이라고 말해 주었다.

대체하고 있는 것이다. 이는 아마도 슬픔, 분노나 두려움과 같은 감정일 것이다.

수전은 언제나 같은 감정으로 상황에 반응한다. 그녀의 상사가 그녀에게 와서 어떤 일을 시켰을 때, 그녀는 현재 자신의 일이 많아 못한다고 말하는 대신 화를 내곤 한다. 그녀의 친구와 동료가 아플 때, 수전은 팀원 전체를 쪼아 대고 그들을 힘들게 하였다. 그녀의 애완견이 죽은 적이 있는데 그녀는 직장에서 화를 내며 민감해졌다. 누군가 그녀에게 어떤 정보를 요청할 때면 그녀는 짜증을 낸다.

종종 우리 스스로 허용하지 않는 감정이 존재한다. 예를 들어, 수전은 그녀의 애완견이 죽었을 때 슬펐을 것이다. 하지만 그녀는 분노의 감정을 가지고 반응하도록 배운 것이다. 그녀는 그 슬픔을 분노로 감추려 하였고, 따라서 그녀의 슬픈 감정은 실질적으로 결코 해결되지 못한 것이다. 사람들은 그녀로부터 물어나서 그녀의 화난 감정에 반응하였다. 그녀의 그런 행위는 자각하지 못하고 일어난 것이다. 이러한 것은 자유롭게 감정을 표현하는 어린 시절에 시작했을 것이며 그녀의 가족 내에서 특히 슬픔의 감정을 표현하는 것이 허용되지 않았을 수도 있다.

대체 감정 해결하기

상황에 적절한 감정이 아닌 다른 감정을 느낄 때, 당신은 당신을 '자유롭게(let go)' 해 주는 해결책에 이르는 데 어려움을 겪게 될 것이다. 이런 방식으로 대체 감정은 문제 해결에 도움이 되지 못하는 것이다. 예를 들어, 그 누구도 슬픔이나 아픔을 느끼고 있지 못하고 있음에도 수전은 여러 상황에서 화를 내고 있다. 특정 감정을 노출하지 않으려는 결정 뒤의 믿음은 대체로 '나는 감정적으로 상처받기보다는 화를 내어 나를 우습게 보지 못하게 할 것이다.'와 같은 것일 것이다.

결국 수전은 원래 느꼈던 초기 감정에서 벗어나 그것을 느끼지 못하고 분노의 감정만을 보여 주게 될 뿐이다. 이는 I'm OK, You're Not OK의 태도를 보이게 되는 것이다. 그리고 그녀는 자신에게 정말 필요한 욕구가 무엇인지 대면하지 못하기 때문에 문제 해결을 위한 감정으로 이동하는 것은 불가능해진다. 결국 얼마나 상황이 계속 그렇게 반복되든지 간에 상황은 변하지 못할 것이다. 이는 '우리는 필요하지 않은 것을 충분히 얻을 수는 없다'와 같이 표현할 수 있다.

우리 모두는 우리 자신의 감정을 고려하면서도 당신의 동료가 여러 다른 상황에서 한 가지 감정만을 표출하는 것처럼 보일 때(이는 문제 해결에 도움이 되지 않는 행동으로 이어지는 경향이 있다) 당신이 무엇을 할 수 있을지 생각해 보아야 한다. 당신이 어떤 사람과 좋은 관계를 맺고 있고 그 사람을 지원해 줄 수 있다면, 이러한 측면에 대해 언급함으로써 그 사람이 더욱 발전하도록 도울 수 있다. 평가의 과정에서 변화가 필요하다고 생각되는 부분은 바로 태도에 관한 측면일 수 있다.

각본 시스템은 가정과 직장 모두에서 다양한 상황을 고려하는 유용한 방법이다. 다음의 예시는 직장에서 제프가 가졌던 대체 감정과 생각의 전반을 나타낸 것이다([그림 10-1]).

이는 일종의 순환 시스템을 가지고 있다. 제프는 자신의 지금 이곳에서의 감정을 무시하고 다른 사람을 기쁘게 하려는 자신의 노력이 받아들여지도록 시도하고 있다. 이 시스템은 어느 정도까지는 그에게 효과가 있지만, 그는 자신이 다른 사람을 기쁘게 할 수 없다는 생각이 들 때면 우울해진다. 모든 새로운 경험은 제프의 이러한 준거 틀을 통해 받아들여진다. 그는 자신의 의견에 관해 질문을 받았을 때 다른 사람의 아이디어와 생각이 자신의 것보다 더 적절할 것이라고 생각하기 때문에 자신의 생각을 분명히 알지 못한다.

우리는 대부분 자신만의 특정한 대체 시스템을 만들어 간다. 이 경우 제프의 관리자는 제프에게 그가 중요하다는 것과 자신만의 생각을 충분히 할 수 있다는 것을 알게 해 주어야 한다. 주변 사람들은 제프에게 그가 추가적인 업무를 해낼 수 있을지 그리고 무슨 도움을 필요로 하는지를 물어봐 주는 것이 좋을 것이다.

각본 시스템

각본 믿음/감정	행동	끼워 맞추기 위해 해석된 기억 강화
가지고 있는 믿음: 1. 자기 자신에 관한 믿음 나는 다른 사람만큼 중요한 사람이 아니며 그들에게 받아들여지기 위해서는 그들을 기쁘게 해 주어야 한다. 2. 타인에 관한 믿음 타인이 나보다 중요하다. 3. 삶에 관한 믿음 삶은 전쟁이며 조용히 살아간다면 조금 나아질 것이다. 억압된 욕구: 인정받고자 하는 욕구 감정을 고려받고 싶은 욕구 중요하게 여겨지고자 하는 욕구 소속감의 욕구 억압된 감정: 화	1. 관찰 가능한 행동 화와 분개 도움이 되지 않고 침울한 요구되는 최소한의 것만 함 2. 느끼는 내적 경험 조여 오는 복통 어깨의 긴장감 바싹 마르는 입 3. 환상 다른 사람을 기쁘게 해 주는 한 나는 괜찮을 것이다.	성인기: 나는 야근을 하도록 요구를 받았고 거절할 수 있다고 느끼지 못했다. 스트레스로 인해 3개월간 일을 쉼. 직장 상사는 나에게 계속 추가적인 업무를 넘겨 주었다. 어린 시절: 부모님은 휴일에도 바빴고 나를 조부모님과 지내도록 보내 두었다. 가기 싫었지만 부모님은 내 말을 들어 주지 않았다.

[그림 10-1] 제프의 수정된 대체 시스템(각본 시스템)

당신은 여러 범위의 상황과 국면에 대한 대체 시스템을 가지고 있다. 이는 당신이 실수를 저질렀을 때, 힘이 들 때, 무언가를 이해하지 못했을 때 등 그 상황에서 무슨 행동을 하는지를 포함하는 것이다. 이 경우 당신은 자기 강화의 고리로 빠지게 되어 그것이 일이 돌아가는 방식이라고 또 자신이나 타인에게 무언가 잘못된 것이 있을 것이라고 믿게 된다. 당신은 그러한 것들은 믿음이며 변화할 수 있는 것이라는 점을 인지해야 한다. 당신은 자신의 믿음이 무엇인지, 자신에게 어떤 영향을 미치는지, 그리고 변화를 위해서 어떤 새로운 믿음을 키울 수 있는지에 관해 정해 보아야 한다. (스트레스에 관한 15장을 참고하라. 395~399쪽의 연습문제가 이와 연관되어 있다.)

조직의 각본

조직은 어떤 개인들이 설립한 것이다. 따라서 한편으로는 조직을 세상으로 나오게끔 만들어 준 '부모'를 가지고 있는 것으로 볼 수 있다. 즉, 그 조직을 만든 개인의 각본 믿음은 조직 속에 계속 내재되어 이어져 가게 된다. 우리가 각각 어떻게 살아갈 것인가에 대한 결정을 내리는 것처럼 조직 또한 그렇다고 할 수 있다. 하나의 조직은 살아 있는 생물체는 아니지만 조직의 에너지와 그 정체성을 끊임없이 개발해 나간다. 이는 당신이 같은 업무를 서로 다른 조직 속에서 해 본다면 경험할 수 있는 것이기도 하다. 서로 다른 병원을 예로 들어 보기로 하자. 첫 번째 병원은 접수 담당자가 유리창 뒤에 앉아 고객을 잘 맞이하지도 않고 다가가 말을 걸어야 신경을 써 주는 정도이다. 게다가 일반 의사에게 진료를 받기 위해 3주간 기다려야 하며 몇몇 의사는 무례하며 무뚝뚝하기도 하다. 당신의 진료 차례가 되면 머리 위의 전광판에서 접수 번호가 나오고 지시하는 방으로 들어가면 의사를 만날 수 있다. 다른 한 병원에서는 접수 공간이 공개적이며 밝은 분위기이다. 접수처에는 환자와 분리하는 유리막도 없고 안내원이 당신과 가벼운 대화도 잘해 준다. 그리고 진료 시간이 되면 의사가 나와서 직접 당신을 맞이한다.

이 두 병원은 같은 일을 하는 곳이지만 둘의 분위기는 서로 매우 다르다. 후자의 경우 그 에너지가 차분하고, 풍부하며 따뜻하다. 만일 당신이 두 병원의 설립자를 본다면 그 둘이 매우 다르다는 것을 느낄 수 있을 것이며 그들이 바로 그 조직과 조직의 각본에 큰 영향을 미치는 사람이다.

각본에 영향을 미치는 다른 요인으로는 그 조직이 속해 있는 공동체와 문화가 있을 수 있다. 문화적 영향은 지역적, 국가적 문화 둘 다 포함하며, 예를 들어 병원의 경우 정부의 정책이라든지 보건 서비스에 관한 정치적 논쟁 등으로 인해 영향을 받을 수 있다. 이런 많은 영향은 조직이 나아갈 방향에 관해 그 조직을 발전시킨 사람의 준거 틀을 형성하는 데 도움을 준다.

또 조직의 문화는 각본과 긴밀하게 연관되어 있다. 조직 내에서 어떤 일이 특정한 방향으로 나아가게 된다면 그때의 방향은 사람들의 기대와 의견에 맞도록 해석될 것이다. 예를 들어, 경영진 측에서는 현장 노동자들에 관해 '그들은 이런 것들에 관해 모를 거야.' 혹은 '그들은 절대 협조하지 않지.'와 같은 생각을 하며 그들에 대해 고정관념을 형성할 수 있다. 한편 현장 노동자들 또한 경영진에 관해 '또 다른 무엇을 기대합니까?' '그 사람들은 우리의 의견을 묻기만 하고 듣지는 않지.' 혹은 '우리 희생으로 돈을 버는, 정치가에게 아부하고 돈을 밝히는 경영진'과 같은 말을 함으로써 고정관념을 형성할 수 있다. 이러한 경우는 보통 당신이 그들을 실제적인 사람이 아닌 어떤 한 물체처럼 바라보기 때문에 (혹은 그들을 마치 어떤 물건인 것처럼 표현하다 보니) 생기는 것이다. 이렇게 그들을 어떤 한 목적을 가진 물건처럼 생각하다 보니 개인의 자질과 의견은 고려할 수 없게 된다. 열린 의사소통을 하기 위해서는 사람들이 단순한 차이와 서로를 디스카운트 하는 방법에 주의를 두기보다는 서로 진실로 연결되는 곳을 찾아야 할 것이다. 당신은 또 다음과 같은 질문을 통해 준거 틀을 직면할 수 있다(예를 들어, '그들은 절대 협조하는 법이 없다').

- '그들이 협조하지 않은 마지막 시기는 언제인가?'
- '그 후에는 어떻게 되었는가?'
- '그 당시 상황은 어떠하였는가?'
- '당신은 그것을 해결하고 그들과 협력하기 위해 무엇을 하였는가?'
- '당신이 가진 선택권은 무엇이 있었는가?'

위에 제시된 긍정적인 초점과 더불어 이 모든 질문은 저평가하기보다는 제대로 된 평가를 격려하도록 고안된 것이다. '결코'나 '언제나, 항상'과 같은 단어들을 피한다면 당신은 열린 의사소통을 더욱 원활히 만들어 나갈 수 있다.

과도한 판매 압박

종종 설립자가 공격적일 만큼 높은 수준의 경쟁의식을 가진 조직이 있다. 이는 매우 특수한 조직 각본을 형성하기도 한다. 판매(sales)를 예로 들어 보자. 많은 세일즈맨은 서로 경쟁적인 위치에 놓여 있다. 가장 많은 판매량을 기록한 사람이 큰 보너스와 보상을 받기 마련이기 때문이다. 이는 종종 주문자가 원치 않은 구매로 이끄는 조작적이고 강압적인 판매 테크닉을 유발하기도 하는데, 이는 다시 14일간의 취소 기간(14-day cooling off period)에 구매 취소로 이어질 가능성이 크다. 이러한 과정은 계약의 양 당사자, 즉 구매자와 판매자에게 스트레스를 주게 된다. 물론 어떤 판매 사원에게 컴플레인이 들어온다면 조직 차원에서 그 직원을 꾸짖는 것도 당연하다.

다행히도, 모든 외판원이 그런 방식으로 교육받은 것은 아니다. 한 국제 트레이닝 조직은 미래의 고객과의 관계의 중요성에 대해 강조한다. 이러한 것을 더 강조하게 될수록 긍정적인 조직 각본이 만들어지고 변화할 가능성은 더욱 커지는 것이다. 더 새로운 스타일과 접근을 가진 사람들이 높은 판매량을 보여 줄수록 그런 사람들이 조직에서 큰 영향력을 지니게 되고 결국 그 조직의 문화도 변화하게 될 것이다.

우리는 여기서 조직의 각본 매트릭스(script matrix)를 그려 볼 수 있다. 개인의 매트릭스는 그 주 양육자로부터 받은 메시지들로 구성되어 있다. 그러한 메시지들은 부모, 어른, 어린이 자아로 구성된 자아 상태 구조 모형(3장 참조)을 통해 표현된다. 조직의 부모, 어른, 어린이 모형은 그 지역 공동체, 주요 설립자, 정부 혹은 본부로 나타내어질 수 있다. 이러한 방식으로 당신은 조직을 세우면서 개입된 메시지들에 대해 이해해 볼 수 있다. (물론 개인 차원에서 말하고 있는 것이 아니기 때문에 어떤 메시지들이 어디서부터 온 것인지 명확하게 알 수 없더라도 여기서 우리의 목적은 조직에 구조 모형을 사용하고 있다는 것이다.)

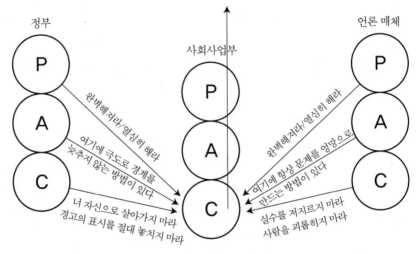

정부

언론 매체

P

P

사회사업부

P

A

A

A

C

C

C

완벽해져라/열심히 해라

여기에 극도로 경계를 늦추지 않는 방법이 있다

너 자신으로 살아가지 마라 경고의 표시를 절대 놓치지 마라

완벽해져라/열심히 해라

여기에 항상 문제를 엉망으로 만드는 방법이 있다

실수를 저지르지 마라 사람을 괴롭히지 마라

우리는 우리가 완벽해지는 한 OK할 것이다.

[그림 10-2] 조직 각본 매트릭스

　사회사업부는 종종 정부 조사의 대상이 될 때 누군가 죽은 이유에 대해 조사하게 되는데, 사회사업부에서 취했어야 할 조치들에 대해 언급되곤 한다. 하지만 또 그들은 조치가 취해지더라도 언론 매체로부터 비판을 받게 되기도 한다. 따라서 이 경우 메시지들의 혼합 양상은 [그림 10-2]와 같이 표현될 수 있다.

　조직 속에서 여러 참견이나 개입에 대해 고려할 때면 당신은 다음과 같은 질문을 해 볼 수 있다. 당신처럼 계속 진행하게 된다면 일이 어떻게 될까? 그들이 잘못된다면 어떻게 될까? 당신은 어떻게 하고 싶습니까? 당신이 그곳에 도달하기 위해서는 무엇이 필요한가?

　각본 이론은 미래를 계획하고 준비하는 데에도 활용될 수 있다. 한 창의적인 활용 방법으로는 시나리오 계획이라는 것이 있는데, 이는 과거를 기반으로 하여 당신이 인생 각본을 실행해 온 것과 대비해 보는 방법이다. 시나리오 계획을 통해 여러 가지 가능한 미래에 대해 면밀히 생각해 볼 수 있다. 만일 그들이 각본대로 살아간다면 어떻게 될 것이며 혹은 변한다면 어떻게 될 것인지에 대해 고

려해 볼 수 있다. Jaworski(1996)는 이러한 접근을 세계 정세를 살펴보는 데 활용하기도 하였다.

요약

각본이란 개인으로서 당신이 혹은 조직이 어떻게 발전해 왔는가를 생각해 보는 한 방법이다. 조직 속에 포함되어 있는 여러 영향력 있는 메시지를 탐구해 봄으로써 당신이 혹은 한 조직이 어떻게 지금의 위치에 있게 되었는가를 가늠해 볼 수 있다.

이러한 새로운 인식을 고려하여 미래를 생각해 본다면 당신은 미래에 그들이 그들의 방식대로 일을 진행했을 때 어떻게 될지에 관해 추측해 볼 수 있게 된다. 만일 그 결과가 잠재적으로 조직에 큰 피해를 줄 것이라 예상된다면 방향을 바로 잡기 위해 어떤 변화가 필요한지에 주의를 집중해야 할 것이다.

연습

각본에 대해 이해하기 위해 가장 좋은 출발점은 바로 자기 자신이다. 다음의 것들에 대해 당신은 어떤 믿음을 갖고 있는지 생각해 보라.

- 자신의 능력
- 자신의 결말이 어떻게 될지
- 자신은 어떤 대우를 받아야 하는지
- 다른 것들에 대해 당신이 가지고 있는 믿음, 예를 들어
  - 당신은 다른 사람을 믿는가?
  - 당신과 비교하여 다른 사람을 어떻게 보는가?
  - 다른 사람들이 당신에게 중요한가?
  - 인생은 어떠한가? (즐거운가? 따분한가? 우울한가?)
  - 세상은 어떠한가? (기회가 주어진 재미있는 곳인가?)

당신이 생각하기에 자신에게 반복적으로 일어나는 패턴이나 결과에는 무엇이 있는가? 예를 들어, 다른 사람과의 지속적인 논쟁/의견 충돌의 패턴 혹은 어떤 일이 일어났을 때의 감정, 생각 혹은 반응의 패턴에는 무엇이 있는가?

이와 같은 믿음은 당신이 행복하고 건강하며 자신감 있는 삶을 영위하는 데 도움이 되는가? 그렇지 않다면 이에 대해 당신은 어떻게 할 것인가?

조직 각본

당신은 아마 당신이 속해 있는 조직의 각본에는 어떤 테마가 들어 있는지에 대해 알고 싶을 것이다. 이 활동은 이에 대해 당신의 이해를 높여 줄 기회를 제공해 줄 것이다.

당신이 일하고 있는 조직을 떠올려 보자(당신이 자문위원이라면 위임해 있는 조직을 떠올려 보라).

1. 당신이 있는 공간을 살펴보고 조직의 다른 요소를 반영하는 물건들의 예를 찾아 보자.
2. 입구 혹은 접수처 부분은 어떤지와 건물로 들어설 때 어떤지 생각해 보자. 사람들은 당신과 서로서로를 어떻게 대하고 있는가? 그를 대표할 만한 물건을 찾아보자.
3. 이제 조직의 구조는 어떠한지 고려해 보라. 융통성이 없이 단단한지 혹은 유연한지, 공식적인지 혹은 비공식적인지 생각해 보라. 그를 대표할 만한 물건을 찾아보자.
4. 사람들은 어떤 방식으로 의사소통하는가? 그리고 각 부서 사이에는 어떤 역학 관계가 있는가? 이러한 측면을 대표할 무언가를 고르라.
5. 당신은 이 조직의 리더십을 어떻게 표현할 것인가?
6. 각기 다른 측면을 대표하는 물건들을 계속 생각해 보고 서로의 관계에 맞게 배치해 보라(자기 자신에 해당하는 물건을 생각해 보아도 좋다).

당신이 만든 것은 조각(또는 형상, sculpt)이라고 알려져 있다. 각 물건은 당신이 조직의 한 특정한 측면을 어떻게 바라보는지를 상징적으로 나타내는 것이다. 그 물건들을 물리적으로 배치한 방식이 바로 당신이 실제 조직에서 각각의 관계를 보는 방식을 보여 주고 있는 것이다. 이 연습문제의 목적은 조금 다른 당신이 조직을 바라보는 방식에 접근하기 위해서이다. 이 새로운 입장은 이러한 종류의 활동을 할 때 종종 떠오르는, 기대하지 못한, 매우 중요한 통찰력이라고 할 수 있다.
따라서 다음의 것들을 염두에 두자.

• 당신이 만든 조직 조각(Organizational Sculpt)을 전반적으로 살펴보며 당신은 무엇을 알게 되었는가?
• 당신이 찾은 그 물건의 '느낌'은 어떠한가?

- 그것들은 딱딱한가, 부드럽거나 만질 수 있는 것인가, 그리고 서로 어떤 종류의 관계를 가지고 있는가?
- 혹시라도 당신의 입장에서 어떤 것이 변화가 필요한가?
- 그 변화가 필요한 것은 당신의 영향력 혹은 통제하에 있는 것인가?

이 활동은 다른 사람과 해도 좋을 것이다. 같은 활동을 해서 서로 비교해 보는 시간을 가짐으로써 공통적인 부분과 차이를 보였던 부분에 관한 당신의 생각을 알아볼 수 있을 것이다. 이 활동을 다른 사람과 함께 할 때에는 차이가 생긴 부분에 대해 열린 대화를 해야 한다는 점이 매우 중요하다.

혼자 하든 같이 하든 당신이 배운 것을 기록해 두고, 당신이 할 일에 관한, 그 기간 그리고 달성을 위해 필요한 도움 등에 관해 계약을 만들도록 하자.

WORKING
TOGETHER

개인과 조직의 관계

CHAPTER

11

소개

이 장은 TA에서 조직의 문화가 개발되는 방법과 실제적인 리더십 과정과 같이 조직의 구성과 구조를 보는 방향을 안내하도록 구성하였다. 조직의 변화는 그 조직의 역사와 발전, 그리고 그것이 현재와 미래에 미치는 영향을 이해하지 않고서는 만들어 내기 힘든 것이다. 가장 순조로울 수 있는 시기에 조직을 언제나 '목적에 맞도록' 하는 일은 어려운 것인데, 이는 조직은 단순한 기계와 장비, 건물이 아닌 사람들로 구성되어 있기 때문이다.

Berne(1963, 1966)은 집단이 돌아가는 방법과 조직이 더 확실히 성공할 수 있도록 하는 방법을 이해시키기 위해 도표를 활용하는 방식을 개발하였으며, 이는 이 장의 기초를 구성할 것이다. 조직은 설명 가능한 다양한 범위의 측면과 영향들이 서로 밀접하게 연관되어 있다. 다이어그램 또한 많은 양의 정보를 압축시켜 보여 준다. 이러한 다이어그램들은 평가, 분석 그리고 결정을 위한 도구가 되기도 한다. 우리는 조직의 다양한 측면에 관한 Berne의 개념적인 해석을 따랐으며 추가적으로 우리가 연구와 이해를 더하였다.

조직의 과거

조직의 역사적 측면에서 보자면, 설립자(혹은 Berne의 용어로 '최초의 리더')는 한 조직의 문화와 핵심 원칙을 결정함에 있어 중대한 역할을 맡게 된다. 조직이 개발됨에 따라 그 조직만의 문화가 형성되는데, 이는 어떤 의식적인 활동일 수도 있으며, 혹은 조직 내의 사람들의 의식의 개입이 없어도 발생할 수 있는 것이다. 이러한 문화의 일부는 설립자의 성격을 반영한 것이며 또 일부는 그 조직이 무슨 일을 하는지, 어떻게, 왜 하는지를 정해 놓은 명문화된 서류, 조직의 정책 그리고 절차이다.

조직의 현재

조직의 현재 구조, 본질, 그리고 리더십과 권위의 스타일은 직접적으로 관찰 가능한 특성들이다. 이들에 대한 해석에 있어 조직 안의 사람의 관점과 외부 사람의 관점이 상이할 수 있다. 조직 내 사람들의 역할에 관한 본질은 조직의 현재 기능의 또 다른 측면이다.

1. 규정으로서의 역할(Berne은 이를 에티켓[etiquette]이라 불렀다). 이는 주로 절차에 관한 매뉴얼과 같은 것, 즉 누가 조직 내에서 누구에게 이야기할 수 있는가 등을 포함하는 것이다. 공식적인 방침이 엄격하게 준수되는 조직에서는 '규정으로서의 역할'과 아래에 소개된 '실제로 수행되는 역할'이 동일할 수도 있다. 하지만 또 어떤 조직에서는 공식적인 역할과 일상적인 것 사이의 유사성이 거의 없을 수도 있다.
2. 실제로 수행되는 역할(Berne은 이를 기술적인 것이라 하였다). 이는 사람들이 실제로 무엇을 하며 다른 사람과 어떻게 상호작용하는지를 관찰해 봄으로써 확인될 수 있는 것이다.
3. 역할을 이행하는 사람들이 역할이란 이런 것이라고 지각(perceive)하는 것으로서의 역할(Berne은 이를 성격이라고 하였다). 이러한 것들은 접근성이 떨어지는데, 사람들이 공개적으로 속마음과 감정을 이야기하지 않는 경우가 많기 때문이다. 이에 대한 예시로는 정리 해고에 대한 두려움, 무능력하게 여겨지는 것, 이를테면 승진에 관한 소망 혹은 날 화나게 한 누군가에 대한 복수와 같은 것들이 있다. 비록 이런 생각들은 드러나지 않지만, 사람들이 그들의 역할을 채워 나가는 방식(열정적으로, 분개심을 가지고, 냉담하게 등)에

영향을 주게 될 것이다.

마지막으로, 역할의 측면에서 본 이 마지막 내적인 것과 연관된 것이 Berne이 말한 조직의 사적인 구조(조직에서 일하는 개인들의 내부적 그림, 믿음 그리고 인식) 이다. 이러한 것들은 즉각적으로 분명하게 보이지 않지만, Berne이 정신적인 단계로 표현했듯이 조직에 큰 영향을 미치는 것들이다. 그는 이러한 '그림 (pictures)'을 이마고(imago)라고 불렀으며 이에 관한 내용은 이 장의 뒷부분에서 자세하게 다룰 것이다.

조직의 미래

개인적 수준에서 Berne은 성장원(physis)에 관해 말했다. 이는 모든 생명체를 나아가게 하는 생의 충동이다. 이를 확장시켜 보면, 성공적인 조직 또한 앞으로 나아가게 하는 지속적인 탄력을 가질 필요가 있다.

권위와 조직

Berne은 조직 안에 있는 권위를 연구하고 그 근원을 정립하는 일에 큰 노력을 기울였다. 이는 중요한 것인데, 권위가 행사되는 방식으로 인해 특정 활동들이 금지되거나 장려될 수 있고, 전체적으로는 사람들이 효과적인 업무를 수행할 수 있는 정도를 결정하기 때문이다. 1960년대부터 권위를 어떤 해를 입히는 것으로 보는 경향이 존재해 왔지만, 권위의 긍정적인 행사는 모든 조직의 건강한 기능에 필수적인 것이다. 권위는 수많은 원천으로부터 발생하는 것인데, 다음과 같은 것들을 포함한다.

- 권력이 행해지는 방식과 리더십과 경영의 스타일
- 사람들이 훈련받고 경험을 쌓아 온 이론과 실제의 총체. 이는 사람들이 중요하게 여기는 것과 그들이 취하는 윤리적인 입장을 알려 주는 것이다.
- 조직에서 내내 개발해 온 규칙, 절차 그리고 '관습과 관행'
- 조직의 역사에서 보이는 중요한 특징과 독자적인 스타일

역사적으로 중요했던 것이 현재는 조직에 부정적인 영향을 미칠 수도 있다. 이제부터 Berne의 모형의 요소에 관해 더 자세하게 살펴보자.

역사적 영향

모든 조직은 한 명 혹은 여러 명의 설립자에 의해 시작된다. Berne은 설립자는 최초의 리더가 된다고 간주했고, 이러한 설립자는 사후에 유헤메로스(Euhemerus)라고 불리게 된다고 하였다. 사망한 설립자에게 고대 그리스 사상가인 유헤메로스라는 이름을 붙인 데는 특별한 의미가 있다. 유헤메로스는 그리스 신화가 문화적 부가물과 영향을 받아 개작되고 재구성된 과거의 실제 사건이라고 간주했다. 죽은 설립자(유헤메로스)는 조직의 역사와 발전을 통해 재구성된 정체성을 갖게 된다. 그들은 사후에도 끊임없이 영향력을 발휘하게 되며, 이상화될 가능성이 높다. (미국 포드 자동차의 Henry Ford나 TA 분야의 Eric Berne이 그 예이다.)

최초의 리더/유헤메로스는 조직의 초창기에 구조, 규범, 정책, 관행, 문화와 가치 등을 설정해 놓은 사람이며, 이는 조직적 정체성의 일부분을 형성하는 것이다. 이러한 리더들은 영웅들처럼 그들에 관한 이야기들을 가지고 있으며 신화적 자질을 가지게 된다. 최초의 리더가 떠나기로 결정한 후 수년 후에 돌아온다면, 몇몇의 직원은 그 최초의 리더가 그들이 들어온 이야기에 부응하지 못하는, 더 일반적인 사람으로 다가올 수도 있기 때문에 실망감을 가지게 될 수도 있다. 그

러나 조직 문화에 가장 큰 영향을 미치는 사람은 그 설립자이다. 문화를 바꾼 다른 사람이 후에 오고 후세대에 의해 그들 또한 이야기를 가지게 될 수 있다. 하지만 그들은 초기의 리더와 같은 수준의 것을 가지기는 힘들 것이다. 우리는 신화와 전설부터 시작해서 사람들에 의해 이야기된 조직적 문화에 관해 많은 것을 말할 수 있다. 또한 이러한 이야기들은 심리적 계약을 유지하고 강화하는 데 도움을 주기도 한다(6장을 참고하라).

설립자와 정체성

조직의 정체성을 알아보는 또 다른 방법은 그 조직의 이름을 살펴보는 것이다. 예를 들어, 서구의 거의 모든 사람은 음반, 기차, 비행기, 화장품 등의 수많은 상품에 붙어 있는 버진(Virgin) 그룹 라벨에 대해 잘 알고 있다. 이 라벨은 그룹 최초의 리더인 Richard Branson과 동의어라고도 할 수 있는데, 이는 그가 성공, 재미, 위험을 감수할 줄 알고 온화함에 대한 명성을 가지고 있기 때문이다. Branson은 그 스스로 하나의 브랜드가 되었으며 그 브랜드와 Branson 자신은 전반적으로 긍정적인 시선을 받게 된다. 비록 현실적으로는 버진 라벨의 모든 측면에서 전 수준으로 그것에 관여한 것은 아니지만, 사람들은 어떻게든 그가 그럴 것이라고 생각하는 것이다. 따라서 버진의 조직 각본은 성공, 가능성 그리고 열망(성장원)에 관한 것이라고 할 수 있다.

버진이 성공적이라 할 만한 하나의 이유는 성취에 관한 Branson의 믿음 때문이다. 예를 들어, 그는 10대 후반 그의 첫 대학 신문을 쓸 때 '규칙을 따르지' 않았다(Branson, 2000). 그는 유명한 음악가들과 인터뷰를 하고 싶어 했고, 비록 그가 무명의 학생이었음에도 그들에게 끊임없이 전화를 걸었고 대화를 위해 노력하였다. 결국 그는 실패라는 생각을 하지 않았기에 그가 원하는 바를 이룰 수 있었다.

또한 Branson은 일은 재미있는 것이며, 사람들은 저마다 훌륭한 아이디어를 갖고 있으므로 그에 대해 경청해야 한다는 믿음을 갖고 있었다. 그가 원하는 조직문화는 '할 수 있다'에 관한 것이었다. 물론 이는 외부인의 관점일 뿐이며 그의 조직에 속한 내부인의 생각은 다를 수도 있는데, 그것은 앞에서 언급한 것처럼 '이야기'는 조직과 리더에 관한 것이며 조직 내부의 문화에 영향을 미치기 때문이다.

[그림 11-1]은 Berne의 조직 이론의 요소를 간략하게 보여 준다. 우리는 이를 과거에서 현재 그리고 미래까지 연결한 타임 라인으로 표현하였다.

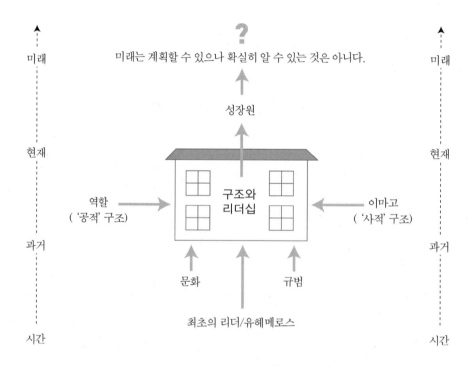

[그림 11-1] 조직의 요소

예시: 대영제국의 철도

이제 영국의 철도를 예로 한 조직의 역사를 표현하는 법을 살펴보자. Berne은 이에 대해 문화적, 역사적, 개인적, 조직적, 매뉴얼의 5개 영역의 표를 만들었다. 이 영역들의 근원을 알아봄으로써 그 조직이 어떻게 발전해 왔는가를 평가해 볼 수 있으며 따라서 변화를 위한 프로그램을 구성할 때 무엇을 고려해야 하는지까지도 가늠해 볼 수 있다.

다음의 예는 많은 영국인 독자에게 친숙하기 때문에 선정된 것이다. 다른 국가의 독자들은 각국의 철도 시스템과 비교하여 살펴볼 수 있을 것이다.

영국의 승객 철도 시스템은 저 먼 17세기로 거슬러 올라가 광산 산업이 그 시초가 되었는데, 석탄과 광석을 말로 옮기기 위해 나무로 만든 선로가 이용되었다. 19세기 초 첫 증기기관차의 개발은 그전의 시스템이 전적으로 발달된 것이었다. 승객을 위한 첫 운행은 바로 조금 뒤에 이루어진 일이다. 초기에는 각각의 지역 코스를 운행했던 수많은 작은 회사가 존재하였다.

제1차 세계대전 이후 1921년 법령을 통해 그 당시의 상황을 합리화하였는데, 이때 '빅 포(Big Four)' 회사들이 주도를 하였다. 지역적 영향을 기반으로 한 런던 미드랜드와 스코티시(LMS), 런던과 북동 철도(LNER), 대서부 철도(GWR), 남부 철도(Southern Railway). 제2차 세계대전 이후, 철도가 국유화되었고 영국 철도 시스템은 통일된 주(州) 소유의 조직으로 되었다.

고속도로를 포함한 도로 체계가 발달함에 따라 차의 소유도 급격하게 증가하게 되었다. 이는 철도 사업의 몰락을 초래했고 결국 1960년대 수익성이 적은 철도 사업은 유지할 수 없게 되었다. 영국 철도 이사회(The British Railways Board)는 Richard Beeching 박사(후에 작위를 받았음)에게 보고서를 위탁하게 되었고, 그로 인해 수익이 없던 많은 라인을 정리하고 전체 시스템을 크게 잘라내게 되었다. 1960년대 후반, 증기기관에서 디젤과 전기로의 전환이 완료되며 '브리티

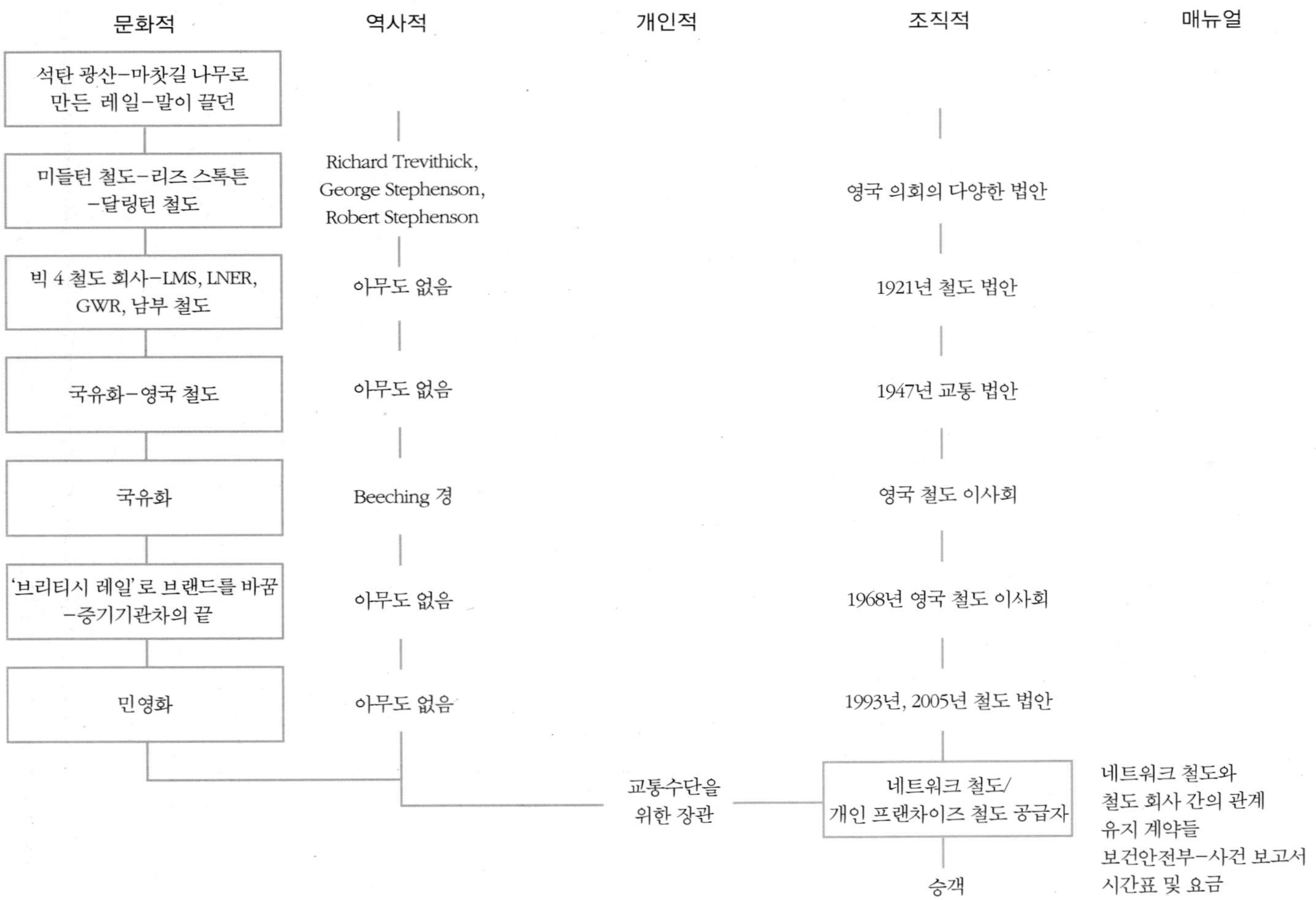

문화적

- 석탄 광산—마켓길 나무로 만든 레일—말이 끌던
- 미들턴 철도—리즈 스톡—달링턴 철도
- 빅 4 철도 회사—LMS, LNER, GWR, 남부 철도
- 국유화—영국 철도
- 국유화
- '브리티시 레일'로 브랜드를 바꿈—증기기관차의 끝
- 민영화

역사적

- Richard Trevithick, George Stephenson, Robert Stephenson
- 아무도 없음
- 아무도 없음
- Beeching 경
- 아무도 없음
- 아무도 없음

개인적

- 교통수단을 위한 장관

조직적

- 영국 의회의 다양한 법안
- 1921년 철도 법안
- 1947년 교통 법안
- 영국 철도 이사회
- 1968년 영국 철도 이사회
- 1993년, 2005년 철도 법안
- 네트워크 철도/개인 프랜차이즈 철도 공급자
- 승객

매뉴얼

- 네트워크 철도와 철도 회사 간의 관계
- 유지 계약들
- 보건안전부—사건 보고서
- 시간표 및 요금

[그림 11-2] 공식적 권위 다이어그램: 영국의 철도

시 레일(British Rail)'로 브랜드를 바꾸게 되었다. 마침내 1993년 모든 시스템이 민영화되었고 선로 네트워크의 소유도 25개의 프랜차이즈 회사와 분리되었다. 따라서 많은 작은 회사의 운영으로 시작되었던 영국의 철도 서비스의 역사는 더 높은 수준의 정부의 감독이 있긴 하지만 다시 유사한 시스템으로 되돌아왔다. 2005년부터 민영화로 인한 사고(accident) 분석은 안전성과 유지에 대한 우려를 키웠고 다시 철도 서비스는 정부의 소유로 넘어가게 되었다. 이러한 역사에서 많은 사실을 알 수 있다([그림 11-2]를 보라).

우리는 철도 시스템의 기원을 통해 단일한 중앙 권위와 명확한 최초의 리더가 역사적으로 있지 않았음을 알 수 있다. 최근에 철도 시스템은 다시 다수에게 돌아갔다. 2010년 말 약 27개의 회사가 그 서비스를 운영하게 되었다. 초기의 Trevithick과 George와 Robert Stephenson과 같은 유명한 사람들은 조직의 운영보다는 기차와 선로 건설의 설계에 참여하였다. 이는 사람들이 철도길을 연결한 사람의 이름에 대해 떠올려 보도록 했을 때, Richard Beeching 경을 생각하게 되는 이유를 알 수 있게 해 준다.

즉, 여기서의 유용한 질문은 무엇이 철도 시스템의 발달에 있어서 초기의 명확한 리더, 전략, 철도의 분명한 목적의 공백에 영향을 주었는가이다.

우리가 주로 승객을 위한 영국의 철도 시스템을 이야기하였지만, 철도의 본래 목적은 화물 운송에 있었으며, Beeching 이후에 살아남았던 많은 선로는 오직 화물 운송에 이용되었다. 또한 이 사실도 흥미롭다. 원래 철도 서비스의 주된 대상이 누구인가?

역사적으로 볼 때, 영국의 철도는 정부의 특별 입법이 가장 많이 적용된 조직이었다고 할 수 있다. 영국의 철도가 국유화되어 있던 기간은 170년의 전체 역사 중에서 50년에 불과했는데도 말이다.

Beeching에 의해 제기되고 정부가 이행한 대폭적인 감소는 줄곧 논쟁이 되어 왔다. 한 논평가(Hondelink, 1965)는 삭감에 대한 Beeching의 기준은 수익성의 여부였다고 말했다. Beeching은 그러한 선로들의 수익성을 더욱 높일 수 있는 방안을 고려하지 못했다. 또 그와 정부 양측 모두 철도를 수익성과 무관하게 공공 서비스로 제공해야 한다는 시각을 고려하지 못했다. 그리고 Hondelink는 그가 도로 네트워크의 훨씬 큰 비용을 포함한 전반적인 교통 시스템을 간과했다고 주장하였다.

이 역사의 플롯을 살펴보면 영국 철도의 이질적인 성질은 더욱 명확해진다. 어떤 합의된 생각이 없으며 회사들 간의 분명한 의사소통도 거의 없고, 결국 그들끼리 경쟁하게 된 것이다. 회사들에게 부과된 연착 기차의 패널티는 누군가 연결을 필요로 하는 곳의 기차를 소유하지 않았고 첫 기차가 늦게 운행되었음을 의미한다. 이는 더 나아지지 못했고 더 나쁜 서비스를 초래하였다.

즉, 권위 다이어그램은 시간의 경과에 따라 한 조직의 구조와 권위를 평가하는 한 방법을 제공하여 준다. 그리고 만일 어떤 자문 회사가 그 어려움을 다루도록 임무를 부여받았더라면 이 분석은 도로 시스템뿐만 아니라 다양한 철로선을 연결하는 새로운 시스템을 설계하는 중요한 토대를 제공하여 국가적으로 이익이 되고 나아가 생태적인 통합된 교통 체계를 만들었을 것이다.

경계

조직의 내부적 세계와 외부적 환경 사이의 상호작용은 실증(illustrated)되고 평가될 수 있다. 앞에서 언급했듯이 내부적 세계 또한 경계를 가지고 있다. 이 경계들은 다음의 것들 사이에 있을 수 있다.

- 이사회와 상부 리더십 팀
- 상부 리더십 팀과 경영진
- 경영진과 직원
- 다른 직원의 그룹들

자연스럽게 이러한 것들은 조직의 본성과 문화 그리고 그 조직이 속해 있는 국가의 문화에 따라 다양하게 나타날 것이다. 전자는 최초의 리더 혹은 유혜메로스의 영향을 받게 되고 후자는 그 나라의 역사, 법률, 시장 인력 등의 영향을 받게 된다.

조직이 구조조정되거나 재편될 때라든지 근본적인 변화를 겪을 시기에 사람들은 두려움을 느낄 수 있는데, 이는 정체성의 변화에 대한 우리의 두려움에서 비롯된 것이다. 이러한 시기에 우리는 다음과 같은 것들을 스스로 생각해 보아야 한다.

- 변화된 조직에서 나를 위한 자리가 있을 것인가?
- 있다면 그 변화된 세상 속에서 나는 누가 될 것인가?
- 더 넓게 그것이 나를 어떤 식으로 영향을 줄 것인가?
- 내가 적응할 수 있을 것이며 내게 맞는 일을 하게 될 것인가?

역사적 지속성은 우리로 하여금 정착할 수 있도록 해 주며 우리에게 안전한 토대를 제공해 준다. 그런 안전한 토대가 없다면, 우리는 다른 사람과 끈끈한 관계성을 만들어 나가는 데에 어려움을 겪게 될 것이다. 이는 마치 모든 조각이 공중에 놓인 채로 흔들리고 있는 것과 같은데 이를 많은 사람이 두렵게 여긴다. 이는 조직적 수준에서뿐만 아니라 국제적, 국가적 수준에서도 발생하는 것이다.

조직 환경의 경계는 건물과 그 지역의 물리적 영역뿐만 아니라 심리적인 것까지 형성하게 된다. 조직에서의 경계 건너기(boundary crossing)는 많은 방식으로 발생한다. 퇴직하거나 해고된 혹은 사임한 사람들은 외부적인 방향으로 영역을 건너게 된다. 중재자로 들어오거나, 이사회로 선출되거나, 새로 채용된 사람은 안쪽 방향으로 경계를 건너게 되는 것이다. 설령 조직 안으로 초대받더라도 새로 채용된 직원들과 일하는 동료는 그들에게 신임을 주지 않으려 할 것이다. 이는 언어, 개인 성향, 성(性), 인종, 교리의 면에서 조직 문화에 달려 있는 것이다.

예를 들어, 한 조직에서 평판이 좋고 인기 있는 내부 인사 대신 다른 사람이 중요한 직책을 맡게 되면 어떻게 될까? 의도하지는 않더라도, 팀원들은 그 사람에게 심리적 경계를 넘어서는 안 된다는 메시지를 주게 될 것이다.

Berne은 조직을 위한 다양한 다이어그램을 개발하였는데, 이를 통해 조직적 권위와 개인들이 그들의 그룹(팀 혹은 부서)을 바라보는 방식과 사람들 사이의 역동성까지도 표현될 수 있도록 하였다. 우리는 이러한 다이어그램을 통해 내부와 외부적 영역 사이의 관계를 탐구해 볼 수 있다.

조직은 보이는 것들과 그렇지 않은 것들(예: 조직원들 머릿속의 생각)로 나눌 수 있다. Berne은 보일 수 있는 것을 '공적 구조(Public Structure)', 그렇지 않은 것을 '사적 구조(Private Structure)'라 하고 각각의 다이어그램을 개발하였다.

공적 구조와 역학 관계 다이어그램

공적 구조는 다음과 같은 것들을 보여 주기 위해 고안된 간단한 다이어그램으로 나타낼 수 있다.

- 내부적 · 외부적 영역, 그리고 이를 통해
- 개인들의 리더와의 관계 그리고 그들끼리의 관계를 표현하고자 함

역학 관계 다이어그램

Berne은 다음의 다이어그램들을 한 단체나 조직이 작동하는 방식에 접근하기 위해 활용하였다. 전체적인 구조(원의 내부)와 그 경계를 표시하기 위해 원을 사용하였고, 그 영역에의 영향과 조직의 사람들 및 외부적 환경과 다양한 요소들

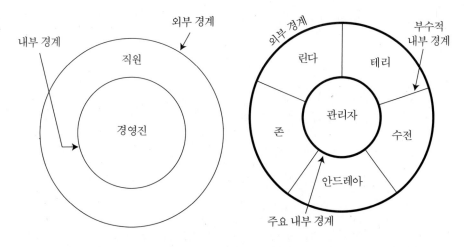

[그림 11-3] 단순한 구조적 다이어그램   **[그림 11-4]** 내부 및 외부 경계

간의 역학 모두가 표현될 수 있다. 가장 밖의 원은 조직과 그 환경 사이의 주요 외부 경계(major external boundary)를 나타내며 내부의 원은 리더십과 나머지 인력들 간의 주요 내부 경계(major internal boundary)를 나타낸다. 간단하게 이는 [그림 11-3]과 같이 나타낼 수 있다.

따라서 이 다이어그램을 창의적으로 활용한다면 내부 원의 크기는 단체/조직 속의 영향력과 리더십의 규모를 보여 주기 위해 조정해 볼 수 있다. 굵은 선은 영역이 얼마나 확고한지 혹은 닫혀 있는지―조직과 그 환경 간에(예: 주위 세계에 흥미나 교류가 거의 없거나 아예 없는 조직) 혹은 리더십과 조직의 나머지 간에(예: 사무실 안에만 틀어박혀 있거나 거의 모습을 보이지 않는 조직 대표)―를 보여 주기 위해 나타낼 수 있다. 역으로, 선을 얇게 혹은 점선으로 그려 경계가 명확하지 않음을 보여 줄 수도 있다(예: 그들도 '그 패거리 중 하나'라고 말하고 다녀 사람들로 하여금 누가 그 프로그램을 운영하는지 불분명하게 만드는 관리자).

경영진과 직원들 사이의 경계는 주요 내부 경계이다. 더 자세히 보면, 직원들은 그들 사이의 작은 내부 경계를 가지고 있을 수 있다([그림 11-4]).

부서들을 그리기 위해 이와 같은 다이어그램을 같은 방식으로 활용할 수 있다.

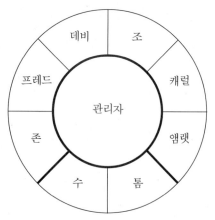

굵은 선은 직원들 사이의 하위 그룹을 나타낸다.
(수와 톰은 조직과 별개로 사적 관계를 맺고 있으며 언제나 함께 다닌다.)

[그림 11-5] 주요 내부 경계

이 다이어그램은 나아가 한 그룹 내의 하위 그룹의 존재를 표시하기 위해서도 적용될 수 있다. 이 경우 수와 톰은 쉽게 알 수 있는 하위 그룹임을 표시할 수 있다 ([그림 11-5]).

이러한 예시는 특히 중요한데, 만일 톰과 수의 관계가 조직 내에서 비공식적인 위치라면, 이는 나아가 그들 주변의 다른 직원들에게 부정적인 영향을 줄 수 있다. 실제로 많은 조직이 이러한 상황에서 사람들이 서로 가까이 하는 것을 허용하는 정도에 제한을 두기도 한다.

부서

다음의 다이어그램은 사람 혹은 개인이 아닌 부서들 간의 과정을 보여 주고 있다. 거대 비영리 조직 단체의 고용 컨설턴트의 경우를 예로 들어 보자. 컨설턴트의 업무를 위해 그들은 국내외를 고루 다녀야 한다. 이때 재정 부서와 행정 부서

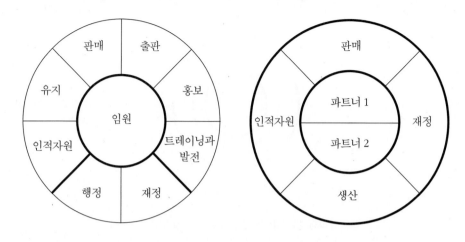

[**그림 11-6**] 전형적인 구조적 다이어그램   [**그림 11-7**] 더욱 복잡한 구조적 다이어그램

는 그 컨설턴트들이 모든 특전을 가지며 돈을 다 쓰고 있다고 한다. 하지만 컨설
턴트들은 그들이 진정 조직에 힘을 주는 동력원이며 다른 그룹이나 팀보다 더 중
요한 역할이라고 생각한다. 따라서 부서들끼리 일종의 동맹 관계가 생기게 된다.
이는 [그림 11-6]과 같이 도식화할 수 있다.

　여기서의 예시들은 가장 단순한 단계의 것들이다. [그림 11-7]은 더 복잡한 구
성을 표현하고 있다. 파트너 1과 파트너 2는 둘 다 리더의 위치에 있지만 그들을
제외하고는 분명한 책임 경계가 정해져 있다. 이러한 상황에서 사람들은 그 두
관리자에게 어떤 모순된 방향을 감지하게 되거나 부정적인 방식으로 이중적인
모습을 보이게 될 것이다.

　이런 방식으로 조직을 표현하는 과정은 종종 전에는 명백하게 드러나지 못했
던 문제점을 설명해 주는 데 도움을 준다. 예를 들어, 경험에 비추어 보았을 때
이런 종류의 문제는 소규모 가족 경영 사업에서 드러나는데, 이러한 곳은 명백한
이유 없이 각 가족 구성원들에게 여러 역할이 주어져 있다. 이는 곧 명료성의 결
여로 이어지게 되고, 갈등이 생기는 환경이 마련되는 것이다.

　지금까지 우리는 최소의, 가장 단순한(단일한 경영 단계를 가진) 조직을 집중적

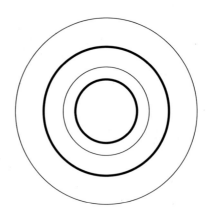

[그림 11-8] 복잡한 구조적 다이어그램

으로 다루어 설명했다. 몇몇의 계층적 구조를 가진 조직(Berne은 이를 복합 조직이라는 용어로 설명함)은 위계 수준들 간의 것들을 분별해 내는 방식으로 설명되어야 한다. 여기 각각의 동심원들은 또 다른 구조의 단계를 보여 준다([그림 11-8]).

이 일련의 원은 조직원들이 행사하는 영향력의 수준에 따라 각각 다른 그들의 수준을 나타내고 있는 것이다. 예를 들어, 어떤 조직에서는 CEO가 조직원들이 대부분의 힘을 가지도록 하며 그들의 리더십 영역이 더 확대될 수 있도록 하는 문화를 독려할 수도 있다. 중심원으로부터 발산되어 이어지는 각각의 원은 그 영역의 인력들에 의해 행사되는 영향력의 수준을 표현해 준다. 전형적인 조직은 대개 상부 경영진이 중심 다음의 원에 해당하게 되며, 부문 관리인, 부서장들, 팀리더들 등의 순서대로 가장자리의 원으로 영역을 가지고 있을 것이다. 상부 경영진 팀의 두 번째 원은 그들이 가진 영향력 정도를 보여 주는 넓이를 가지고 있는 것이며 다음 원의 부분도 그러한 것이다. 앞서 설명했듯이 굵은 선이나 얇은 선은 각 단계 간의 내적 경계의 정도를 보여 주는 데 활용될 수 있다. 때에 따라서는 위계의 상위에 있는 두 단계가 더 긴밀한 관계를 맺고 있는 낮은 단계와 그들 자신을 분리시키기도 한다.

이러한 다이어그램들은 사람들은 각자의 위치를 다르게 인지할 수 있기에 다

음에 소개할 사적 구조(private structure)와 함께 활용될 수 있다. 또한 이들은 6장에서 설명한 심리적 거리(Micholt, 1992)에 관한 개념과 연관될 수 있는 부분이다. 다이어그램을 활용하여 특정 조직을 창의적으로 그려 내는 작업은 당신에게 큰 힘이 될 것이다.

사적 구조

이 장의 시작을 간단히 말하자면 조직에서의 우리의 위치는 다음의 세 측면을 가지고 있다.

- 조직으로부터 부여받은 실제 역할
- 이 역할이 이루어지는 방식(관찰 가능함)
- 앞서 말한 두 측면에 관한 사람들의 느낌과 반응

이 마지막 측면은 업무 환경, 팀 내, 프로젝트 그룹, 부서, 부문 혹은 조직 전체의 차원에서 자기 자신과 타인에 관한 사람들의 지각까지 모두 포함하고 있다.

이마고

조직, 팀 혹은 집단의 사적 구조

조직의 사적 구조(private structure)는 변화의 시기라든지 새로 부임해 오는 사람이 있을 경우 특히 중요하다. 우리는 사적 구조를 개개인의 머릿속에 들어 있는 전체 조직의 사진(혹은 이마고)으로 지칭하고 있다. 이는 그들 일부분과 다른 사람들을 포함하는데 이것은 그들이 조직에 있었던 시간에 따라 더 크거나 적은 정도로 나타날 것이다. 이 그림에서는 집단의 모든 사람이 함께 묶여서 표현될 수도 있고, 서로 간의 동맹 관계가 표현될 수 있으며(실제로 존재하든 하지 않든), 권력에 대한 시각과 그들이 권력 배분을 생각하는 방식이 있을 수 있다. 이 내부 그림에 관해서 중요한 것은 이것이 '진짜' 구조와 실제로는 긴밀히 연관되어 있지 않을 수도 있다는 점이다. 하지만 개인들에게는 큰 영향으로 다가올 수도 있고, 공공연하게 드러나는 것은 아닐 수도 있지만 이는 조직의 차원에서 위험하기에 드러나지 않는 조직의 '심리적' 차원을 대표하는 것이다.

이마고(imago)는 조직, 팀 혹은 집단 안에서의 자신과 타인에 대한 사람들의 점진적인 그림에 해당한다고 할 수 있다. 앞서 언급하였듯이 이는 보이는 것이 아니라는 점에서 조직의 사적 구조의 한 부분이며, 개인들의 가능한 행동 결과와 다른 것이다. 이러한 개인들의 관점은 집단에서 발생하는 역학 관계와 과정에 모두 큰 영향을 미치는 것들이다. 심리적 수준은 역할과 구조보다 더 강력한 것이기 때문에 어떠한 안정감의 부재는 게임(9장)과 대체 감정(10장)을 통해 연출될 수 있는 것이다. 이에 해당하는 예로는 어떤 팀에서 행동 방침에 합의를 하였지만, 사실 몇몇의 팀원은 그것에 분명히 참여하였음에도 실패를 초래하는 것에는 동의하지 않는 경우가 있다.

우리의 내부 그림은 앞선 단계에서 좀 더 일반화되어 있을 것이다. 사람들을 쉽게 알아볼 수 있는 집단으로 묶어 두지만(예: 남자 혹은 여자) 시간이 지남에 따라 개인에 대한 더 큰 정도의 인정이 드러날 것이다('차별화'라고 함).

뒤에 나오는 다이어그램들은 집단, 팀, 프로젝트 그룹 혹은 위원회에 대한 내부 그림을 표시하는 데에 유용한 방법이라고 할 수 있다. Berne의 다이어그램은 집단의 내부 그림을 보여 주며 각기 다른 시간에 다른 구성원들에게 다르게 적용될 것이다. 우리는 이러한 다이어그램을 채택하였고 참고의 용이성에 따라 명명하였다.

집단의 단계

모든 집단은 다른 단계를 거치게 된다. 이에 대한 이해는 집단 개발을 최대한 빠르게 도모하기 위해 유용하다.

우리는 첫 번째 다이어그램을 '그들은 누구인가(Who Are They?)'로 부르고 있다. 이 다이어그램은 우리가 집단의 누군가를 만나 보기 이전에 우리의 생각 속의 이미지, 환상을 보여 준다. 만일 우리가 관리자나 그 집단의 한두 사람을 안다면 그 사람들은 우리의 그림에 들어 있을 것이다. 이는 우리가 참여하는 다른 집단(프로젝트 그룹, 트레이닝 코스와 같은)에도 유효하다. 이때 핵심적인 특징들을 타원 안에 그려 넣는데, 이는 팀과 그 주변 환경의 경계를 나타낸다. 다이어그램의 윗부분에 튀어나온 부분은 Berne이 말한 '리더십 자리(leadership slot)'를 나타내는 것이다. 집단 발달 단계의 초기에 리더는 분명히 드러나는 사람이며 집단에 모든 책임을 지는 사람이기 때문에 이 부분은 중요하다고 할 수 있다.

이 단계에서 주된 고려 대상은 우리 자신과 우리가 그 안에 들어가는 방법에 관한 것이다. 우리는 리더가 주요한 핵심 존재임을 알고 있기에 우리 자신과 나머지 다른 사람들과 분리되어 있다고 할 수 있다. 여기서 우리가 물을 수 있는 질문들은 다음과 같다.

- 이 팀에서 나는 누구인가?
- 나는 이 팀/조직의 일부분이 되고 싶은가?
- 나는 받아들여질 것인가?

'그들은 누구인가' 이마고는 [그림 11-9]와 같다.

두 번째 이마고는 어떤 사람이 집단에 들어가게 되고 몇몇의 사람과 친하게 지낼 때에 관한 것이다. 이 단계에서는 그 친한 사람들은 서로 연결 고리를 찾게 되

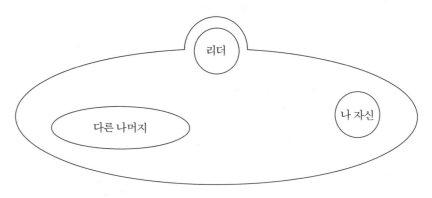

[그림 11-9] 이마고: 단계 1

고 다른 나머지의 사람들은 여전히 모른 채 진행된다. 그들은 리더를 잘 살피며 그들이 어떻게 행동하는지를 보고 자신들이 신뢰할 만한지 그리고 기대에 부합하는지 생각할 것이다.

이에 적용된 이미지는 '누군가는 OK다(Some Are OK)' 이마고라고 하며 [그림 11-10]과 같다.

이후 누군가 상사나 리더와 마찰을 빚기 시작할 수 있다. 아마 그들은 누군가 어떠했으면 하는 것이나 그들이 기대한 행동에 관한 것이 아닐 것이다. 이는 이전의 경험들을 강화할 수도 있는데, 예를 들어 가정에서 '또 이러는군. 나에겐

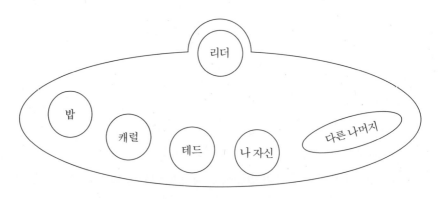

[그림 11-10] 이마고: 단계 2

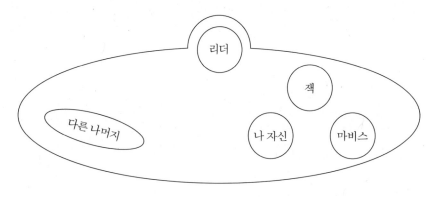

[그림 11-11] 이마고: 단계 3

항상 이런 일이 일어나지.' 했던 것들을 떠올릴 수 있다. 이 시점에서는 방에서 나와 한 발짝 물러나 반응하거나 혹은 리더와 갈등을 유지할 수 있다. 그룹 이마고에서 중요한 사람들은 그들과 함께 갈등에 연루되어 있는 사람들이 될 것이며 다른 나머지는 중요성이 떨어질 수 있다. 이 다이어그램은 '이게 나이다(This Is Me)' 이마고라고 하며 [그림 11-11]과 같다.

이 단계에서 갈등이 지속되는 동안 리더가 적극적이고 OK-OK 태도를 유지하며 공정하고도 냉정한 판단력을 가지는 일이 중요하다. 이 단계는 리더가 집단 안정성을 지키기 위해 충분히 힘이 있는가와 신뢰 깊은 환경을 증진시키고 자신과 타인의 OK-OK 태도를 유지할 수 있는가를 사람들이 생각해 볼 수 있게 한다.

다음으로는 '잘 지내기(Get On With)' 이마고가 있다. 이는 모든 일에 합의가 이루어지는 것은 아니더라도 다른 사람들을 인정하고 수용하는 시점이다. 이는 모든 개개인이 타인과 구별되어서 한 사람 한 사람으로 느껴지는 것을 말한다. 사람들이 업무에 충실히 착수하고 서로의 차이를 논의하고 개개인이 성취할 수 있는 것보다 서로 함께하여 더 훌륭한 결과를 만들어 내는 시점이라고 할 수 있다. 또 이는 사람들이 안정감을 느끼게 되어 정말 생산적인 시기이다. 신뢰와 믿음을 쌓기 위해 쓰이는 에너지가 적어지게 되므로 생산성은 증가할 것이다. '잘 지내기' 이마고는 [그림 11-12]와 같다.

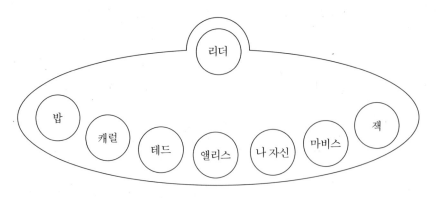

[그림 11-12] 이마고: 단계 4

새로운 구성원이 집단으로 들어오거나 혹은 누군가 떠나게 되면 이는 다시 이전의 단계로 돌아가게 될 수 있으며 그들이 새로운 사람과 안정감을 느끼고 집단의 변화가 있을 때까지 단계를 반복할 것이다.

요약

이 장에서 소개한 모든 다이어그램은 조직, 부서 혹은 팀이 어느 순간에 어떤 상태인지 그리고 어떠했으면 좋겠는지를 측정하는 데에 활용될 수 있다. 이 다이어그램들은 논의를 위한 기초로 사용될 수도 있고 공유된 비전을 성취하기 위해 필요한 변화를 만들어 내기 위한 방법을 찾는 길이 될 수도 있다.

연습

연습문제 1: 최초의 리더의 영향

  당신이 한 명의 리더라면 자신의 리더십 스타일이 최초의 리더의 스타일과 부합하는지 고려해 보아야 한다. 최초의 리더는 다른 사람이 거부할 수 없는 의사 결정을 하는 사람이라고 할 수 있다. 당신은 그들이 조직 문화에 어떤 영향을 미치고 있다는 것을 느끼는가? 최초의 리더의 스타일과 당신 자신과의 일치성 혹은 불일치성에 대해 괜찮은가? 그렇지 않다면 변하기 위해 무엇을 해야 하는가?
  만일 당신이 최초의 리더라면 조직 사람들이 최대한으로 생산적이고 공동 창의적이라고 할 수 있는 근거는 무엇인가? 그 속에 있는 당신의 책임은 무엇이라고 생각하는가? 만일 이 점이 개선될 수 있다면 당신의 리더십 스타일에 어떤 변화를 줄 수 있는가? 변화를 위해서 어떤 도움이 필요한가? 그 변화를 어떻게 지켜볼 것인가? 당신은 어떤 근거를 살펴볼 것인가?

연습문제 2: 역학 관계

1. 당신의 부서나 팀에 대해 생각해 보고 그 안에 존재하는 경계를 보여 주는 방식으로 Berne의 역학 관계 다이어그램을 그려 보라.
2. 그렇게 하여 그린 다이어그램은 당신이 원하던 것인가?
3. 그것을 변화시키기 위해 당신은 무엇을 할 수 있는가? 혹은 잘 운영되고 있다고 생각한다면 그것을 유지하기 위해 당신은 무엇을 할 수 있는가?

연습문제 3: 최초의 이마고

1. 당신이 어떤 한 모임 혹은 협회에 가거나, 새로운 팀에 합류하게 되고, 그리고 그곳에는 아는 사람이 아무도 없는 상황을 떠올려 보자. 만일 과거에 그러했던 상황이 쉽사리 떠오르지 않는다면, 미래에 당신이 그러할 상황을 생각해 보자.

2. 당신의 내부 이미지가 그 첫 상황을 잘 보여 주고 있는가? 그들은 누구인가?

3. 만일 그러하다면, 그곳에 참여하기 이전에 당신의 최대한의 자신감을 가지기 위해 당신이 준비할 수 있는 것이 있는가? 이는 누가 거기에 있게 될 것인지, 목적, 대상 혹은 당신의 역할이 무엇인지와 같은 그곳에 대한 정보를 포함한다.

4. 만일 그곳의 상황이 당신의 첫 내부 이미지를 잘 반영하지 않는다면, 무엇이 다르고 왜 그러한지를 생각해 보자. 그 차이가 당신에게 도움을 주었는지 그리고 그것이 그룹에서 리더나 다른 사람과 당신의 관계에 어떻게 영향을 미쳤는가? 혹은 당신이 리더라면, 그것이 어떻게 당신에게 영향을 미칠 것인가?

5. 만일 과거의 상황을 잘 되짚어 생각해 본다면, 당신이 무엇을 다르게 행할 수 있었을까? 만일 미래의 상황을 생각해 보고 있다면, 이러한 점검 과정을 통해 얻은 새 인식으로 당신은 지금 무엇을 할 것인가?

WORKING
TOGETHER

통합적 리더십

CHAPTER

12

소개

리더십과 경영진의 역할은 넓은 범위의 기술, 전문성 그리고 긍정적, 원칙적, 전문적 그리고 결정적인 '리더십 태도'를 요구한다. 조직의 요구를 통합함과 동시에 조직 인력을 고려하면서 효과적인 결정을 내리는 능력은 매우 값지며 더 추구되어야 하는 것이다. 어떤 점에서 보자면 이 한 권의 책은 이러한 기술에 관한 통찰력을 얻는 것에 관한 것이기도 하지만 이 장에서는 경영과 리더십의 특정한 면을 설명하려 한다. 우리의 용어 '통합적 리더십'은 사람들이 활용할 수 있는 기술들과 함께 조직적 목표를 '통합'하는 것의 필요성과 튼튼한 가치 기반을 바탕으로 목표를 지지함을 반영하고 있다. 다양한 측면에 집중하여 리더들이 그들의 스타일을 조화시키기 위해 통합할 필요가 있다.

개관

일반적으로 경영자의 역할은 한 사업체 혹은 팀 내에서 목적, 기한, 예산을 달성하기 위해 질서, 구조, 예측 가능한 확신을 확립하고 유지하는 것이라고 할 수 있다. 이는 리더의 역할보다 더 실제적 역할이라고 할 수 있다. 리더십의 직무는 조직의 비전과 목표에 기여하도록 조직을 뒤따르는 사람들의 영감을 자극 · 유지하고 배움을 이끌어 내는 것이다. 오늘날 빈약한 조직에서는 전략적일 뿐만 아니라 조직 인력에 영감을 불어넣어 줄 수 있는 경영자나 리더가 될 만한 사람들을 가지는 것이 중요하다. 또한 그러한 조직은 상황적 요구에 따라 무언가를 이끌 뿐만 아니라 선도될 수 있는 용이함도 지니고 있어야 한다. 그 둘의 기능을 연결하는 것은 자원과 구조에 관한 더 큰 이해를 도와주며 효과적인 실제적 행위를 촉진하는데, 이때에도 여전히 계산된 위험은 감수해야 한다. 이 책의 목적에 부합하도록 우리는 그러한 역할과 기능의 통합의 관점을 취하고 있다.

리더는 조직의 모든 수준에서 존재하며 Berne(1963)은 세 가지 종류의 리더, 즉 책임 있는 리더, 효과적인 리더, 정신적인 리더에 대해 언급했다.

만일 당신이 책임 있는 리더라면 당신은 '최종 책임을 지는(buck stops)' 사람이 되는 것이다. 당신은 당신의 결정에 따라 유지되거나 하락할 수 있으며 더 높은 권위를 지는 사람들은 일이 잘못됐을 경우 당신 스스로에 대해 책임을 묻도록 기대한다. 이때의 당신은 가치에 맞는 조직적 목표, 행동 그리고 전 직원의 약속을 하나로 맞추기 위해 다른 사람과 함께 일해야 한다.

만일 당신이 효과적인 리더라면 당신은 일의 진행이 한창일 때에 앞장서서 직접 관여할 것이다. 당신은 언제나 다른 사람들에게 주의집중을 받으며 당신의 의견과 제안들은 경청되고 실행된다. 오랜 시간을 걸쳐 당신은 스스로를 입증하게 되며, 설령 당신이 책임을 수반하는 리더가 아니더라도 당신이 내리는 결정은 신뢰를 받는다.

더 작은 조직일수록 책임을 수반하면서 효과적인 리더가 필요할 수 있다. 하지만 모범적인 전형은 당신이 책임 있는 리더로서 그 안에서 운영상의(operational) 리더십을 만들어 내는 것이다. 이 운영상의 리더는 일상적인 문제에 효과적인 사람이지만 여전히 그들의 상사로서 당신에게는 책임감이 존재한다. 운영상의 리더가 그들의 역할을 충족하는 한 그것이 당신으로 하여금 전략적이고 정치적인 문제를 잘 다룰 수 있게 도와줌으로써 모든 것이 잘될 것이다.

정신적인 리더로서 당신은 팀이나 조직에 이익을 줄 수도 있고 해를 입힐 수도 있다. 정신적인 리더는 분위기, 태도 그리고 문화를 설정하며 주요한 일들을 하도록 기대되는데, 예를 들어 항상 완벽하고 건강하고 지혜롭게 있어야 한다. 당신은 어떤 것에 찬성 혹은 반대하는 행위에 대한 안내를 해 주도록 기대될 것이다. 이는 종종 당신에게 직접적으로 묻는 것이 아닌 제기된 무언가에 당신의 반응을 관찰하는 것이다. 정신적 리더는 팀의 사적인 구조를 구성하는 부분이다(11장을 보라). 당신은 일반적으로 명백히 한 리더로서 인식되지는 못하지만 당신이

알지 못하는 순간에도 다른 사람에게 영향을 미치게 된다. 당신이 당신 스스로와 다른 사람을 OK로 유지한다면 조직에게 여러 이익을 줄게 될 것이며 게임하기는 최소화될 것이다.

앞에서 말한 세 종류의 리더를 설명하기 위한 예를 들어 보자.

알리는 새로 임명된 감독자이다. 그는 사람들로 하여금 그들의 기술과 재능을 개발하도록 촉진하는 것을 즐기며 그를 통해 조직적 발달이 활발하게 이루어지도록 하면서 사람들이 그러한 것에 도움을 주는 것을 즐길 수 있도록 해 준다. 상부 경영 팀은 그가 말하는 바에는 뜻이 있고 뜻한 바를 말한다는 것을 잘 알기 때문에 그들이 그 전의 감독자에게 행했던 정치적인 조치를 사용하지 않는다. 이 덕분에 많은 사람은 이전보다 안정적으로 느끼며 스트레스도 덜 받는다. 업무 환경은 더 밝아졌으며 동료애가 넘치는 분위기가 생겼다.

사만다는 대리인데 유능하며 능률적이고 좋은 결정을 잘 만든다. 그녀는 알리가 오기 전에 감독자 업무를 대행했으며 감독자의 자리를 제안받았지만 그 일을 장기간 하고 싶지 않아 지원하지 않았다. 알리가 임명되기 전에도 그녀는 좋은 명성을 지니고 있었기 때문에 그는 지금도 그녀가 지속적으로 좋은 결정을 내릴 수 있도록 신뢰받을 수 있음을 알고 있다. 그들은 이에 관해 구체적인 합의를 하여 사만다는 그녀가 어떤 종류의 결정을 내릴 수 있는지 잘 알고 있다. 조직 인력들은 사만다를 믿고 좋아하며 새로운 일에도 그녀가 그들을 지지할 것이라고 알고 있다. 조직 인력들 사이에도 높은 단계의 좋은 리더십을 지니고 있다.

상부 경영팀에는 레이라는 사람이 있는데, 그는 그룹에 영향을 주는 경향이 있다. 그는 적기에 적절한 일을 하도록 하는 책임뿐만 아니라 농담의 수준까지도 설정해 두었다. 그는 적절한 경계를 지니며 스스로나 다른 사람에게도 과도한 업무를 떠맡기지 않는다. 만일 누구라도 인종이나 성 차별주의자를 포함하여 '당신은(혹은 그들은) Not OK' 라는 말을 하게 되면 레이는 개인들을 OK하게 유지하도록 관리하면서 그런 말을 한 사람들에게 맞설 방법을 찾는다.

이 경우를 보면 알리는 책임 있는 리더, 사만다는 효과적인 리더, 그리고 레이는 정신적 리더이다. 물론 알리가 책임 있는, 효과적인 그리고 정신적 리더가 될 수도 있으며 큰 조직에서는 이러한 역할들이 종종 더 많은 사람에게 공유되어야 한다. OK-OK의 인생태도와 함께 어떤 사람들이 더 유능해질수록 그런 사람들은 세 종류의 리더의 역할을 모두 할 수 있다. 하지만 리더들은 조직의 모든 수준에서 필요한데, 어떤 누군가가 책임 있는 리더가 아닌 곳에서도 다른 종류의 리더십으로 옮겨 갈 수 있는 그들의 잠재력이 인지되는 것은 중요하다. 이는 그들이 부정적인 결과를 만들어 낼 정신적 리더가 될 잠재력이 있는 경우에 특히 그러하다. 이때 책임 있는 그리고 효과적인 리더들은 인력들이 그들의 에너지를 긍정적으로 사용하도록 하기 위해서 어떻게 자신들이 반응해야 하는지 결정해야 한다.

다음의 사례 연구는 실제 상황에 기초한 것인데, 정신적 리더가 부정적으로 영향을 미치는 예시를 보여 주고 있다.

닷은 새로운 팀원으로, 20대 중반 때 매우 시끄럽고 이목의 집중을 받기 좋아하는 사람이었다. 메이는 오랜 기간 있었던 팀원으로, 우수한 업무 능력으로 포상을 받았으며 조직으로부터 큰 자금 지원을 이끌었던 연구 프로젝트의 리더로 인정받을 수 있는 수상식에 초대받았다. 메이는 일 때문에 많은 시간을 사무실 밖에 있었고 그녀가 외부에 있는 동안에 닷은 팀을 동요시킬 방법을 찾으려 하였다. 몇몇 팀원은 닷이 매우 밝고 똑똑하게 말을 잘하기 때문에 그와 함께 있다면 그들의 삶이 더 편해질 것이라 생각했다. 메이는 그 상황에 대해 스트레스를 받았으며 급기야 그녀의 동료 중 한두 명은 그녀에게 속삭이듯이 인사를 하며 닷이 들어오면 즉시 대화를 멈추었다. 결국 메이는 닷 때문에 많이 힘들어졌고 소식 차원의 카운슬링 지원을 찾게 되었다. 조사가 진행되었지만 모든 팀원은 닷을 두려워하여 메이가 거만하고 자신들과 말을 하지 않는다고 진술하였다.

이 경우에서 정신적 리더는 팀과 나아가 조직에 유해한 방식으로 행동하고 있는 것이다. 조직 입장에서도 모든 사람이 틀렸다고 생각할 수 없을 것이며 그로 인해 메이가 닷에게 불만을 가질 만한 증거를 찾지 못하게 되는 것이다. 메이는 그 조직을 떠나게 되고 그들은 그들과 함께 모범적으로 활동했던 재능 있는 연구자가 떠났음을 알게 되었다. 결국 팀 내막의 진실은 다른 팀의 사람이 참지 못하고 상사에게 가서 어떤 일이 있었는지를 말하게 되어 밝혀지게 되었다. 하지만 그때는 이미 그들이 가치 있는 팀원을 잃은 후였다.

정신적 리더의 행위가 조직에게 부정적인 영향을 미칠 경우 상부 리더십은 상황에 대한 이해력을 가지기 위한 방안을 모색해야 한다. 그렇지 못하면 책임 있는 리더십은 효과적이지 못하게 되며 조직 문화는 불안정하게 되어 신뢰가 결여될 것이다. 위의 닷과 메이의 상황을 보자면 메이가 느꼈을 고통에 대한 경영진의 인지가 없었기에 리더십의 부재가 있었다고 할 수 있다. 관리감독 과정을 통해 그러한 것들에 대한 알아차림이 있었더라면 문제가 일찍이 해결되어 카운슬링 지원 절차도 필요 없게 되었을 것이며 누군가 떠나는 일이 발생하지 않았을 것이다. 더 넓은 조직 문화를 위해서는 괴롭힘을 포함한 전반적인 갈등과 나아가 감정적인 안정의 부재가 있는지 확인하기 위한 세밀한 분석이 필요하다.

책임감

책임감은 조직에 있어서 중요한 사안이다. 책임감은 다른 사람이나 주변 환경에 대한 원망이 아닌 문제 해결을 지향한다. 모든 수준에서 사람들은 문제 해결에 필요한 자원을 갖고 있을 때에만 반응을 하게 된다. 그러한 자원으로는 권위, 자격, 능력 등이 있다. 이는 16장에서 다룰 번영 개념과 관련이 있는데, 우리는 안전하다고 느낄 때에만 책임감을 갖게 되기 때문이다.

예시

책임감에 관한 다음의 예시들을 살펴보자.

1) 마리아의 부서는 자신 외의 또 다른 여자인 피오나와 보스를 포함한 8명의 남자로 구성되어 있다. 그 부서는 많은 양의 내부와 외부 전화를 처리한다. 피오나는 부서원 중의 한 명인 테드가 자신을 성적으로 희롱하고 있음을 느꼈고, 이는 마리아가 예전에 지적했던 부분이었다. 누군가에게 전화가 오고 테드가 받게 되면 그는 매우 무례하게 전화를 받았다. 매번 그는 욕을 많이 하며 여자와 전화를 할 때면 성 차별적인 말을 하였는데, 마리아는 이를 매우 불쾌하게 생각하였다. 그녀는 보스에게 가서 그의 행동이 매우 불쾌하다고 말을 하였지만 단지 알아서 하라는 말만 들었다. 이는 그녀를 괴롭혔지만 그녀는 그녀의 조용한 성격 때문에 누군가를 화나게 하거나 평온을 깨트리고 싶어 하지 않았다.

마리아의 보스가 그녀에게 단호하게 행동할 것을 권하는 것도 맞을 수 있다. 하지만 그 또한 그의 부서의 문화를 위해 어느 정도의 책임감을 지녀야 한다. 그 사안을 해결하기 위해서 마리아는 그의 지지가 필요한데, 그가 그의 입장을 명확히 밝힐 필요가 있기 때문이다. 그렇지 않으면 그는 테드와 입장이 충돌하게 될 것이다. 그는 그 자신의 관리자로서의 역할과 책임감을 고려하지 못하고 있는 것이며 테드의 행동이 부서의 분위기에 미치는 영향을 잘 알지 못하고 있는 것이다. 리더가 부정적이고 성 차별적인 행위와 갈등을 일으키게 되면 여성들이 단호하게 행동하기 더욱 힘들어지는데, 단호한 행동으로 인해 더 불쾌한 반응을 받을 경우에도 도와주는 사람이 없기 때문이다. 이는 '스스로 처리해라'와 같은 접근이 통하지 않는 종류의 분위기이다.

2) 자비스는 판매 사원 모임의 리더이다. 그는 다른 사람을 비난하려는 경향을 가진 화난 사람의 인상을 준다. 그의 상사는 그의 행동을 바꾸기 위한 시도로 그를 갈등 관리 워크숍에 보냈다. 자비스는 화를 내는 것이 효과가 있다고 말하며 그 과정에 집중하지 않았다. 사실 그의 팀원들은 그와 마주치지 않기 위해 가능한 한 많은 시간을 외부에서 보내려고 한다. 그 팀의 생산성은 평균이며 자비스가 외부에 있으면 실제로 생산성이 하락하는데, 이는 그가 자신의 그런 스타일이 효과가 있다는 믿음을 강화시킬 뿐이다.

경영진은 자비스의 행동을 변화시키기 위해 컨설턴트에게 책임을 주려 하였다. 자비스는 변화를 위해 전혀 노력을 하지 않는다. 그는 비판하는 모드에 있으며 그의 행동은 대개 I'm OK, You're Not OK 위치에서 비롯된 것이다. 경영진의 개입이 없기 때문에 자비스는 전혀 문제를 느끼지 못하고 있다. 하지만 자비스의 상황에 대한 분석은 어느 정도 편중된 사고에 기초한 것이다. 물론 사람들이 그가 화났을 때 두렵기 때문에 일을 한다는 것은 사실이다. 자비스가 없을 때 그들은 일을 적게 하며 반항하고 있는 것이다('고양이가 사라졌을 때 쥐들은 놀게 된다.'). 자비스는 두려움을 수반하는 리더십의 강압적인 방식을 쓰고 있는 것이다. 그가 그의 힘을 사용하는 방식은 에너지가 살아남기 위해 소모되기 때문에 창의적이며 효과적인 문제 해결이 되지 못하게 한다. 자비스가 바뀌게 된다면, 사람들이 안정성을 느끼게 되어 생산성이 향상될 것이며(16장 '번영 개념'을 참조하라) 서로 단합하게 될 것이다. 경영진 또한 그들의 책임감을 가지고 자비스를 감독하고 잘 관리해야 한다.

3) 사르빗은 팀을 대표하는 서비스 리더이며 팀원들의 생각과 업무량을 고려해 준다. 그녀는 관리자로부터 더욱더 많은 업무량을 팀원들에게 부과할 것을 요구받지만 그녀는 이미 충분히 많다는 것을 알기에 거부하곤 한다. 그 대신 업무량을 절약할 부분을 찾고 추가적인 인원을 고용할 자금을 찾아보는 등 그 문제를 다룰 다른 방안들을 모색한다. 그녀에게 도움을 구하러 온 직원이 있을 때면 그녀는 그들의 말을 잘 듣고 문제를 잘 해결할 수 있도록 격려해 준다. 몇몇 경영진 사람은 사르빗의 단호함을 골치 아프게 생각하지만 그들은 그녀의 경계의 명확함과 단순히 순응하며 스트레스를 받기보단 문제를 해결하기 위해 창의적인 방법을 모색하는 그녀의 모습을 존중해 준다.

사르빗은 팀을 보호할 뿐만 아니라 설계를 하고 있다. 그녀는 그녀가 가진 선택권을 고려하며 마음챙김 과정을 잘 활용하고 있다. 그녀는 직원들이 그 누구보다 일을 잘 알고 있다는 것을 인지하고 그들에게 책임감을 가지도록 장려한다. 그에 따라 그녀의 팀원들 또한 그녀와 잘 호응하며 그녀를 존중하는데, 이는 그녀가 자신을 표현하는 것을 두려워하지 않고 창의적이며 그녀 또한 그들을 존중하기 때문이다. 그녀는 그녀의 생각을 조직적 목표에 집중시킬 줄 알며 그러한 목표들과 함께 그녀의 팀의 방향을 지속할 방안을 잘 찾는다. 그녀의 팀은 안전성을 느낄 수 있으며 생산성도 높다. 사르빗은 그녀의 힘, 능력 그리고 지식을 잘 활용하며 다른 사람의 성격, 능력 그리고 기술을 고려하여 그들에게 창의적이고 책임감을 지닐 것을 장려한다. 이러한 방식으로 그녀의 팀원들은 자신이 존중받고 있다고 느끼고 따라서 자신과 타인을 중시한다.

마리아의 사례 연구에서 관리자는 일관성 없는 혹은 무분별한 행동 모드를 사용하고 있으며(3장과 4장을 보라) 책임감을 지니고 있지 않다. 대신에 관리자는 마음챙김 과정에서 상황을 고려해야 하며 다음과 같은 것들을 결정해야 한다.

- 구조화하는 모드를 활용하여 일대일 관리감독 기간에 테드와 만나 그에게 행동을 고칠 것을 요구한다. 만일 테드가 그것을 무시한다면 관리자를 테드가 어떤 수준에서 디스카운트하고 있는지 판단해야 한다(8장을 보라). 이 경우 아마 테드는 문제의 존재 자체를 디스카운트하고 있으며, 마리아를 너무 예민하다고 비난할 것이다. 따라서 이 경우 관리자는 테드가 자신에게 문제가 있다는 것을 받아들이도록 하는 방법을 찾아야 하는데, 무엇보다도 그 문제가 힘을 돋우는 분위기에서 일할 권리가 있는 마리아를 괴롭히기 때문이다. 또한 그가 다른 사람들을 그들이 없을 때 흉보는 것은 잘못된 행동이라는 점도 고려해야 한다. 자신의 행동을 바꿀 이유를 테드가 이해하지 못한다고 하더라도, 관리자는 테드에게 그의 행동은 자신의 부서에서 용납될 수 없으므로 바뀌어야 함을 알리면서 구조화하는 모드로 명확한 경계를 설정해야 한다.
- 관리자가 택할 수 있는 다른 선택권은 유희적인 모드를 통해 경계를 설정하는 것이다. 예를 들어, "그래요, 테드, 전화를 받았을 때 당신이 남에 대한 비난을 하지 않고 얼마나 오래 통화할 수 있는지 한번 보겠어요. 당신은 자신이 다른 사람을 비난하면서 즐거움을 느낀다는 걸 전혀 모르는 것 같아요."와 같은 식이다. 이 방법은 당연히도 과정의 가장 첫 번째가 될 것이고 만일 이로 인해 테드의 행동이 변화하게 된다면 더 이상의 개입은 필요하지 않을 것이다.
- 직원들이 테드와 직접 맞서게 된다면, 이때의 관리자는 개입하여 그들을 지지해 줄 필요가 있다. 분규처리 수단의 절차를 밟기 전에 그 경계 속에서 낮은 수준의 개입이 효과가 있는지 보기 위해 처음에는 낮은 수준의 개입만을 행하는 것이 중요하다. 만일 그 문화가 그러한 공격적인 행동을 허용해 왔던

것이라면(예를 들어, 남성 동료가 피오나에게 성적인 발언을 한 것처럼), 이때는 리더가 변화해야 그 문화가 바뀔 수 있다. 하지만 특히 관리자가 테드에게 저항을 가할 만한 준비가 되어 있지 않고 부서 내에서 그러한 공격적인 문화가 있다면 불평·불만 절차를 거쳐야 하는 것은 언제나 여성들의 권리이다.

자비스의 사례 연구에서 경영진은 자비스의 행동이 팀원들과 나아가 생산성에 미치는 영향을 잘 파악해야 한다. 그들은 개인적 능력 차원의 정보에 관한 것들을 디스카운트하고 있다. 경영진은 문제가 있다는 것을 알지만 갈등 관리 코스가 그것을 해결할 것이라 믿고 있다. 그들은 경영자로서의 책임감을 지니고 있지 않으며 상황을 적절히 관리감독하지 못하고 있다. 그리하여 생산성은 낮아지게 되고 리더십에 대한 존중은 줄게 되어 조직 인력들을 소외시키게 될 것이다.

마지막 사례 연구에서 사르빗은 효과적인 통합된 리더십을 잘 보여 주고 있다. 그녀는 다른 사람의 전문성을 고려하기 위해 노력하며 동시에 의사 결정에 있어서도 책임감을 지니고 있다. 그녀는 경영진뿐만 아니라 그녀의 팀에게도 매우 존중받으며 그녀의 팀은 사르빗이 자신들을 돕기 위해 열심히 일한다는 것을 알기 때문에 업무가 벅찰 때에도 잘 돌아가는 것이다.

이러한 사례 연구는 경영적 그리고 개인적 차원에서의 책임감과 힘의 사용(uses of power)을 강조하고 있다. 만일 우리가 힘을 쥔 채로 아무런 개입을 받지 않는다면 우리는 아마 다른 사람들과 함께하기보다는 그들을 지배하면서 그 힘을 얻으려고 할 수도 있다. 따라서 우리가 관리자나 리더로서 힘을 어떻게 사용하는 가는 조직의 성공 여부에 영향을 준다. 관리자와 리더는 반대를 무릅쓰게 되더라도 변화를 창조해 나갈 역량을 지녀야 한다(그리고 나아가 원치 않는 변화를 막는 능력도 필요하다).

만일 유아기 때부터 실수를 저지르는 것으로부터 무언가를 배울 기회를 충분히 접하지 못했다면 당신은 그때부터 자신의 문제해결 능력을 디스카운트하는 경험을 하게 된다. 이는 후에 당신이 직장에 가게 되었을 때 이 유아기의 인생

경험이 당신의 의사결정 능력 혹은 능력 부족에 영향을 준다. 당신은 어쩌면 도전(risk-taking)하는 것은 위험하다고 믿게 되어 후에 어떤 위험도 감수하지 않으려 할 수 있다. 그 대신에 당신은 설령 당신이 주변 사람을 괴롭히는 존재가 된다 할지라도 상황에 대한 통제를 할 수 있을 때 더 안전함을 느낀다고 생각하게 될 수 있다. 어린 시절 당신이 겪은 모든 경험은 당신이 힘을 사용하는 방식에 영향을 줄 수 있다. 이를 소위 '전이(transference)'라고 한다. 전이를 통해 우리는 과거의 어떤 한 면을 현재로 이끌어 오게 되는데, 이는 도움이 될 수도 있고 안 될 수도 있는 것이다. 따라서 한 조직에서 일하고 있을 때, 당신은 당신이 생각하는 리더십의 방식과 리더십 스타일이 강화되거나 혹은 충돌하는 것을 느낄 수 있을 것이다.

힘 공유하기

새로운 조직을 개발하려는 사람들은 대개 열정적이고, 창의적이며 도전적인 사람들이다. 그러한 새로운 구조가 발달함에 따라 그 모든 것을 시작한 사람들은 새로운 아이디어에 항상 눈을 뜨고 있어야 하는데, 그렇게 하는 것이 생산성뿐만 아니라 개인들에게도 긍정적이기 때문이다. 불행히도 종종 초기의 리더들은 다른 사람들이 그들과 나란히 하는 것을 불가능하게 만드는데, 이는 그들이 자신들이 성취한 엘리트 지위를 누리기 위해서 그런 것이다. 이러한 입장을 지닌 관리자와 리더들은 다른 사람들에게 자율권을 부여하는 것을 두려워하며 의사 결정권을 거의 주지 않는다. 만일 당신이 당신과 자신을 동등한 것처럼 행동하는 직원에 대해 화를 내는 리더라면 사기는 저하될 것이며 이러한 상황에서는 정치 공작과 게임하기가 잇따라 일어나게 되고 생산성도 떨어질 것이다.

만일 당신이 설립자 중 한 명이라든지 혹은 초기 리더라면 다른 사람들의 생각과 열망을 함께 나누면서 당신과 동행할 수 있도록 이끌어 주며 발전을 위한 공간이 있음을 인지함으로써 조직이 건강한 방식으로 발전할 수 있도록 도와야 한다. 이 경우 당신은 OK 모드 모형에서 마음챙김 과정을 더욱 잘 활용할 수 있게 될 것이다.

이에 대한 모범적인 예시는 Frank Gehry인데, 그는 빌바오에 있는 구겐하임 박물관을 디자인한 유명한 캐나디안 건축가이다. 그가 일하는 방식은 건물의 디자인을 스케칭하고 구조의 모형을 만드는 예술가가 원하는 방식으로 만들어 내는 것이다. 후에 Gehry는 컴퓨터를 선호하지 않았음에도 불구하고 컴퓨터 기반의 디자인을 활용하도록 제안받는데, 그는 이 제안을 받아들였고 다른 사람들은 그의 모형을 컴퓨터 디자인으로 변화시킬 방법을 생각하였다.

Gehry는 시대에 맞추어 발전해 나가야 함과 활용 가능한 재원들을 사용해야 함을 깨닫게 되었다. 그는 자신에게 부족한 기술을 가진 사람을 두려워하지 않았다. 그는 자신이 할 수 없는 일을 대신 해 줄 사람을 고용하거나 아예 신경을 쓰지 않을 뿐이었다. 또 그는 무언가 일이 잘 풀리지 않을 때에도 자신의 창의적인 재능을 활발하게 하기 위해 어딘가에 도움을 요청하는 것도 꺼렸다.

당신은 한 명의 리더로서 자기 본위(egotism)를 예의주시하며 단순히 리더로서의 과정을 즐기기보다는 그 지위를 언제 즐기게 되는지 알아야 한다. 이러한 것은 좋은 코치를 찾는 시간이 될 수도 있고 가치, 믿음, 과정들에 질문을 해 보는 시간일 수도 있다.

당신의 태도는 전염성이 있다: 변화의 과정

변화의 모든 기간 중 리더가 해야 할 기본적인 것은 자신의 태도를 결정하는 일이다. 변화에 대한 역기능적이고 부정적인 생각은 변화의 과정에 대해 적대적·비관적인 태도를 촉진시키게 된다. 적대적인 태도는 팀, 부서 그리고 조직 전체에 고루 퍼지게 되는데, 사람들은 부정적인 태도를 강화하게 되어 분열, 게임 그리고 갈등이 일어나게 된다. 반대로 변화를 성장과 발달의 기회로 생각하는 것은 자신감과 가능성을 높여 주는 긍정적인 태도의 발달에 도움을 준다.

변화는 삶의 일부분이며 변화에 저항하기보다는 변화와 함께 성장해 가야 한다. 리더로서 조직 인력들이 역경에 부딪혔을 때 격려하고 지지하기 위해서 회복 탄력성(resilience, 2장 참조)을 발달시키는 것이 중요하다.

1914년 남극 횡단 탐험 중 Ernest Shackleton은 높은 회복 탄력성을 보여 주었다. 그와 선원들이 탄 배가 빙하에 갇히게 되고 영하의 온도 속에서 남극에 634일간 고립되었다(Perkins, 2000). Shackleton은 그의 선원들을 안전하게 집으로 돌려보낼 생각과 함께 극도의 정신적·육체적 부담을 견뎌 내야만 했다. 이 기간 동안에 그는 자신의 신발, 장갑 그리고 음식을 더 필요한 사람에게 주며 그의 선원들을 위해 개인적 희생도 마다하지 않았다. 또한 그는 가장 긴 시간 경비를 보기도 하였다. 그는 흔들리지 않는 충실함을 보여 주었고 그의 그런 태도로 모든 사람은 힘든 시간을 잘 견디게 되었다. 만일 그의 태도가 패배적이고 부정적이었다면 그 모험은 무사히 끝나지 못하게 되었을 것이다. 물론 어떤 목표를 달성하기 위해서는 실패를 통해 배워야 할 것들도 있지만 이와 같은 사례를 통해 우리는 Shackleton의 긍정적인 태도의 중요성을 알 수 있다. 오늘날 조직적으로 일어나는 위기가 Shackleton이 겪은 것처럼 죽음의 상황을 가정하는 것은 아니지만 이 사례를 통해 회복 탄력성과 리더십의 문제에 관해 배워야 할 점들이 존재한다.

오늘날 컴퓨터화된 세상에서 많은 사람은 위험성을 과장하며 낮은 욕구 불만 내성(frustration-tolerance)를 가지고 있다. 예를 들어, 교통 체증 시간에 얼마나 많은 사람이 핸들을 치면서 짜증을 내고 있던가? 그렇게 하는 것이 교통을 좀 더 원활하게 만들어 주는가? 아니다. 결국 그런 행동으로 그들은 극도로 흥분하고 동요하며 스트레스를 받기 일쑤이다. 좋은 리더십은 고요하게, 어려움을 잘 인지하며, 여러 대안을 만들고 적절한 조치를 취하며 있는 것에 있다.

상황에 대해 침착하지 못하고 당황하게 되면 사고가 느려지게 되어 해결 과정을 늦출 수 있다. 침착한 상태를 유지하는 것은 명확한 사고와 상황 파악에 도움을 준다. 교통 체증의 상황을 예로 들 때 다음과 같은 질문들은 상황 이해에 도움을 줄 것이다.

- 당신이 그 상황을 바꿀 수 있는가?
- 그것은 당신의 영향을 받는 무언가인가?
- 누군가에게 연락을 하여 당신이 늦어지게 될 것임을 알릴 수 있는가?
- 그 상황으로부터 배울 수 있는 것이 있는가? 예를 들어, 그 길은 정체 구간으로 유명하며 그전에 당신은 다른 경로로 갈 것을 고려했다. 당신은 그 길과 연결된 다른 원활한 구간이 있는지와 어떤 긴 지연에 대한 경고가 있는지 미리 알아볼 수 있었다.
- 혹시 모를 교통 지연에 대비해 충분한 시간을 가지고 출발하였는가?

배운 것이 무엇이든지 간에 바로 그 순간에도 당신은 교통 체증의 상황에 있는 것이며, 당신이 그 상황을 통제할 수 있는 게 아니므로 당신은 차분하고 그 상황이 나아질 때까지 기다리는 것이 좋다. 그리고 혹시 앞선 사고로 인해 교통이 막히는 것이라면 사고의 희생자를 걱정하며 그 당사자가 당신이 아님에 안심해야 할 것이다.

위의 예시는 교통과 관련한 것이지만 이는 직장의 상황에서도 마찬가지이다. 당신은 매번 당신이 통제할 수 없는 혹은 영향을 줄 수 없는 것들로 인해 스트레스를 받을 수 있다. 직장에서 당신은 다음과 같은 질문들에 대해 고려해 보아야 한다.

- 통제 가능하고 영향을 미칠 수 있는 상황에서 당신은 자신의 의견을 OK-OK의 방식으로 표현하고 있는가?
- 당신은 타인들로 하여금 당신의 말이 존중받기 위해 어떤 방식을 사용하고 있는가?

- 당신은 회의 중에 개방적인 태도를 가지고 있는가?
- 당신은 다른 사람의 관점을 존중하고 고려하며 당신의 믿음과 의견을 개선하고 있는가?
- 당신의 시야를 당신이 가고자 하는 곳에 둔 후에 어떻게 그곳에 도달할지 결정하고 있는가?
- 일의 진행 중 방해가 되는 것이 있다면 일반적인 경우 혹은 특정한 상황에서는 어떻게 대처하는가?
- 당신을 극도로 힘들게 하는 도전이나 문제와 같은 어려움들을 발견하는가?

문젯거리보다는 도전할 과제들을 더 보는 사람은 회복 탄력성이 높은 경우가 많이 있다. "이러한 것이 언제나 나한테 일어나지." 혹은 "저 사람들은 내 말을 듣지 않아."와 같은 말을 하는 사람은 상황을 잘 파악하고 고려하여 무엇을 책임지고 조치를 취해야 하는지 결정하는 사람들보다 비교적 덜 효과적인 문제해결 방식을 지닐 것이다.

장기적인 목표가 있을 경우(예: 영국의 동쪽 끝에 있는 브라이튼에서부터 스코틀랜드의 북서부인 헤브라이드까지의 긴 여행을 계획할 때) 당신은 단기적인 목표에도 집중해야 하며 휴식을 취하면서 그곳에 도달하게 되었다면 축하할 줄도 알아야 한다. 휴식과 축하는 중요하며 종종 급한 상황에서는 잊히기 쉬운 것들이다. 우리는 하루하루 주어진 일을 해내기도 버겁게 살고 있어 성취해 낸 것들을 축하하며 기념하는 일을 자주 간과하며 산다. 이러한 과정이 쌓여 당신의 스트레스는 늘어 가게만 되며 사기는 하락하여 결국 마찰과 '게임하기'로 이어진다.

당신은 한 관리자와 리더로서 변화의 기간이라도 언제나 직장에서의 관계에 있어서 중요한 역할을 하게 된다. 하지만 변화의 기간에는 인정과 지지는 계속 존재해야 하며 가끔은 더욱 증진되어야 한다. 정보도 정기적으로 사람들 사이에서 공유하며 가능한 한 충분히 많이 이루어져야 한다. 조직의 구조조정에 들어가 있을 때에도, 내적 팀 구축을 위한 필요성이 고려되어야 한다. 추가적으로 대립적·적대적 태도를 지닌 사람들도 무시되기보다는 함께 참여하도록 이끌어져야 한다.

또한 당신은 변화에 대처하는 방법에 대해 한 롤모델이 되어야 한다. 당신은 현실적인 상황에 기초하여 조직 안으로 긍정성과 자신감을 서서히 불어넣어 주어야 한다. 그리고 당신은 변화 과정이 계속되면서 각기 다른 개인들이 무엇을 필요로 하는지 파악해야 하는데, 사람들의 요구는 유능성 곡선(competence curve)에서 각각의 위치마다 다르게 나타나기 때문이다(16장의 409쪽에 제시된 그림을 보라).

리더십에 영향을 주는 요소

당신이 겪은 과거의 경험들은 당신이 리더 혹은 부하로서 어떠한지에 영향을 미친다.

만일 당신이 당신에게 구조적인 모드를 제공해 줄 다른 사람을 필요로 하는 사람이라면, 조직이 축소되거나 재조직될 때 당신은 다른 누군가를 찾으려 하거나 혹은 또 다른 구조된 조직을 찾아 그 차이를 메우려 할 것이다. 이러한 구조적인 모드를 찾지 못하게 되면 무(無)경영의 위험에 빠지게 될 수 있다(이를 도표를 통해 자세히 알고자 한다면 3장과 4장을 보라).

당신이 과거의 경험을 내면화한 방식은 당신의 구조적 부모 자아와 어린이 자아 상태 둘 다에 영향을 주게 될 것이다. 이는 곧 당신이 한 명의 부하직원으로서 혹은 리더로서 어떠한 사람인지에 영향을 미치게 된다. 부모 자아 상태에서의 다른 영향들로는 국가 문화, 하위 문화, 조직 문화 등이 포함되어 있다.

이 개념은 리더십과 당신을 이끄는 자아의 방식에 관해 이야기할 때 유용한데, 왜냐하면 이는 당신의 의식 속에서 자동적으로 작동되는 많은 메시지를 보여 주기 때문이다. 3장에서 다루었듯이 무의식중에 당신이 내면화한 타인의 행동과

태도는 당신에게 부정적으로 작용할 수도 있고 반대로 도움을 줄 수도 있다. 따라서 당신은 당신의 삶에 긍정적인 것들은 더욱 확장시키고 부정적이고 해로운 것들은 지양할 수 있어야 한다.

당신이 살아가며 얻는 새로운 긍정적인 부모 자아의 메시지들을 통합하는 것은 가능하고 또 중요한 일인데 특히 새로운 경영과 리더의 방식을 익힐 때 그러하다. 당신은 리더십 스타일 면에서 배우고자 하는 어떤 사람을 조직에서 찾아볼 수도 있다. 그 사람의 행동을 통합하려는 방식은 그들이 여러 상황에서 어떤 말을 하는지와 무슨 행동을 하는지를 고려하는 것이다. 예를 들어, 어떤 외부 코스에서 당신은 당신과 한 팀인 다른 부서 관리자 조를 보게 되었다. 어떤 어려운 결정을 내려야 할 때가 왔고 조가 그 팀을 이끌기로 하였다. 그녀는 명확하고 간결하며 주변을 북돋아 주었다. 리더로서 조는 안정성을 확보하기 위해 경계를 설정하는 것에 매우 능하였고 성과물을 즐기고 축하할 줄도 알았다. 당신은 '나도 저렇게 되고 싶다'는 생각을 하게 되었고 조를 다른 상황에서 볼 기회를 찾게 된다. 다시 직장으로 돌아와 당신은 당신의 부모 자아에 통합하고 싶은 새로운 메시지들을 확장시키며 그전의 부모 자아에서 보낸 부정적인 자기대화를 줄이면서 조의 그러한 기술들을 따라서 해 보기로 한다.

직장에서 어려운 상황에 부딪혔을 때 당신은 이제 조라면 무슨 말을 했을지 스스로에게 묻게 되며 다른 사람의 말을 잘 고려하며 합리적인 결정을 내릴 수 있게 된다. 결국 조의 목소리는 당신이 그녀의 긍정적인 행동과 가치를 통합하게 됨에 따라 당신의 것이 되며 이제 당신은 당신이 원했던 바와 일치할 수 있게 된다. 물론 사실 조의 목소리는 당신 자신의 것이었지만 이 과정을 통해 당신은 새로운 행동을 더 쉽게 통합할 수 있게 된다. 일단 당신이 그러한 새로운 기술을 더 자연스럽게 작동시킬 수 있게 되면 당신은 그 새로운 부모 자아 메시지를 당신만의 것으로 흡수시키면서 통합된 어른 자아 상태인 지금 여기(here and now)로 가져올 수 있게 된다.

당신은 자신의 삶의 다양한 부분 속에서 다른 사람들을 활용할 수 있다. 예를 들어, 당신이 밖에서 눈길을 걷고 있을 때 당신의 친구가 "조심해서 걷도록 해."라고 말한 것을 떠올리며 이로 인해 안전하게 다닐 수 있다. 직장에서도 당신의 코치가 당신에게 "당신은 리더십에 있어서 국가적인 전문가예요. 지금 이 상황에서 침착성을 잃는 것은 당신과 어울리지 않아요. 차분하게 생각해요."라고 말하는 것을 들을지도 모른다.

이러한 것은 정신 내부적인 혹은 내면적인 과정으로 당신은 이를 파악하기 위해 구조적 자아 상태 모형을 사용할 수 있다. 왜냐하면 당신은 실제로 의도적으로 통합된 어른 자아 상태와 통합될 수 있는 새로운 부모 자아 상태를 발전시켜 나가기 때문이다. 이에 대한 단계적인 과정은 다음과 같다. 먼저 스스로 새로운 긍정적인 메시지에 대한 필요성을 느끼게 되고 그 후 이를 도와줄 사람을 찾아 나서게 된다. 어떤 곤란한 상황이 발생했을 때 만일 그 사람/사람들은 이 상황에서 어떻게 행동하고 말하고 생각했을 것인지 고려해 본다. 결국 이 새로운 방식은 당신과 통합되고 당신은 스스로 자연스럽게 그 방식으로 자기대화를 시작하며 상황에 적절한 방식으로 자신과 타인을 돌보게 된다.

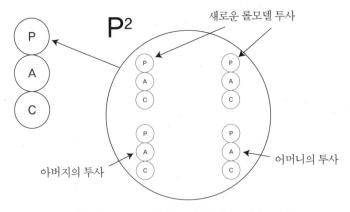

이와 같은 요소들이 부모 자아 상태를 구성한다.

[그림 12-1] P2 다이어그램

에너지와 동기

에너지와 동기를 이해하기 위해서 우리는 우리 삶의 개인적 영역과 사회적 영역 모두에 대한 이해를 갖출 필요가 있다. 바로 이 부분이 조직적 TA 접근의 광범위함이 가장 분명하게 드러나는 부분이다.

동기라는 것은 많은 변수에 의해 결정되고 여러 이론에 의해 설명되는 복잡한 개념이다. TA는 이 부분에 관해 TA만의 관점을 지니고 있다. 물론 TA에서는 동기를 '스트로크 추구'로 단순화해 왔지만, Berne의 이론은 개인과 사회 모두와 함께 일하는 것의 복잡성을 고려하고 있다. 그는 동기에 관해 특별히 이론적 설명을 하지는 않았지만 그 대신에 우리가 시간을 구조화하는 방법에 대한 아이디어, 즉 '욕구(Hungers)'의 개념을 제시했다(Berne, 1972)(15장의 스트레스 관련 내용 참조).

예시

미란다가 새 직장에서 시작할 때 그녀는 매우 열성적이었고 새로운 기술을 배우는 데에도 열정적이었으며 얻는 것들을 잘 개발하였다. 그녀의 팀 리더는 '남을 기쁘게 해라' 드라이버를 가지고 있었으며 의사 결정을 하는 데 어려움을 겪었고 분위기를 상하지 않게 하려는 마음에 다른 사람으로 하여금 의사 결정을 내리도록 한다. 미란다는 기존의 시스템을 정비할 방법에 관한 생각을 가지고 팀 리더에게 가서 개선 방안에 대한 제안을 하려 하였다. 하지만 팀 리더는 그 제안이 다른 사람들이 일하는 방식에 영향을 줄 것을 우려해 미란다가 변화를 꾀하는 것을 원치 않았으며 그냥 사람들이 하던 대로 내버려 두는 것이 최선이라고 생각하였다. 미란다는 의욕이 꺾이게 되었고 더 이상 어떤 제안도 하지 않게 되었다.

이 경우 미란다는 그녀의 목소리를 들어 주고 그 창의성을 알아주며 그 제안들로 인해 조직이 이익을 얻을지 결정할 줄 아는 팀 리더를 필요로 하였다. 그녀가 해야 할 것은 자신의 제안으로 인해 일에 영향을 받는 사람들과 상의할 방법을 찾고 어떻게 하면 변화가 개선될 수 있는지 결정하는 것이다. 이러한 작업은 미란다의 창의성을 유지해 주며 끊임없이 아이디어를 만들어 내도록 그녀를 자극해 주었을 것이다. 이는 또한 다른 직원들에게도 조직은 언제나 새로운 아이디어에 개방적임을 알리는 명확한 메시지를 전달해 주는 역할도 할 수 있다. 생산성은 사람들이 점차적으로 동기부여가 됨에 따라 향상될 수 있는 부분이다.

동기에 관한 이론들은 1920~1930년대에 발전되었다. 그들은 다음과 같은 것들을 밝혀내었다.

- 사람들은 사회적 요구에 의해 동기화된다.
- 직장에서 보상 관계는 중요하다.
- 개인들은 그들의 상사보다 동료에 의한 압박에 더 즉각적으로 반응한다.

Taylor(1912)는 직원들이 과학적인 계획에 따른 업무를 맡으며 그 후 급여 인상으로 보상을 받는 과학적 경영을 강조하였다. 이 이론은 직원들을 경제적인 것으로 간주하는 일차원적인 이론이다. (이는 Skinner의 실험과 연관되어 있다.) 오늘날 '인적자원'이라는 용어는 직원들을 일종의 자원으로서 경제적인 물체인 것처럼 간주함을 내포하고 있다.

반면에 McGregor(1960)는 사람들은 학습의 욕구가 있다고 생각하였다. 그는 사람들이 어렵고 도전적인 과제를 그들 스스로 해결하고 싶은 자유를 원한다고 생각하였다. 이 관점에 따르면 관리자와 리더는 최대 생산성을 위해 인간의 자기발전의 욕구를 조직적인 요구와 들어맞도록 노력해야 한다.

오늘날 근대 이론가들은 사회적 요구를 고려해야 한다는 목소리를 인정하고 있다. 이는 조직이 재택근무를 고려할 때 생각하는 것인데, 사람들이 집에서 근무를 하게 될 경우 더 적은 스트로크(인정)를 받게 되기 때문이다. 이는 재택 근무를 하는 사람들이 일주일에 적어도 하루는 직장에 나가는 편이 좋다는 권고를 받는 이유 중 하나이다.

또한 업무 환경의 배치를 포함한 전체적인 환경이 기술적인 요구와 사회적인 요구의 균형을 맞추기 위해 고려되어야 한다. 칸막이가 없는 사무실은 많은 점에서 어려움이 있다. 반면에 그러한 사무실은 공간적으로는 경제적이지만 소란스러움을 다루는 데에 어려움을 겪는 사람들에게는 붕괴를 초래할 수 있다. 만일 당신이 리더 위치에 있고 누군가와 통화로 은밀히 이야기를 해야 한다면 칸막이

가 없는 사무실의 배치가 위험에 노출되는 것임을 알 수 있을 것이다.

당신은 자신의 성격 유형에 따라 환경적인 문제를 더 중요하게 여길 수도 있고 덜 중요하게 여길 수도 있다. 만일 당신이 집중하고자 할 때 평화롭고 조용한 것을 선호하는 사람이라면 칸막이가 없는 사무실은 당신의 의욕을 저하시키고 불만을 키울 수 있는 반면에 상황이 어떻든 간에 집중할 능력이 있는 사람이라면 전자의 경우를 이해하지 못할 수 있다.

동기의 수준은 우리가 투입하는 노력의 정도를 결정하며 결과의 정도에 영향을 미치게 된다.

동기는 다음의 것들로 구성된다.

- 열망(혹은 생명원, 삶 그 자체로 밀어 주는 것)
- 추진력(열성적이고 열정적으로 지속시켜 주는 것)
- 영감(자극받고 있음을 지각하는 것)

우리는 다음의 것들에 의해 동기화된다.

- 목적을 지님으로써
- 부담이 가해짐으로써 혹은 도전을 받음으로써
- 긍정적인 인정 혹은 스트로크를 받음으로써
- 누군가 혹은 무언가에 차이를 둠으로써
- 책임이 주어지거나 그것을 맡음으로써
- 성취감
- 리더의 지위에 있음으로써
- 통합적이고 공정한 리더십의 위치에 있음으로써

많은 사람은 동기부여가 되어 새로운 일을 시작하지만 어떻게든 그 안의 과정과 시스템으로 인해 동기가 사그라질 수 있다. 직원들이 바로 조직의 가장 큰 자산이라는 점을 감안한다면, 앞의 미란다의 경우처럼 단순히 꺾여 버린 의욕에 다시 불붙이려 노력하기보다는 동기부여를 유지하기 위한 더 많은 요구가 이루어져야 한다.

동기부여의 부재는 저조한 생산성, 증가된 질병의 수준, 조직적 과정에 대한 파괴적인 행동을 통해 일에 영향을 미치게 된다. 만일 당신이 전체의 의견에 반대하는 사람이라면, 그리고 대하기 어려운 사람으로 인식되고 디스카운트된다면 당신은 불쾌감을 느끼고 능동적인 생각을 중단하게 될 것이다. 당신이 리더이고 반대 의견에 직면한다면 나머지 직원들은 이에 주목할 것이다.

힘이 사용되는 방식은 신뢰의 발달을 도와주며 그 신뢰는 동기부여를 촉진시켜 준다. 만일 당신이 강압적이거나 과도하게 통제적인 방식으로 힘을 사용하게 된다면 다른 인력들의 의욕이 꺾일 것이다. 그보다 당신은 의사 결정에 관한 명확성과 충분한 책임 절차를 확보한 본래의 지위에서 나오는 힘을 사용해야 한다. 나아가 당신이 조직의 모든 수준에서 적절한 가이드의 수준과 지지를 제공한다면 신뢰는 더욱 발달하게 될 것이다.

[그림 12-2]는 당신과 다른 사람들의 동기부여 수준을 높이기 위해 기억해야 할 전략들을 쉽게 기억하도록 만들어 놓은 것이다. 기타의 프렛을 연상시키는 약

- Feedback(피드백)
- Recognition(인정)
  - 즉각적으로
  - 진실된
  - 구체적인
  - 긍정적인
- Trust(믿음)

[그림 12-2] FRET 다이어그램

자 FRET은 동기를 증가시키는 전략을 기억하는 데 도움이 되는데, 음악처럼 그 에너지를 '연주'할 수 있게 해 줄 것이다.

그리고 PACKAGE라는 말은 효과적인 동기부여 전략을 설명해 주는 중요한 요소를 쉽게 기억하게 해 준다.

긍정적인 강화 (**P**ositive reinforcement)	긍정적인 인정, 긍정적인 행동의 강화 그리고 효과적인 업무의 문화가 존재해야 한다.	
계산 (**A**ccounting)	모든 사람들은 현실을 감안하고 어떠한 두려움이라도 잘 다루기 위한 조치를 취해야 한다.	
계약과 의사소통 (**C**ontracts and communication)	세부적인 목표, 책임감, 그리고 현실적인 기한을 가진 효과적인 계약을 만드는 것. 의사소통은 열려 있어야 하며 효과적인 행동 모드에서 비롯된 것이어야 한다.	
OK-OK 유지하기 (**K**eeping OK-OK)	모든 사람은 서로를 존중해야 하며 OK-OK 상태를 유지하는 것을 벗어나려고 해도 그러해야 한다.	
성취 (**A**chievements)	성취는 개인, 팀, 부서 등 모든 수준에서 인정된다. 목표가 공표되고 성취되거나 초과 달성되었을 때 인정된다.	
목표 (**G**oals)	목표는 명확해야 하며 널리 공유되어야 한다. 변화와 발달의 근본적인 이유(rationale)가 사람들과 함께 소통되어야 한다.	
기대 (**E**xpectations)	기대 혹은 예상은 계약 만들기 과정의 부분으로 공유되는데, 이는 명료함을 높이고 숨겨진 의제를 없애기 위함이다. 그리하여 기대에서의 어떠한 불일치가 생기더라도 해결될 수 있다.	

[**그림 12-3**] PACKAGE 다이어그램

사람들이 경영진에 의해 고려될 다양한 생각, 제안 그리고 도전 과제를 가지고 있을 때 모든 사람이 발전할 수 있다. 리더는 현재의 제품, 업무의 절차 혹은 구조, 나아가 아이디어 제공자가 자신이 존중받는다고 느끼는 것, 그리고 조직 전체가 활발한 공동 창의적인 문화를 증진하는 것 모두를 분석하는 데 힘을 쏟아야 한다. 이러한 통합적인 리더십 스타일도 물론 반대자의 여지가 있기 마련이다. 만일 당신이 통합적인 리더라면 그 반대자들이 하는 말의 긍정적인 부분을 발견하기 위해 노력해야 하며 그들의 말에 어떤 이점이 있는지 고려해 보아야 한다. 이는 모든 일을 당신이 스스로 해결해야 한다고 생각하는 것이 아니라 아이디어와 해결책을 제공할 주도권을 가진 조직의 사람들에게 열려 있음을 의미한다.

공생

예시

어떤 한 주식회사의 사장이 가업의 수장으로서 모든 일을 맡게 되었다. 오랜 기간 시속되어 온 구식의 일 처리는 오직 그 경영관리인만의, 통과할 수 없는 경계를 유지하였다. 하지만 새로운 사장은 그 과정을 변화시키고 싶었고 경영진과 고위 직원들의 새로운 발전을 위한 전략을 개발하였다. 그들 중 몇몇에게는 의사 결정과 주도권이 일종의 '경계 침범'으로 여겨졌지만 새로운 사장은 모든 수준의 리더십을 촉진하고자 하였다. 상부 경영 팀이 의사 결정을 내리고 책임감을 지니기 시작하자 생산성과 이익률이 높아졌다. (Berne은 조직 안에서의 경계에 대한 이해를 위해 도표를 그렸으며 11장에서 확인해 볼 수 있다.) 이 새로운 사장은 소위 공생 사슬을 끊었다고 할 수 있다.

TA 심리치료에서는 공생(symbiosis)이란 구조적 통합 어른 자아 상태를 온전히 활용하지 못하는 두 사람 사이에서 발생하는 것으로 보고 있다. 공생의 결과로 교류에 있어서 한 사람은 오직 자신의 부모 자아 상태만을 쓰고 다른 한 사람은 어린이 자아 상태만 쓰게 되는 경우가 있다. 조직적 공생은 독재적이거나 혹은 인정이 많은 권위가 존재하는 조직에서 잘 생겨난다. 그러한 조직은 하나의 위계질서를 생성하게 되는데, 매 단계에서 어떤 사람은 그보다 밑에 있는 사람들에게

순응할 것을 기대하게 되고 곧 그들은 윗사람에게 고분고분한 태도를 지니게 된다. 앞에서 언급했듯이 우리는 이를 OK 모드 모형 혹은 구조적 자아 상태 모형을 활용하여 고려해 볼 수 있는데, 왜냐하면 이 모형의 작동 방식은 과거로부터 끌어오는 전이적인 방식이기 때문이다. 우리의 목적에 맞게끔 우리는 공생 사슬을 보여 주기 위해 OK 모드 모형을 사용하였다.

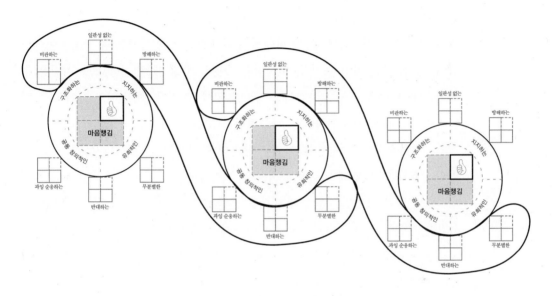

[그림 12-4] 공생 사슬

자신보다 아래의 관리자를 깎아내리는 한 상사를 예로 들어 보자. 그 관리자는 그 또한 자신보다 아래의 사람에게는 벌을 주며 경멸적인 태도를 지니게 될 수 있고 이 과정은 그 질서를 따라 계속 이어지게 된다. 사람들은 그들의 상관을 대할 때에 과잉 순응하는 모드에 있고 부하를 대할 때에는 비판하는 모드에 있게 된다. 따라서 비록 권위의 사슬이 명백한 것처럼 보이지만 각 단계는 그 위의 단계에 순응하며 그 아래의 단계에는 권위주의적인 방식으로 행동하게 된다. 이 결과로 사람들은 제한적인 마음챙김에 갇혀 있게 되며 비판적인 사고는 거의 할 수 없게 된다. 언제나 어린아이처럼 다루어진 사람들은 큰 힘을 가져 본 적이 없을 것이므로 다른 사람을 이끌어야 하는 상황에서 자신이 가진 힘을 자신보다 밑에 있는 사람에게 비판하는 모드로 발휘하려 한다. 그런데 이는 결국 병든 구조를 재생산하게 되고, 또 점차 사람들은 무기력함을 느끼며 생산성은 낮아지게 되며, 에너지가 하루하루의 업무를 위해 쓰이기보다는 자리를 지키는 데 소모된다.

이 공생 체계를 해결하기 위한 상담은 어려운 작업인데, 시간의 낭비가 아니라면 직원들은 여전히 수동적인 과정 속에서 움직일 것이며 그들 자신을 표현하기 꺼릴 것이다. 어떤 사람이 조직 내에서 승진한다면 공생 사슬은 유지하기 어려워질 수 있다. 만일 어떤 조직 밖의 사람을 임명하려 할 때, 면접을 보는 사람은 무의식중에 그 공생 과정에 부합하는 사람을 고를 수 있다. 만일 이와 같이 되지 않는다면 그 새로 임명된 사람은 자율적인 사고를 가지고 효과적인 리더십을 발전·유지하고 공생 사슬을 풀어 윗사람과의 합리적인 관계를 유지하기 위한 주변의 도움을 얻기 위해 노력할 것이다.

사슬의 밑에 남겨진 사람들에게 이는 불안정과 불안의 시기가 될 것이다. 많은 사람은 자신들의 공생 과정을 악화시키는데, 예를 들어 항상성(균형을 유지하려는 성질)을 유지하기 위해 지속적으로 의존적인 태도를 보인다. 반면 공생 사슬에서 나온 사람들은 새롭게 찾은 자유 속에서 기뻐할 수 있고 주체적인 의사 결정을 위한 공간을 즐길 수 있을 것이다.

기술

통합적 리더로서 당신은 당신의 지위로부터 나오는 힘을 인지할 뿐만 아니라 당신 스스로의 힘과 맞닿아 있다고 할 수 있다. 이는 당신으로 하여금 효과적이고 Crossman(1966, 1977)의 세 가지 P(permission[허가], protection[보호], potency[잠재력])를 더욱 명확하게 해 주는 데 도움이 된다.

- 허가: 당신은 타인에 대한 신뢰를 통해 허가를 내주며 자율적인 사고를 장려하며 어떤 과제를 위임하고 수용하며 여러 자문을 구하기도 한다.
- 보호: 당신은 다른 사람과 함께 있을 때 당신의 팀을 보호해 주며 동시에 언급될 수 있는 모든 사실을 경청한다. 또한 당신은 여러 사안과 조치를 충분히 고려하기 위해 다른 사람들을 잘 도우며 향후의 갈등을 예방할 수 있다.
- 잠재력: 유력한 리더로서 당신은 경계를 잘 유지할 수 있으며 합리적인 근거를 바탕으로 변화에 대비하여 준비되어 있으며 자신의 사고와 의사소통에 대해 개방적이며 자기 자신과 타인을 OK로 유지한다.

통합적 리더로서 당신은 촉진성과 코칭 방식을 발달시켜 다른 사람들이 자율적으로 운영되는 프로젝트 그룹과 팀에서 항상 생길 수 있는 어려움을 잘 다루도록 도와줄 수 있어야 한다. 이는 새로운 행동 규범을 필요로 하는데, 이는 또 그 조직의 문화에 의해 뒷받침되어야 하는 것이다. 만일 당신이 전통적인 리더십의 체계에 더 익숙한 사람들과 함께 일한다면 그들에게는 새로운 방식의 리더십이 위협적으로 다가올 수 있으며 새로운 구조의 형성을 막기 위한 방도로 견고한 경계를 치기 위한 시도들이 있을 수 있다. 그들의 영향권의 범위에 따라 그들은 그것을 막는 것에 성공하거나 혹은 적어도 그 진행을 늦출 수 있다. 하지만 충분한 지지가 뒷받침된다면 대부분의 사람은 당신의 새로운 리더십 방식을 선호하고 잘 발전시킬 것이다.

효과적인 사람이 되기

효과적인 경영의 비결 중 하나는 자신을 효과적으로 다루는 것에 있다. 생활의 균형을 얻기 위해 노력하고, 자기 자신에게 긍정적인 인정을 해 주며, 실수를 통해 배워 나가고 필요하다면 타인의 도움을 구할 줄도 알아야 한다. 당신이 좋은 리더이자 관리자라면 승자 피라미드를 만들어야 하며 동시에 종종 위험을 감수해야 할 때를 알고 스스로에게 거짓됨 없이 사고, 감정 그리고 행동이 일치되도록 해야 한다. 당신의 가치와 목표가 조직의 것들과 어우러지지 못하게 된다면 그러한 상황을 인정하고 다른 대안을 고려해 보아야 한다. 예를 들어, 당신 스스로에게 물어야 할 것에는 다음의 것들이 포함된다.

- 무엇이 당신을 그 조직으로 이끌었는가?
- 가치와 목표가 당신에게 큰 어려움을 느끼게 할 정도로 큰 차이가 존재하는가?
- 그렇다면 그 어려움은 어느 정도 심각한가?
- 당신이 편안하게 느끼기 위해서 조직 내에서 어떤 것들의 변화가 요구되는가?
- 위의 변화를 고려해 보았을 때, 무엇이 당신의 통제하에서 강력한 영향력을 행사할 수 있으며 또 무엇이 전혀 당신의 영향을 받지 않는 것들인가?
- 당신은 어떠한 희생을 감안하더라도 당신의 가치와 목표를 바꿀 준비가 되어 있는가?
- 당신은 어떤 조치를 언제까지 취할 것인가?

당신의 말이 경청되고 당신의 의견이 인정받기를 원한다면 자신의 의사소통 스타일을 파악해 보는 것이 중요하다. 만일 당신이 어떤 위협을 받거나 혹은 위협을 받을 거라 생각된다면 그것이 당신의 스타일에 영향을 미쳐 당신이 수동적으로 변할 수 있다. 직장에서 모든 수동적 · 방어적인 행동은 불필요한 에너지 소모를 초래하고 업무에 집중할 수 없게 만든다. 어떻게 하면 상대를 이기고 지배하고 억누를 수 있을지, 다른 사람의 업무를 회피하거나 공격을 피하기 위해서는 어떻게 해야 할지에 대한 고민으로 막대한 시간을 낭비하게 되면 불가피하게도 일의 생산성은 저하될 것이다. 그러한 때에는 어떠한 지시나 명령도 효력이 떨어진

다. 만일 당신의 어떤 사람과의 부정적인 관계가 잘 해결되지 못하면 당신은 점점 수동적으로 변하게 될 것이며 이는 곧 더 큰 갈등으로 이어지게 될 것이다.

통합적 리더로서 당신은 수동적인 분위기가 아닌 힘을 실어 주는 환경을 조성할 수 있어야 한다. 조직 문화가 사람들을 평가하고 심사하는 분위기라면 사람들은 곧 방어적인 태도를 가지게 된다. 따라서 지지적인 문화의 형성은 당신이 실제로 무슨 말을 하는지 만큼 어떤 방식으로 말을 하는지에 크게 영향을 받게 된다. 앞 장에서 우리는 어떻게 똑같은 것이 다른 방식으로 말해질 수 있는지와 당신이 말하는 내용이 목소리의 톤, 억양, 말의 빠르기와 가청성에 따라 달라질 수 있음을 다루어 보았다. 이러한 측면들은 당신의 국가와 지역 그리고 당신의 성별에 의해 영향을 받기도 한다.

Tannen(2001)은 후자의 부분이 여성들이 사회화되는 방식과 연관되어 있음을 설명하였다. '어떤 방면에서 뛰어난 여성은 그들 자신을 자랑하기보다는 경시하도록 하는 경향이 있다.'

이는 사람들의 배경과 출신으로 인해 각각의 관점이 달라짐에 따라 다른 여러 문화를 가진 사람들이 한자리에 모였을 때에도 적용할 수 있으며 그 분위기가 고무적일 때에 그곳의 사람들은 다른 관점들을 인정하게 되고 그것들을 발판으로 삼게 된다. 정말 중요한 것은 성별과 문화에 관계없이 서로의 다른 관점을 무시하지 않고 잘 경청하고 인정해 주는 것이다. 당신은 서로의 차이에서 무엇을 배울 수 있을 것인가와 당신의 발전과 성장을 위해 무엇을 할 수 있을지 생각해 보아야 한다. 다시 한 번 강조하지만 승자 피라미드(9장을 보라)는 타인과 관계함에 있어서 염두에 두어야 할 유용한 도해이다.

이는 Peck(1987)의 공동체의 단계와 매우 일치하는 부분이다.

- 거짓 공동체: 이 단계에서 사람들은 갈등 회피적이며 마치 그들이 함께 있을 때에는 하나의 공동체인 것처럼 행동한다.
- 혼돈: 이 단계에서 사람들은 다른 사람을 자신의 사고방식에 맞게 개조하려

한다. 이를 통해 특정한 편견, 고정관념 그리고 준거 틀 속에 가두어 두려는 것이다. 이는 당신이 태어난 순간부터 오랜 기간 쌓아온 머릿속의 모든 '쓰레기'를 없애야 한다는 Berne의 말과 일맥상통하는 것이다. 사람들은 자신의 준거 틀에 변화를 주게 되는 다음 단계를 피하려 한다.

- 공허: 이 단계에서 사람들은 자신의 모든 편견과 고정관념을 내려놓고 그들이 생각하기에 있는 사람을 보는 것이 아니라 실제로 그곳에 누가 있는지를 보게 된다. 그들은 기존의 준거 틀에 도전하며 더 이상 타인을 바꾸려 하지 않고 타인의 말을 경청하려 한다. 사람들이 이 단계에 있을 때에는 수동적이지 않고 개방적인 자세를 지니게 된다.
- 공동체: 이것은 사람들이 갈등 해결적인 태도를 지닌 단계이다. 이를 위해서는 믿음이 충분히 성장해야 하며 다른 사람이 서로 다른 관점을 지닐 수 있음을 이해하기 시작한다. 모든 사람이 다른 배경을 가지고 있음을 인정하고 이해하는 분위기가 생기며 이는 두려움을 만드는 것이 아니라 발전과 성장을 더욱 촉진시킨다. 이것이 바로 문제가 잘 해결되는 지점이다.

비록 조직이 모든 면에서 '공동체'라고 할 수는 없지만 많은 측면이 서로 일치한다. 타인과 그들의 관점에 대한 이해가 깔려 있을 때 팀은 원활하게 작동할 수 있다. 문제 해결적으로 다른 사람과 상의하려 할 때 당신의 시야는 더욱 유연해질 수 있는데, 이로 인해 사람들은 자신이 존중받고 있음을 알게 되어 의사소통이 증진된다. 마지막 단계에서 팀과 부서는 리더가 내리는 필요한 한쪽의 결정을 더욱 잘 수용하게 되는데 그들이 자신의 가치와 관점이 존중받고 있음을 알고 있기 때문이다.

또한 당신은 문화적 차이뿐만 아니라 여자와 남자의 언어적 차이에 대해 알고 있어야 한다. 이래야 설령 어떤 작업 환경의 문화적인 기준과 잘 맞지 않는 말을 누군가 하게 됐을 때, 그런 말들까지도 경청될 수 있다.

조직의 사람들이 인정과 존중을 받고 있다고 느끼게 됨에 따라 사람들은 공헌

하고 차이를 만들어 내기 위해 자유ㆍ자율성을 가진 소속감을 증진시킬 것이다. 이는 전반적인 문화에 여러 이익과 생산성을 부여해 주며 스트레스로 인한 에너지 소모를 줄여 주어 더 많은 일이 가능해지도록 할 것이다.

당신은 미시ㆍ거시적인 차원에서 조직의 스트로킹 문화에 대해 잘 알고 있어야 한다. 이를 위해 다음과 같은 것들이 고려되어야 한다.

- 이 조직/부서/팀에서는 어떻게 성공이 정의되며 어떻게 인정받게 되는가?
- 이곳에서 실패는 어떻게 여겨지며 또 어떻게 인지되는가?
- 어떻게 하여 적합한 사람이 인정받게 되는가? (Hay, 2009)

이 질문들은 중요한데, 예를 들어 매우 성공적인 사람들은 종종 추가 수당을 통해 보상을 받기 때문이다. 또한 자신이 무능하다고 느끼는 사람들에게도 코칭과 멘터링 혹은 직능 교육과정을 통해 관심도를 높여 인정(스트로크)을 얻도록 할 수 있다. 일을 적합하게 잘하고 있는 사람이 이미 성공적인 사람이 성취한 정점의 자리까지 가는 것에 관심이 없는 경우가 있는데, 종종 이는 그 사람이 큰 이목의 집중을 받지 못하고 무시를 받는 듯한 기분을 느낀다는 것을 의미한다. 그러한 사람은 대개 일에 최선을 다하며 단지 '뛰어난' 일을 하는 것은 그들의 능력 밖의 것이라고 보거나 직장 바깥에서의 삶을 더욱 원하여 업무에 더 많은 시간을 투자하려 하지 않을 수 있다. 이러한 경우라도 그들에게는 스트로크가 반드시 필요하며, 그렇지 못하게 되는 경우 무의식중에 그들은 일을 덜 하게 되고 잠시 일을 쉬거나 혹은 인정(스트로크)을 받기 위해 일을 망치게 될 수도 있다. 따라서 관리자와 리더들은 평정을 지키기 위해 전반적인 스크로킹 문화를 유념해 두어야 한다.

요약

통합적인 리더십과 경영은 다방면의 인적 기술과 전문적인 기술을 요구하는 것이다. 잘 기능하기 위해서 리더들은 충분한 휴식이 필요하며 그들이 충분한 인정을 받도록 해야 하며, 자신에 차고 경계를 정함과 동시에 기꺼이 융통성을 지녀야 한다. OK 목장의 I'm OK, You're OK 상태와 OK 모드 모형의 마음챙김 과정을 유지하는 것은 인적 · 전문적 차원 모두에서 리더의 역할을 충실히 도울 것이다.

당신은 의욕이나 사기가 꺾인 사람에게도 주의를 기울여야 하지만 시간의 많은 부분은 고무적인 인력들과 함께 보내야 한다. 이는 자기 자신의 긍정적인 자기대화와 마음챙김에 머무르는 능력을 포함하는 것이기도 하다. 언제나 조직적 목표와 조화되도록 하여 과거에 머무르며 시간을 낭비하기보다 무언가를 향해 앞으로 나아갈 수 있도록 해야 한다. 그렇지 못하면 과거와 미래의 중간 지점이면서 현재도 아닌 불확실한 상태에 빠지게 될 위험이 있다.

명확한 계약하기와 함께 강력한 OK-OK 가치 기반을 두고 목표, 업무, 주변 사람들과 자기 자신 간의 균형을 확실히 하는 것은 효과적인 통합적 리더십으로 이끌어 줄 것이다.

연습

연습문제 1: 화합으로 나아가기

당신의 조직을 고려하여 다음의 질문에 답해 보자.

- 조직이 표방하고 있는 가치 · 철학과 한편에서 이루어지는 경영과 리더십 스타일 간의 화합이 잘 이루어지는가?
- 그렇지 않은 경우 그 원인은 개인에게 있는가 혹은 리더의 지나치게 급진적인 운영 방식과의 충돌에 있는가?
- 리더가 재원을 얻는 방식에 있어서 공정한가?
- 조직의 스트로킹 문화는 어떠한가? 그 안에서 성공은 무엇이며 그 성공은 어떤 방식으로 스트로킹되는가?
- 실패는 무엇이며 그 실패는 어떤 방식으로 스트로킹되는가?
- 나는 어떤 방식으로 스트로크를 주고받는가?
- 나 자신이 존중받음을 느끼며 스스로를 존중하는가?
- 어떤 변화가 요구되는가?
- 이를 위해 당신은 어떤 전략을 쓸 수 있는가?
- 당신은 누구로부터 지지와 도움을 받을 것인가?

연습문제 2: 자신의 역할 다하기

다음의 점검표에 답해 보자. 당신의 어떤 행동에 변화가 필요한가? 무엇을 그만두고, 계속하고, 새로이 시작해야 하는가? 누구로부터 지지와 도움을 받을 것인가? 어떤 추가적인 트레이닝이 당신에게 필요한가? 당신이 설정한 목표의 달성에 대한 수락 기준은 무엇인가? 무엇이 그전과 다르게 될 것인가? 구체적으로 생각해 보라.

전문 개발 질문지	자신에게 해당하는 척도에 체크하세요.				
나는 조직과 팀의 비전과 가치에 관해 명백하게 인지하고 있다.	1	2	3	4	5
나 자신의 목표와 가치는 조직의 것과 부합한다.	1	2	3	4	5
전반적으로 조직의 모든 측면이 서로 일치하고 있다.	1	2	3	4	5
나는 동료들과 의견을 공유하는 것에 소극적인 편이다.	1	2	3	4	5
나는 동료들과 생각과 감정을 공유하는 일에 대해 편안하게 느낀다.	1	2	3	4	5
나는 집단을 효과적으로 만들기 위해 좀 더 구조적일 필요가 있다.	1	2	3	4	5
나는 건강한, 통합하는 어른 자아 상태를 지니고 있으며 이는 팀/부서/조직이 효과적으로 운영될 수 있도록 도와주고 있다.	1	2	3	4	5
나는 다양한 사람과의 원활한 관계를 맺을 수 있으며 나 자신과 타인의 말에 경청하는 편이다.	1	2	3	4	5
나는 몹시 피곤하고 기력을 잃어 가고 있다.	1	2	3	4	5
나는 진실로 변화란 가능한 것이라고 믿는다.	1	2	3	4	5
나는 다른 사람들이 자기 자신을 긍정하고 발전적으로 나아갈 수 있도록 뒤편에서 지지해 줄 준비가 되어 있다.	1	2	3	4	5
나는 도전할 용기를 지니고 있다고 생각하며, 설령 다른 사람/리더와 동의하지 않더라도 그들을 지지한다.	1	2	3	4	5
나는 다른 사람의 신뢰를 얻으며, 나 또한 다른 사람을 신뢰하여 열린 의사소통이 가능하다.	1	2	3	4	5
나는 다른 사람들을 OK-OK 방향으로 이끄는 의사소통 기술을 가지고 있다.	1	2	3	4	5

출처: Chaleff (2003).

연습문제 3: 모드 그래프

우리의 리더십 스타일을 확인해 보기 위해 모드 그래프(mode graph)를 활용해 보자. 모드 그래프는 당신이 어떤 모드에 얼마나 많은 에너지와 시간을 쓰는지를 가늠하게

해 주는 개념이다(3장을 보라). 모드 그래프는 바(bar) 그래프처럼 표현하여 각 막대가 그 소요된 에너지와 시간을 나타내는 것이다. 마음챙김 과정에는 서로 다른 네 가지 모드가 있으며 그들은 각각 분리되어 독립적으로 표현될 수 있는 것들이다. 따라서 저자들은 우리 모두가 각기 다른 강점과 약점을 지니고 있으며 어떤 것들은 아직 충만하지 못하여 그 네 가지 모드에 동일하게 접근하지 못할 수 있음을 잘 알고 있다.

다음의 그래프는 효과적/비효과적 모드를 각각 나타내기 위해 검은색과 회색으로 표시되어 있다(검은색은 초록색을 대신하며 회색은 빨강색을 대신한다).

다음의 다이어그램을 통해 당신이 어떤 모드에 얼마만큼의 시간과 에너지를 투여하였는지 살펴보라(이는 당신의 주관적인 입장에서 내려지는 판단으로 측정될 것이다). 적색(비효과적)과 녹색(효과적)으로 바(bar) 그래프를 완성해 보자.

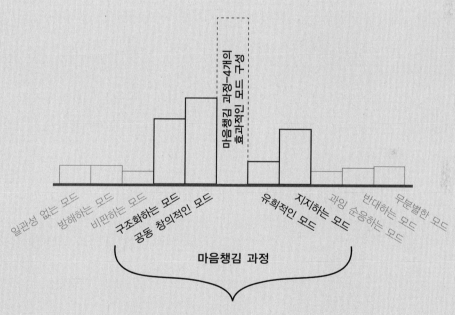

[그림 12-5] 행동 그래프 모드: 완성된 예시

만일 당신이 작성한 모드 그래프가 당신의 생각에 바람직하지 않다고 생각된다면 변하기 위해 어떤 노력을 해 보아야 할지 생각해 보자. 당신이 가지고 있는 에너지의 총합은 일정하므로 긍정적인 측면에 당신이 좀 더 집중을 한다면 그에 따라 자연스럽게 비효과적인 모드에 투여되는 에너지는 줄어들게 될 것이다.

- 당신이 타인을 대하는 방식과 자기 자신을 대하는 방식에 있어서 차이점이 있는가 혹은 동일한가?
- 타인과 자신을 대하는 방식이 원만한 관계의 형성, 일의 완수, 일의 만족도 측면에서 당신에게 효과적으로 작용하는가?

당신은 또한 다른 사람에게 자신에 대한 평가를 요청할 수 있으며 그들의 입장에서 나의 모드 그래프를 작성하도록 해 볼 수 있다. 만일 당신에 대한 다른 사람들 간의 평가는 일관되지만 당신의 것과 다르다면 타인의 관점을 수용해 볼 기회를 가지고 긍정적인 변화를 위해 투자할지 결정해 보라.

또한 당신은 팀원 중 한 사람의 것을 작성해 보고 서로 관점이 일치하고 팀 내의 균형이 잡혀 있는지 살펴볼 수도 있다. 이는 전반적인 피드백에 유용하게 쓰일 수 있을 것이다.

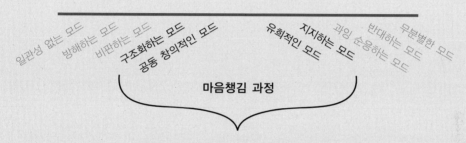

[그림 12-6] 행동 그래프 모드: 활동용

WORKING TOGETHER

문화

CHAPTER

13

소개

우리는 점점 더 확장되어 가는 세계 경제의 많은 부분을 이해하기 위해서 조직의 문화와 그것이 영향을 미치는 방식을 고려할 필요가 있다. 문화가 개인과 지역사회에 어떤 영향을 주는가? 아니면 역으로 개인과 지역사회가 문화에 어떠한 영향을 미치는가?

이 장에서는 영향이라는 차원에서 조직 문화가 당신에게 어떤 영향을 미치는지 뿐만 아니라 당신의 개인적 관점이 문화에 어떤 영향을 미치는지에 대하여 모색할 것이다.

문화는 관습과 전통, 가치관과 신념, 규율, 경험에 의해 발달되었고 또 어느 한 무리의 사람들이 유지해 온 기대와 행동들의 공유 집합으로 정의할 수 있다. 이 무리의 사람들은 국가나 인종의 규모에 따라, 지역사회, 작은 그룹이나 팀에 따라 다를 수 있다. 특징적으로 이렇게 공유된 경험들은 타고나면서 배우기보다는 이야기와 상징으로 계승되었다.

문화는 우리에게 어떻게 살아야 하는가에 대한 지침을 제공한다. 의사 결정을 할 때 이런 식으로 해야 한다는 폭넓은 준거 틀 없이는 삶이 혼란스러울 것이다. 반면 우리는 항상 어떻게 행동하고 생각할지에 대한 자유로운 선택을 할 수 있지만, 매일 순간순간마다 무엇을 새롭게 하는 것에 지치게 되고 서서히 포기하게 될 것이다. 사회적 기준에서 문화가 없으면 우리는 우리의 모든 시간을 협상하고 재협상하고 계속 그러한 것을 반복하며 소모해 버릴 것이다.

그러나 우리가 속한 문화는 개인과 지역사회의 발전과 관련하여 긍정적일 수도 있고 아닐 수도 있다. 더구나 우리는 우리 삶에 있어서 많은 문화의 일부분이다. 가족, 일, 지역사회, 사회 네트워크, 취미 등, 그중 일부 또는 전부가 다른 것들과 충돌을 일으킬 수도 있다.

예시

대부분의 사례 연구처럼 우리는 다음과 같이 실례를 통해 설명하고자 한다.

밀리는 80명의 직원이 있는 조직에서 일을 하고 있다. 최근 새로 부임한 이사는 중간관리자들을 배제하고 조직을 재구성하면서 경험과 조직 운영 기술이 부족한 사람들을 팀장들로 임명했다. 이런 변화에 앞서 직원들과 협의도 하지 않았으며 경험이 많은 중간관리자들이 정리 해고되는 문제에 대한 우려도 전혀 없었다. 이런 상황은 직원들에게 불안감을 심어 주었다. 노조 대표는 중간관리자 중 한 명에게 그가 이미 정리 해고된 사실을 모른 채 '판매'에 대해 불평을 하였다. 조직의 도처에 파벌이 늘어나고 사람들은 출근하는 것을 꺼리게 되었다. 어느 날 밀리는 새로 부임한 이사로부터 그녀의 사무실로 와 달라는 전화를 받았다. 밀리는 프로젝트에 같이 참여했던 동료인 샘을 찾았는데, 샘은 이사가 부적절하다고 해서 (밀리도 동의한 바 있지만) 프로젝트에서 제외한 외부 컨설턴트와의 일에 관여했었다. 밀리는 당시 이 컨설턴트와 연락을 해서 계약을 종결하는 일을 맡았었다. 그런데 이사는 지금 누가 외부 컨설턴트에게 문제 해결을 맡겼는지에 대해 알고 싶다는 것이다. 샘은 그녀가 결정을 했고 모든 책임은 그녀에게 있다고 말했다. 밀리는 처음 과정을 진행했던 이사의 비난도 기가 막혔지만 샘이 책임을 지겠다고 하는 것을 듣고 깜짝 놀랐고 무슨 일이 일어나고 있는 것인지 이해할 수가 없었다. 사무실을 나가면서 샘은 밀리에게 이사가 이 문제를 책임지기에 너무 나약하기 때문에 그녀가 책임을 지는 것이 낫다고 말했다. 그리고 이렇게 함으로써 이사에게 그녀가 얼마나 강한지를 보여 줄 수 있다고 했다. 이사는 새로운 팀장들과 정규 회의를 열었다. 하루는 팀장 중 한 명이 불참하게 되어 밀리가 대신 참석하였다. 그 회의에서 밀리는 충분히 고려한 것을 기본으로 먼저 내린 결정을 철회하게 되는 새로운 팀의 결정에 대해 질문을 하였다. 이후 이사는 팀장 이외에 다른 사람은 회의에 참여하지 못하도록 했다.

이 사례에서 만들어지고 있는 문화는 방어적이고 비난적이다. 그 임원은 I'm OK, You're Not OK라는 인생태도를 가지고 있다. 그녀의 행동은 비판적이고 이사 임기 동안 약자를 괴롭히는 방식을 보인다. 그녀는 경영에 있어 약간의 경험과 기술을 가지고 있기 때문에 그녀의 의견에 반대하지 않을 것 같은 사람들을 주요 위치에 임명했다. 전체적인 진행 과정은 직원들을 멀어지게 했고 조직의 붕괴를 야기했다. 강한 성격을 지닌 한두 사람이 기꺼이 책임을 떠안고 제도에 의문을 제기하지만 이러한 것은 대가를 치른다. 결국 직원들의 사기는 항상 낮았고 새로운 직원들마저 떠나게 되었다.

문화적 차이는 분명하게 국제 조직과 관련이 있다. 다음은 'Global Estates'라는 가상적인 회사의 사례이다.

건설회사인 Global Estates는 극동 아시아 국가에 있는 현장에서 국제적인 조직으로서 발전해 왔다. Global Estates는 현지 조직이 UK 본부의 조직과 똑같은 방식으로 운영될 것을 기대하였다. 이 준거 틀은 그들의 기대가 달랐기 때문에 현지 직원과 현지 지역사회의 상호작용에 부정적 결과를 초래하였다. 이는 결국 직원들의 동기부여와 이직 방지에 어려움을 야기하였다.

만일 국제적인 기업이 하나의 가치 기준을 도입할 때 현지 문화에 대해 배우려 하지 않거나 그러한 가치 기준의 도입에 따른 영향을 검토하지 않는다면 이는 문제의 존재를 디스카운트하는 것이라고 할 수 있다(8장 참조). 따라서 고객의 충성도와 동기를 불러일으키기는 어려워질 것이다. 더 넓은 세계를 무대로 일할 때, 우리는 다른 인종과 문화에 대해 배워야 한다. 저자가 2010년에 러시아를 방문했을 때 본 HSBC 광고는 매우 흥미로운 사례였는데, 그 광고의 제목은 'World's local bank(세계의 현지 은행)'였다. 영어로 되어 있기 때문에 대다수의 러시아인들은 그 제목을 이해하거나 발음할 수 없었다.

일반적으로 서양 문화는 개인주의적인 경향이 있는 반면에 동양 문화는 집단주의적이다. 개인을 중시하는 서양 문화는 집단과 공동체를 중시하는 동양 문화에서 많은 것을 배울 수 있다. 동양 문화 역시 개인을 중시하는 서양 문화의 장점을 받아들일 수 있다. 양쪽에 모두 장점이 있으므로 서로를 보완해 줄 수 있는 것이다.

문화는 다음과 같은 것들을 통해 반영된다.

• 신념
• 가치
• 신화

- 의례(儀禮, 의식[儀式])
- 언어
- 슬로건
- 은밀한 농담

조직은 사람들을 소속되게 하므로 사람들이 성장하고 발전하는 데 도움을 줄 수 있는 긍정적이고 강하고 독특한 문화를 개발할 필요가 있다. 조직은 그들의 본질적인 문화는 유지하면서 기꺼이 고객과 소비자, 직원, 새로운 임원, 이사회로부터 배우고자 한다.

'학습조직(Learning Organization)'이라는 개념은 조직으로 하여금 '우리의 문화를 성장시키는 학습 체계를 만들어 내기 위해서는 어떻게 해야 하는가?'라는 질문을 제기하게 한다. 훈련과 성과를 증진시키려면 학습과 소통 체계가 만들어질 때의 조직 문화를 고려할 필요가 있다. 이러한 방식으로 긍정적인 문화는 지지되며, 부정적인 문화는 변화될 수 있다(Silverman, 1999).

조직적 사회화(조직이 개인의 사회화에 미치는 영향)

개인적인 차원에서 우리는 직장에 대해 우리만의 특별한 준거 틀을 갖고 있다. 이러한 다른 관점은 다른 사람들이 우리의 직장과 우리를 어떻게 볼지에 영향을 준다. 일반적인 문화를 공유하는 것은 이것을 쉽게 만들지만, 소통하는 것이 반드시 쉽지는 않다. 같은 지역 출신이고 인종과 성별이 같고 같은 언어를 사용한다면 우리는 우리의 원가족, 이웃, 학교가 나름의 고유한 문화를 가지고 있고 이것이 우리에게 영향을 미칠 것임을 잊을 수 있다.

우리는 이러한 문화의 경험을 직장 환경에 가지고 가서 그 조직과 이전에 겪은 문화 경험을 맞추려고 한다.

Krausz(1986)는 행동이 사회화를 통해 강화되며 그런 식으로 조직의 문화적 가치와 이데올로기가 새로 온 사람들에게 강요된다고 하였다. 이러한 가치와 이데올로기는 개인과 조직 사이의 관계를 규정한다. 이것은 목표, 행동 패턴을 명확하게 하고, 통제 구조를 규정짓고 어떤 능력과 특성이 보상을 받고 인정되는지를 가르쳐 준다. 상호관계를 통해 자연스럽게 조직 구성원과 조직 문화 사이의 영향력이 조율된다.

예시

다음의 사례들은 어떻게 개개의 리더가 조직의 문화에 영향을 미치는지 잘 보여 준다.

1) 제인은 직장이 낙이다. 그녀는 직장 외에는 어떤 취미도 없다. 혼자 벌어서 살고 있으며 근무 중에 회사에서 만나는 직장 동료 외에는 친구도 거의 없다. 그녀는 확실히 회사의 목표와 가치와 결혼한 것이다.	제인은 삶에서 일과 다른 무엇인가가 균형이 없다면 '소진' 될 것이다. 그녀가 리더라면 '일중독' 이라는 준거 틀을 반영하는 조직 문화의 발달을 촉진시킬 것이다. 이것은 단기간에는 높은 생산성을 이끌어 내는 것처럼 보이겠지만 장기적으로는 직원들이 등을 돌릴 것이며 질병의 위험이 높을 것이다.
2) 빅터는 돈을 벌기 위해서만 일한다. 그의 가족과 그의 선박 여행만이 그의 삶의 전부이다. 그는 회사에서 해야 하는 일과 해야 하는 말을 잘하고는 있지만 그의 동료들은 그가 진실로 회사에 전념하고 있지 않다고 느낀다.	빅터가 중요한 리더였다면 그는 운영관리자를 둘 필요가 있다. 조직을 설립한 중요한 리더가 없다면 조직 문화는 번창하기에는 경쟁력을 상실하게 될 것이다. 빅터의 준거 틀의 이점은 그의 우선순위가 다른 곳에 있기 때문에 스트레스를 덜 받는다는 것이다. 조직의 형태도 중요할 수 있다. 예를 들어, 그가 항해학교와 같은 곳을 창업했거나 일을 한다면 직장에 열정을 유지할 수 있을 텐데!
3) 발렌타인 디올은 링턴 주식회사의 설립이사이다. 30년 동안의 사업은 4천만 파운드를 달성했고 직원은 500명을 넘는다. 그는 왜 전략 팀이 판매 팀에	이 조직은 지시와 목표의 오리엔테이션이 필요하다. 설립이사로서 발렌타인은 그의 조직이 분열되어 있기 때문에 전략을 실행하여 사람들이 함께 가도록 해야 할 것으로 보인다. 다른 부서 간, 부서와 관리자 간, 관

영향을 주지 못하는 것 같은지 이해가 안 된다. 판매 팀은 회사의 목표와 가치를 인식하지 못한 것 같고 자기들끼리 가는 것 같다. 발렌타인은 거의 팀과 함께 하지 않았고 지시도 거의 하지 않는다. 목표는 직원들에게 설명되지 않았고 각 부서 간의 관계에서 서로에 대한 이해도 거의 없다.

리자와 임원들 간의 심리적 거리에 대한 사정이 필요하다(Micholt, 1992, 6장). 목표는 명확해야 하며 직원들은 자신의 역할과 그것이 어떤 관계인지 이해해야 한다.

최초에

조직이 개인에 의해 만들어졌든 개인이 모인 집단으로 만들어졌든 그 문화는 발달하게 된다. 조직이 발달하고 더 많은 사람이 들어오게 되면, 개개인이 문화에 미치는 영향은 체계 내에서 그들의 위치에 달려 있다. 위치가 더 높을수록 더 많은 영향을 준다.

우리는 한 개인으로서 우리 각자의 문화적 영향을 보여 주는 그림을 만들었다. 이 구름으로 된 그림은 문화적 영향력을 그림으로 표현하여 서로 관련된 방식과 관계의 강도 등을 보여 준다.

바깥 원은 우리의 전체 인생/성격, 가치 기준과 문화를 나타낸다. 안에 있는 구름은 그것의 장면이다. 구름들 사이에 거리가 있다면 이것은 두 가지 장면 사이에 상호관계가 없음을 나타낸다. 구름이 서로 겹쳐져 있다면 그들 사이에 겹쳐지는 양만큼 서로에게 영향을 미친다. 구름은 그것이 덮고 있는 곳에 영향을 미치고 그 위에 덮여 있는 구름에 의해 영향을 받는다. 두 개 혹은 세 개의 구름의 그림자가 서로 합쳐져 있는 것은 서로서로 똑같이 영향을 준다는 것을 말한다.

제인의 문화도는 전체 문화와 가치 체계가 바깥 원으로 드러난다. 삶에서 그녀의 유일한 관심은 직장이며 그것이 원 안에서 가장 큰 구름을 차지한다. 그녀는

[그림 13-1] 제인의 문화도

회사라는 가치와 과도하게 연결되어 있다. 그녀는 혼자 살고 있으며 직장 동료 이외에는 어떤 친구도 없다. 그녀는 자신의 원가족과도 더 이상 만나지 않지만 가족은 그녀의 여러 가지 삶의 가치에 녹아 있고 오늘날 그녀가 직장을 갖도록 이끌었다.

[그림 13-2]는 빅터의 매우 다른 문화도이다. 그의 직장과 가족은 서로 겹쳐 있는데 이는 그가 처음부터 아버지를 통해 직장을 갖게 되었으며 그의 아버지는 아직도 그곳에서 일을 하고 계시기 때문이다. 그는 직장이 그의 가정사를 침범하게 하지 않기로 결심하였고 따라서 그의 직장 구름이 가족 구름에 가려졌다 하더라도 그는 그의 가족 가치와 신념으로 일을 한다. 그의 현재 가족이 가장 큰 구름을 차지한다. 현재의 삶에 영향을 가하고 있는 것은 그의 원가족이다. 그의 어머

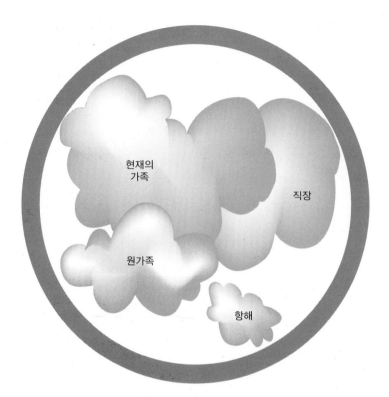

[그림 13-2] 빅터의 문화도

니는 자주 방문하여 아이들이 어떻게 자라고 있는지 보는데 그것이 빅터에게 영향을 미친다. 이 모든 구름이 연회색 원 안에 있다. 이것은 그가 살고 있는 국가(지역)에서는 일반적인 문화이다. 그의 취미인 외국 항해로 그는 전 세계를 두루 다닐 수 있고 여러 다른 나라의 문화를 경험하게 된다.

우리 삶의 다른 장면들은 우리에게 영향을 미치는데, 가치 기준에서 서로 충돌을 일으키기도 하고 철학과 기대가 달라서 스트레스를 유발할 수도 있다. 우리가 조직에서 직업을 얻을 때는 우리의 문화와 조직의 문화가 딱 맞는 곳을 목표로 한다. 만약 우리가 회사 설립자라면 우리의 문화는 우리가 모르는 사이에 조직의 운영에 영향을 미칠 것이다.

조직은 인간으로 만들어지고 삶의 구조를 구성한다. 사회 패턴, 가치, 관습과 규범은 조직 내에서 개인과 집단 간의 관계를 규정하는 준거 틀로서 공식적 · 비공식적인 행동 패턴을 제공한다.

링턴 주식회사

가상의 회사인 링턴 주식회사(앞의 사례 3을 보라)는 중간 규모의 기업으로 설립이사인 발렌타인 디올이 여전히 회사를 운영하고 있다. 그러나 그는 부분적으로 퇴직한 상태이며 현재 예전처럼 회사에 영향을 미치는 존재는 아니다. 그는

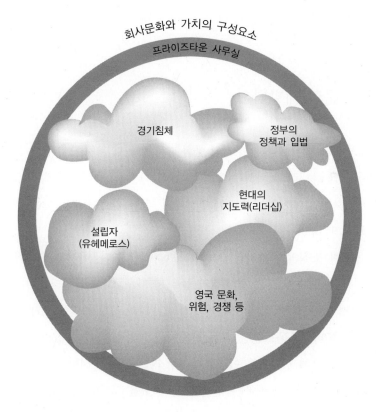

[그림 13-3] 링턴의 문화도

한때 영국 산업계에서 독창적인 아이디어로 탁월한 인물이었다. 그림에서도 영국의 문화 구름과 그자신의 구름이 다소간 합쳐져 있는 것으로 나타나는데 이는 서로서로 영향을 주고받았다는 것이다. 영국 문화는 커다랗게 자리 잡고 있는데, 어떻게 사업을 하는가를 포함한 모든 현재의 아이디어와 가치가 문화의 한 면을 구성하게 될 것이다. 최근 발렌타인은 전략 팀만 정기적으로 만나고 있다. 그들은 그와의 특별한 접촉을 즐거워한다. 비록 그의 지속적인 영향력이 여전히 회사 문화에 상당히 큰 범위를 차지하고 있다는 의미이지만 (그리고 현재 리더십 구름을 상당히 덮고 있지만) 겹쳐지는 부분에서 선명한 줄이 있는 것을 보면 그들 사이에는 약간의 분리가 있다. 마지막으로 경제와 정부 정책과 법령으로부터의 문화적 영향이 있다. 따라서 링턴 주식회사에서 문화에 대한 현재의 리더십 영향력은 이러한 다른 영향력에 의해 다소간 축소된다.

긍정적 문화 개발하기

11장에서 보았듯이 우리는 조직의 문화를 고려할 때 조직이 설립된 시대와 조직의 내용뿐만 아니라 조직의 설립자, 그들의 가치관, 윤리와 철학을 고려해야 한다. 이런 것들이 여전히 오늘날의 세계에도 적절할까? 어떤 것 혹은 무엇이 바뀌어야 하며 왜 그런가?

우리는 또한 조직의 일반적인 '느낌'도 고려해야 한다. 이것은 우리가 코칭을 담당하는 사람, 팀과 또는 전체 조직과 일을 할 때도 그렇다. 우리가 미시적으로 볼 때 거시적인 관점에서의 거시적 영향력과 우리의 시장 개입이 오래갈 것 같지 않다는 느낌을 디스카운트한다. 모든 차원에서 개입을 할 수는 없겠지만 만약 우리가 관련된 분야에 영향력을 이해한다면 우리는 우리의 시장 개입이 효과적이고 오래 지속될 것이라고 좀 더 확신을 가질 수 있을 것이다.

아마도 우리가 일하는 곳의 문화는 방어적일 수 있다. 그러한 문화에서 우리는

평가받고 판단받는 경험을 하며, 이렇게 될 때 우리는 방어적이 될 수 있다. 서로 다른 부서의 사람들을 비난하고 질책하거나 흠집 들추기를 하면 방어적인 문화가 만들어진다. 이런 종류의 문화는 협의와 위임보다는 통제의 경향이 있다. 이것은 사람들로 하여금 자신의 행동과 부정적 결과에 책임지지 않게 만든다. TA 이론에서 이것은 비판하는 모드와 과잉 순응하는 모드 혹은 반대하는 모드의 공생적 관계의 문화라고 본다. 비판하는 모드는 상사가 취하는 경향이 있고 과잉 순응하는 모드 혹은 반대하는 모드는 그들에게 보고하는 하위 직원의 모습이다. 그러나 문화는 행동에 있어 좀 더 부정적인 모드를 취하도록 하는데, 이것은 모든 직급의 직원이 자신이 갖고 있는 만큼의 힘을 사용하도록 만들게 될 것이다.

이런 상황에서 변화 전략은 이사회에서부터 출발하여 하위 직원까지 모든 직급에서의 인식 변화를 필요로 한다는 것을 쉽게 알 수 있다. 고위층에서는 변화의 필요성에 확신을 가져야 하며 그들이 힘을 사용하듯 관심을 쏟아야 한다.

게임하기

심리적 게임은 사람들이 자신의 '등을 감추려고 하는' 문화에서 주로 사용된다. 이것은 긍정적 인정의 결핍과 사람들 사이에서 서로를 향해 행해지는 비판의식으로 인해 일어난다. 그런 상황에서는 신뢰가 부족하고 사람들은 안전하다고 느끼지 못한다. 이런 환경에서 우리는 과잉 순응하거나 반대하게 된다. 아마도 방어하기 위해 비난을 할 수도 있다. 사고력과 자율성을 위해 에너지가 남아 있지 않고 의사 결정은 방어적이 되며 생산성을 떨어뜨릴 것이다. 게다가 타인을 도와주거나 타인의 성취를 축하하는 데 관심이 없으며 경험상 긍정적인 인정을 받지 못할 것이기 때문에 직원들은 자기 발전을 위해 노력하지 않는다. 사실 그러한 경쟁적인 환경에서 그들은 성취 의욕이 떨어질 것이다.

반대로 지지적인 분위기에서는 타인을 비난하기보다 문제 해결에 더 관심을 쏟는다. 직원들은 실수에 대해 책임지려고 하며 창조성, 자발성과 다양성이 가치를 발한다. 이러한 다양성은 자신감으로 경험되며 따라서 크건 작건 모든 일상에서 동질성을 경험한다. 문제와 협의에 대해 건조한 해결책이나 차단이 없다는 것을 최우선으로 하며, 윗선에서는 필요한 경우 경계를 설정하게 된다. 관리자와 리더는 그들의 관점을 가진 사람들에게 위임하거나 의논하게 될 것이다. 지지적인 문화이기 때문에, 사람들은 서로에 대해 명확하다. 이렇게 명확한 반응은 잠재력과 책임감을 강화시키고 조직을 더욱 힘 있게 이끈다. 이러한 문화는 개인의 자율성을 지지하며 모든 직급의 리더들이 자율성과 힘을 얻는다.

우리가 어떤 국가와 지역에 소속되었는지, 남자인지 여자인지는 상황에 대한 우리의 관점뿐만 아니라 우리가 어떻게 말하는지에도 영향을 미칠 것이다. 우리 목소리는 톤과 음조, 말하는 속도와 청력 등에 따라 다르게 들릴 수도 있다. 긍정적 사고와 충만한 믿음('컵의 물이 반밖에 없다'가 아닌 '반이나 남았다')과 타인을 먼저 이해하려는 노력은 우리가 언어를 사용하는 방식에 영향을 미친다. 이렇듯 언어는 행동과 나아가 관계에 영향을 미친다. 언어는 우리 자신과 타인에게 상황을 알려 주는 방법이다. 만약 우리가 다른 사람에게 낮추어 말한다면 그것은 그가 우리만큼 훌륭하지 않다는 것을 말하는 것이다. 만약 우리가 다른 사람이 끝까지 말하도록 충분한 시간을 주지 않고 그 말을 가로채어 말한다면 그것은 그가 우리만큼 중요하지 않다고 말하는 것이다.

조직의 문화와 생산성

조직의 문화와 개인의 신념, 자기 가치감과 자신감, 행동과 의사소통 간에는 명확한 관련이 있다. 이러한 역동적인 영향은 조직의 생산성과 결과물에 필연적으로 영향을 준다.

이것을 하나의 원으로 볼 수 있는데 그것은 긍정적이거나 부정적일 수도 있다.

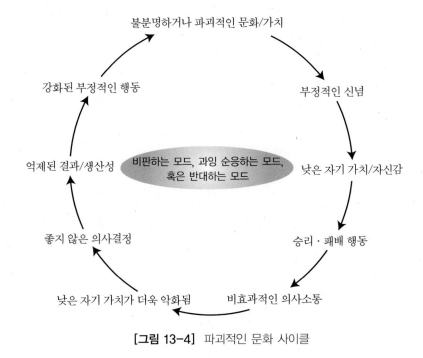

불분명하거나 파괴적인 문화/가치

부정적인 신념

강화된 부정적인 행동

비판하는 모드, 과잉 순응하는 모드,
혹은 반대하는 모드

억제된 결과/생산성

낮은 자기 가치/자신감

좋지 않은 의사결정

승리 · 패배 행동

낮은 자기 가치가 더욱 악화됨

비효과적인 의사소통

[그림 13-4] 파괴적인 문화 사이클

조직의 문화가 있는 곳에 한 명의 비판적인 직원은 과잉 순응할 수도 있고 반대
할 수도 있다. 이런 일이 일어나면 [그림 13-4]와 같은 방식으로 전개되어 가는
경향이 있다.

이 부정적인 사이클은 낮은 자기 가치감과 자신감의 부족으로 느껴지게 하며
따라서 직원들은 과잉 순응하는 모드 또는 반대하는 모드로 일하게 되면서 조직
을 위한 창의적 생각을 덜 하게 될 것이다. 이러한 환경에서는 실수할까 봐 그리
고 그것을 비난받을까 봐 두렵기 때문에 의사 결정이 지연된다. 모든 직급의 직
원들은 그들이 잡혔다고 느끼거나, '잡히기' 전에 타인을 잡으려고 한다. 관리자
들은 직원들의 행동이 여기에 맞지 않으면 어떤 특정한 가치를 기대하고 지지한
다. 이와 같은 마키아벨리식 환경에서 의사 결정은 회사를 위해서 좋은 것보다
개인에게 좋은 것이 될 것이며 결정에 따른 결과가 잘못될 때 그것을 덮기 위해
시도가 이루어질 것이다.

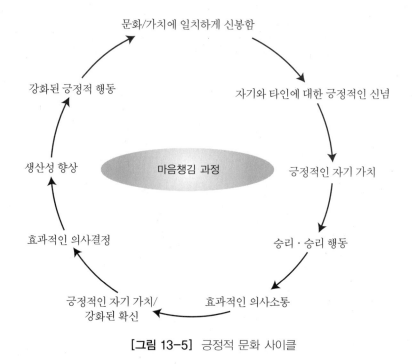

문화/가치에 일치하게 신봉함

강화된 긍정적 행동

자기와 타인에 대한 긍정적인 신념

생산성 향상

마음챙김 과정

긍정적인 자기 가치

효과적인 의사결정

승리·승리 행동

긍정적인 자기 가치/
강화된 확신

효과적인 의사소통

[그림 13-5] 긍정적 문화 사이클

사이클이 긍정적이면(예: 긍정적인 관심과 비난보다는 문제 해결을 촉진하는 문화
와 가치에서 그 일의 전문가로 인정받는 사람이 그 일을 해내는 경우) 직원의 신념은
긍정적이 되는 경향이 있다. 개인의 자기 가치감과 자신감은 높아질 것이며 이에
따른 행동은 지지적이고 창의적이며 호의적일 것이다. 이것은 효과적인 의사소
통으로 이끌게 되고 그 자체로 자기 가치감과 자신감을 증진시키며 '틀을 깨는'
의사 결정을 격려하게 된다. 따라서 이것은 높은 생산성과 더욱 효과적인 조직
운영과 발전으로 이어질 것이다. 그럼으로써 생산품과 직원에게 투자하는 적절
한 조직이 될 수 있을 것이다.

긍정적인 문화 사이클은 [그림 13-5]와 같을 것이다.

조직 내에서 관계의 속성

조직, 부서 혹은 팀 내에서 관계의 속성을 규명하자면 다음과 같은 질문을 할수 있다.

- 언제 회사가 설립되었는가?
- 누가 조직 내 우상이며 무엇이 유물과 법도인가?
- 이 설립자들은 오늘날에도 조직이 어떻게 운영되는지에 영향을 미치는가?
- 조직의 현재 철학과 가치관은 무엇인가?
- 철학과 가치관에 대해서 '문서로' 작성된 매뉴얼이 있는가?
- 현재의 조직은 과거와 다르게 기능하는가? 그렇다면 어떻게?
- 정부의 규정과 법규가 조직의 기능에 어떤 영향을 미치는가?(예: 건강과 안전)
- 설립자의 개인 성향과 권력이 관리자와 리더에게 어느 정도 영향을 미치는가?
- 긍정적이고 지지적인가?
- 과거의 '영웅'에 대해 어떤 이야기와 신화가 전해지는가?
- 공식적 · 비공식적 관계가 존재하는가?
- 어디서 좋은 관계가 만들어질 수 있고 나쁜 관계가 만들어질 수 있는가?
- 관계가 조직의 가치에 영향을 미치는가?
- 이러한 명확한 근거 가치가 있는가?
- 어려움을 직면할 개방성과 의지가 있는가?
- 모든 직급의 직원들 간에 신뢰와 지지가 있는가?
- 갈등은 해결되었는가?
- 다른 집단과 팀과 부서들과의 관계는 건전한가?
- 사람들은 자신이 일한 방식을 검토할 준비가 되어 있는가?
- 노력은 가치와 목적에 잘 맞는가?

- 어떤 종류의 문화를 원하는가?
- 현재의 문화는 가치관, 철학, 설립자의 행동에 어떻게 영향을 미치는가?
- 이것은 오늘날 조직의 목표와 관련이 있으며 합당하며 지지적인가?
- 그들의 행동과 태도는 일치하는가?
- 직원과 이들의 관리자의 관계는 어떤가?
- 관리자와 리더의 위치에 있는 직원의 태도는 조직이 원하는 가치관과 일치하는가?
- 주변에서 일어나는 일은 어떤가?(예: 암묵적인 기대가 목소리의 톤과 말의 내용으로 전달되지는 않는지, 예를 들어, 좋은 소식을 전하면서 나쁜 소식은 암묵적으로 나타내는지)

이 질문들에 대한 대답은 가장 적합한 개입에 대한 결정을 용이하게 할 것이다.

비교문화 간 의사소통

20세기의 후반기 동안 직장은 다양하게 증가하였다. 의사소통의 차이를 이해하는 것과 그 차이를 인식하는 것은 효과적인 관계로 이끌어 준다. 리더가 얼마나 많은 지식을 갖고 있느냐와 상관없이 의사소통 기술이 부족하다면 직원은 신뢰와 존경을 하지 않을 것이다.

우리가 자주 사용하는 언어와 문장은 물려받는 것이며 우리에겐 2차적 속성이 된다. 우리는 문화적 규율과 맞지 않는 말이나 의사소통을 한다는 것을 인식하지 못하면서 늘 같은 말(단어)을 계속 사용하고 있다. 우리가 OK-OK 방식으로 행동한다면, 우리는 우리 자신을 갱신하고 이러한 차이를 고려할 것이다.

정형화는 개인으로서의 한 사람으로 보기보다 모든 사람을 하나로 묶는 경향이 있다. 예를 들면 "그 사람은 언제나 늦어. 그런데 그 나라 사람들은 원래 그렇

더라."와 같은 식이다. 이렇게 하는 이유는 우리의 준거 틀을 변화시키지 않아도 되고 세상을 우리가 생각해 온 대로 똑같이 남겨 둘 수 있기 때문이다. 그러면서 우리는 유사한 점을 보기보다 사람들 간의 차이를 최대화한다.

우리는 그럴 필요가 없을 때 우리의 이야기를 한정함으로써 정형화하기도 한다. 예를 들어, '발음이 분명한(소수 인종) 직원'은 보통은 언어 능력이 낮은 특정 집단을 지칭한다.

다른 문화가 서로서로 듣는 방식은 다르다. 어떤 이는 지속적인 눈 맞춤을 공격으로 경험한다. 말참견하는 것을 다른 사람을 디스카운트하는 것으로 보지 않는 관점을 가진 백인 영국인 문화를 포함한 몇몇 다른 문화에서는 그것을 수용할 수도 있다.

문화적 기대는 어떤 이에게 인정(TA 이론에서 말하는 스트로크)을 주고 싶을 때 고려될 필요가 있다. 문화가 달라서 차이가 있다면 다른 문화에서는 수용될 수 있는 것이 공격하는 것이 될 수도 있다. 예를 들어, 상을 받은 동료에게 인정을 주고 놀라워하는 것이 자연스러운 것이지만 만약 우리가 상을 받았는데 비슷한 인정을 주는 반응을 보이지 않는다면 공격적으로 느껴질 것이다. 심지어 만약 자신이 상을 받았음에도 인정(스트로크)을 못 받아 동료에게 어떻게 생각하는지를 물어봤고, 자신은 단지 "당신 정말 훌륭하고 인정받을 만해."라는 말을 기대했을 뿐인데 동료들이 실제로 자신이 어떻게 생각하는지에 대해 일장 연설을 했다면 더욱 심한 공격으로 여겨질 것이다.

의사소통을 고려할 때 우리는 문화적 기대를 고려해야 한다. 비록 우리가 그렇게 할 때라도 소통이 쉽게 이루어지지 않을 수 있고 그때는 TA가 도움이 될 수 있을 때이다. 다른 문화에서 부주의하게 실수를 했다면 당혹스러움이 불편하고 어려운 관계가 될 수 있다. 우리가 '마음챙김' 상태에 있다면 어려움을 쉽게 하고 해결할 수 있는 선택권을 고려할 수 있다.

우리(저자들)는 문화적 기대에 대한 재밌는 사례를 갖고 있다. 아르메니아에서 자원봉사 훈련을 수행하기에 앞서 우리는 그곳의 문화에 대해 읽었다. 우리가 배웠던 것은 아르메니아인은 우리보다 더 형식적이며 직장에 올 때도 잘 차려입는다는 것이다. 우리가 도착한 다음 날 통역 팀과 저녁에 미팅을 갖기 전에 예레반 도시를 한 바퀴 돌면서 구경했다. 아르메니아인 동료가 우리와 헤어지기 직전에 '집에 가서 옷을 갖춰 입고 7시 미팅에 가도록 태우러 가겠다'는 말을 하였다. 우리는 이것을 우리 조사원들이 복장을 잘 갖춰 입어야 한다는 말로 알아들었다. 미팅에 도착해서 통역원을 봤을 때 그가 캐주얼하게 옷을 입은 것에 우리는 다소 놀랐다. 즉, 우리에게는 우리가 배운 바대로 컨설턴트는 정장을 차려입어야 한다는 문화적 기대가 있었다고 생각했다.

3주간의 일정 마지막에 같은 아르메니아 동료가 우리와 함께 있다가 저녁에 다시 미팅을 하기 전 떠나면서 "집에 가서 '푹 쉬고(get rest)' 나중에 봐요."라고 말했다. 갑자기 우리는 그녀가 3주 전에 같은 말을 했을 때 그녀의 영어 발음 때문에 "집에 가서 옷을 갈아입으세요(get dressed)."라고 들었다는 것을 깨닫게 되었다. 나중에 그녀가 어떻게 된 것인지를 이야기했는데, 그들은 우리가 격식에 맞는 옷을 잘 차려입는 사람들이라고 생각했다는 것이었다.

사소한 것이지만 이런 혼란은 우리가 뭔가를 들을 때 기대가 어떻게 영향을 미치는지, 그리고 이러한 기대에 맞추려고 우리가 어떻게 우리 자신을 조절하는지를 보여 준다. 그 순간 우리 모두는 웃음을 터트렸고 같은 일이 계속되진 않았다.

요약

문화는 직장 생활에서 중요한 국면이다. 이것은 초기, 그 이후 그리고 중요한 리더들로부터 만들어지는데 직원들과 생산에 긍정적 · 부정적 영향을 미친다. 문화를 바꾸고 싶으면 먼저 문화를 이해해야 하며 무엇을 원하는지, 왜 원하는지를 결정해야 한다. 그런 다음 원하는 결과를 달성하기 위해 필요한 변화와 발전을 고려할 수 있다.

세계적 조직이 충분히 유연하고 지역 문화에 영향을 미친다면 조직의 목표와 목적을 달성하게 됨으로써 직원들은 더 잘 화합하게 될 것이다.

　　조직의 문화는 오케스트라가 연주하는 푸가의 곡과 같다. 중심 주제가 조직의 전체를 흐르는 동안 일부 파트는 이 중심 주제로부터 벗어날 수 있으나 그들은 모두 긍정적인 결과를 위해 서로 하모니를 이루어야 한다.

연습

연습문제 1: 조직의 문화 사정하기

당신이 소속되었거나 함께 일하고 있는 조직을 생각해 보고 다음의 질문에 답해 보라.

- 당신은 조직 문화의 특징을 뭐라고 말할 수 있는가? 340~344쪽에 설명된 대로 다양한 문화적 영향을 나타내는 당신 조직의 문화 구름도를 그려 보라.
- 세부 요인들 중 어떤 것이 직원들과 고객들을 계속 유지하기 위해 중요한가?
- 어떤 요인들이 성과를 방해하는가?
- 정체성과 성공의 기초가 되고 사람들과 팀들이 성장하는 학습문화를 발달시키면서 조직이 배우고 혁신하고 실험하고 반성하는 것을 통해 가치와 스타일을 둘 다 어떻게 유지할 것인가?
- 조직 내에 잠재된 함정인 격차와 다양성과 크기가 어떻게 가장 잘 극복되어 기회로 바뀌게 될 수 있는가?
- 조직의 학습에서 최우선이 되어야 할 것은 무엇인가?
- 의사소통과 학습에 관련하여 어떤 방법과 훈련이 탁월한 성과와 독특한 문화를 증진시킬 수 있는가?

연습문제 2: '화성인'처럼 생각하기

- 어떤 이야기, 신화, 전설이 당신의 조직에 전해지는가?
- 이러한 이야기가 문화를 어떻게 강화하는가?
- 당신이 화성인이라고 상상한 채 당신의 조직을 들여다보면 무엇을 볼 수 있는가? 어떤 느낌이 드는가?
- 화성인으로서 밖에서 들여다보면 어떤 변화가 있어야 하는가?

괴롭히기

CHAPTER

14

소개

이 장에서는 괴롭히는 행동의 정신병리보다는 오히려 조직 내의 괴롭히기라는 현상에 초점을 두고 있다. 만약 조직이 이 현상을 묵인하여 괴롭히기를 무시하거나 희생자를 비난한다면, 이것은 단지 개인 희생자들만이 아니라 전체 조직에 심각한 영향을 주게 될 것이다. 초점은 그런 행동을 묵인하는 것이 아니라 그런 행동을 멈추게 하는 것에 있다.

괴롭히는 행동의 과정을 이해하기 위해서는 괴롭히는 사람을 이해할 필요가 있다. 괴롭히는 행동에 대한 이해는 잠재적인 희생자로 하여금 역행하기보다는 반응하는 힘을 기르도록 하는 것이다. 종종 이런 이해는 괴롭히는 행동의 해로운 결과를 당할 필요가 없이 적절하게 반응하도록 하게 한다.

정의

옥스퍼드 사전은 괴롭히는 사람(bully)을 다음과 같이 정의하고 있다.

두려움에 의해 타인을 강요하기 위하여 세력이나 힘을 사용하는 사람

괴롭히기(bullying)에 대한 정의는 다음과 같다.

수용자가 받아들일 수 없는 것으로 간주되는 공격적이고 굴욕적인 신체적 또는 언어적 행동

그리고 또 다른 것은 다음과 같다.

감정, 상처, 분노, 비난받기 쉬움이나 무기력함을 남기는 방법으로 어떤 사람을 위협하는 힘의 남용

　괴롭히기는 다양한 형태로 나타난다. 그것은 노골적일 수도 있고 매우 미묘할 수도 있다. '괴롭히기(bullying)'라는 용어가 모호한 것은 이것이 단지 아이와 젊은 이들 사이에 일어나는 일일 뿐이라고 믿는 사람들이 많기 때문이다. 따라서 어떤 사람들은 '직장 학대(workplace abuse)'라는 용어를 더 선호한다. 저자들은 '괴롭히기'를 선호하지만 그것이 인종차별, 조롱하기, 뒤에서 해를 입히기, 방해하기, 성차별 등과 같은 다양한 형태로 나타난다는 점을 강조하고 싶다.

　다음의 사례 연구들은 괴롭히는 행동의 미묘한 양상을 잘 보여 준다. 첫 번째 사례에서는 다른 사람을 조롱하는 것이 용인되는 집단에 동조한 관리자가 보고한 내용이 소개되어 있다.

클라이브는 최근에 이사회에서 신임 이사로 임명되었다. 그는 이전에 한 국가적인 회의에서 CEO를 만난 적이 있었다. 그는 CEO의 가치 기준을 높이 평가했고 자신이 조직에 기여할 수 있게 되기를 열망했다. 어떤 모임에서 여자 이사가 일찍 자리를 뜨게 되었을 때, 그녀가 떠난 후 집단은 그녀에 대해 우스갯소리를 해대기 시작했으며, 그녀의 능력을 조롱하였다. 클라이브는 어떤 사람이 모임에 없는 사람에 대해 경멸스럽게 말할 때 불편함을 느꼈다. 모임이 끝난 후 그는 상사에게 찾아가서 자신이 그런 몰상식한 행동에 동조했다는 사실에 충격을 받고 놀랐다고 말했다. 그가 지금까지 보여 준 가치 체계는 그런 행동과는 맞지 않는 것이었다.

이 상황은 그 연루된 사람에게 받아들여지고 소속되는 방법을 받아들이라고 요구한다. 상사가 다른 활동 영역에서 괴롭히는 행동을 보여 주거나 그렇지 않다고 하더라도 이것은 집단 괴롭히기의 사례이다. 비록 그 여자가 이야기 도중에 모임을 떠났다고 할지라도 조롱하는 이야기는 이면적 수준에서 그녀를 집어 내는 것이며, 그녀에게 해로운 것일 뿐만 아니라 집단 문화에서 그 과정에 참여한 모든 사람에게도 마찬가지이다. 이것은 이런 상황에 직면할 때 큰 용기가 필요하다. 경험은 초기 단계에서 이런 도전은 클라이브에게 보호가 되는 것처럼 보임을 말해 준다. 일단 직면하게 되면, 괴롭히는 사람들은 도전에 직면하지 않으려고 한다.

괴롭히기가 항상 명백한 것은 아니다. 당신이 어떤 사람의 상황을 어렵게 하거나 경시하거나 업무에 너무 많은 부담을 줄 때, 이것들이 'I'm OK, You're OK' 반응을 다루는 것보다 더 어려운 괴롭히기의 다양한 형태들이다. 다음에는 그와 같은 사례가 있다.

마사는 자기 보스인 타냐가 규칙을 마음대로 바꾸는 것을 경험하였다. 일 분 동안 생각하면 타냐가 무엇을 원하는지 알 수 있었지만, 그녀와 이것을 확인했음에도 불구하고 타냐는 나중에 자신이 한 말을 부인하였다. 마사는 타냐가 요구하는 이런 변덕스러운 변화와 어떤 일에도 감사를 하지 않음에 넌더리가 났다. 그녀의 책임은 점차 침식당했으며 그래서 그녀는 상처를 입고 고립감에 빠지게 되었다.	이런 상황은 개인이 특별히 다루기가 어렵다. 이것은 지시 내용을 서면으로 확인할 수 있도록 하며 그 과정의 전후 상황을 분명하게 하도록 한다. 타냐는 마사를 Not OK 태도로 움직이도록 하였으며, 마사는 이 문제를 해결하기 위해 OK-OK 태도에 머물 필요가 있었다. 그녀는 또한 조직 안팎으로 도움을 요구하였다.

다음의 좀 더 직접적으로 공격하는 괴롭히기 행동의 두 과정을 대조해 보라.

팀장인 데이비드는 자신이 내리는 지시의 권위에 대해 확신을 갖기 어려워졌다. 많은 팀원은 한 여성인 에린에게만 호의를 보이는 그를 신뢰하지 않았으며, 그래서 그녀는 팀에서 일할 때 '좋은' 험담거리를 제공하였다. 이런 상황이 발생한 것은 데이비드가 에린으로 하여금 자기에게 공개적으로 빈정거리고 농담하도록 허락했기 때문이다. 그래서 그녀는 또한 사무실에서 많은 경우에 그에게 소리를 질렀으며, 이것은 또한 아무도 그녀에게 도전하지 못한다는 것을 의미하였다.	이것은 명백히 괴롭히는 행동의 일례이다. 팀장은 에린에게 주의를 주지 않았으며, 그래서 그녀의 반사회적인 행동은 강화되었다. 그의 리더십 부재는 다른 팀원들이 감정적으로 불안감을 느끼도록 하였으며 그래서 팀원들은 수동적인 행동을 하였고 '발등에 떨어진 불'과 같은 업무 외에는 아무것도 하지 않게 되었다. 그래서 업무는 스트레스를 주게 되었으며, 조직의 건강 수준이 악화되었다.

괴롭히는 행동은 미묘하고 능란할수록 더 철저하고 공격적이 되는 연속선상에 있는 것처럼 보인다. 그것은 일대일 또는 집단 수준에 일어날 수 있으며, 매 순간 에너지가 창조적이고 생산적이기보다는 생존적으로 표출될 때 조직은 어려움을 겪게 된다.

괴롭히는 행동과 힘과 권위의 사용과 남용 사이에는 분명한 관련이 있다. 만약 당신이 힘을 갖는 것이 당신에게 타인의 행동을 통제, 판단, 금지할 권한을 준다고 믿는다면 당신이 발휘하는 권위는 비판적인 행동과 'I'm OK, You're Not OK' 태도를 취하게 될 것이다.

이와 달리 만약 권위를 가진 힘이 조직의 목표를 향하여 타인에게 영향을 주고, 방향을 제시하고, 지시할 수 있는 능력이 당신에게 있는 것이라고 당신이 믿는다면 리더십의 스타일은 다를 것이다. 이것은 당신이 가까이하기 쉽고, 기꺼이 책임을 지며, 또한 타인을 앞세우고 보상을 해 준다는 것과 같다. 그러면 당신은 'I'm OK, You're OK' 태도를 견지하며 마음챙김 상태에 있는 것과 같다.

몇몇 사람에게 힘은 또한 영성을 포함한다. 그래서 이런 경우에 힘은 좀 더 나는 누구인가에 대한 감각을 갖게 되며, 나의 존재는 위대하다는 에너지와 삶 자체의 내재적인 가치와 연결된다. 물론 이것은 위에서 언급한 'I'm OK, You're OK' 리더와 조화를 이룬다.

당신이 힘을 인식하고 사용하는 방법은 어떻게 당신이 타인과 함께하며, 자기 혹은 타인을 괴롭히는 행동을 어떻게 관리하는가에 대한 직접적인 영향력을 갖는 것이다. 이것은 힘을 '7개의 다른 근원, 즉 내려놓기, 열정, 통제, 사랑, 의사소통, 지식, 초월로부터 흐르는 변화를 일으키는 능력'으로 생각하는 Steiner(1987)와 연관된다.

괴롭히는 행동 이해하기

괴롭히기 각본의 발달은 의미 있는 타인과 좋고 싫은 교류를 한 어린 시절에서 시작된다. 간단하게 말하면, 이 각본 내의 준거 틀은 힘이 균형을 이루거나 어떤 사람이 승리하는 것이다. 부모가 권위를 발휘하고 물리적인 힘을 사용하거나 교묘하게 조정할 때 아이는 분노하게 되며, 이런 상태에서 힘의 감각은 Not OK 태도에 있을 수 있다. 자연적으로 희생자가 받은 괴롭히기는 집에서보다는 운동장에서 일어나기가 쉽다. 그렇지만 만약 이 상황에서 생존의 선택을 위한 적대적인 위협과 폭력에서 오는 거절과 소외의 감정을 견뎌야 한다면, 그 상황은 아무런 상관이 없을 것이다. 세계를 이해하는 제한된 삶의 경험에서, 의식적인 인식 밖에서, 아이는 희생자 또는 괴롭히는 사람이 되는 결단을 할 수도 있다. 아이는 가정에서는 희생자, 바깥에서는 괴롭히는 아이로 전환할 수도 있으며, 그 반대의 경우도 마찬가지이다. 최소한 후자는 좀 더 많은 힘을 경험한다. 시간이 흐를수록 그들은 자신과 비슷한 사람들을 찾으려고 하며, 그래서 소속감을 얻는다. 이것은 타인과 관련지으려는 욕구를 충족하는 것이며, 이 경우 괴롭히는 태도는 강화될 것이다.

이것이 어린 시절에 괴롭히는 행동의 발달에 대한 개관이지만, 이런 행동은 학교에서 바로 멈추는 것이 아니라 직장에서 계속된다.

괴롭히는 행동의 발달에는 다양한 단계가 있다. Manning(2001)은 이 과정을 보여 주기 위해 그림을 사용하며, 다양한 단계를 보여 준다.

1단계: 이 아이는 괴롭히는 사람의 희생자이며 무기력감을 경험한다.
2단계: 이 아이는 싸우기로 결정하고 괴롭히기에 저항한다.
3단계: 고통을 흥분 상태로 대체한다. 젊은 사람은 성인들과 싸울 타인을 찾지만 모든 어른을 괴롭히는 사람이나 권위주의자로 경험한다. 그들과 싸

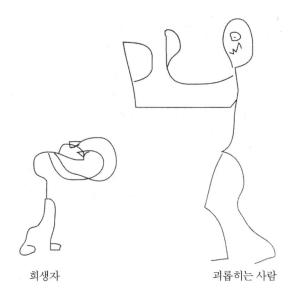

희생자   괴롭히는 사람

[그림 14-1] 괴롭히기 발달: 1단계

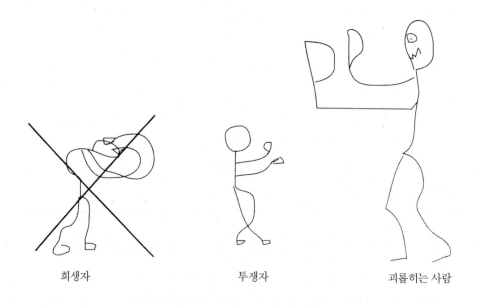

희생자   투쟁자   괴롭히는 사람

[그림 14-2] 괴롭히기 발달: 2단계

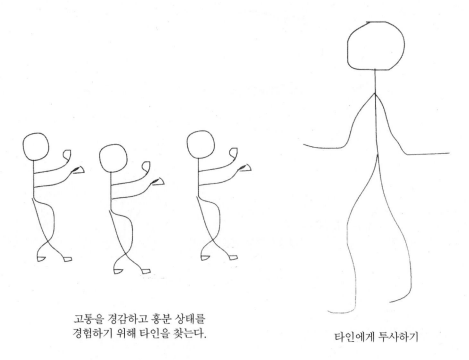

고통을 경감하고 흥분 상태를
경험하기 위해 타인을 찾는다.

타인에게 투사하기

[그림 14-3] 괴롭히기 발달: 3단계

울 타인을 찾는 것은 흥분 상태를 만들어 내며, 두려움을 자신이 경험
한 고통으로 대체하려는 것처럼 보인다. 그들은 또한 자신이 발견한 또
래 집단에 소속하려고 한다. 대안적으로 사람들은 집단을 끌어가려고
결정하거나 타인이 자신을 괴롭힌 경험을 하는 방식으로 타인을 추종
할 수도 있다.

4단계: 괴롭히는 사람이 된다. 성장함에 따라 그들은 희생자 태도에 대한 방어
로서 괴롭히는 태도를 취하게 된다. (괴롭히는 태도로 움직이지 않는 사람
도 있으며, 드라마 삼각형에서 희생자로 머문다[Karpman, 1968].)

희생자 혹은 괴롭히는 사람

[그림 14-4] 괴롭히기 발달: 4단계

누구의 책임인가

우리는 어떤 구조적 자아 상태가 책임을 지는지를 항상 알 수는 없다. 즉, 책임을 지는 것이 내사된 부모 자아 상태이든 어린이 자아 상태이든 그것들은 어린아이처럼 기능한다. 어떤 조직에서 이것이 적합할 것 같지 않다는 관점으로 분석하는 것은 적합하지 않다.

괴롭히는 행동은 종종 무서운 느낌으로부터 일어난다. 그러나 이것은 분노 행동으로 대체된다. 그런 식으로 괴롭히는 사람은 상처를 덜 입을 수 있다. TA 용어에서 분노는 대체 감정이다. 본래의 두려운 감정은 덮이고, 그 사람은 더 이상 그것을 인식하지 못한다. 때때로 괴롭히는 행동을 멈추지만 그 사람이 자기 감정을 처리할 대안을 여전히 갖고 있지 않다면 우울함에 빠질 수 있다.

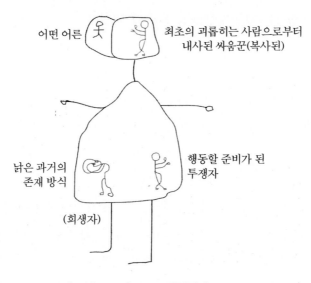

어떤 어른

최초의 괴롭히는 사람으로부터
내사된 싸움꾼(복사된)

낡은 과거의
존재 방식

행동할 준비가 된
투쟁자

(희생자)

[그림 14-5] 누구 책임인가

행동 유형

괴롭히는 사람들이 사용하는 인지 가능한 몇 가지 행동 유형이 있다. 만약 당신이 이 중 어떤 행동을 한다면, 그리고 만약 당신이 타인도 OK, 나도 OK라고 믿기로 변화될 필요가 있다면 이것은 고려해 볼 만하다.

괴롭히는 사람들이 보여 준 행동 유형들은 다음과 같다.

• 과도하게 의심한다.

• 자기 의견을 유일하게 옳은 것으로 본다.

• 사람들을 유능하도록 촉진시키지 않는다.

• 타인의 좋은 생각을 신뢰하지 않는다.

• 도전받거나 일이 잘못될 때 타인을 비난한다.

• 객관성을 바꾸어 어려움을 초래한다.

- 최선책으로 '매력적인 조작자'가 될 수 있다.
- 자기 자신과 타인에게 완벽성을 요구하거나 기대한다.
- 어려움에 직면할 때 합리화하며, 자신에게 돌아올 책임을 타인에게 있다고 말하며, 희생자 태도로 돌변한다.
- 약함을 보여 주기를 좋아하지 않는다.

괴롭히는 사람은 어떻게 방향을 선회하고 문제를 다루고 자신의 흔적을 지울지를 알며 매우 빠르게 머리를 굴린다. 그들은 자신의 행동이 이성적이라고 믿기조차 한다. 심지어 그들은 이리저리 조직을 잘 옮겨 다니며 자기들의 행동에 연속성을 부여하지 않는다. 사실 어떤 조직은 실제적으로 이런 공격적인 행동을 보상하기도 하는데, 그것이 '잘 나가는' '역동적인' '문제를 해결하는' 것으로 보이기 때문이다.

이런 행동에 대한 반응

괴롭히는 행동에 대한 다른 유형의 반응이 있다. 희생자로서 당신은 그 행동에 적응하거나 묵인할지도 모른다. 이것은 당신이 그런 대접을 받아 마땅하다고 믿기 시작한다는 것을 의미하거나 당신이 어떻게 할지를 모르겠다는 것을 의미할 수도 있다. 만약 당신이 이렇게 행동한다면 당신은 자기 자신과 그 문제의 심각성을 디스카운트하거나 이런 문제를 다루는 당신의 개인적인 능력을 디스카운트하는 것이다. 마침내 그 스트레스가 너무 심해져서 당신이 관계에서 폐쇄적이 되거나 괴롭히는 사람과 함께 일한다면 그것이 삶을 힘들게 만들 수도 있다.

비록 당신이 어떤 사람을 괴롭히는 경험을 할지라도 그것이 의도적이지는 않았다는 것을 기억하는 것은 중요하다. 그들이 인식하지 못하거나 정당하게 관계하는 기술이 부족할 수도 있기 때문이다. 또한 당신이 무뚝뚝한 스타일의 사람과

의사소통할 때 자기 신뢰가 부족할 수도 있다. 당신은 그들의 행동에 직면하기보다는 쉽지는 않지만 우회하는 것이 매우 중요하다.

괴롭히는 행동을 나타내는 어떤 사람이 처음 그런 행동을 할 때 인식하는 것은 중요하다. 이것은 스트레스나 압력에 따른 것일 수도 있으며, 그 상황에서 그들이 할 수 있는 최선의 행동일 수도 있기 때문이다. 스트레스를 제거하라. 그러면 괴롭히는 행동 또한 멈출 수도 있다. 만약 이것이 그 상황이라면 그들은 처음에 괴롭히는 행동을 하게 했던 다양한 상황을 다루는 기술을 기꺼이 배우려고 할 수도 있다. 이때 코칭과 멘터링이 주요한 역할을 한다.

괴롭히는 사람과 대화하는 것은 중요하며, 그들에게 자기들의 행동이 묵인되지 않으며, 공정한 태도로 대우받을 기대를 알려야 한다. 이런 행동이 멈추지 않는다면 그때는 괴롭히는 행동을 기록하는 것이 중요하며, 괴롭히는 행동을 타인이 경험하고 있다는 것을 그 사람에게 알리고, 고충 처리 절차를 밟으며, 그들로부터 경험한 괴롭히는 행동을 말한다. 이런 절차를 통해 노동조합, 전문협회, 친구, 가족, 동료들의 도움을 구하는 것이 필요하다. 이것은 그 절차가 진행되는 동안 당신 자신을 OK로 유지시켜 주는 데 도움이 될 것이다.

낙인찍기

어떤 사람을 괴롭히는 사람이나 희생자로 낙인찍거나 이런 체계를 촉진하거나 유지하는 것은 위험하다. 행동과 성격을 분리한다면 진행되는 방식을 잘 발견할 수 있다.

낙인찍기(labelling)는 TA 개념에서 속성(attributions)과 연계된다. 속성은 부모들이 자녀에게 할당해 주고 다른 양육자들이 아이들을 규정한 특성이다. 그것은 부정적일 뿐만 아니라 긍정적이기도 하다. 그렇지만 그것이 긍정적으로 나타난다고 할지라도, 그것은 당신이 단지 그 특정한 속성을 가지는 것만을 경험한다면 제한될 수 있다. 예를 들어, 어떤 부모가 "맨프레드는 영리해."라고 말한다면, 아이는 자기 자신에 대해 웃음을 주지 못하거나 돌봄을 못 받거나 창조적이 아니라는 해석을 할 수도 있다. 직장에서 어떤 상사가 "마비스는 괴롭히는 사람이야."라고 말한다면, 마비스는 자기 자신이 어떤 기술도 없고, 자기 성격은 불쾌감을 주며, 자신이 아무것도 아니라고 해석할 수도 있다.

이에 대한 또 다른 관점은 우리가 부정적인 경험을 할 때 그 원인을 다른 사람 탓으로 돌리는 경향이 있다는 것이다. 우리가 긍정적인 경험을 할 때 우리는 그 원인을 자기 탓으로 돌린다. 괴롭히기가 발생하면, 희생자나 괴롭히는 사람 둘 다 타인을 비난하며 또한 외적 이유를 들어 탓한다. 그러나 자기 행동의 책임을 인정하는 사람들에게 중재는 도움이 될 수 있다. 괴롭히는 행동을 경험했던 사람은 바로 그 행동을 곧 멈추지 않는다면 나중에 신뢰를 잃게 되어 아무것도 할 수 없게 될 수도 있다. 괴롭히는 사람은 그 행동이 통제적이고 해를 끼칠 수 있다는 것을 인정한다면, 조직은 과거의 괴롭히기에 대한 충분한 행동을 취하지 않을 수도 있다. 이런 경우에 희생자는 괴롭히기를 멈출 수 있는 체계에 대한 충분한 신뢰를 하지 않을 수 있으며, 그래서 스스로 스트레스를 더 쌓게 된다.

많은 사람에게는 조직을 떠나는 것이 유일한 그리고 종종 더 좋은 대안이 될 수 있다. 조직을 법정에 세우는 것은 시간과 비용이 많이 들기도 하지만 감정적으로는 이런 대안을 선택하기도 한다. 연구 보고서(Hoel & Cooper, 2000; Raynor, Hoel, & Cooper, 2002 재인용)에 의하면 괴롭히는 행동으로 인한 희생자가 괴롭히는 사람과 직면할 때 문제의 해결은 좀 더 용이해진다. 대안적으로 희생자는 이 문제를 해결하기 위해 TA에서 말하는 소위 '스탬프(stamp)'를 수집할 수도 있다. '스탬프'는 타인이 자기에게 상처를 주거나 분노할 때 수집하는 부정적인 감정이나 생각이다. 이런 문제를 이야기하는 대신, 사람들은 이런 스탬프를 수집하여 장부에 붙여 놓았다가 나중에 청산하게 된다. 어떤 사람이 당신에게 건방지게 군다면 당신은 이 문제는 사소하다고 자기 자신에게 말할지도 모른다. 그렇지만 당신은 일어났던 일을 놓지 못하여 스탬프를 수집하였다. 그러면 어떤 사람이 어떤

방법으로든지 당신을 성나게 하거나, 그 사람이 돌아섰을 때 당신이 아무것도 하지 않았다면 더 많은 스탬프를 수집하는 것이다. 결국 당신은 몇 달 안에 이 스탬프를 청산하기 위해 몸이 아프거나 당신이 느끼기에 충분할 만큼 큰 분노를 폭발시킬 것이다.

괴롭히기와 기업 문화

조직의 초점은 통제될 필요가 있는데, 해를 끼치는 행동이 계속되는 것보다 분명한 경계를 만드는 것이 더 좋기 때문이다. 괴롭히기가 지속적으로 허용될 때, 이것은 생산성과 조직 충성도를 감소시키며, 결국 권위를 행사할 수 있는 누구도 상황을 통제할 수 없게 될 수 있다. 괴롭히기에 대한 보고서가 부족하여 그런 행동이 계속 발생한다면 리더들은 적극적으로 조처를 취할 수 있는 능력을 발휘해야만 한다. 만약 조직이 괴롭히는 행동을 해결하지 못한다면, 은밀히 결탁하는 것과 마찬가지이다. 어떤 사람이 괴롭힘을 당하는 것으로 보인다면, 조직의 사람들은 어떤 일이 일어났는지를 말해야 하며, 그 해결책을 찾아야만 한다. 만약 괴롭히기가 잘못 관리되는 것처럼 보인다면, 충성도는 감소하게 될 것이다.

다음은 조직적인 결탁의 사례이다.

자비스는 분노를 자주 표출하여 타인을 괴롭히는 경향이 있었다. 관리자로서 그는 자기 직위를 사용하여 부하직원을 강요하거나 위협하였으며, 그 팀은 그를 만나는 모임을 회피하였다. 자비스는 그런 방법으로 팀원들을 일하게 하였으며, 그들은 그를 만나려 하지 않았고 고분고분하였다. 이것은 그가 느끼는 모든 것이 자기 통제하에 있다는 것을 의미하였다. 자비스의 상사들은 그를 두려워하여 그에게 적절한 감독을 하지 못했으며, 팀원들이 그에 대해 불만을 토로할 때는 '그 문제에 기름을 퍼붓'는 역할을 하였다. 마침내 팀원은 괴롭히기와 괴로움에 대한 고충 조직이 탁월한 직원들을 잃게 된 것은 선임 관리자가 과실이 있을 때 분명한 행동을 취하지 않았기 때문이다. 다른 직원들은 괴롭힘에 대한 보고에는 어떤 결론도 없으며, 직무 정지 기간에도 100% 봉급을 지불했다고 말하기 시작했다. 이것은 처리 민원을 넣었고, 조사가 물밑으로 진행되었으며, 자비스는 직무 정지를 받았다. 이런 일이 발생하자 다른 팀원들도 고충 처리 민원에 도움을 주기 시작했다. 비서는 조사관들에게 그녀가 집무 시간에 개인적인 일을 했으며, 조직 자료를 개인적으로 사용했다고 말했다. 직무 정지는 1년 동안 계속되었고, 자비스는 조직이 지불하는 훈련 과정에 참여하였다. 불만을 듣는 경청 훈련 과정이 있었지만 그는 참여하지 않았고, 그가 직무 정지 기간과 훈련 기간 동안에 개인적인 일을 하였다는 것을 종업원들은 알고 있었다. 자비스를 직무에 복귀시키느냐 마느냐 하는 심사가 있었지만, 그는 참여하지 않았다. 자비스가 불만을 듣는 경청 훈련에 참가하지 않았을 때, 고충 처리 민원에 참여했던 많은 직원이 그 조직을 떠나기로 결정하였다.

Wickens 사분면(2장을 참고하라)의 냉담한 태도인 'I'm Not OK, They are Not OK' 조직 문화를 이끈다. 그들은 모두가 알고 있는 일을 해결하지 못한다면 충성도는 감소할 것이라고 말하기 시작했다. 그 후 도덕성도 떨어졌다. 이 사건은 조직 문화에 영향을 받아 이전의 괴롭히기 상황을 잘 처리하지 못하는 것에 대한 직원들의 경험을 강화시켰다.

괴롭히는 사람으로 요주의 인물이 된 직원을 해고시키기보다 직무 정지만 시킨다면 직장은 신뢰를 상실하게 될 것이다. 그 상황이 부정적인 행동을 보상하기보다는 공정하게 처리되는 것을 보게 하는 것이 중요하다. 이것은 또한 직원들이 "그에게는 OK야. 잭이 괴롭힘으로 인해 아픈 동안에 그는 보상을 받았어. 이 조직에서 실제 일어난 일이야. 그러나 만약 우리 중의 하나가 누구를 괴롭혔다면 바로 해고될 거야."라고 말하는 상황으로 이끌 수 있다.

조롱하거나 지분거리는 조직 문화에서 괴롭히는 행동을 말하기는 어려울 수 있다. 가벼운 조롱으로 직원들의 긴장이 풀어지고, 이런 일이 좀 더 진행되는 상황이라면 OK 모드 모형에서의 과잉 순응하는 모드로 옮겨 간다. 이것은 군대 조직에서 일어나는 것으로 잘 알려져 있으며, 어떤 사고들은 언론에서 히트를 치기도 하지만 그것은 이런 문화의 발달에서 홀로 일어나지 않는다. 가벼운 조롱은 애정이 담긴 것일 수도 있고, 상대에게 소속감을 느끼게 해 줄 수도 있다. 그렇지만 조롱이 '씁쓸한 뒷맛(sting-in-the-tail)'을 남길 때, TA에서는 이것을 스콜피온 스트로크라고 부른다. 예를 들면 다음과 같다.

"당신은 외모가 괜찮군요. 하지만 당신은 아주 잘생기지는 않았다는 것이 부

끄럽겠지요, 하하."

어떤 사람의 얼굴 생김새가 잘 어울리지 않을 때, 결과적으로 타인에게 웃음거리가 될 수 있다. 다음은 이에 대한 사례이다.

신임 관리자인 안드레아는 판매 대리점에 일하러 갔다. 그 사무실은 크고, 유명한 판매 대표들이 있었으며, 기술과 능력보다는 높은 가치와 물질적인 부를 나타내고 있었다. 판매 대표들은 안드레아가 자기와 다른 신분이기 때문에 그녀가 어떤 실수를 하거나 자기들을 위해 어떤 심부름을 할 것이라는 내기를 하였다. 승자들은 샴페인을 받을 것이다. 결과 안드레아는 이런 내기가 있다는 것을 알게 되었으며, 상사에게 그 문제를 호소하였지만 상사는 단지 강해지라고 말하고 아무런 조처도 취하지 않았다. 그래서 그녀는 그 조직을 떠났다.

이것은 집단 괴롭히기의 사례이다. 관리자는 이를 멈추게 할 필요가 있었다. 소중한 철학적 가치의 근거뿐만 아니라 괴롭히기를 반대하는 정책은 조직 문화를 바꾸고 관리자가 이런 행동에 직면하도록 돕기 위해 필요하다.

이런 과정을 즉각적으로 확대할 필요가 없이 괴롭히는 행동을 사람들이 보고 하는 방법을 찾을 필요가 있다. 가끔 어떤 어려운 상황은 선임 동료들이 타인과 대화할 수 있도록 돕기 위해 참여함으로써 해결될 수 있다. 이런 방법으로 고충 처리 과정은 필요치 않을 수 있다. 낮은 자세의 접근법을 사용하면 이 과정이 복잡해지지 않고 문제를 해결할 수 있지만, 만약 이런 방법이 통하지 않는다면 좀 더 진전된 단계가 요구될 것이다.

긴장을 완화시키는 다른 방법은 고용인이 단언 훈련, 의사소통 기술, 갈등 관리 과정에 참여하게 하며, 중재나 코칭을 받게 하는 것이다. 오늘날 대부분의 조직에서는 이런 해결책이 서로 배타적이지 않으며 고충 처리 과정이 여전히 통제를 유지하는 방법으로 실시될 필요가 있다. 희생자나 괴롭히는 사람을 교육과정에 참여케 하는 것은 이것이 자신의 문제라는 메시지를 주는 것이다. 위의 안드레아의 사례에서 그녀는 계층 구조에 있는 모든 사람이 연루되어 있는 조직 문화의 희생자였기 때문에 어떤 교육과정이나 코칭도 그녀에게 도움이 되지 않았다. 이 사례는 괴롭히기가 종종 더 깊은 조직 문제의 징조라는 것을 강조한다. 이런 문제를 해결하면 괴롭히는 행동의 감소가 조직 전체를 통해 이루어진다.

다양한 조직은 다양한 규범을 갖고 있다. 어떤 조직은 '강인한' 문화를 발전시켰으며, 종종 괴롭히기 문화는 다른 이름일 뿐이다. 이것은 피해를 받는 수준을 디스카운트한 것뿐이다. 조직은 돌봄에 대한 법적 의무를 준수하며 자신의 고용인을 존중하는 도덕적인 규범을 지켜야 한다는 것을 기억할 필요가 있다.

괴롭히는 사람에 대한 개인 반응

괴롭히는 행동에 대처하는 많은 선택권이 있다. 만약 당신이 괴롭힘을 당한다면, 당신은 다음과 같이 할 필요가 있다.

- 고요하게 머무르고 마음챙김에서 의사소통의 마음챙김 경로를 유지하기 위해 교류를 교차시키라.
- 해결책에 초점을 맞추라.
- 적절하게 몸의 위치를 바꾸라. 당신이 하는 것은 매우 크게 상황에 의존한다. 사례들은 전진하지 않고 후퇴한 것처럼 보이며, 그들이 진정될 때까지 앉아 있으라. 그리고 감정이 너무 위험하게 느껴진다면 일어나서 방구석으로부터 떨어지라. 어깨를 늘어뜨리고 턱을 끌어당기라.
- 소리를 지르거나 주의를 끌기 위해 그들의 이름을 말하라(단, 공격적으로는 아닌).
- 나중에 그 문제를 토론하자고 제안하라.
- 그들이 한 말을 확인하라(예를 들어, 그들에게 들은 말, 그들이 한 말과 이것이 적절하다면 그들이 동의한 것 등).
- 자신을 OK에 머무르게 하라. 그리고 그들과 자신의 경계를 지으라. 예를 들면 다음과 같다.

1. "나는 당신이 나에게 말하는 그런 방법을 좋아하지 않습니다. 나는 이 자리를 뜨겠습니다. 당신의 마음이 안정되면 나를 찾으십시오."
2. "당신이 ~할 때(예: 소리칠 때), 나는 ~을 느낍니다(예: 두려움, 굴욕을). 그리고 나는 당신이 멈추기를 원합니다."

요약하면, 마음챙김 상태에 있을 때 적절한 개입이나 행동을 취하라. 만약 괴롭히는 행동이 계속되면 도움을 요청하라.

발전적인 인식

조직은 일상적으로 직원이 퇴사하는 이유를 추적할 필요가 있다. 구조화하는 모드 행동에 따른 마음챙김 과정을 통해 보고되지 않은 상황이 인지된다. 단기간에 고위직 임원을 이동시키려면 새로운 보직에 대한 타당성이 있어야 한다는 연구가 있다. 직원을 인터뷰했을 때 새로 임명된 상사가 직원을 괴롭힐 때 직원들은 그에 대한 보고를 하기보다는 퇴사하는 경우가 많이 발견되었다. 이러한 상황이 발생하면 조직은 괴롭히는 행동을 멈출 수 있는 긍정적인 행동을 취하는 것이 중요하다.

팀에서 개인은 희생자가 되고 왕따가 되는 어떤 사람을 돕는 것이 너무 두려울 수 있다는 것을 인식할 필요가 있다. 그들은 과잉 순응하는 모드에 있기 쉬우며, 최소한 괴롭히는 사람이 자기를 그냥 내버려 두는 것에 고마워할 수 있다. 7명의 팀원이 팀원 중의 한 명인 수와 대화를 멈추는 상황이 발생하였다.

수는 영리하였고 자기 분야에서 국가적인 명성을 얻었다. 새 팀원인 재닛은 다른 동료들을 회유하고 위협하여 수를 괴롭히게 하였으며, 그들은 거리낌 없이 이에 동조했다. 그들은 수와 더 이상 대화를 하지 않았으며, 아침저녁 인사조차도 하지 않았다. 그들은 수를 돕거나 함께 일하는 것을 내켜 하지 않았으며, 그들 서로에게도 마찬가지였다. 재닛이 팀원들과 함께 있지 않을 때, 그들은 이것을 수에게 말하였다. 수는 자기 상사에게 왕따에 대한 불만을 토로하였다. 팀원들은 인터뷰를 받게 되었고, 자신들이 수를 괴롭힌 것이 아니라 반대로 수가 그들을 괴롭힌 것이라고 말했다. 수는 자기 업무를 효과적으로 하지 못했고, 회의 발표자로 초대되는 일이 점점 줄어들었다. 조직은 그렇게 많은 직원이 진실을 말하지 않았다는 것을 믿을 수가 없었고, 그래서 수가 틀림없이 문제가 있다는 결론을 내렸다. 결과적으로 수는 조직에서 받는 스트레스로 인해 퇴사하였고, 나머지 팀원은 스트레스와 연관된 증상을 앓게 되었다.

이 조직은 수가 희생양이 될 수 있는 가능성을 디스카운트하였다. 팀원들은 사실 재닛과 친밀하게 되었기 때문에 그녀와 함께 행동하였다. 이런 과잉 순응하는 행동은 모두를 스트레스 받는 상황으로 몰아갔으며, 특별히 수는 사직하기조차 하였다. 그래서 조직은 국가적인 명성을 얻고 있는 적임자를 잃어버렸으며, 팀원들은 정신건강 문제가 발생하였고, 종종 업무에 효율을 거둘 수 없게 되었다. 그들은 또한 이런 사례를 다루기 위해 법적 절차를 밟는 위험을 겪게 되었다. 조사할 적절한 시간을 놓친다면 직원들은 낮은 도덕감과 병으로 인해 사직한다. 이런 사례는 효과적인 감독과 리더십이 부재할 때 발생한다.

리더십과 책임

효과적인 리더십은 리더가 다른 사람으로 하여금 OK 모드 모형에서 마음챙김 과정을 사용하여 좋은 결정을 하고 책임감을 갖도록 격려하는 것이다. 비판하는 모드를 사용하는 리더는 사람들로 하여금 어떤 행동을 하도록 압력을 가하는 권위를 행사한다. 이런 경우에 그의 초점은 일이 잘되는 것이기 때문에 사람들이 괴로움을 당하는 경험을 할 수도 있다.

요즘은 리더와 다른 사람들 사이의 관계가 매우 강조되고 있으며, 그래서 형식적인 힘은 꾸준히 줄어들고 있다. 이런 형식적인 힘은 고용 계약, 회사 규칙과 정책에서 유래한다. 오늘날 조직은 생산성과 효과성의 의미에서 이런 형식적인 힘

만 사용하면 직원들로부터 최고로 평가받지 못하는 상사가 된다는 것을 유념해야 한다. 명령을 하고, 훈련자가 되고, 강압하는 것은 종속 관계를 강요하는 것이며, TA 용어로는 과잉 순응이다. 이것은 차례로 게임을 연출하게 한다(9장을 참조하라).

사람들에게 '좋은' 관리와 리더십, 효과적인 토론, 타인과의 관계에 있어 존중하는 태도 등에 대해 교육해야 할 경우가 종종 있다. 당신은 모든 사람이 긍정적인 행동을 하기로 결정하는 일에 참여할 때, 그들은 직장에서 서로 보는 것을 좋아하고, 당신은 열정적이고 확실한 직장이 더욱 성장하는 것을 좋아할 것이다. 이런 긍정적인 행동은 사람들이 위에서 언급된 어떤 행동과 비교되는 것을 허가할 때 일어나며, 그래서 그들은 좀 더 확실한 것을 좋아한다. 그렇지만 괴롭히는 행동이 계속된다면 그땐 조직은 다음에 따른 조처가 필요하다.

모든 조직은 고충 처리 과정을 위해 관리자들이 이런 훈련을 받을 필요가 있다. 조사 과정에 흠집이 생기면 많은 불만은 나락으로 떨어지게 된다. 그래서 회사의 토대를 튼튼하게 하기 위해 관리자들이 골칫거리 정책과 과정을 위한 품질 개선 훈련과 교육을 받을 필요가 있다. 그러면 조직의 책임감은 정책, 과정, 행동의 통일성을 보장하게 된다.

괴롭히는 행동에 대처할 때 핵심어는 '책임감(responsibility)'이다. 당신은 타인을 괴롭히지 않고 타인을 존중하며, 즉 타인에게 한도를 넘지 않는 경계를 유지하기 위한 보장이 필요하다. 괴롭히는 사람들은 자기 행동의 충격을 확인할 수가 없다. '거친(tough)' 조직 문화에서 이렇게 행동하기가 어려운 것은 바로 그 문화 자체가 사람들에게 특별하게 행동하도록 강요하며, 개인은 그에 대한 감정을 표출하는 것이 나약한 것이라 믿게 된다.

희생자들을 비난하지 않는 것이 또한 중요하다. 괴롭히는 행동은 과잉 순응하는 모드이다. 'I'm Not OK' 인생태도를 끌어내며, 그것은 자기를 바로 세우는 것을 어렵게 할 수 있다. 비록 목격자가 희생자에 대한 구원자가 되지 않을 수도 있지만, 괴롭히는 행동에 대해 도울 수 있다.

요약

요약하면, 괴롭히는 행동의 문제는 단지 직접적으로 관여할 수 있는 사람에 대한 것이 아니다. 그것은 또한 괴롭히기에 대한 조직 문화와 반응에 관한 것이다. 이런 행동이 국지적이건 혹은 조직 수준에서 깊은 문제가 되는 증상이건 간에 분명하게 이런 것을 다룰 종합적인 관점이 필요하다. 그래서 미시적 수준에서 거시적 수준에 이르는 모든 수준에서 취할 수 있는 책임감이 요구된다. 이런 조처가 취해진다면 직장은 성장하게 되고, 고충 처리 진행 과정에 대한 신뢰에 따라 조직에 대한 충성도가 유지될 것이다.

연습

연습문제 1

1. 박해자, 구원자 또는 희생자(230~232쪽을 보라)의 드라마 삼각형에서 당신이 스트레스를 받을 때 옮겨 가기를 원하는 쪽이 어디인가를 고려해 보라.
2. 자신과 타인에게 OK를 유지하기 위해 자신에게 어떤 말을 할 필요가 있는가? 마음챙김 과정에서 그리고 필요한 네 가지 모드의 하나를 사용하여 그런 말을 해 보라.
3. 어떻게 당신은 마음챙김 과정과 OK 행동을 유지한다고 보장할 수 있는가?
4. 당신은 누구의 도움을 받을 것인가?
5. 어떻게 당신은 다르게 행동하고 있다는 것을 알게 되며, 어떻게 이런 변화를 축하할 수 있는가?

연습문제 2

당신 자신의 신체의 인식을 발전시키고 자신과 타인과의 신체적 거리를 유지할 필요가 있다는 것은 중요하다. 이런 방법으로 당신은 이런 신체적 경계가 교차될 때 자신이 할 수 있는 것을 발전시킬 수 있다.
다음의 연습은 다른 사람과 함께 할 필요가 있다.

1. 한 뭉치의 실을 사용하여 당신을 중심으로 다른 사람이 자기에게 다가와도 편안하게 느낄 만한 거리에 원을 그리며 실을 놓으라.
2. 당신이 안쪽에 있을 동안 그 사람은 원을 따라 걷게 하라. 그 사람도 신체적·정서적 감각과 당신이 의도하는 바를 느낄 것이다. 당신이 그에게 원할 때 멈추라고 말할 수 있다.

3. 어떤 사람들의 원은 매우 클 것이며, 반면에 다른 사람들의 것은 매우 작을 것이다. 원의 크기는 사람과의 관계, 성별, 신체적 가까움에 따라 다를 것이다.

4. 이제 당신이 다른 사람과 말할 때 그와 가까움의 관계에 따른 원의 크기를 고려해 보라. 당신은 그에게 당신이 편안할 만큼 충분한 공간을 허용하고 있다고 생각하는가? 곧 뒷걸음질 칠 필요가 있는 어떤 사람이 그곳에 있는가?

5. 미래에 특히 갈등 상황에서 당신이 어떻게 반응할 것인가를 고려해 보라.

연습문제 3

1. 괴롭힘에 대한 조직의 정책을 인식하라.

2. 리더와 관리자의 행동이 이 정책과 일치하는가?

3. 만약 일치성이 부족하다면 당신은 이에 대한 어떤 영향력을 갖고 있는가?

4. 어떤 긍정적인 행동이 바람직하고, 직장에서 이런 것에 대해 어떤 참여를 할 수 있으며, 어떤 결정을 할 수 있는가?

5. 당신이 팀의 통합을 발전시키기 위해 취할 수 있는 자기 행동과 주도권은 어떤 것인가?

WORKING
TOGETHER

스트레스와
삶의 균형

CHAPTER **15**

소개

스트레스는 건강한 삶 어느 곳에서나 존재한다. 그러나 이 장에서는 개인과 조직의 안녕을 위협할 만큼 지나친 긴장에 대해 다루고자 한다. 거시적인 관점에서 보면 영국에서는 스트레스로 인한 근무일 손실의 합계가 연간 1,300만 일에 달하고 있으며, 이는 국내 총생산(GDP)에도 영향을 주고 있다.

이 장에서 우리는 조직적, 개인적 관점에서 스트레스를 탐색할 것이다. 조직은 조직원의 스트레스에 대해 책임지는 것이 바람직하다. 조직은 조직원들에게 스트레스에 대처할 수 있는 회복 탄력성을 제공할 수 있고, 스트레스를 초래하거나 이러한 스트레스에 적절히 반응하게 하는 촉매제를 인식하는 데 기여할 수 있다.

다른 반응

스트레스는 침투하는 성향이 있다. 만약 당신이 스트레스의 초기 신호에 주파수를 맞추지 못할 경우, 당신은 종종 마치 스트레스가 슬금슬금 당신에게 다가온 것으로 느낄 것이다. 스트레스를 어떻게 다루는가 하는 것은 역사적, 습관적 반응에 따라 달라진다. 스트레스에 대한 반응은 문화, 경험, 신념, 성격에 따라 달라진다. 예를 들어, 긴급한 상황에서 하루 만에 리포트를 작성해야 할 경우 당신은 이를 도전으로 볼 수도 있고 스트레스로 볼 수도 있다. 당신은 20명의 직원을 거느리는 것을 즐길 수도 있고, 홀로 일하는 것을 선호할 수도 있다. 한 개인이 건강한 사람인지는 개인과 조직 모두를 보호할 수 있는 적절한 직업을 가졌느냐에 달려 있다.

스트레스가 올 경우 당신은 다음 중의 하나 이상의 반응을 보일 것이다.

- 많은 실수하기
- 홀로 있으려 하기
- 더 많은 도전을 시도하며, 자신의 스트레스 수준을 올리기
- 올바르게 되도록 노력하기
- 과잉 통제하기

회복 탄력성

회복 탄력성은 스트레스를 예방하는 데 중요한 요인이다. 회복 탄력성은 일정 기간의 역경이나 문제에도 불구하고 회복하는 능력을 의미한다. 회복 탄력성이 높은 사람은 회복하고 상황을 호전시키는 방법을 알고 있다. 그러나 이것이 '강해져라' 드라이버를 만든다거나(7장 참조), 또는 너무 많은 것을 받아들임으로써 우리 자신을 높게 설정한다는 것을 의미하는 것은 아니다. Siebert(2005)는 다섯 가지의 회복 탄력성 양상을 소개하였다.

- 정서적 안정, 건강 및 안녕의 유지
- 외형(outward)에 집중하기: 탁월한 문제 해결 능력
- 내면에 집중하기: 강한 내적 감각, 높은 자존감, 자기 확신, 긍정적인 자기 개념
- 잘 발달된 특성과 기술
- 불행을 행운으로 전환하는 능력

스트레스는 좋은 관계를 유지하는 능력을 통해 경험된다. 왜냐하면 좋은 관계를 통해 당신은 OK 그리고 타인도 OK라고 믿기 때문이다. 당신이 관계를 맺는 데 어려움을 가진다면 나는 Not OK이고 타인은 나보다 낮거나 또는 당신이 타

인보다 낮다고 믿게 만들 가능성이 있다. 모두가 OK라고 믿는 것은 관계 형성의 안전한 토대를 제공한다. 이러한 경우 당신의 소속 팀이나 조직과의 애착이 증가한다. 이러한 상황에서의 결과로, 당신은 자신과 타인을 OK로 유지하면서 적절하게 '아니요'라고 말할 수 있게 된다.

예시

1) 몰리는 17년 동안 결혼 생활을 유지해 오고 있다. 결혼 생활에서 모든 것이 순조롭지만은 않았다. 직장에서 몰리는 남을 기쁘게 하는 것으로 자신의 존재감을 가졌으며, 자신이 직장에 필요한 존재라고 믿었다. 그녀는 심지어 (자신이 매우) 바쁠 때에도 많은 일을 도맡아서 하는 편이었다. 그러므로 소진과 병치레가 잦았다. 몰리의 관리자인 질은 몰리의 능력이 부서에 도움이 되기 때문에 어떠한 조치도 취하지 않았고 부서 미팅에서 몰리의 이러한 태도에 대해 칭찬하기도 했다. 반면에 몰리는 과다업무로 인해 직장과 가정에서 녹초가 되어 있었다.	조직이 개인을 위해 필요한 조치를 취하는 것은 중요하다. 몰리의 사례에서 슈퍼바이저는 몰리가 너무 일을 많이 하고 있다는 것을 알아차려야 하며, 이러한 일이 발생하지 않도록 적절한 개입을 해야 한다.
2) 제니는 직장 밖에서 대단히 사회적이다. 그녀는 사랑스러운 가족과 친구 인맥을 가지고 있었다. 그녀는 일을 즐기지만 일을 더 떠맡지 않아야 할 때를 잘 알고 있다. 때때로 그녀는 일부러 지각을 하고 급하게 처리해야 할 일에도 부분적인 역할만 하였다. 그러나 조직원들은 제니를 좋아했고 존경하였다.	삶에서 균형을 유지하는 능력과 함께 제니는 창의적이고 신선함을 지녔으며, 자신이 만든 어려움을 잘 처리해 낸다.
3) 잭은 뚜렷한 스트레스의 징후를 보이지 않는다. 그는 업무를 잘 처리했으며, 부서에서 일 처리가 매끄러웠다. 그러나 다른 사람들이 스트레스 상황에 있다는 것을 인식하지는 못했다. 그는 모든 사람이 자신과 같이 행동한다	잭은 7장에서 제시된 '강해져라' 드라이버를 가지고 있기 때문에 그의 동료들이 그에게 스트레스에 대해 언급하면 할수록 그만큼 회피적이고 그를 부정하는 경향이 있다. 그에 대한 이슈를 다루는 데는 보다 미묘한 접근이 요구

고 생각했다. 이러한 태도는 가끔 사람들에게 무관심한 태도로 표출되었고, 그의 팀원들도 잭의 무관심한 태도 때문에 그와 어려움에 관한 대화를 꺼렸다. 특히 그의 팀은 잭이 모든 것을 다 아는 것처럼 행동하는 것에 대해 불만이 있었고, 팀원들은 자신들이 잭을 딱딱하게 대하지 않을 경우 약하고 스스로가 바보 같다는 느낌을 가지게 된다.

된다. 잭의 슈퍼바이저는 잭이 어떤 상황과 수준에서 무시하는지를 고려해야 한다(8장 참조). 예를 들면, 잭은 문제가 있다는 것을 무시하는데, 슈퍼바이저는 잭 자신은 아니더라도 잭으로 인해 동료들이 스트레스를 받게 된다는 것을 잭에게 주지시킬 필요가 있다. 일단 잭이 문제가 있다는 것을 받아들인다면 다음 단계로는 변화를 위한 선택을 하기 전에 일련의 이슈가 있다는 것을 알게 해야 한다. 만일 잭이 이 과정의 어느 단계에서 고전한다면 그의 슈퍼바이저는 이전의 단계로 돌아가 다시 절차를 밟아 올 필요가 있다.

좋은 조직 관리는 결국 직원 중 누군가의 업무가 과잉되었음을 알아차리고 그에 대해 필요한 조치를 취하는 효율적인 슈퍼비전을 포함한다.

스트레스 발생 원인 중의 하나는 과잉업무와 관련이 있다. 행정가나 비서직종은 보고서 올리기, 사무실 내방 민원인 응대하기, 전화로 답하기 등으로 인해 업무량이 과다하다. 행정가들이 이러한 상황을 인정한다고 해도 그들의 업무를 더 줄여 나가야 한다는 것을 의미하지는 않는다. 서구에서는 일을 많이 하는 것을 좋게 보는 경향이 있고, 여자가 일을 많이 하는 것에 대해서는 좋은 평을 하기도 하지만 남성의 경우에는 무능하다는 의미로 비쳐지기도 한다. 이러한 시각의 옳고 그름을 떠나 과잉업무는 존재의 가치가 있는 것으로 받아들여지고 있다. 균형 잡힌 삶이란 아마도 과잉업무가 적고 집중을 많이 하는 것을 의미하는 것 같다.

신념과 시간의 구조화

당신이 스트레스 상태에 있을 때는 종종 휴식을 취하기가 어려워진다. 휴식은

당신의 상태를 새롭게 하고 업무를 보다 더 잘 처리하게 해 준다. 업무 시간을 빡빡하게 잡는 것은 통상 당신의 일이 많다는 것이며, 당신은 이에 동의해서는 안 됨을 의미한다.

이러한 모든 것은 자기 자신과 시간, 일에 관한 당신의 신념과 관련이 있다. 만약 자신이 타인보다 중요하지 않고, 자신이 할 수 있는 일보다 더 많은 일을 할 수 있다고 믿는다면 당신의 업무량을 늘리는 것을 동의할지도 모른다. 이는 당신 내부에 있는 비판하는 모드가 당신으로 하여금 지속적으로 더 많은 양의 일을 하도록 요구하기 때문이다.

만일 당신이 어린 시절 삼촌이나 선생님, 부모님과 같이 당신에게 매우 중요했던 인물이 당신과 합일(incorporation)되어 있고, 당신이 지각하지 못한 채 그들의 시각대로 내적인 대화(예: 서둘러라, 열심히 해라)를 한다면 당신은 구조적인 자아 상태 모형의 사용을 고려해 볼 수 있다. 합일된 인물이 긍정적이고 격려하는 인물이었다면 당신에게 도움이 될 것이나, 만일 비난적이고 낙담시키는 인물이었다면 그들이 당신에게 여전히 당신의 자존감이나 확신에 상처를 주기 때문에 좋지 않다. 만일 이러한 내적인 목소리가 비난적인 내용을 담고 있다면 혹시 그것이 당신의 내면에 반영되고 있지는 않는지 질문해 보라. 설령 그렇지 않다 하더라도 당신은 자신을 살필 수 있는 새로운 내적인 대화를 개발해야 할 필요가 있다.

당신이 부정적인 자기대화를 오랫동안 지속한다면 그것을 잘 인식하지 못하게 되고, 궁극에는 그것을 사실로 받아들게 될 것이다. 그러나 당신은 실제적으로 경계 세우기, 지지하기 등의 구조화를 포함하여 자기대화를 긍정적으로 바꿀 수 있다.

종종 사람들은 시간 관리에 대해 언급한다. 그러나 시간은 '관리' 될 수 없다. 오히려 당신은 자신을 관리해야 하며 당신이 삶에서 균형을 만들어 내고 이를 유지하도록 해야 한다.

전통적인 시간 관리의 주요 요소 중 하나는 시간 관리 과정을 잘 지킬 수 있도록 시간 관리 장비를 구입하는 것이다. 이는 큰 규모의 사업이다. 그러나 이러한 방식의 시간 관리는 근본적으로 사람들의 시간 관리에 도움이 되지 않으며 오히려 사람들이 더 많은 일을 하는 데 시간을 보내도록 할 뿐이다.

당신이 시간을 구조화하는 방식은 삶에서 어떻게 균형을 잡는지에 대해 영향을 미칠 것이다. 당신은 다음의 방식으로 시간을 구조화할 수 있다.

1. 폐쇄: 이는 정서적으로 또는 신체적으로 위축되고, 정서적으로 타인들과 분리된 상태이다. 백일몽, 혼자 걷기, 명상은 폐쇄의 일종이다. 폐쇄는 통상 안전하고 정서적 투자를 요하지 않는다. 폐쇄에서는 타인으로부터 주어지는 스트로크가 없으며, 스스로 스트로크를 만들어 내거나, 명상할 때와 같이 우리 자신의 영적인 경험으로부터 스트로크를 획득할 뿐이다. Berne은 스트로크를 단지 타인으로부터 얻는 것이라고 설명했지만, 우리는 명상의 경험이 너무나 심오하기 때문에 명상도 스트로크의 자원으로 소개하고자 한다.

2. 의식: 안전하고 예측 가능한 스토로크 교환 방식이다. 의식은 '굿모닝'과 같이 짧거나 종교 의식과 같이 길고 복잡하다. 의식은 중요한 유지 스트로크(maintenance stroke)를 제공한다. 의식은 최소한의 스트로크를 유지하게 하는 중요한 방법이다.

3. 잡담: 잡담은 단순한 말이다. 시간의 구조화로서의 잡담은 보통 친밀을 포함하지 않는다. 다가올 휴일, 자동차, 요리, 스포츠 등에 대해 이야기하는 것이 잡담의 예이다. 잡담은 사람과 안전해지는 방법이다. 상대와 잡담을 할 수 없을 때 당신은 사회 기술이 부족함을 절감하게 된다.

4. 활동: 우리는 통상 시간의 대부분을 활동, 즉 일을 하면서 보낸다. 활동은 잘한 것에 대해서는 긍정적 스트로크를, 그렇지 못한 것에 대해서는 부정적 스트로크를 양산한다. 금전적 보상, 상패 등은 활동이라는 시간의 구조화로 주어진 스트로크이다.

5. 게임과 대체 감정: 게임은 예측할 만한 결과를 불러일으키는 친밀한 방식으로서, 게임의 끝 부분에는 흔히 대체 감정이라고 불리는 나쁜 느낌을 만들어 낸다. 게임은 그 결과로 부정적인 스트로크를 만들어 내며, 건강하지 못한 시간의 구조화 방법이다. 게임은 잘 인식하지 못하는 사이에 발생한다. 게임 행동을 긍정적으로 바꾸기 위해서는 개방적이며 자주 행해지는 디스카운트 패턴을 인식하는 것이 필요하다.

6. 놀이: 놀이는 건강한 스트로크를 교환할 수 있는 기회를 제공한다(Cowles-Boyd & Boyd, 1980). 놀이는 시간을 구조화하는 데 필요한 매우 중요한 방식이다. 당신은 여가를 만들고 이를 지속할 수 있는 방법을 찾도록 노력할 필요가 있다.

7. 친밀: 여기서 친밀이란 통합된 어른 자아 상태(A)와 심사숙고하는 마음을 유지한 채 타인과 개방되고 타인을 신뢰할 준비가 되어 있으며 취약성을 타인과 공유함을 의미한다. 친밀의 상태에서는 착취가 존재하지 않는다. 친밀의 시간 구조화는 가장 보상이 큰 반면에 거절될 가능성도 많기 때문에 위험도 또한 높다. 당신이 당신 자신과 타인에 대해 OK를 유지할 수 있을 때 위기를 드러낼 수도 있으며, 타인으로부터의 반응이 무엇이든지 간에 친밀해질 수 있다.

만약 당신이 '활동'에 너무 많은 시간을 보낸다면 당신은 친밀을 피할 수 있게 되며, 이로 인해 스트로크가 박탈될 수 있다. 물론 당신은 '일중독'으로 친밀성을 회피하고, 일 자체를 통해 스트로크를 얻을 수도 있다. 이러한 방식으로 당신은 여가나 놀이가 없이도 필요한 자극을 추구할 수도 있다.

우리는 기본적인 생물학적 갈망을 가지고 있으며, TA에서는 이를 욕구(Hungers)라 칭한다(5장 참조). 우리는 '자극' '소속' '구조화'에 대한 욕구를 가진다. 리더십, 사건, 성적 욕구는 이와 연관된 것이다.

하나 혹은 그 이상의 필요가 충족되지 않을 때 욕구는 축적된다. 예를 들면, 만일 당신이 불충분한 시간의 구조화를 이루게 된다면 당신은 인생에서의 감당해야 할 위기를 증가시키면서 당신의 필요를 채우려고 할 것이다. 이 방법으로 당신은 '사건' 욕구를 충족한다. 이러한 예는 경찰과 마찰을 일으키는 젊은이의 경우에서 잘 드러난다. 이러한 젊은이들은 종종 불충분하게 구조화되어 있기 때문에 그들의 필요를 충족하려는 목적에서 사건들을 만들어 내고자 한다.

또 다른 예로, 직장에서 소속되려는 욕구는 있지만 인간관계를 맺을 기술이 부족한 직원의 경우를 들 수 있다. 이 경우 일 중독자가 됨으로써 친밀성을 회피하고 소속되려는 실질적인 필요를 무시한다. 이러한 직원들은 일이 중요하다고 하며, 일을 과도하게 하는 것이 대인관계를 회피할 목적으로서가 아니라 꼭 필요한 것이라고 합리화한다. 결국 일중독은 당신 삶에서 스트레스를 유발한다. 왜냐하면 일을 과도하게 함으로써 당신의 삶은 균형이 깨어지게 되고, 당신의 실제적인 필요는 거부될 것이기 때문이다.

시간에 관한 당신의 생각, 당신의 드라이버, 업무 스타일, 그리고 금지령(부모로부터 받고 해석하여 함입한 메시지)은 당신의 시간 구조화에 영향을 미친다. 예를 들면 '완벽해져라' 드라이버 행동은 '실수하지 마라'의 메시지와 연관되어 있다. 만일 당신이 이 메시지와 합일되었다면, 당신은 "남의 이야기를 경청하고, 실수하고 그 실수로부터 배우는 것은 OK다."라고 당신 스스로에게 말해야 한다.

만약 당신이 부정적인 드라이버 행동만을 바꾸고자 한다면 당신의 금지령('하지 마' 메시지)은 그대로 유지될 것이다. 이는 심각한 결과를 초래할 수 있다. 금지령의 작용을 고려한다면 단지 방어적인 드라이버 행동만을 변화시키는 데 집중하기보다는 아동 자아 상태(C)를 치유하는 데 필요한 허용(permission)을 줄 필요가 있다. 그 후 당신은 금지령의 방어적 반응이 지닌 긍정적인 부분을 활용할 수 있다.

이러한 긍정적 양상은 발달적 TA 분석가들이 명명한 '업무 스타일'(Hay, 1993)을 형성한다. 방어적인 목적으로 만들어진 드라이버 행동 또한 인격 형성에 도움을 준다. 만일 성인이 되어 자기를 자각할 수준이 된다면 당신은 항상 당신의 드

라이버 행동의 강점 사용을 선택할 수 있다. 이 경우 우리는 이를 '업무 스타일 (working style)'이라고 묘사한다. 왜냐하면 우리는 방어로부터 형성된 드라이버 행동들을 긍정적인 방식으로 사용하기 때문이다.

당신이 합일화한 그 메시지를 바꾸기보다 행동을 바꿈으로써 당신은 또한 변화를 꾀할 수 있다. 행동을 변화시킴으로써 당신은 상대로부터 이로운 반응들을 받아들일 수 있다. 당신이 인생을 쉬운 것으로 경험할수록 삶에 필요한 어떤 변화를 만들려는 동기가 생겨날 것이다.

공황 상태를 보이며, 에너지 소진과 같은 극도의 스트레스 상태에 있을 때 당신은 통제가 되지 않는 것처럼 보인다. 이런 상황이 발생하면 마음챙김 과정에서 벗어나 생각을 많이 하지 못하게 된다. 이때 산책, 친구에게 전화하기, 명상과 같은 것을 함으로써 당신의 행동을 변화시킬 수 있으며, 이를 통해 의도적으로 당신의 행동을 다르게 이끌 수 있다. 에너지를 당신 쪽으로 향하게 할 때 변화의 동기가 유지되거나 심지어 증가하기도 한다.

계약은 조직이 어떻게 긍정적인 에너지를 만들 수 있는지를 보여 주는 하나의 예이다. 계약의 과정은 상호 동의된 목표를 명백히 함으로써 잠재적인 에너지를 제거한다. 측정과 관리가 가능하고 동기를 부여할 수 있는 계약이 되도록 하는 것은 게임(9장 참조)을 할 가능성을 줄일 수 있다. 당신 자신이 일반적인 목표를 향해 나아간다고 경험할 때 스트레스는 감소한다.

삶을 위한 결정

행동을 변화시키고자 계획하였다면 당신의 행동은 일관성과 응집성을 지녀야 한다. 만일 당신이 목표로 전환시켜야 할 꿈이 있다면 이를 과제로 전환시켜라. 이렇게 하는 것은 가깝거나 먼 장래에 당신의 꿈을 실현시켜 줄지에 관한 결정을 가능하게 한다. 가능하다면 당신의 꿈을 이루도록 해 주는 일을 취할 것이다. 물론 주위의 모든 일을 당장 제거해 버리기는 어렵지만 제거할 수 있는 부분도 있다. 꿈을 향해 당신은 매일 조금씩 한 걸음 나아가면 된다. 이는 누가 어떤 일에 관여하는 것이 바람직한지를 생각해 보게 한다.

당신의 삶에서 시간을 구조화하고자 하는 그 방법에 의문을 가지는 것은 도움이 된다. 일부 사람은 돈과 부를 축적하는 것이 드라이버가 되기도 하지만, 충분한 돈을 가진 일부 사람은 즐기고 가족과 친구를 만나는 데 드라이버를 두는 사람도 있다. 당신이 삶에서 하고자 하는 것이 무엇인지를 알아내는 것은 중요한 질문이다. 이에 관한 답을 가진다면 이러한 일을 지속적으로 할 수 있는 일관된 결정을 할 수 있다.

예를 들어, 당신이 건강해지고 싶은 결정을 내렸다면 이와 일치되게 시간을 구조화해야 한다. 당신의 시간 구조화는 또한 다음의 행위들에 시간을 허용하는 것이다.

- 운동
- 마사지받기
- 친구 만나기
- 상호 간의 지지를 위해 동료 만나기 등

이들은 쉽지가 않지만 삶에서 균형을 잡는 데 필요하다.

당신 자신을 신뢰하기

만일 당신의 몸, 생각, 느낌을 신뢰한다면 당신은 스스로에게 더 많은 관심을 보낼 수 있다. 당신은 당신의 몸이 보내는 신호에 귀 기울이기보다는 그 신호를 무시하고 합리화하기가 쉽다. 이런 식으로 당신이 일을 더 많이 하면 더 높은 곳

으로 갈 수 있다는 것을 안다.

걱정은 삶의 균형에 영향을 미친다. 대부분의 사람은 재정적 문제를 해결하기 위해 돈을 벌고 아프거나 일을 하지 못할 때는 어찌할까에 대해 걱정한다. 걱정을 한다는 것은 소모적이고 염려에 집착하는 것인 반면, 만일 당신이 무언가에 관해 관심을 갖고 그에 대해 강박적이지 않고 진지하게 고민한다면 문제 해결에 대한 선택이 가능하고 자신의 관점을 유지할 수 있다. 이 장의 끝 부분에 이를 다룰 수 있는 연습문제를 제시해 놓았다.

걱정하기보다는 의문을 가지는 것이 삶을 균형 있게 한다. 게다가 우리가 걱정하는 것의 대부분은 결코 발생하지 않는다. 만일 걱정하던 일이 발생하였는데 그 일에 대해 심사숙고하기보다는 지나치게 염려만 한다면 그 염려로 인해 곧장 지치게 될 것이다.

명상은 당신이 시간과 공간을 자신의 페이스로 만들어 주며, 자신을 알게 하는 데 도움을 준다. 당신은 자신을 잘 알 때 남을 알아 가는 여유를 가질 수 있다. 명상은 또한 내적인 핵심에 귀 기울이도록 해 주며, 당신이 원하는 것이 무엇인지 알도록 해 준다. 명상의 중요한 초점은 무엇을 하느냐(do)보다는 공간(space)에 관한 것이다.

시간의 구조화는 구조화 욕구를 만족시키는 하나의 방법이다. 만약 우리가 시간 구조화 방법이 건강하지 못하다면 당신은 갈등을 다루기보다는 회피하는 것이다. 시간을 좋지 않게 구조화할 때 당신은 적극적이기보다는 수동적이며, 살펴야 할 것을 회피하기 때문에 스트레스에 놓이게 된다. 이러한 회피는 에너지를 고갈시키며 궁극에는 해로움을 준다.

당신이 시간을 구조화하는 방법은 자신과 타인 그리고 삶에 관한 신념에 의해 영향을 받는다. 상이한 신념들이 어떻게 당신의 행동에 영향을 미치는지에 관해 〈표 15-1〉에 제시하였다.

당신이 삶의 균형을 유지하는 데 필요한 것은 다음과 같다.

- 시간과 일에 대한 신념을 확인하라.
- 생각과 느낌의 자각을 발달시켜 적절한 행동을 취하라.
- 당신의 사회적 욕구와 상상력을 얼마나 동원하는지 고려해 보라. 상상력이 없는 삶은 건조하고 자신을 즐기는 데 어려움을 초래할 것이다.
- 현실감과 더불어 주어진 상황에서 당신이 취해야 할 행동이 무엇인지를 확인하라.

〈표 15-1〉 신념과 스트레스

신념	어떻게 신념이 스트레스를 낳는가	수정된 신념
나는 이 일을 완벽하게 해야 해.	종종 과로를 한다.	어떤 일들은 많은 관심과 보살핌을 요구한다. 나는 내가 하는 일에 관심을 가지고 그 일을 잘하겠다.
나 혼자서 이 일을 해야 해.	너무 많은 일을 떠맡는다.	다른 사람도 내가 하는 만큼 한다. 나는 다른 사람들이 기술을 발달시키도록 돕겠다.
나에게 주어진 일은 모두 해야 해.	과로	내가 하는 일에는 제한이 있고 가끔 '아니요'라고 말할 필요가 있다.
그 회의를 망쳤으니…… 나는 실패자야.	회의가 두렵다.	잘되고 있다. 나는 그 경험으로부터 배울 수 있다.
나는 도움을 요청할 수 없다. 그들은 내가 쓸모없다고 생각한다.	뭔가가 잘못되어 있고 비난을 받는다.	나는 모든 것을 안다고 자부하지 않는다. 나는 내가 필요한 것을 요구할 수 있다.
만약 그가 스트레스를 받는다면 그에게 바른 말을 하지 않겠다.	어려움을 회피하는 것은 종종 나약한 느낌을 증가시킨다.	경청과 이해는 보이는 행동을 하는 것만큼 중요하다.
나는 승자가 되어야 한다.	추월당할지도 모른다는 두려움	동등한 관계를 가지는 것은 건강한 것이다.
나는 관리자로서 부족해, 관리자 역할을 맡지 않는 것은 그 때문이야.	낮은 자존감과 신뢰 부족	내 역할이 무엇이든 간에 나는 다른 사람만큼 귀중하다.

조직에서의 애착

스트레스는 조직 내에서 좋은 관계를 만듦으로써 감소될 수 있다. 앞서 언급했듯이 인간은 소속의 욕구를 지닌다. 그러므로 좋은 리더십에서 요구되는 기술은 관리에서의 문호개방 정책과 더불어 생산적 피드백을 위한 긍정적인 인식과 공간이 있는 문화를 조장하는 것이다. 이러한 과정은 조직 운영에 안전한 기초를 제공한다.

조직의 특성이 다음과 같다면 좋은 관계의 문화가 형성되어 있는 것이다.

- 사람들은 소속되기를 원한다.
- 목표 달성을 위해 노력한다.
- 상호 존중하면서 대화한다.
- 생산적인 리더십이 있다.
- 자기 규제가 크다.

다음과 같은 문제가 증가할 경우 좋은 관계의 문화는 깨지거나 발달되지 않는다(Kohlrieser, 2006).

- 잦은 결석
- 심인성 신체질환 문제
- 태업
- 충성의 결여
- 낮은 동기
- 잦은 결석
- 인적 과오(human error)

- 소진
- 낮은 생산성
- 사명감의 부족
- 공격성과 폭력

요약

스트레스를 고려할 때 당신은 개인적·조직적 측면에서 제기될 수 있는 문제들 각각을 고려하고, 이들 각 영역이 어떻게 상호작용하는지를 살펴볼 필요가 있다. 당신 자신의 어떤 부분이 구조, 체계, 문화에 영향을 미치는지를 알아내고, 당신이 취할 적절한 행동을 고려할 수 있다. 이렇게 하기 위해 당신은 자신을 신뢰할 필요가 있고, 직장과 자신에 대해 최선을 기대하여야 한다.

연습

연습문제 1

당신이 스트레스를 받을 때 어떤 일이 발생하는가? 비난은 당신의 반응에 어떤 역할을 하는가? 비난 다이어그램을 통해 당신은 스트레스를 받았을 때 어떻게 스트로크를 관리하는지 이해할 수 있다. 우리는 일이 잘못되어 갈 때 자신과 상대에게 부정적인 스트로크를 준다. 스트레스가 닥쳤을 때 당신은 무엇을 하는가?

- 실수가 있을 때 자신을 비난하는가? 누군가를 비난하는가? 모두를 비난하는가? 아니면 받아들이고 아무도 비난하지 않고 제기된 문제를 처리하는가?
- 만일 당신이 비효과적인 모드(3장) 중 하나의 행동을 했을 때 그로부터 발생하는 결과는 무엇인가?
- 이것은 반복되는 패턴인가?
- 그것이 도움이 되는가?
- 당신의 비난적 언행에 의해 다른 사람들이 부정적으로 영향을 받는가?
- 이것이 당신에게 어떠한 도움이나 효과를 주지 않는다는 것을 알았다면 당신은 무엇을 바꾸어야 하는가?

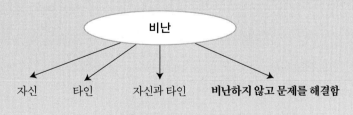

[그림 15-1] 비난 모형

책임을 지는 것과 비난하는 것은 다르다. 비난은 처벌적이고 종종 문제 해결과 무관하다. 사람들은 실수를 두려워하고 실수를 하지 않으려고 무언가를 하기 때문에 실수로부터 교훈을 얻게 된다. 하지만 비난의 과정은 이러한 실수에 따른 학습의 교훈을 방해한다. 당신이 비난하기를 피한다면 당신의 에너지는 문제 해결에 사용될 수 있다.

연습문제 2

이러한 근본적인 질문을 자신에게 해 보라. 질문에 답을 써 보는 것도 좋은 방법이다.

- 나의 삶에서 무엇이 일어나기를 원하는가?
- 만일 내가 계속 나를 지속한다면 내가 원하는 것을 얻어 낼 수 있을까?
- 내가 그토록 열심히 일하지 않았다면 나는 무엇을 할까?
- 긴 시간 일함으로써 나는 무엇을 회피하고자 했는가?
- 내가 삶에서 시간을 보내는 각각의 방법에 대해 OK 모드로는 어떻게 표현되는가?
  (각 반응별로 OK 모드로 답을 해 보면 당신의 행동을 진정으로 이해할 수 있다.)
- 나에게 도움이 되지 않는 부정적인 관점을 어떻게 변화시키고 내가 바라던 꿈과 비전을 달성할까?

연습문제 3

일에 대해 '아니요'라고 말하는 것은 우리의 시간 관리에서 중요한 요소이다. 우리가 종종 바쁜 상황에서도 주위로부터의 일 요청에 대해 '예'라고 하는 이유는 다양하다. 다음 중 당신에게 해당하는 것이 무엇인지 살펴보고, 당신에게 해당하는 것이 없다면 따로 기술하라.

- 나는 할 수 있다.

- 요청을 받으니 잘난 느낌이 든다.
- 만약 '아니요'라고 하면 그들이 나를 다시는 부르지 않을 것 같다.
- 나는 이런 종류의 일을 매우 좋아한다.
- '아니요'라는 말로 상대를 기분 나쁘게 하고 싶지 않다.
- 만약 내가 내 방식대로 삶을 산다면 내가 싫어하는 문제에 직면할 것 같다.

당신이 원하는 것이 되고자 당신 자신에게 어떤 말과 행동을 할 필요가 있는가? 당신이 변화를 원할 때 누구에게 지원을 요청하고 싶은가?

연습문제 4

만약 당신이 뭔가를 염려한다면 당신에게 질문해 보라.

- 나는 무엇을 두려워하는가?
- 이 질문을 준비해 두었다가 길을 걷거나 할 때 이러한 질문을 해 보라.
- 지속적으로 이러한 질문을 하라. 만약 그 질문을 바꾸거나 다른 질문이 생기거든 그 질문을 계속 하라. 이렇게 하는 것은 통상 문제를 회피하지 않고도 당신이 더 많이 문제 해결을 할 수 있게 해 준다.

연습문제 5

아래의 원에 폐쇄, 의식, 잡담, 활동, 게임, 놀이, 친밀에서 당신이 보낸다고 생각하는 시간의 양을 그려 넣어라. 만약 여기서 너무 많은 시간을 보내거나 적게 보내는 유형이 있다면 그것을 개선하고자 어떤 행동을 해야 할지 생각해 보라. 당신은 이러한 변화에 따른 결과를 두려워하는가? 변화, 계속하기, 행동 멈추기에서 무엇을 해야 할까? 어떻게 하는 것이 당신에게 도움이 될까? 이러한 변화를 위해 누가 당신을 지지하고 격려할

[그림 15-2] 시간 구조화 원

수 있는가?

연습문제 6

이러한 연습은 신념과 각 신념이 어떻게 스트레스에 기여하는지에 관한 것이다. 이와 관련한 표가 다음에 제시되어 있다.

자신의 신념과 이에 따른 효과를 알아보고, 현재 상황에 맞추어 당신의 신념을 수정하라. 만약 이렇게 하는 데 어려움이 있다면 다른 사람과 함께 당신의 생각을 점검해 볼 수도 있다.

〈표 15-2〉 신념과 스트레스

신념	신념이 어떻게 스트레스에 기여하는가	수정된 신념

연습문제 7

이것은 개인, 팀, 관리 팀, 위원회를 위해 유용한 연습이다.

만약 당신이 문제가 있고, 이로 인해 스트레스를 받는다면 다음의 질문에 답하라.

1. 그 문제는 무엇인가?
2. 그 문제의 원인은 무엇인가?
3. 그 문제에 대한 가능한 해결책은 무엇인가?
4. 어떤 해결책이 추천되는가?
5. 그 해결책에 따라 예상되는 결과는 무엇인가?
6. 여전히 이러한 해결책을 적용하는가?

WORKING
TOGETHER

번영 개념

CHAPTER **16**

소개

이 장은 '번영 개념(Concepts for Thriving)'이라는 모형에 토대를 둔다. 이 개념은 개인, 팀, 조직이 변화하려는 욕구가 어느 정도이고, 어디에 개입의 욕구가 있는지를 판단하기 위해 사용할 수 있다. 흔히 개입이 부적절한 수준에서 이루어짐에 따라 사안을 제대로 다루지 못하는 경우가 많다. 이로 인해 제대로 된 효과를 내지 못하고 시간과 비용이 소비된다.

이 개념은 건강한 문화 발달을 촉진하기 때문에 심지어 조직과 부서 및 팀 발달의 기초로서 유용하게 활용된다.

TA와 직접적인 관련이 없지만 이 모형은 안전(safety)과 보장(security)이 생산적이고 조화로운 직장을 위해 매우 중요하다는 TA의 철학과 신념에 부합한다. 이 모형은 개인과 조직 각각을 고려하며, 진단 도구 및 구조적인 행동을 위한 도구로도 활용된다. 이 개념은 번영하는 개인과 집단, 팀, 조직은 7개의 기본적인 요소를 가지고 있다는 가정에 기초한다. 이러한 일곱 가지 요소는 정서적 안정, 긍정적 강화, 소속감, 분명한 의사소통, 생산적 활동, 통합, 축하이다. 축하는 다른 요소와 함께 은밀하게 이루어지도록 할 필요가 있다.

이러한 일곱 가지 요소는 서로서로 연관되어 형성된다. 즉, 하나가 만들어지고 나면 그다음의 요소가 만들어진다. 이들 요소가 형성되고 영양분이 공급되어 조직에 적용될 때 그 조직은 기능적이라고 할 수 있다. 이와는 달리 이러한 기본적인 요소들이 결여될 때 그 조직은 역기능적이라고 말할 수 있다.

예시

다학제 팀에서 각 성원들은 무언가를 위해 최선의 방법으로 경쟁한다. 그들은 소속된 다른 팀원들이 함께할 방법을 찾지 못한다면 이러한 경쟁 과정은 지속되고, 개인이나 팀 전체에게 팀원들을 폄훼하며(예: "우리 디자이너들은 마케팅이나 영업 직원보다 뛰어난 기술을 가졌다."), 자신이 가진 특별한 전문성이 가장 중요하다고 믿는다. 이는 최고의 과정, 구조, 체계를 가지는 것을 포함한다. 각 팀원들은 그들의 방법이 옳고, 다른 팀원들은 그들에게 적응해야 한다고 믿는다.

상처를 주게 될 것이다. 그와 같은 경쟁적인 문화 내에서 직원들은 정서적으로 안정감을 느끼지 못하며, 신뢰가 발달하기 어렵다. 연대감과 가치감을 느끼기 위해 동맹을 맺을 사람을 필요로 하는 것 때문에 계파가 발달한다.

팀의 과정은 세 가지 모형으로 설명된다. 첫 번째는 '번영 개념'(Mountain, 2004)이고, 두 번째는 '열정' 그리고 세 번째는 추후에 다룰 '유능성 곡선'이다. 번영 개념 모형은 이 장에서 중요한 이론적 모형이기 때문에 먼저 다룰 것이다. 이 모형은 Robert(1992)가 고안한 '기능성의 위계(Hierachy of Functionality)'의 수정판이다.

번영 개념

다음 내용에는 번영 개념에 대한 정의가 요약되어 있다.

〈표 16-1〉 번영 개념의 정의

안전	나의 주요 욕구에 대해 생각하며, 스스로 편안하고 경계가 유지된다.
긍정적 강화	긍정적 스트로크를 받으며 상호 교류한다.
소속감	이 팀이나 특이한 상황에서 나의 긍정적인 감각을 개발하기 시작한다.
분명한 의사소통	말을 들어 주듯이 타인의 말을 잘 들으려고 한다.
생산적 활동	지금에 있고 협력적으로 문제를 해결한다. 유능성을 인정하고 인정받았다. 내가 누구인지의 감각을 지니고 있으며, 주고받는 데 있어서 균형을 지니고 있다.
통합	자발적이 될 수 있고, 삶에 긍정적인 것들이 일어나게 할 수 있다. 업적을 인정하고, 정체감을 지니며, 자신이 원하는 것을 즐긴다.
축하	업적이 인정된다. 자신이 누구인지, 그리고 자신이 하는 일, 타인과의 관계에서 자신이 누구인지를 수용할 수 있다(이것은 모든 수준에서 나타난다).

이러한 요소들은 TA 이론에서 중요하다. 그리고 이러한 설명들은 침체보다는 번영에서의 관심을 표현한다.

번영하기 위해 우리는 다음이 필요하다.

- 정서적 안정을 높이는 수용과 보호
- 긍정적 강화를 가능하게 하는 칭찬
- 집단 속에서의 존재감을 인정받음으로써 소속감이 증대됨
- 분명한 의사소통을 발달시키는 존중과 칭찬
- 생산적 활동이 많아지도록 하는 현실적 기대
- 학습과 경험을 통합시키기 위한 촉진
- 모든 단계에서 수용을 향상시키는 축하. 이것은 상당한 칭찬으로 들리는데, 세상은 사람과 업적에 대해 인정을 잘하지 않기 때문이다. 그러나 '인정 (acknowledgement)'이라는 단어가 커다란 효과를 가져오기도 한다.

만약 그 일부 양상이 직장에서 제대로 나타나지 않는다면 그 조직은 부정적인 양상이 만연하다고 할 수 있다. 긍정적인 양상 대신에 부정적인 양상들은 다음의 문화를 초래한다.

- 비난
- 조롱
- 굴욕
- 비현실적인 기대
- 소외

안전이 약하고 부재할 때 당신은 위협을 느낄 것이며, 이는 관계에 영향을 미칠 것이다. 이러한 일이 생길 때 당신은 방어적이고 상대에게 부정적 스트로크를

주게 된다. 결국 이는 갈등과 파괴적인 행위를 초래하는 부실한 의사소통을 낳는다. 부정적인 양상들은 안전함 대신 위협을 느끼는 과정을 양산한다.

건강한 문화의 발달

모든 조직은 조직원들에게 건강한 환경을 조성해야 한다. 당신이 새로운 직업에 들어왔을 때 또는 새로운 팀의 일원이 되었을 때 당신이 누구이며, 어디서 왔는지, 신념이 무엇인지, 어떤 기술을 가졌는지 느낄 필요가 있으며 당신의 경험들이 각 상황에서 수용되어야 한다. 정서적 안정이 마련되는 것은 팀원의 애착

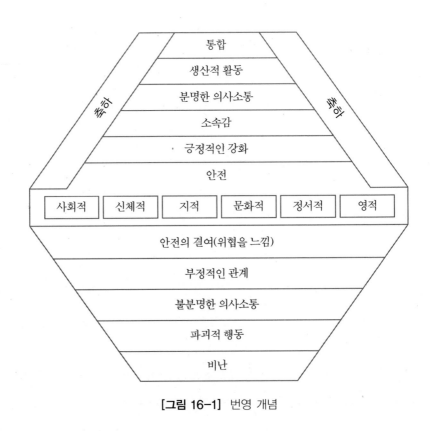

[그림 16-1] 번영 개념

발달을 돕는다. 이러한 점에서 조직에서 환영받는 느낌이 동반된 효과적인 계약과 명료한 기대는 중요한 부분으로 다루어져야 한다. 조직 내에서의 경계가 만들어지고 유지되어야 하며, 자유롭게 질문하고 답할 수 있어야 한다. 팀과 신규조직원에게 긍정적 강화를 제공하는 것은 매우 중요하다. 가끔 팀원이 지나치게 경쟁적인 모습을 보인다면, 일을 잘하는 것만으로 긍정적인 피드백을 확보하기가 어렵기 때문에 직장에서 안전감을 느낄 수 있도록 하는 것이 필요하다. 긍정적 강화는 애착과 참여를 높이는 데 기여한다. 애착과 참여의 두 요소는 조직의 소속감을 높이고 의사소통을 촉진시킨다. 신뢰가 발달할 때 생산성이 증가할 수 있다. 좋은 슈퍼비전과 코칭은 학습과 경험을 통합시켜 지속적인 전문적 성장과 발달을 가능하게 한다. 이러한 것들은 당신을 '충만한 자원'으로 경험하게 해 준다.

성장원

'번영 개념' 모형은 TA의 성장원(physis)의 개념과 연관되어 있다. 성장원은 건강에 대한 자연스러운 드라이버이고 삶 자체의 원동력이다. 인간은 자기실현과 개인적 성장과 안녕을 추구하는 타고난 욕구를 지니고 있다. 이러한 생각은 그리스 철학자 헤라클리투스로부터 기인하며 성장과 변화를 의미한다.

당신은 조직에서 성장하고 학습되도록 지지와 격려를 받아야 한다. 과잉구조화와 권위에 얽매인 조직에서는 개인과 조직이 성장하는 데 방해를 받게 된다. 이는 번영을 막고 지체를 초래한다.

마샤의 사례에서 초기에 그녀가 보였던 위축과 주저함의 모습은 마샤의 기술과 능력을 인정해 줌으로써 그녀가 편안하게 느끼도록 해 주고 팀원으로서 많은 기회를 제공하는 팀관리자 덕분에 극복될 수 있었다.

인정이 충분하지 않거나 순수하지 못할 때 경쟁 심리로 인해 열정은 줄어들게 된다.

유능성 곡선

유능성 곡선 또한 번영 개념과 관련이 있다. 이 곡선을 자세히 보게 되면 사람들은 변화가 있을 때 다양한 정서를 경험하는 것이 자연스럽다는 것을 알 수 있다(곡선과 각 단계별 적절한 개입을 알고 싶다면 12장 '통합적 리더십'을 참조). 번영 개념 모형은 각각의 상황에 따라 욕구가 다름을 부각시키는 하나의 방법이다.

모형 적용의 예

다음의 사례 예시는 이 모형이 어떻게 적용되는지를 보여 준다.

1) 다학제 팀은 의사소통에서의 어려움을 해결하고자 컨설팅을 요청하였다. 이 컨설팅에는 '번영 개념'이 동원되었고, 문제가 어디에 있는지를 알아내고자 팀원들을 소집단화하였다. 컨설팅의 과정에서 이 집단은 의사소통보다는 안전이 문제의 포인트라는 것을 알아냈다. 자신들의 문제를 진단한 그들은 이 문제를 해결하기 위해 무엇을 해야 할지 논의하였다.

팀원들 모두가 안전감을 가지지 못했음을 알아낸 이 팀은 변화할 선택(option)을 탐색하고 발견해 내고자 하였다. 누군가를 비난하는 대신에 그들이 어떻게 되길 원하는지를 살폈다. 그들은 소집단으로 지난달 그들에게 있었던 일들을 이야기하는 시간을 가졌다. 이를 통해 그들이 행한 일들에 대해 지지와 인정을 받을 수 있었다. 이러한 소집단 활동은 안짐김과 긍정적 관심, 의시소통을 증가시켰다. 왜냐하면 각자는 조직원들에게 접근하는 데 대해서 안전감을 느꼈기 때문이다.

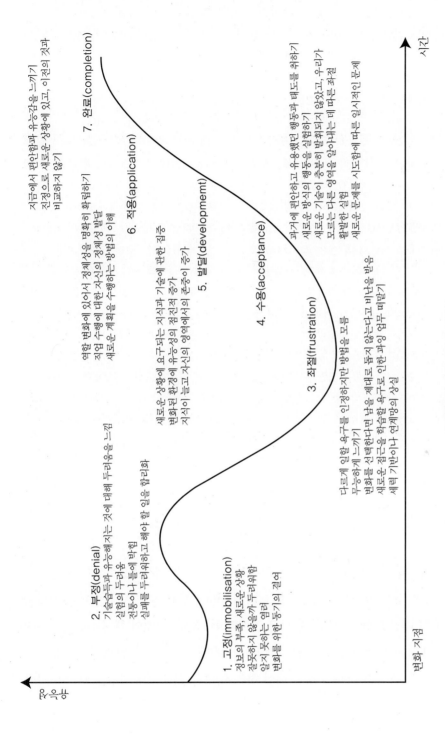

높음 성과

변화 지점

시간

2. 부정(denial)
기술습득과 유능해지는 상황
실패하지 않음가 두려워함
알지 못하는 엄폐
변화를 위한 동기의 결여

1. 고정(immobilisation)
정보의 부족, 새로운 상황
잘못하지 않으려는 것에 대해 두려움을 느낌
실험의 두려움
전통이나 틀에 박힘
실패를 두려워하고 해야 할 일을 합리화

3. 좌절(frustration)
다르게 일할 욕구를 인정하지만 방법을 모름
변화를 선택한다면 남을 제대로 돕지 않는다고 비난을 받음
새로운 접근을 화습할 욕구로 인한 과잉 업무 떠맡기
세력 기반이나 연계망의 상실

4. 수용(acceptance)
새로운 상황에 요구되는 지식과 기술에 관한 집중
변화된 환경에 유능성의 전진적 증가
지식이 늘고 자신의 영역에서의 존중이 증가

5. 발달(developmemt)
역할 변화에 있어서 정체성을 명확히 확립하기
직접 수행에 대한 자신의 정체성 발달
새로운 계획을 수행하는 방법의 이해

6. 적용(application)
과거에 편안하고 유용했던 행동과 태도를 취하기
새로운 방식의 행동을 실험하기
새로운 기술이 충분히 발휘되지 않았고, 우리가
모르는 다른 영역을 알아내는 비 따른 좌절
활발한 실험
새로운 문제를 시도함에 따른 일시적인 문제

7. 완료(completion)
지금에서 편안함과 유능감을 느끼기
진정으로 새로운 상황에 있고, 이전의 것과
비교하지 않기

[그림 16-2] 유능성 곡선

출처: Hay (1992).

2) 팀의 리더는 고참관리자의 한 사람으로부터 따돌림을 당한 경험이 있었고 이와 관련하여 징계처분을 받았다. 따돌림 판정단은 팀 리더의 불평에 귀 기울이지 않았다. 팀 리더는 병가를 냈고 그 후 다시 같은 부서로 복귀하였다. 팀원들은 팀 리더에게 지지적이었으나 원래의 문제가 해결되지 않았기 때문에 팀 리더와의 관계가 경직되어 있었다. 2일간의 팀 개발 과정에서 팀원들이 긴장하고 침묵하는 모습들이 뚜렷하게 드러났지만 안전감 결여의 이유로 이를 대집단에서 표현하지는 않았다. 이는 컨설턴트들에게 제기되지 않았고, 자연스럽게 그 이슈를 제기해야 하는 어려움이 초래되었다. 결국 따돌림 행동을 한 사람이 누구인지에 대한 언급이 없이 그 이슈들이 컨설턴트에 의해 제기되었다. 컨설턴트는 따돌림에 수동적인 사람은 또한 함께 따돌림을 한 것이며, 그러므로 따돌림이 생기도록 한 책임이 있다고 말했다.

이 상황에서 안전의 개념은 컨설턴트에게 중요한 의제가 되었다. 편안함 속에서 이슈가 개방됨과 함께 그 팀은 그들이 원하는 것과 이를 이루기 위해 요구되는 것이 무엇인지를 선택하도록 요청받았다. 여기에는 그들이 보고 싶어 하는 행동의 유형과 NOT OK 상황을 타개하기 위해 그들이 무엇을 해야 하는지가 포함되었다. 이러한 방식으로 그 팀과 이른바 따돌림을 가한 그 사람은 안전감을 느꼈다. 왜냐하면 그 이슈는 들추어지지 않았고, 누구도 수치심을 느끼지 않았기 때문이다. 전 팀원은 직장을 보다 이완되고 긍정적인 장소로 만드는 선택들을 탐색하였다. 여기에는 이러한 분위기를 강화시킬 조치와 행동들을 목록화하는 것이 포함되었다. 시간의 제약으로 인해 이를 지속하고자 특별위원회가 설립되었고, 일은 지속되었으며, 따돌림 행동으로 인해 비난을 받은 사람은 자발적이고 순조롭게 팀원으로 받아들여졌다.

요약

'번영 개념' 모형은 사정 도구로 활용될 수 있다. 의사소통이 역기능적일 때 직원들은 정서적으로 안정감을 못 느끼게 된다. 그러므로 지원을 위한 초기의 욕구가 이 개념 모형을 상회하여 나온 것이라 하더라도 그것이 핵심 이슈인지 또는 그것이 다른 무엇의 증상인지를 고려하는 것이 필요하다. 당사자 스스로는 건강한 환경을 만들기 위해 무엇을 해야 하는지 알고 있을 가능성이 높다. 의사소통을 증가시켜 직원들을 사정과 분석에 참석시키며, 부차적 조치를 통해 긍정적인 변화가 가능하도록 할 수 있다.

발달을 위한 토대로서 번영 모형의 사용은 건강한 문화를 위한 효과적인 방법이 되도록 하는 데 용이하다.

연습

연습문제 1: 팀 해결

이 연습은 생산성, 사기, 경쟁성, 의사소통에 어려움이 있을 때 유용하다. 번영 개념은 팀에 어려움이 어디서 발생하는지를 알려 주는 방법으로 유용하다. 이를 통해 팀은 문제 해결에 도움이 되는 선택과 부차적인 조치를 논의할 수 있다. 또한 팀의 상호작용이 그 모형에 부합하는지를 논의할 수 있다. 종종 지각된 문제의 영역은 실제로 다루어져야 하는 것보다 이 모형을 넘어서 존재한다.

1. 당신의 팀에 번영의 개념을 제시하고 설명하라.
2. 소집단을 만들고 다음을 질문하라.
   – 개선할 여지가 어디에 있다고 믿는가?
   – 그 팀이 어떻게 되기를 바라는가?
   – 이를 얻기 위해 그들이 변화시키고자 하는 것은 무엇인가?
   – 이것이 이루어졌다는 것을 확신하기 위해 그들이 무엇을 해야 하는가?
   – 언제까지?
   – 특별한 조치에 대한 책임은 누구에게 있는가?
   – 그들이 목표를 달성했을 때를 어떻게 아는가?
   – 어떻게 그들을 축하할 것인가?

연습문제 2: 리더십의 자각을 개발하기

번영 개념 모형의 긍정적인 양상이 보장되도록 하기 위해 리더의 행동과 리더십에 관한 몇 가지 질문을 제시하였다.

- 개별적인 기여를 한 곳으로 모으는가?
- 결정이 결론의 형태로 제시되고 이를 수행하고자 하는가?
- 목적이 형성되고 달성되는지의 확인을 지속하는가?
- 일이 잘 되도록 돕기 위해 외부에서 정보를 가져오는가?
- 다른 영역에서 긍정적으로 그 팀을 대표하는가?
- 논의를 요약하고 명료화하는가?
- 어려운 상황에서 성원들을 지지하는가?
- 그 조직의 모든 수준을 연결하는가?
- 개인으로서 일관되고 조직적 가치와 일치되도록 조직을 운영하는가?
- OK-OK 방식으로 일하는가?
- OK 모형의 '마음챙김 과정' 내에서 조직을 운영하라. 예를 들어 융통성을 보여 주고, 주어진 상황에서 가장 적절한 방식을 선택하라.

WORKING
TOGETHER

분노와 갈등 직면하기

CHAPTER 17

소개

우리는 기계가 아닌 인간이기 때문에 갈등과 긴장은 언제나 발생할 수 있는 것들이다. 직장에서 갈등과 관계의 어려움으로 인해 소모되는 에너지들이 생산성으로 전환될 수 없기에 당신은 건강한 업무 환경을 증진시키고 문제 해결을 위한 방안을 모색해야 한다. 이 장은 분노와 갈등을 줄이고, 또 잘 다룰 수 있는 방법에 대해 알아보고자 한다.

당신은 고의적으로 갈등을 증진시키려 할 필요는 없다. 당신이 무엇이 어려운 것인지에 관해 알아내기 전까진 간단한 오해만으로도 긴장감이 생길 수 있다. 물론 갈등이 언제나 화를 유발하는 것은 아니지만 당신이 화를 생각하는 방식은 당신이 갈등 상황을 겪는 방식에 영향을 주게 된다. 만일 화를 피해야 하는 대상으로, 부정적인 것으로, 당신이나 다른 사람이 신경을 쓸 필요가 없는 것으로, 혹은 화로써 응대해야 하는 것으로 간주한다면, 이는 당신이 행동하는 방식과 당신이 화를 피할 것인지 말 것인지, 공격적 혹은 건설적인 자기주장을 하는 것으로 변해야 하는지에 영향을 미칠 것이다.

갈등은 사람들 간의 외부적인 것도 있고 자아의 다른 부분과 발생하는 내부적인 것도 있다. 후자의 경우 당신이 스스로 딜레마의 상황에 빠져 어떤 길을 택해야 할지 불분명할 때 생긴다. 하지만 이 장에서의 초점은 사람들(개인들, 팀들, 부서들) 간의 갈등에 있다.

예시

관리자인 재닛은 마크에게 안내 데스크 일을 맡아 달라고 단호하게 부탁하였지만, 그는 현재 자신의 일도 많이 벅차고 그가 하고 있는 일 재닛은 위협적으로 느껴지는 직원의 요구를 들어 주었다. 마크는 자신이 화를 내면 원하는 대로 할 수 있을 것이라고 생각하게 되었다. 재닛을 멈추고 싶지 않다고 말을 하였다. 또 그들이 일손이 부족하게 된 것은 그의 문제가 아니며 그의 일인 것처럼 다룰 수 없다고 하였다. 그는 손가락으로 책상을 치며 짜증을 넘어 화를 냈다. 재닛은 다른 누군가를 알아보겠다고, 신경을 끄라고 말한 후 물러났다. 결국 그녀는 자신이 안내 데스크 업무를 보았다.

에게 그의 반응은 반대하는 모드(3장을 참고하라)에서 온 것으로 보인다. 그가 분출한 화는 재닛이 그 화를 피하려 했기 때문에 작동한 것이다. 다른 직원들은 이로 인해 그녀에 대한 존경심을 잃었을 수 있다. 이 경우 재닛은 일관성 없는 모드를 보인 것이다.

만일 재닛이 마음챙김 과정을 유지하고 구조화하는 모드로 옮겨 갔다면 어떻게 달라졌을까. 만일 그녀가 팀을 고객을 위한 서비스를 제공하는 데 충실하도록 증진시키는 데에 참여했더라면 도움을 요청하는 것에 대해 직원들의 명확한 기대가 형성되어 있는 문화가 발달했을 것이다. 그렇게 되었더라면 그녀는 다음과 같은 말을 했을 것이다.

마크, 나도 당신이 바쁘고 일의 중도에 있음을 알고 있어요. 하지만 모두가 언제 어디든 도움이 필요하다면 도와줄 것을 동의하였고 그리하여 우리는 고객에게 최고의 서비스를 제공하고 있습니다. 당신 또한 이에 동의해 주어야 합니다. 당신의 마음에 들지 않더라도 저는 당신이 이번 점심시간에 안내 데스크에 가 주었으면 좋겠어요. 그리하여 잠시 하고 있던 일을 중단하고 기쁜 마음으로 도와주었으면 해요.

재닛이 마음챙김 과정에 있다면, 그녀는 마크의 화가 점점 올라감에 따라 반응하기 위한 다른 선택을 할 수 있을 것이다. 예를 들면 다음과 같다.

마크, 당신이 그런 식으로 내게 말했을 때 나는 화가 났어요. 나는 다른 방면으로 당신을 지지해 왔지만 이번에 당신의 태도는 잘못된 것 같습니다. 잠시 진정할 시간을 가졌으면 좋겠네요. 한 시간 안으로 안내 데스크에 다녀오고, 교대

가 끝나면 잠시 내 사무실로 와서 이런 빈번한 감정 분출에 관해 이야기해 보면 좋겠어요.

화와 공격성의 원인

분노, 공격 그리고 폭력의 원인에 관해 다양한 의견이 존재한다. 어떤 쪽에서는 그런 것들이 본능적으로 발생하는 것이라 하는 반면 다른 쪽에서는 학습된 것이라 주장한다. 어떤 이론이 옳은 것인지 간에 그런 것들은 분명히 적절히 다루어져야 한다. 오늘, 지금 이 순간 어떻게 반응하는가는 우리의 어린 시절, 가족적 내력, 근처의 이웃 그리고 문화 속에서 어떻게 반응하도록 촉진되었는가에 달려 있다. 예를 들어, 부끄러움과 다정함은 여성들에게 있어서 동의된 것이고 분노는 그렇지 않다. 하지만 아직 많은 상황에서 분노나 분함은 가장 출처가 확실한 반응이다. 남자든 여자든 만일 화를 억누르도록 교육받는다면, 그에 대한 내면화 작업(internalization)이 일어나게 된다. 내면화된 화는 우울증이나 자기비하의 원인이 된다.

화는 사람들이 발달시켜 온 마음, 몸 그리고 행동 습관을 포함한다. 화를 해소하기 위해서 우리는 생각을 바꿔야 할 뿐만 아니라, 감정적인 표출은 불충분한 것인데 그것이 문제의 절반이기 때문이다. 누군가에게 소리를 지르는 것이 도움이 될 수 있겠지만, 만일 당신이 느끼기에 당신의 기분을 상하게 한 사람과 무관한 사람에게 그런다면 거의 도움이 되지 않을 것이다. 예를 들어, 만일 당신을 괴롭게 하는 사람을 계속 마주해야 하는 상황이라면 심호흡을 통해 안정을 취하는 것은 그 자체로 도움이 되기 힘들다.

> 성공적인 화 다루기는 생각(화를 만들어 낸 태도, 인지 그리고 해석), 몸(개인의 통제를 가르쳐 주는) 그리고 행동(새로운 기술을 가르쳐 주는)을 다루는 것이다.

종종 화는 표현하기 어려운 다른 감정을 대체하거나 덮으려는 감정이기도 하다.

> 나는 아프다. 걱정이 된다. 지금의 감정을 어떻게 이야기해야 할지 모르겠다. 앞으로 어떻게 해야 할지 모르겠다. 아무도 내 말을 들어 주지 않는다. 나는 그들이 한 일을 용서할 수 없다.

우리가 모두 같은 것에 대해 혹은 같은 상황에서 화를 낸다는 것은 근거 없는 믿음이다. 당신은 무엇이 당신의 화를 유발하는지 알아야 하며, 그것을 바꾸고 싶은지 혹은 당신이 분노의 감정을 표현하는 방식이나 억누르는 방식에 만족하는지를 파악해야 한다. 다시 말해, 당신은 자신의 화를 다루는 방식을 통해 안전함을 느끼고 타인 역시 당신으로부터 안전함을 느끼는가?

효과적인 화 조절은 개인들과 타인과의 관계 모두를 이롭게 해 주는 것이다. 화를 지속적으로 분출하는 것은 잠시 개인에게 도움을 줄지 모르지만 결코 문제를 해결하지 못한다. 화에 대해 자세히 생각해 보는 것은 관계의 장기적인 이익을 증진시켜 주고 문제 해결에 도움이 된다. 또한 갈등 상황을 다룰 때 당신은 당신이 무슨 생각을 하고 있는지와 어떤 감정을 가지는지를 생각해야 한다. 예를 들어, 당신의 분한 감정 기저에는 또 다른 감정이 존재하고 있을 수 있다. 당신은 어쩌면 고통스러운 감정으로 화를 덮으려 할 수도 있는데, 화를 표현하는 것은 당신에게 결코 편안하지 못하거나 혹은 그것이 나쁜 것이라고 생각할 수도 있기 때문이다. 이럴 경우, 갈등의 해결책은 없게 된다. 왜냐하면 당신이 진정한 화의

감정을 표출하는 게 아니라 아픔을 표현하기 때문이다. 이렇게 되면 당신의 진짜 감정은 전달될 수가 없게 되고 당신도 문제 해결에의 가능성을 느끼지 못하게 된다. 곤란한 점은 이러한 모든 것은 무의식중에 일어난다는 것이다. (따라서) 당신은 자신이 진짜 감정(authentic feeling)을 감추기 위해 어떤 대체 감정을 써 왔는지를 알아내는 능력을 발달시켜야 한다.

문화는 갈등이 다루어지는 방식의 일부분을 결정한다. 예를 들어, 영국 백인 문화는 종종 '뻣뻣한 윗입술'로 표현되기도 하는데, 이는 화의 감정을 참고 있음을 말하는 것이다. 그리스 문화처럼 다른 문화에서는 사람들이 그들의 감정을 표현하고 나서 새로운 것으로 옮겨 가는 경향이 있다. 그러므로 당신은 자신과 타인의 문화와 그 속에서는 어떻게 감정을 표현하는지 잘 알아야 한다.

화 다루기

많은 사람은 화(anger)에 대해 부정적인 시선을 지니고 있으며 종종 격분(rage)과 혼동할 수도 있는데, 격분은 더욱 폭력적이고 발달상에 더 먼저 일어나는 것이다. 당신은 화에 대한 자신의 태도를 변화시킬 수 있고 다른 관점을 키워 나갈 수 있는데, 그렇게 함으로써 갈등을 더욱 효과적으로 다룰 수 있도록 당신 스스로에게 힘을 줄 수 있다. 한편으로는 격분을 사회적으로 통제하고 다른 기술들을 갖추어야 한다. 화가 좀 더 일상적인 감정이기 때문에 이 장에서의 초점은 화에 더 맞추어져 있다.

당신은 화가 다음과 같음을 알아야 한다.

• 긍정적일 수 있다.
• 자세히 살펴볼 필요가 있다.
• 관계에 관한 것이다.

- 당신이 무언가를 신경 쓰고 있음을 보여 준다.
- 상황이 발생함에 따라 적절히 다루어져야 한다.
- 긍정적인 절충과 완료를 위한 선택으로 이어져야 하며 곤란함은 사라져야 한다.
- 반드시 화로 응대해야 하는 것이 아니다.

다른 사람이 당신에게 화가 났을 경우, 당신은 다음과 같은 것들을 확인할 필요가 있다.

- 적절하다면 감정을 공유하며 분위기를 차분하게 조절한다.
- 적절하다면 분위기를 진정시키기 위해 유머를 활용한다.
- 예상대로 행동하기보다는 누군가에게 다르게 반응한다.
- 일이 어디서 잘못된 것인지 알기 위해 시간을 가짐으로써 다음에 다르게 행동할 수 있도록 한다. 이는 상황의 당사자들이 어떤 행동 모드를 택했는지와 상황을 긍정적으로 변화시키기 위해서는 당신이 어떤 모드에 있었어야 하는지를 밝혀야 함을 뜻한다.
- 다른 사람의 말을 경청할 수 있도록 준비한다. (다른 사람이 당신을 이해하기 전에 먼저 그들을 이해하기 위해 노력해야 한다.)
- 화의 감정이 다른 감정을 덮을 수 있음을 인지한다.
- 상황 제어를 위해 노력하며 필요하다면 경계를 설정한다.
- 마음챙김 과정을 유지한다.
- 관계를 구축한다.
- 다른 사람에게 문제 해결을 위해서 당신이 무엇을 하기를 원하는지 묻는다.
- 이에 대한 답변을 고려하고 어떻게 반응할지 결정한다.
- 당신이 다른 사람들로부터 원하는 것을 그들에게 요청한다.

집단 갈등에 반응하기

집단 갈등은 안정감에 위협이 가해지면 발생할 수 있다. 또한 갈등은 그 집단이 문제 해결의 필요가 있을 때 발생하지만 사람들 사이에서 실제로 행해지고 있는 것에 앞서 기술적 해결책이 주어졌을 때 발생할 수 있다. 해결책이 기술적으로는 좋아도, 그 집단이 그것에 열성적이지 않는다면 좋지 못한 결과로 이어지게 될 수 있다. 집단의 모든 사람은 과정에 안목을 가지고 합의와 결정에 대해 어떻게 느끼고 있는지 지속적으로 알릴 필요가 있다.

예시

한 팀이 분열되었다. 팀 내에서 두 집단으로 갈라져 서로 큰 적대감을 가지고 있다. 한 집단은 자신들이 좀 더 능력이 있다고 생각하는 반면에, 다른 쪽의 사람들은 그들이 최악의 직장을 가졌으며 반대 집단의 사람들에게 방해를 받아 왔다고 생각한다. 그들은 또한 반대 집단의 사람들로부터 괴롭힘을 받은 것처럼 느끼고 있다. 팀 개발은 이미 저 먼 곳에 있는 것처럼 보였다. 팀 내의 의사소통은 완전히 사라졌으며 분쟁 처리 수단이 시작되었다. 이틀 후 팀 개발 과정에서 양 집단은 서로에 관해 이야기하기 시작하였다. 괴롭힘을 받아 왔다고 느낀 한 사람은 그가 많은 기분 나쁜 감정을 느껴 화가 났고 그에 따라 그가 무엇을 할 수 있을지 알고 싶었음을 말하였다. 또 다른 사람은 자신이 개인적으로 다른 집단이 아무 감정도 느끼지 않을 것이라 생각하고 그들을 나쁘다고 여겼다고 말하였다. 그는 이제야 그들 모두가 고통스러움을 알게 되었다.

이는 그룹 이마고(group imagoes)를 활용하여 다루어야 하는 상황이다(11장을 보라). 서로의 그룹은 다른 그룹에 관해 그들 개개인의 다른 반응을 지니는 것이 아닌 감정적으로 결핍된 획일적인 집단으로 보았다. 서로가 인간이 아닌 하나의 대상으로 간주되었기 때문에 투사가 쉽게 일어난 것이다. 이와 같은 상황에서는 사람들이 개개인으로 인식될 수 있도록 하는 방법이 모색되어야 한다. 물론 몇몇의 사람은 다른 사람과 함께 일하기 힘들 정도로 감정적인 손상을 입었을 수도 있으며 항상 변화를 만들어 낼 수 있는 것도 아니다. 다양한 기술과 기법을 활용한다고 해도 말이다.

갈등은 집단과 부서 사이에서 서로의 목표가 양립 불가능하게 설정될 경우 발생할 수 있다. 예를 들어, 재고 관리 부서는 주식 쪽에 너무 많은 자본이 들어 있는 것을 원치 않을 수 있는 반면에 관리 부서는 기계 장치를 위해 충분한 할당량을 제공하기 위해 혹자 주식이 필요할 수 있다. 양쪽이 함께 나눌 수 있는 목표를 세우는 것은 더 큰 공동 기반을 만들어 준다. 일단 그 목표가 달성되면 충분히 미래의 더 원만한 관계를 맺을 수 있으며 이를 통해 다른 쪽의 관점에 대한 이해를 얻을 수 있게 될 것이다.

> 타인과 그들의 관점을 이해하기 위해 노력하는 것은 독백 대신에 대화를 증진시키는 좋은 출발점이다.

사람들은 종종 타인을 그들의 사고방식으로 전환하는 데에 신경 쓰느라 또 다른 사람의 관점이 가치 있을 수 있음을 간과하게 된다. 이럴 경우 다른 사람이 말하는 것은 중요하지 않기 때문에 그들은 중요하지 않다는 뜻을 보일 수 있다. 다른 사람들이 당신의 말을 경청할 때 당신 또한 다른 사람을 경청하게 됨을 잘 알아야 할 것이며, 이는 그 반대의 상황에서도 마찬가지이다.

갈등 상황에서 우리는 다른 사람을 악마로 묘사하려는 경향이 있으며 그들의 감정을 그들에게서 찾으려 하기보다는 우리가 생각하기에 그들이 느낄 감정을 그들에게 투사하게 된다. 다른 사람을 부정적으로 묘사하는 것은 관계의 소원과 분리를 초래하게 된다. 당신을 괴롭히거나 공격적인 혹은 어떤 방면으로는 까다로운 무언가가 발생하게 되면 당신은 그것을 마음챙김 과정과 함께 다루어야 한다. 이는 다른 사람에게 상황에 관한 그들의 관점을 확인하기 위한 질문을 던져봄으로써 행해질 수 있다. 그렇게 그들의 의견을 듣고 난 후에는 당신은 아마 결국 화낼 필요가 없게 될 수도 있다.

선택

문제 해결은 각 당사자가 과정으로부터 무엇을 얻어야 하는지에 달려 있게 된다. 많은 종류의 문제 해결이 있으며 이들은 각 당사자가 서로에게 맡기고 있는 신뢰의 수준에 따라 결정된다. 당신은 다음과 같은 것들을 통해 문제를 해결할 수 있다.

- 다른 사람을 지배하거나 압박하려 노력한다.
- 상황에서 벗어나 단지 그것을 신경 쓸 필요가 없도록 한다.
- 과잉 순응: 예를 들어 다른 사람이 원하는 것을 점점 없이 줄려고 미리 추측하여 노력하는 것. 또한 이는 대개 당신 자신의 필요나 요구를 고려하는 것을 포함하지 않는다.
- 한 사람에게 모든 힘을 실어 준다. 이는 당신 혹은 다른 사람과 연관될 수 있다.
- 협조적이고 결단력 있게 행동한다. 이것이 진정한 협상이다.
- 제3자에게 해결책을 위한 원조를 구한다.
- 독선: 모든 당사자가 지휘자의 결정을 받아들이는 것에 동의한다.
- 중재: 중재자가 결론을 지을 만한 권한을 가진다.

또 당신은 과연 그 상황이 갈등을 일으킬 만큼 가치 있는 것인지 고려해 보아야 한다. 어떤 사람들은 모든 난관에 맞서 싸우려 하고 결국 지쳐만 가게 된다. 가끔은 그냥 내버려 두는 것이 좋을 때가 있는데, 그것은 또한 모든 분개의 감정을 그대로 흘러가도록 해 준다.

긍정적인 결과를 얻어 내기 위한 최선의 방법은 각 당사자가 무엇을 성취하고 싶은지 확실히 정립해 두는 것이다. 당신이 자신의 목표에 대한 명확한 비전을 가지고 있다면 관계자들이 동의할 수 있는 최소한이 그 같은 비전이 될 수 있다. 이로부터 어떻게 그 비전이나 목표를 달성할 수 있을까에 대해 쉽게 파악할 수 있게 된다. 당신이 전적으로 동의할 수 있는 큰 그림에서의 시작은 긍정적인 결과를 성취하기 위한 첫걸음이다. 당신은 이것을 계약의 측면에서 생각해 볼 수 있다. 각 당사자들이 성취하고자 하는 것은 무엇인가, 언제까지인가, 그리고 그것이 측정 가능한가, 통제 가능한가, 동기부여가 되는 것인가?

물론 일이 진행됨에 따라 어떤 당사자들은 정보를 숨기게 될 수 있다. 예를 들어, 협상 기간 동안 그들이 타협하지 않으면 그들은 금전적 인센티브를 가지게 될 수 있다. 숨겨질 수 있었던 의제를 밝혀냄으로써 논의는 공개적이고 정직해질 수 있는데, 숨겨진 의제는 단지 서로를 막다른 궁지에 갇히게 하거나 우세한 한쪽만이 '승리'하는 방향으로 이끌기 때문이다. 마키아벨리 식의 준거 틀을 가진 사람은 공개적이고 정직한 의사소통을 더 두려워하게 되는데, 이는 그들이 이겨야 하는 치열한 경쟁의 과정을 유지하는 것에 방해가 되기 때문이다.

만일 팀 간의 갈등이라면 팀원들을 서로 교환해 봄으로써 각자의 어려움과 요구에 대한 이해를 높여 볼 수 있으므로 다른 집단을 단정 짓는 일을 줄일 수 있다. 역할과 관계, 상호 간의 요구와 기대 그리고 가능한 갈등 지점을 탐색하는 것은 더 큰 이해의 안목을 가져다줄 것이다. 갈등은 이러한 새로운 인식을 통해 해결될 수 있다.

갈등이 인식되지 못하고 해결되지 못했을 때 부재의 증가, 낮은 동기 수준, 인적 과오, 낮은 생산성과 책무의 결핍만을 키우게 된다. 마음챙김 과정을 유지함으로써 우리는 모든 수준에서 그리고 최대한 많은 관점에서 현실 상황을 생각하여 이를 바로 해결할 수 있다. 이를 통해 우리는 더 능숙하게 적절한 결정을 내릴 수 있으며 갈등과 긴장을 해결할 수 있다.

마음챙김 과정에 머무르기

의사소통의 효과적인 모드를 사용하는데도 갈등의 상황이 진행되면, 마음챙김 과정에 머물고 그 안에서 다른 사람을 당신과 함께 참여하도록 초대하는 것은 여전히 중요하다. 만일 당신이 부주의하게도 비효과적인 모드로 빠지게 된다면 당신은 자신의 사고 능력에 덜 미치게 될 것이며 다시 마음챙김 과정을 구축하는 데에는 시간이 필요하게 될 것이다. 이는 수많은 방식으로 행해질 수 있다. 당신은 진정하기 위해 15분 정도의 시간이 필요하며 그리고 나서 돌아와 다시 상황에 대해 이야기해 보겠다고 말할 수 있다. 만일 그들이 당신에게 그 정도의 시간을 주지 못하겠다고 하면 당신은 그들에게 언제 적절한 시간을 만들 수 있는지 확인해 보아야 한다.

당신이 지금 여기 마음챙김 과정이 어떤 느낌인지 인지하는 것에 익숙해진다면 당신은 그 안에 머무는 것이 더욱 능숙하게 될 것이다. 이와 더불어 만일 당신이 그 모드를 벗어날 것 같음을 깨닫는다면, 그 인지는 저절로 당신으로 하여금 다시 원래대로 돌아오도록 해 줄 것이다.

단순한 호흡 기술 또한 지금 여기에서 모드를 되찾는 데 도움을 준다. 몇 번의 심호흡을 통해 당신은 심장 박동 수를 천천히 낮추고 평형 상태를 더 잘 유지하게 될 수 있다. 스트레스에 빠지게 되면 우리의 몸에 경고 신호가 켜진다. 위협을 감지하게 되면, 몸은 행동을 준비하게 된다. 이는 종종 투쟁-도피(싸움 혹은 도망칠 준비를 하는 것)로 여겨진다. 이는 당신이 구조 업무를 한다든지, 서비스를 제공하거나 자주 트라우마 상황과 마주하는 것이 아니라면 잘 발생하지 않는다. 하지만 당신이 화가 나 있거나 위협을 느끼게 되면 이와 같은 시스템이 발동하게 될 수 있다. 당신이 극도로 흥분 상태에 빠지게 되면, 어떤 사람이 공황발작을 느끼는 방식으로 표현되는 것처럼 당신은 명확한 사고를 할 수 없게 된다. 심호흡을 통해 당신은 과정을 천천히 진행시킬 수 있고, 무엇이 일어나는지 파악할 수 있게 되어 당신은 더 원활한 사고를 가지고 상황을 잘 다룰 수 있게 된다.

마음챙김 과정으로 일단 돌아오면, 우선 다른 사람과 긍정적인 어떤 접촉을 얻어 내려는 것이 첫 목표이다. 당신은 그 사람을 문제로부터 분리시킨 후 당신이 문제 해결자가 될 수 있음을 보여 주어야 한다. 당신이 원하는 것뿐만 아니라 다른 사람의 요구 또한 명확히 하는 작업은 해결책에 도달할 수 있도록 도움을 줄 것이다. 일단 당신이 대화에 참여하게 되면 당신은 그들과 공통된 목표에 도달하는 방법에 대한 선택권과 제안을 가지고 그 목표를 만들어 나갈 수 있다.

'냉전' 기간 중에 레이건 대통령은 고르바초프 대통령과의 정상 회담을 열었는데, 그들은 어떠한 공통된 일련의 믿음이 없었음에도 대화를 이어 나갔다. 이러한 정상 회담들은 실제로 전 세계를 안전하게 유지하는 데 도움이 되었다. 여기서 배울 수 있는 점은 대화는 정말 효과가 있다는 것이다. 대화가 두 대통령(레이건과 고르바초프)과 함께 국제적 수준에서도 효과가 있다면 지역적 수준의 문제에서도 효과적일 것이다.

과업이 아닌 과정

누군가가 당신을 위협할 것이라고 예상된다면, 혹은 실제로 당신을 위협했다면, 당신은 방어적으로 행동하게 될 것이다. 직장에서 방어적인 행동은 에너지를 소모하며 업무를 방해하는 요소이다. 불가피하게도 만일 당신이 다음과 같은 것들을 한다면 생산은 저하될 것이다.

- 어떻게 하면 당신이 이기고 지배하고 억압할 수 있는지에 대한 생각으로 시간을 보낼 때
- 무언가를 알고자 하는 사람을 회피할 때
- 어떻게 하면 공격을 피해야 할지 고민하는 데에 시간을 소비할 때

만일 당신이 타인과 당신의 과정에 많이 집중하게 된다면, 이는 당신이 얼마나 듣는가에 영향을 미치게 될 것이다. 그러므로 지시 사항들은 엉망이 될 것이다. 해결되지 않은 어려움이 남아 있게 되면 당신은 더욱 방어적으로 행동하게 될 것이다. 종종 이 수동성으로 인해 당신은 타인과 대화를 하지 않으려 하거나 그들이 상황에 관해 어떻게 생각하는지 함께 이야기하지 않게 될 수 있는데, 그 대신 당신은 그 공백의 사이사이를 당신의 부정적인 상상으로 채우게 되고 그러한 투사들에 기초하여 행동하게 될 수 있다. 이로 인해 자연스럽게 당신과 타인 간의 어려움은 더욱 커지게 될 것이다. 상황이 발생하자마자 연관된 사람에게 가서 이야기하는 것이 (어려움을 키우는 것보다) 훨씬 쉬울 것이다.

똑같은 것을 다른 방법으로 말할 수 있음을 아는 것은 중요하다. 목소리의 톤과 어조, 말의 빠르기, 말의 가청도는 당신이 하는 말의 내용물을 바꿀 수 있는 요소이다. 당신이 사용하는 OK 모드와 당신이 가지는 인생태도는 당신이 무언가를 어떻게 말하는가에 영향을 미친다. 당신의 국가와 지역 또한 그러한 면에 영향을 미치게 되고, 상황을 다루는 방식은 각기 다르기 때문에 당신은 타인의 문화 또한 염두에 두어야 한다. 요약하자면, 갈등을 다룰 때에는 다양성과 언어를 고려하며 이들이 당신의 사고, 감정, 행동에 어떻게 영향을 주는지 아는 것이 중요하다.

관계와 이해 높이기

관계성을 높이기 위해서는 사람들이 최소한 한 번 서로 면대면으로 하나의 그룹으로서 뭉치는 것이 좋다. 이를 강화하기 위해서는 이따금 더 많은 면대면으로 만나는 것이 필요하다. 이런 노력 없이 이해를 높이고자 하는 것은 힘든 일이며 업무가 완성되려면 더 많은 시간이 걸릴 것이다. 이것이 어떻게 유용한지에 관한 예시는 다음과 같다.

영국의 각자 다른 지역에서 사는 한 무리의 기술자가 함께 업무를 수행하기 위해 모였다. 그중 한 명인 필은 다 함께 적어도 한 번은 만나서 서로에 대해 알고 함께 일을 해 나갈 길을 모색해 보자고 제안하였다. 더불어 그는 한때 다국적 팀에서 일을 한 경험이 있으며 한 번이라도 모임을 가지는 것이 업무를 더 쉽고 빠르게 해 주었음을 설명하였다. 나머지 기술자들은 그 제안을 이해하지 못했고 필의 의견은 수용되지 못해 그들은 만나지 않았다. 갈등이 뒤따르게 되었을 때 갈등은 해결되지 못하였고 적대감과 분노만 쌓이게 되었다. 그룹이 적절히 형성되지 못했기 때문에 상호 간의 신뢰가 증진되지 못하였다. 어떤 결정이 내려져야 하고 서로 다른 의견이 존재하는 상황에서, 이러한 것들을 단순히 이메일과 전화 회의를 통해 해결하는 것은 매우 힘든 일이다.

신념과 차이

우리가 생각하기에 존재하는 '차이'로 인해 다양한 조직 인력을 관리하는 것은 힘든 업무이다. 이러한 믿음은 편견보다 더 광범위한 고정관념화된 행동을 촉진시키는데, 왜냐하면 그들은 사람들을 판단하는 기준을 설정하기 때문이다. Frank(1974)는 이러한 다른 준거의 틀을 '가정적인 세계(assumptive worlds)'라고 명명하였다. 질서를 형성하고 세계를 이해하기 위한 시도로 우리는 가정을 만들어 낸다. 다음은 이러한 몇몇의 예시이다.

- 인종과 문화에 대한 서구 사회의 가정(역도 성립)
- 여성에 대한 남성의 가정(역도 성립)
- 서로 다른 전문 분야 간의 가정

다른 그룹들에 대해 논평을 할 때면, 우리와 그들의 차이는 과장되는 경향이 있으며 공통점은 무시되는 경향이 있다. ("그들은 어쨌든 항상 그런 식이야." "그들은 우리와 같지 않아.")

구조적 자아 상태 차원에서 가정과 편견은 부모와 어린이 자아의 어른 자아 오

염을 수반하며, 동조적 어른 자아 상태(Adult Ego syntonic), 오염된 어른 자아 상태로 믿어지고 지각되는 것이 극히 당연하게 받아들여지고 경험된다. 즉, 가정과 편견들이 믿음이 아닌 사실로 받아들여지게 되는 것이다. 이러한 다른 논평, 믿음과 가치들은 문화를 통해 전수되며, 앞에서 언급했듯이 문화적 각본을 형성하는 사회제도 속에 녹아들어 가 있는 것들이다.

사람들은 진정으로 서로 만나는 시간을 가질 필요가 있다. 여기서 '만난다'는 말은 당신의 기대와 가정을 통해 그곳에 있을 거라고 생각되는 사람이 아닌 실제로 당신과 그곳에 누가 있는지를 느끼는 것을 뜻한다. Scott Peck(1987)은 사람들이 가지고 있는 편견과 가정을 버림으로써 공동체의 단계(stage of Community)에 이를 수 있으며 당신 앞에 있는 사람과 직면해야 한다고 말하였다.

요약

요약하자면, 갈등을 효과적으로 풀어내는 유일한 방법은 상호 간의 이해를 높이고 자신의 편견과 가정을 기꺼이 내려놓는 것에 있다. 이를 통해 당신은 더욱 관계를 잘 발전시키고 유지할 수 있으며 경계를 잘 지키고 결과를 위한 명확한 계약을 만들어 낼 수 있게 될 것이다. 승자 피라미드(The Winners' Pyramid)는 우리가 염두에 두어야 할 중요한 개념이다(9장을 보라).

당신은 당신이 사용하는 준거의 틀을 명확하게 하여 당신이 같은 것을 이야기하고 있도록 확실히 만들어야 한다. 이제 잠재적인 갈등 상황에서 새로운 행동 방식을 시험해 봄으로써 당신은 더욱 갈등 해결 과정에 다다르게 될 수 있다. 아래의 단계는 새로운 행동에 이르기 위한 방법을 그리고 있다. 먼저 당신은 새로운 가능성을 예상하고, 선택과 결정을 고려하고, 행동을 취하고, 결과에 관해 심사숙고하고, 당신의 앞선 준거의 틀이 도움이 되었는지를 고려하여 그렇지 못했다면 어떻게 자신을 새롭게 할지 결정해야 한다.

당신은 당신의 삶을 어떻게 영위해 가야 할지에 관한 중대한 결정을 만들어 가게 될 것이다. 만일 모든 사람이 당신과 적대적이고, 세상은 치열하게 다투는 곳이며, 모든 것과 모든 사람은 쓸모없다고 생각하는 것과 혹은 우리는 모두 OK하여 그냥 서로 잘 배워야 한다고 생각하는 것은 당신이 어떻게, 어떤 의사소통을 만들어 나가는가에 영향을 미치게 된다. 따라서 당신은 어떤 삶을 살고 싶은지와 다른 사람과 어떻게 지내고 싶은지를 결정해야 하는데, 이는 당신이 일관된 삶을 지향함에 있어서 당신의 행동에 영향을 미치게 될 것이다.

마지막으로, 다음은 갈등 상황에 있든 없든 간에 당신이 어떠해야 하는지를 요약해 주는 이야기이다.

거울로 된 통로를 지나가고 있던 개가 한 마리 있었다. 그 개는 그 자신이 개들에 의해 둘러싸여 있는 것을 발견하고 그 개들을 향해 할퀴고 으르렁댔다. 당연히 그 개들도 그를 향해 할퀴고 으르렁댔다. 결국 그는 땅에 주저앉았고 어떠한 공격적인 행동이나 소리로 그의 뒤에 있는 그 개들을 멈출 수 없음에도 계속 으르렁댔다. 그는 목숨을 걸고 싸우는 것처럼 느꼈다.

또 하루는 다른 한 개가 그 거울 통로로 들어왔다. 그 개는 자신 주변을 둘러싼 주위의 개들을 보며 꼬리를 흔들었고 그의 뒤에서도 그들이 그에게 꼬리를 흔들어 주는 것을 보고 매우 만족하였다. 그 개는 다시 자신의 집으로 향하기 전에 잠시 그 경험을 즐기며 머물렀고, 매우 행복하고 만족스럽게 나날을 보냈다. (작자 미상)

[그림 17-1]은 부정적인 자기대화에 대비하여 긍정적인 자기대화의 이점들을 보여 주고 있다.

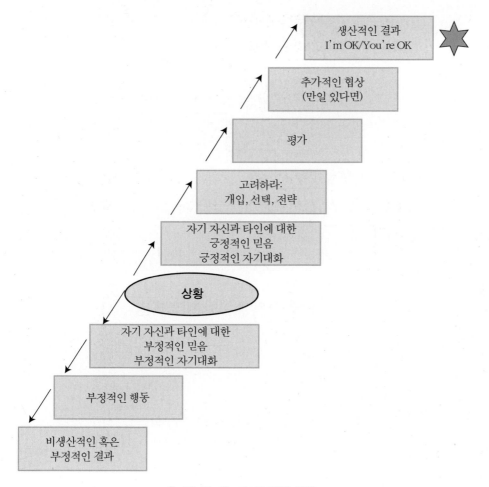

[그림 17-1] 자기주장적 반응

최종적으로 화와 갈등을 다루는 새로운 방법으로 향하는 6단계를 보여 주는
다이어그램은 [그림 17-2]와 같다.

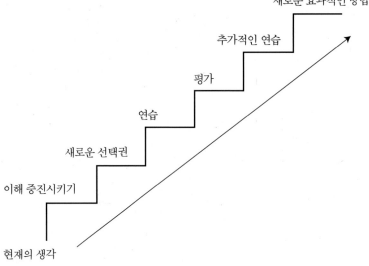

새로운 효과적인 방법

추가적인 연습

평가

연습

새로운 선택권

이해 증진시키기

현재의 생각

[그림 17-2] 화 다루기의 6단계

연습

연습문제 1: 모드 바꾸기

당신이 다른 누군가와 갈등의 상황에 있을 때를 떠올려 보라.

1. 그 상황에서 당신은 비효과적인 모드 혹은 효과적인 모드에 있었는가?
2. 당신이 생각하기에 다른 사람은 어떤 모드에 있었는가?
3. 그 상황을 돌이켜 생각해 보았을 때, 당신이 생각하기에 당신이 그 사람 혹은 상황에 대해 어떠한 가정을 했는가?
4. 지금 현재 당신은 자기 자신, 타인 그리고 삶에 관한 당신의 믿음에 대해 어떤 도전을 하겠는가?
5. 당신이 그 당시 했던 말을 다른 방식으로는 어떻게 말을 해 볼 수 있었을까?
6. 상황을 개선시킬 만한 말로 당신은 어떤 말을 해 볼 수 있었을까?
7. 그 상황에서 당신을 돕기 위한 목적으로 자기 스스로에게 어떤 말을 해 볼 수 있었을까?
8. 향후에 당신은 이전과는 다르게 무엇을 할 것인가?

연습문제 2: 팀 변화

팀에서 갈등이 생기게 되면 에너지의 양이 줄게 되거나 혹은 업무에 집중되어야 할 에너지가 복잡한 관계로 인해 낭비되어 그러한 부정적인 일련의 과정이 팀의 성과에 영향을 미칠 수 있음을 반드시 알아차려야 한다. 팀원들은 다음의 질문 사항들을 짚어 봄으로써 난관을 해결하는 일에 동참할 수 있다.

- 직장에서 어떤 관계가 이루어졌으면 좋겠는가?(구체적으로 진술하라. 측정 가능하고, 다루기 쉽고 동기부여적인 목표를 설정하라.)
- 직장에서 당신은 어떻게 관계들을 체험하게 되는가?
- 당신이 바라는 관계와 현재 상황의 차이를 좁히기 위해서 어떤 변화들이 요구되는가?
- 이 과정에서 당신은 어떤 책임을 가지고 있는가?
- 그 안에는 어떤 위험요소가 내포하고 있는가?
- 그러한 위험요소를 감당할 만한 가치가 있는가?
- 그러한 변화를 만들어 내기 위해 당신은 공식적 혹은 비공식적 힘을 가지고 있는가?
- 당신만의 목표와 팀의 목표를 달성하기 위해 그 다음에 취해져야 할 행동은 무엇인가?
- 당신은 무엇을 할 것인가?
- 언제까지 할 것인가?
- 그러한 변화를 이루어 내기 위해 당신은 누구의 지지를 구할 것인가?

당신이 직장을 더욱 편안한 곳으로 만들기 위해 그 필요한 변화들을 이루어 냈을 때 당신은 그것을 어떻게 축하할 것인가?

WORKING
TOGETHER

결론

CHAPTER

18

소개

이 장의 목적은 조직 TA의 포괄적 개념을 한데 모으는 작업을 하는 것이다. 이를 위해 조직 평가용으로 개발한 두 개의 추가적 모형을 공유하고자 한다. 작업 일환으로서 신뢰 구축을 통한 철학, 가치, 목적과 행동 간의 적합성에 대한 필요성이 강조된다.

한 가지 방법은 조직을 고려한 관련 질문을 다음의 모형에 적용하여 검토해 보는 것이다.

역동적 진단 도표(3차원 모형)

진단과 중재를 위한 모형

다음 모형은 조직 안에서의 구조적 수준에 따라 중재의 초점이 어디에 맞추어져야 하는가를 평가하기 위해 사용될 수 있다. 한 영역 안에서 변화와 밀접한 상호 연관이 되어 있는 각 측면이 또 다른 측면에 영향을 주게 된다. 도표 관련 질문은 Jardine의 연구 업적(1987)에서 인용하였다. 다음은 각 영역의 요약 내용인데 각 영역 내용이 확장되면서 보다 더 구체적인 모습과 이론적 내용이 제공될 것이다.

이런 방법으로, 지식과 의식에 기초해 면밀한 평가가 만들어질 것으로 기대된다.

(1) 목적과 정체성

사업 영역에 대한 의사 결정 시 가장 우선적인 관심 영역은 목적과 정체성 영역이다. 조직의 모든 부서는 구성원들이 성취하고자 하는 목표에 대하여 명확히 해야 할 필요가 있다. 어떤 조직의 목적은 분명해 보인다. 예를 들어, 어떤 자동차 제조업체는 '자동차를 만든다'는 아주 간단한 것으로 업체의 목적과 정체성을 알 수 있다. 그러나 자동차를 만드는 목적이 사람과 환경을 염두에 두고 안전한 교통 시스템을 개발하기 위해서라면 이것은 목적과 정체성에 매우 다른 영향

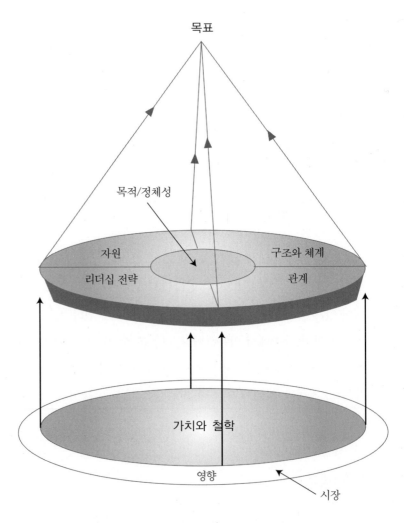

[그림 18-1] 3차원 모형: 역동적 진단 도표

을 미칠 것이다.

　조직은 최적하게 혼합된 기술과 능력을 발휘하여 목적과 정체성이 달성되도록 해야 한다. 또한 조직은 기술과 능력의 혼합을 적절한 시기에 적절하게 해야 하는 부분과 부서, 팀과 개인이 달성하고자 하는 일과 지지된 가치와 과정과 실행 등이 명확한지에 대한 부분을 명확히 해야 한다. 또한 이 영역에서 성과(16장 '번영 개념' 참조)의 축하 여부를 고려해야 한다. 목적과 우선순위를 설정한 후 달성하고 나서, 달성한 성과를 축하한다. 이것은 정체성을 강화하고 전체 조직, 부서 및 팀 문화에 반영된다.

　이와 관련한 질문은 다음과 같다.

- 우리가 여기서 해야 하는 것은 무엇인가?
- 누구와 함께?
- 우리가 달성하기 위해 노력하고 있는 것은 무엇인가?
- 우리의 목적과 정체성은 분명한가?
- 조직의 모든 영역이 목적과 정체성에 가치를 부여하는가?
- 조직의 모든 측면이 목표를 같이하는가?(목표를 나누고 있는가, 공유하고 있는가?)
- 만약 그렇지 않다면 모두 같은 방향으로 끌어 모으는 리더십 전략은 무엇인가?

(2) 가치

　조직 가치는 명확히 문화에 영향을 끼친다. 기업 경영의 방법과 리더십 유형에 영향을 받는 근로자들의 행동은 기반적 가치에 의해 영향을 받게 된다. 기업 윤리도 여기에 포함된다.

　가치와 행동 간의 적합성을 알아내고자 할 때 할 수 있는 몇 가지 질문은 다음과 같다.

- 명확한 가치와 철학이 있는가?
- 누가 가치 기준을 설정하는가?
- 여전히 오늘에도 이 가치들이 적절하고 관련(성)이 있는가?
- 만약 그렇다면 이 가치들이 표출되고 널리 공유되고 있는가?
- 조직의 모든 측면이 이것들과 일치하는가?
- 모든 부서의 행동이 이 가치들과 일치하는가?

(3) 구조와 체계

모든 조직은 구조를 가지고 착수되는 일을 지원하기 위한 일련의 체계를 구축해야 한다. 조직 구성원의 역할은 명확해야 하고 일관성이 있어야 한다. 그리고 조직구조 체계는 가치와 목적을 반영해야 한다. 개발된 체계는 전체 목적과 일상적 관리를 모두 지원할 수 있어야 한다. 이것은 의사 결정 과정을 포함한다.

모형의 이러한 영역의 한 예로서, 매우 간단한 체계 문제를 강조하고자 한다. 문제를 해결하면, 조직의 시간과 비용을 절약하고 발생했던 불만보다 조직 구성원의 성취감을 고조시킬 수 있다.

다국적 조직(기업)은 리더십에 대한 견해 확인을 원했다. 전 세계 백 명의 리더가 온라인 설문 조사에 응했다. 사용된 조사 양식은 모두 똑같지는 않았다. 수집된 정보는 양식이 일치하도록 재조정되었음을 의미한다. 그러기 위해 수합된 100개의 양식을 두 명 이상의 전문가가 양식이 일치하도록 재조정하여 인쇄물 출력을 위한 입력을 하게 되었다. 설문지를 설계한 원래 그룹들이 사용하던 시스템이 자신의 구조와 요구 조건에 적합한지 여부를 고려했다면, 중간 과정과 재구성은 피할 수 있었다.

구조 및 체계와 관련한 질문은 다음과 같다.

- 구조는 어떤 일을 수행하고 지원하는가?

- 구조와 체계는 조직 가치와 목적을 반영하는가?

- 조직 구성원의 역할이 분명하고 조직 전체의 수준에서 의미가 있는가?

- 체계는 효과적 일상적 관리를 잘하고 있는가?

- 의사 결정 절차는 이상이 없는가?

- 개인/팀 개발 요구에 대한 정기적 검토가 있는가?

(4) 관계

이러한 맥락에서 '관계'는 조직 내 모든 공식, 비공식 관계를 포함한다. 비공식 조직에서 불일치 또는 갈등이 일어날 수 있고 이것은 공식적 조직의 기능에 영향을 미칠 것이다.

예를 들어, 의사 결정이나 참여에 원하지 않는 개인 혹은 그룹이 있는 경우, 전자 메일, 메모 및 세미나가 거의 영향을 미치지 못한다. 이것은 비공식 조직으로서의 개인 혹은 그룹이 공식 조직의 의사 결정 과정에서 참여 여부를 결정하는 데 영향력을 행사할 수 있음을 의미한다. TA에서 이런 유형의 리더십은 심리적 리더십(12장 참조)이라고 하며, 이전에 언급한 바와 같이 그것은 부서, 팀, 큰 규모의 조직 발전에 긍정적 혹은 부정적 영향을 모두 미칠 수 있다. 예를 들어, 비공식 그룹의 정신적 리더는 공식적이거나 책임 있는 리더가 제안하는 공식 조직의 행위 결정을 방해할 가능성이 있다.

또한 이 내용은 심리적으로 멀거나 가까운 다른 사람들이 서로의 관계를 어떻게 생각하는지를 포함한다. Micholt는 이런 심리적 거리를 언급하며, 조직의 중요성을 강조한다.

우리는 4장에서 관계에 관한 문제를 더 논의했다. 리더와 팀 구성원 사이, 리더와 고위 관리 그룹 사이, 그리고 팀 구성원들 사이의 심리적 거리를 평가하여 상황을 해결하고 조화를 이루는 개입을 할 수 있다.

관계에 대한 질문은 다음과 같다.

- 어떤 공식, 비공식적인 관계가 조직에 있는가?
- 조직 내 좋은 관계와 나쁜 관계가 어디에 구축되고 있는가?
- 관계는 조직의 가치를 반영하는가?
- 어려움을 정면으로 직면할 의지와 개방적 태도가 있는가?
- 직원 또는 팀 구성원 간의 신뢰와 지지가 있는가?
- 내부 및 외부 의사소통이 좋은가?
- 갈등 국면이 해결되는가?
- 다른 그룹, 팀 및 부서와의 관계는 이상이 없는가?
- 사람들이 일하는 방식을 검토할 태도를 가지고 있는가?
- 노력이 가치와 목적과 일치하는가?

(5) 자원

대부분의 조직은 건물, 장비, 자금과 사람을 자원으로 한다. 그러나 일부 기업들은 그들이 가지고 있는 자원의 최적 사용을 구성하는 전략적 계획이 부족하다(재포맷 설문에 대한 위의 예를 참조). 조직 구성원들 간 업무의 중복, 혹은 의사소통 등에 관한 어려움에 직면하도록 부적절하게 설계된 부서 등이 종종 있게 된다.

자원은 일상적 관리, 근로자, 디자인 결함 혹은 제조나 제조 사양의 결함 등에 있어 시간적 낭비가 있을 경우 비효율적으로 사용될 수 있다. 조직에서 비용을 주며 비효율적 계약을 맺은 컨설턴트도 부적절하거나 비효과적인 개입을 할 가능성이 있다.

자원에 관한 질문은 다음과 같다.

- 충분한 인적자원, 물적자원 및 자금이 있는가?
- 이것들이 적절히 혼합되어 있는가?
- 자원을 잘 사용하는가 그리고 그것이 목적과 우선순위에 맞는가?
- 자원을 정기적으로 평가하고 추가적인 것에 대한 필요성이 평가되고 있는가?
- 자원이 더 잘 활용될 수 있는가?
- 모든 측면이 고려되었는가?
- 계약은 충분히 성공적으로 되기 위해 자세히 설명되고 있는가?
- 조직 개입의 결과는 다양한 관점에서 고려되는가?

(6) 리더십

리더십 역할의 본질은 사람이 따르게 하는 것으로, 평가의 중요한 부분이다. 예를 들어, 독재적 리더십은 복종과 분노를 일으킨다. 이것은 조직 충성도에 따라서 생산의 수준에 영향을 미칠 것이다.

리더십과 관련된 질문은 다음과 같다.

- 리더는 개인의 기여를 한 군데로 모으고 있는가?
- 리더의 결정이 최종적으로 구현되고 있는지 확인하는가?
- 리더는 목적을 설정하고 달성하는지의 여부를 점검하는가?
- 리더는 조직에 영향을 미치는 외부 정보를 가지고 있는가?
- 리더는 다른 영역에서 팀을 대표하는가?
- 리더는 요약과 토론을 명확하게 하는가?
- 리더는 어려운 상황에 있는 직원을 도와주는가?
- 리더십은 조직의 모든 수준에 관계가 있는가?
- 리더십 스타일은 가치와 일치하고 적합한가?

(7) 목표

목표를 명확하게 설정하는 것은 중요하다. 리더의 역할은 모든 부서가 해당 단계의 전체 조직과 함께 같은 방향으로 향하고 있는지 확인하는 것이다. 조직 목표의 정기적 검토는 유효하고 관련되어 있는지 확인하기 위해 여전히 필요하다. 현재의 현실에 뒤떨어지지 않게 유지하기 위해 목표를 수정하기도 한다.

열정

Berne은 '인생의 추진력'에서 열정에 대하여 자율적이고 자유로운 욕구라고 말했다. 3차원 모형에서 열정을 향한 화살표는 성장 에너지를 나타내며 조직의 핵심이 건강함을 나타내고 있어 조직의 모든 부서에 건강한 영향을 주게 된다.

'인생의 추진력'이란 용어는 정력적인 특징을 나타내는 말이다. 이 에너지가 차단되면, 적응하고 타협하려고 노력하거나, 노력을 포기하고, 분노하고 저항하거나, 혹은 자신이 결정한 대로 차단벽을 제거하려고 한다. 이것은 일하는 능력 효과의 측면에서 특히 연관이 있다.

이와 관련된 질문은 다음과 같다.

- 목표는 명확하고 널리 공유되는가?
- 목표가 가치와 적합한가?
- 노동력은 목표 설정과 일치할 수 있는 충분한 능력을 가지고 있는가?
- 각 리더십의 목표가 조직 목표와 일치하는가?
- 현재의 목표가 현재의 시장과 관련되어 있는가?
- 외부 영향이 목표와 관련하여 설명될 필요가 있는 것은 무엇인가?
- 어떤 비전이 조직의 목표를 반영하는가?

3차원 모형의 모든 영역이 평가되고 적절한 개입이 이루어지고 나면, 생산이 증가해야 하며, 목표도 달성되어야 한다. 이 과정은 근로자의 이익과 조직 전체를 위해 이전에는 부정적으로 사용되었을 수도 있는 에너지가 긍정적 과정을 강화하는 방향으로 사용되는 것을 가능하게 한다. 열정의 화살이 도표의 중심부를 통과하여 위로 상승하고 있다.

적합성

요약하면, 조직 TA를 접근 방법으로 사용할 때의 이점은 (일종의 사회심리학적 태도로서) 조직적 개입뿐만 아니라 개인을 살펴보게 해 주고 조직의 가치와 철학, 과정과 체계, 사람들의 행동 사이의 조화를 촉진한다는 것이다.

조직이 운영의 모든 면에서 협력적인 것은 무엇보다 중요한데, 이는 전 직원 간 신뢰를 고취하기 때문이다. 조직의 모든 면은 화합적 접근을 강화하기 위해 서로가 조정될 필요가 있다. 개인적으로, 언행일치를 경험하게 되면 철학과 가치 기반이 반영된 것이다.

언행일치가 일어나지 않을 때 본인이 편하지 않기 때문에 다른 사람도 편하지 않을 것이라고 신호를 줄 것이고 이는 감각의 부정적 모순에 영향을 줄 것이다. 다른 사람들은 왜 이러한지 이해할 수는 없을지라도 당신을 더 믿지 못할 것이다. 게임의 TA 개념들인 대체 감정과 내면적 메시지들은 모두 적합성 및 모순과 관련되어 있다.

긍정적인 자기대화를 하면 본인에 대한 자신감과 자기 긍정성을 증가시키고 다른 사람들은 점점 더 긍정적인 인식을 서로 주고자 한다. 당신이 모든 사람에게 긍정적이면 생각, 느낌과 행동이 일체감을 이룰 것이다.

다음 모형은 구조적 분야에 대한 개요이다. 구조, 정책과 관행의 관점에서 합치될 필요성이 있다는 말이다. 이것은 3차원 모형과 유사하지만 합치에 대한 관점이 고려되는 분야에 있어 더 상세하다.

적합성은 조직의 모든 수준에서 요구된다.

요약

3차원 모형과 구조적 웹 모형들을 고려한 후에 이 책에서 상세히 설명된 TA 개념 적용을 시작할 수 있고 조직개발을 위해서 중재 방법으로 관련된 것들을 결정할 수 있다.

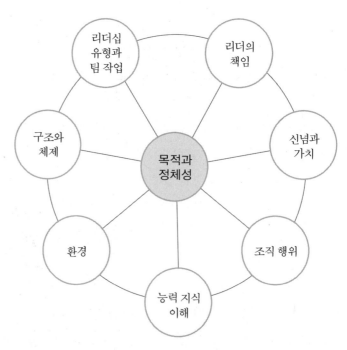

[그림 18-2] 조직의 웹 모형

출처: Mountain (2004).

그리고 마지막으로

1장에서는 다음과 같은 목표에 관해 언급했다.

- 작업장 관계를 개발하고 강화하여 생산성을 증가시키기 위해서 회사 전체 안내책자로 제공하라.
- 결정과 전략을 수행하는 것에 관련된 프로세스를 알 수 있도록 본인이 이해하고 다른 사람들을 이해시킬 수 있도록 하라.
- 효과적 대화를 개발하기 위해 추가적 도구가 필요한 사람들을 위해 몇 개의 명확한 '입문서'를 주라.
- 사람, 프로세스와 생산성 사이의 관계를 이해하는 것에 대한 방법을 제공하라.

이 책을 읽을 독자들이 TA, 특히 조직 TA의 발전 방향에 대해 이해하고 이를 통해 조직 문화를 더욱 향상시킬 수 있기를 바란다. 그리고 창조적 공간, 기술, 업무 경계를 설정하고 유지함으로써 구성원들이 존경스럽고 가치 있게 생각하는 일터에서 건강한 환경을 만들어 가길 바란다.

WORKING
TOGETHER

부 록

TA 훈련

부록 1

TA 영역에서 보편적으로 알려진 공식적인 입문 과정('TA101')은 영국과 국제적으로 진행되는 과정이다.

TA의 조직 영역에서 이루어지는 다양한 교육과정에는 1년 기초 과정으로부터 국제공인 TA 자격을 받을 수 있는 고급과정이 있다. 'TA 조직 영역 훈련'을 위한 웹 조사를 통해 자국에 어떤 과정이 있는지를 알 수 있을 것이다. 또한 TA의 심리치료가 아닌 다른 영역에 적용되는 일반적인 TA 과정도 있을 것이다.

TA 저널

TA 저널(*Transactional Analysis Journal*)에서 언급된 많은 참고문헌들은 여전히 TA 연구에 도움이 되는 가장 생산적인 자료이다. 1971년부터 2008년까지 출판된 저널에 게재된 대부분의 논문이 수록된 CD-ROM을 www.tajdisk.co.uk에서 구할 수 있다.

조직 TA 전문가 되기

조직 TA 전문가가 되기 위해 무엇을 해야 하는가?

일반적으로 이 조직 영역에서 자격을 위해 요구되는 경험과 훈련은 4, 5년이 걸린다. 조직 TA 전문가가 되기 위해 필요한 요건은 다음과 같다.

453

- 공공기관, 자선단체, 개인 분야에서 조직 경험
- TA에 관련된 전문 훈련 프로그램을 마칠 것(공인 TA 분석가[Certified Transactional Analyst: CTA]가 되기 위해서는 750시간의 실습, 150시간의 슈퍼비전, 600시간의 훈련이 필요하며, 전체적으로 5~6년이 걸린다)

보증인이 후보자가 개인적으로 전문적으로 준비가 되었다고 동의할 때, 2만 4,000개의 단어로 된 논술 시험을 칠 수가 있다. 여기에는 전문적인 사례 연구가 포함된다. 논술 시험에 통과된 후에 면접 시험이 있으며, 통과되면 대상자는 지원한 전문 영역에서 공인 TA 분석가가 된다.

만약 CTA가 원하면 교류분석 수련감독(Teaching and Supervising Transactional Analyst: TSTA) 과정을 밟을 수 있다. 이를 위해 1년이 경과된 후에 그는 필요한 자격 과정을 준비할 수 있다.

- 사정 과정이 필요한 것은 훈련과 슈퍼비전 기술을 검증하기 위함이다. 이를 통과한 사람은 교류분석 예비 수련감독(PTSTA)이 될 수 있다. (그다음에 TSTA 시험을 위해 필요한 시간은 5~7년이 걸린다.)
- 500시간의 슈퍼비전 시간을 확보하라.
- TTA(Teaching Transactional Analyst) 대상자는 300시간의 TA 교육 경험에 더하여 100시간의 연장 전문 교육, 12시간의 회의와 전문적인 모임에서의 발표 시간을 마쳐야 한다.
- 이런 시간들이 채워지면, 보증인은 교류분석 예비 수련감독이 개인적이고 전문적으로 준비되었다고 보증하며, TSTA 시험을 칠 자격이 주어지게 된다. 이것은 이론, 훈련이나 교육, 슈퍼비전을 관리하는 3개 위원회에 넘겨진다. 교육과 슈퍼비전 관리위원회는 위원들 앞에서의 실제적인 현장 교육과 슈퍼비전을 요구하며, 또한 대상자는 자기 철학과 실습에 대한 질문에 응대해야만 한다.

CTA와 TSTA 수준 모두 각국협회와 국제협회에서 공인을 받아야 하며, 그 목록은 부록 2를 참조하라. 국제교류분석협회(ITAA)와 유럽교류분석협회(EATA)는 공인과 승인에 책임을 진다.

부록 2　영국과 국제적인 TA 협회에 대한 정보

영국

교류분석 개발 연구소(Institute of Developmental Transactional Analysis: IDTA)

Wildhill

Broadoak End

Hertford

Herts

SG14 2JA

England

email: admin@instdta.org

website: www.instdta.org

    IDTA는 TA에서 심리치료가 아닌 분야를 위한 협회이며, Julie Hay가 '개발(developmental)' 이란 단어를 만들었으며, 이것은 조직과 교육 영역에서 이론 그 자체가 아니라 사람을 개발시키는 데 초점을 맞추는 것을 반영하고 있지만, 이런 개입 과정은 치료적일 수 있다.

교류분석 연구소(Institute of Transactional Analysis: ITA)

Broadway House

149-151 St Neots Road

Hardwick

Cambridge

CB23 7QJ

Tel/Fax: 01954 212468

email: admin@ita.org

website: http://www.ita.org.uk

ITA는 4개의 영역에서 사람들이 회원이 될 수 있도록 열려 있으며, 대부분의 회원은 심리치료 전문가로 구성되어 있다.

유럽

유럽교류분석협회(European Association of Transactional Analysis)

website: http://vww.eatanews.org/

EATA는 유럽 전체를 통괄하는 TA협회이다. 이 협회 회원이 되려면 각 나라별 협회 회원일 필요는 없다. (IDTA, ITA 혹은 유럽 각국 협회 명단은 457~458쪽을 참조하라.)

국제단체

국제교류분석협회(International Transactional Analysis Association: ITAA)

website: http://www.itaa-net.org/

국제교류분석협회(ITAA)에는 65개 나라의 회원들이 있다. 개인적으로 ITAA에 가입하는 것이 가능

하다. ITAA는 TA협회의 모체이며, 1960년대 Eric Berne이 이끌었던 샌프란시스코 세미나 모임에서 시초하였다.

서태평양교류분석협회(Western Pacific Association of Transactional Analysis: WPATA)

website: http://www.wpata.com.au/

서태평양교류분석협회(WPATA)는 1985년에 설립되었으며, 호주와 뉴질랜드를 포함하고 있다.

유럽에 있는 교류분석협회

아르메니아	(no website)	AATA
오스트리아	http://www.itap.at/	Institut für transaktionsanalytische Psychotherapie ITAP
	http://www.transaktionsanalyse.at/	Österreichisches transaktionsanalytisches Institut im Sozial-Pädagogik und Organisationsbereich (ÖTISO)
벨기에	http://www.assobat.be/accueil/	Association Beige pour l' Analyse Transactionnelle
보스니아-헤르체고비나	http//bihota.com/	BIHOTA
크로아티아	http://www.uta.hr/	Udruga Transakcijske Analize (UTA)
체코 공화국	http://www.ta-cata.cz/	Ceska asociace transakcni analyzy CATA
덴마크	(no website)	DTA
핀란드	http://www.finta.net/	The Transactional Analysis Association of Finland (FINTA)
프랑스	http://www.ifat.net/	Institute Francaise d'Analyse Transactionnelle (IFAT)
독일	http://www.dgta.de/	Deutsche Gesellschaft für Transaktionsanalyse (DGTA)
헝가리	http://www.hata.hu/	HATA Hungarian Association for Transactional Analysis
이탈리아	http://www.aiat.it/	Associazione Italiana di Analisi Transazionale
	http://www.centropsi.it/	Centro di Psicologia e analisi Transazionale (CPAT)
	http://www.sieb96.org/iat/iat.htm	Istituto Analisi Transazionale (IAT)
	http://www.formazionepoiesis.it/	Istituto di Formazione in Analisi Transazionale (AUXIMON)
	http://www.ianti.it/	IANTI-TA Integrative Institute

리투아니아	(no website)	LTAA
마케도니아	(no website)	MATA
네덜란드	http://www.nvta.nl/	The TA Association of the Netherlands
노르웨이	http://www.transaksjonsanalyse.com/	Norsk Transaksjonsanalytisk Forening (NTAF)
루마니아	http://www.arat.ro/	ARAT
러시아	(no website)	(Ryazan) RATA
	(no website)	(St. Petersburg) SITA
세르비아	http://www.sata.co.yu/	Srpske Asocijacije za Transakcionu Analizu (SATA)
슬로베니아	http://www.sioventa.si/	SLOVENTA
스페인	http://www.apphat.org/	APPHAT
	http://www.atainfo.org/	La ATA-Asociación de Análisis? Transaccionalle
스웨덴	http://www.transaktionsanaiys.se/	Svenska Transaktionsanalytiska Föreningen
스위스	http://www.asat-sr.ch/	ASAT-SR Association Suisse d'Analyse Transactionnelle
	http://www.dsgta.ch/	Deutschschweizer Geselischaft für Transaktionsanalyse DSGTA
우크라이나	http://www.uata.org.ua/	UATA UATA-Associazione Ucraina di AT

% 참고문헌

Adams, A. (1992). *Bullying at Work—How to Confront and Overcome It*, London: Virago.

Ainsworth, M., Blehar, M., Waters, E. and Wall, S. (1978). *Patterns of Attachment*, Hillsdale, NJ: Erlbaum.

Allen, J.R. and Allen, B.A. (1989). Stroking: Biological Underpinnings and Direct Observations, *Transactional Analysis Journal*, 19:1, pp. 26-31, San Francisco, USA: ITAA.

Altorfer, O. (1977). Authentic Courtesy and Personal Power: Two Aims of Emotional Job Fitness, *Transactional Analysis Journal*, 7:4, pp. 339-341, San Francisco, USA: ITAA.

Argyris, C. (1999). *On Organizational Learning*, Oxford: Blackwell Business.

Barnes, G. (1981). On Saying Hello, *Transactional Analysis Journal*, 11:1, pp. 22-32, San Francisco, USA: ITAA.

Batts, V.A. (1982). Modem Racism: A TA Perspective, *Transactional Analysis Journal*, 12:3, pp. 207-209, San Francisco, USA: ITAA.

Baumard, P. (1999). *Tacit Knowledge in Organizations*, London, England: Sage.

Bellman, G.M. (1990). *The Consultant's Calling, Bringing Who You Are to What You Do*, San Francisco: Jossey-Bass Inc.

Berne, E. (1961). *Transactional Analysis in Psychotherapy*, London: Souvenir Press.

Berne, E. (1962). Classification of Positions, *Transactional Analysis Bulletin*, 62:3, p. 23, San Francisco, USA: ITAA.

Berne, E. (1963). *The Structure and Dynamics of Organizations and Groups*, New York: Ballantine Books.

Berne, E. (1964). *Games People Play*, Harmondsworth: Penguin. 조혜정 역(2009). 심리 게임: 교류분석으로 읽는 인간 관계의 뒷면. 서울: 교양인.

Berne, E. (1966). *Principles of Group Treatment*, New York: Grove Press.

Berne, E. (1970). *Sex in Human Loving*, Harmondsworth: Penguin.

Berne, E. (1975). *What Do You Say After You say Hello?* London: Corgi. 우재현 역 (2004). 각본분석: 운명의 심리학. 대구: 정암서원.

Branson, R. (2000). *Losing My Virginity—The Autobiography*, London: Virgin Publishing.

Campos, L.P. (1971). Transactional Analysis Group Leadership Operations, *Transactional Analysis Journal*, 1:4, pp. 219-222, San Francisco, USA: ITAA.

Carter, R. (1999). *Mapping the Mind*, London: Seven Dials.

Chaleff, I. (2003). *The Courageous Follower: Standing Up To and For our Leaders*, Berrett-Koehler, 2nd revised edition.

Clarkson, P. (1992). *Transactional Analysis Psychotherapy: An Integrated Approach*, London: Routledge.

Clavier, D.E., Timm, P.R. and Wilkens, P.L. (1978). Effects of Salient Communicative Strokes on Subordinate Employees in a Health Care Organization, *Transactional Analysis Journal*, 8:4, pp. 300-305, San Francisco, USA: ITAA.

Collinson, D. (1994). Strategies of Resistance: Power, knowledge and subjectivity in the workplace, in Jermier, J.M. et al, (eds), *Resistance and Power in Organizations*, London, England: Routledge, pp. 25-68.

Conner, D. (1998). *Managing at the Speed of Change*, Chichester, England: Wiley.

Cowles-Boyd, L. and Boyd, H. (1980). Play as a Time Structure, *Transactional Analysis Journal*, 10:1, pp. 5-7, San Francisco, USA: ITAA.

Crossman, P. (1966). Permission and Protection, *Transactional Analysis Bulletin*, 66:19,

San Francisco, USA: ITAA.

Crossman, P. (1977). Acceptance Speech, Eric Berne Memorial Award, *Transactional Analysis Journal*, 7:1, pp. 104–106, San Francisco, USA: ITAA.

D'Amore, I. (1997). The Source of Motivation and Stroke Theory, *Transactional Analysis Journal*, 27:3, pp. 181–191, San Francisco, USA: ITAA.

Davidson, C. (1999). I'm Polygonal, OK. *INTAND Newsletter*, 7:1, pp. 6–9, Watford, England.

Davis, J. (unpublished). 'The Blame Model'.

Dusay, J. (1972). Egogram and the Constancy Hypothesis, *Transactional Analysis Journal*, 2:3, pp. 3741, San Francisco, USA: ITAA.

Edmunds, G. (2003). Investment Games, San Francisco: *Transactional Analysis Journal*, 33:1, pp. 68–75, San Francisco, USA: ITAA.

English, F. (1975). The Three-Cornered Contract, *Transactional Analysis Journal*, 5:4, pp. 383–384, San Francisco, USA: ITAA.

English, F. (1987). Power, Mental Energy and Inertia, *Transactional Analysis Journal*, 17:3, pp. 91–98, San Francisco, USA: ITAA.

Ernst, F. (1971). OK Corral, The grid to get on with, *Transactional Analysis Journal*, 1:4, pp. 231–240, San Francisco, USA: ITAA.

Erskine, R. and Zalcman, M. (1979). The Racket System: A Model for Racket Analysis, *Transactional Analysis Journal*, 9:1, pp. 51–59, San Francisco, USA: ITAA.

Fox, E.M. (1975). Eric Berne's Theory of Organizations, *Transactional Analysis Journal*, 5:4, pp. 345–353, San Francisco, USA: ITAA.

Freedman, L. (1993). TA Tools for Self-Managed Work Teams, *Transactional Analysis Journal*, 23:2, pp. 104–109, San Francisco, USA: ITAA.

Gallagher, K. et al. (1997). *People in Organisations, an active learning approach*, Gateshead, Tyne and Wear, England: Blackwell Business.

Garfield, V. (1993). Ethical Principles for Work in Organizations, *Transactional Analysis Journal*, 23:2, pp. 60–65, San Francisco, USA: ITAA.

Gibb, J.R. (2001). Defensive Communication, in Osland, J.S. Kolb, D.A. and Rubin, I.M.

(eds), *The Organizational Behaviour Reader*, 7th edition, New Jersey, USA: Prentice Hall, pp. 195–200.

Goulding, R. and Goulding, M. (1976). Injunctions, Decisions and Redecisions, *Transactional Analysis Journal*, 6:1, pp. 41–48, San Francisco, USA: ITAA.

Gowell, E. (1975). Transactional Analysis and the Body: Sensory Stimulation Techniques, *Transactional Analysis Journal*, 5:2, pp. 148–151, San Francisco, USA: ITAA.

Gregory, R.L. (1970). *The Intelligent Eye*, London, England: Weidenfeld and Nicolson.

Hay, J. (1993). *Working it out at Work*, Hertford, England: Sherwood Publishing.

Hay, J. (2009). *Transactional Analysis for Consultants*, Hertford, England: Sherwood Publishing.

Health and Safety Executive (2010). website: www.hse.gov.uk.

Herrman, N. (1995). *The Creative Brain*, North Carolina: Brain Books.

Hine, J. (1990). The Bilateral and Ongoing Nature of Games, *Transactional Analysis Journal*, 20:1, pp. 28–39, San Francisco, USA: ITAA.

Hondelink, E.R. (1965). *Review of Dr Beeching's Report—The Reshaping of British Railways*, Northwood, Middlesex, England: The Great Central Association.

Ishmael, A. with Alemoru, B. (1999). *Harassment, Bullying and Violence at Work*, London, England: The Industrial Society.

Jacobs, A. (1987). Autocratic Power, *Transactional Analysis Journal*, 17:3, pp. 59–71, San Francisco, USA: ITAA.

James, J. (1973). Game Plan, *Transactional Analysis Journal*, 3:4, pp. 14–17, San Francisco, USA: ITAA.

James, M. and Jongeward, D. (1985). *Born to Win*, Reading Massachusetts: Addison Wesley. 이원영 역(2011). 아이는 성공하기 위해 태어난다. 서울: 샘터사.

Janis, I. (1972). *Victims of Groupthink*, New York: Houghton Mifflin.

Jaworski, J. (1998). *Synchronicity, The Inner Path of Leadership*, San Francisco, USA: Berrett-Koehler.

Jermier, J.M., Knights, D. and Nord, W.R. (eds) (1994). *Resistance and Power in*

Organizations, London, England: Routledge.

Johnson, G. and Scholes, K. (1997). *Exploring Corporate Strategy: Text and Cases*, Harlow, Essex, England: Prentice Hall.

Karpman, S. (1968). Fairy Tales and Script Drama Analysis, *Transactional Analysis Bulletin*, 7:26, pp. 39–44, San Francisco, USA: ITAA.

Karpman, S. (1971). Options San Francisco: *Transactional Analysis Journal*, 1:1, pp. 79–87, San Francisco, USA: ITAA.

Koch, R. (1998). *The 80-20 Principle, The secret of achieving more with less*, London, England: Nicholas Brealey Publishing Ltd.

Kohlreiser, G. (2006). *Hostage at the Table: How Leaders Can Overcome Conflict, Influence Others, and Raise Performance*, San Francisco: Jossey-Bass.

Kolb, D. (1984). *Experiential Learning: Experience as the Source of Learning and Development*, Englewood Cliffs, New Jersey, USA: Prentice Hall.

Krausz, R. (1980). TA and Management Effectiveness, *Transactional Analysis Journal*, 80:1, pp. 21–24, San Francisco, USA: ITAA.

Krausz, R. (1986). Power and Leadership in Organizations, *Transactional Analysis Journal*, 16:2, pp. 85–94, San Francisco, USA: ITAA.

Lankton, S.R., Lankton, C.H. and Brown, M. (1981). Psychological Level Communication in Transactional Analysis, *Transactional Analysis Journal*, 11:4, pp. 287–299, San Francisco, USA: ITAA.

Lapworth, P., Sills, C. and Fish, S. (1997). *Transactional Analysis Counselling*, Bicester, Oxon: Winslow Press Ltd.

Lewis, T., Armini, F. and Lannon, R. (2001). *A General Theory of Love*, New York: Vintage Books.

Macefield, R. and Mellor, K. (2006). Awareness and Discounting: New Tools for Task/Option-Oriented Settings, *Transactional Analysis Journal*, 36:1, pp. 44–58, San Francisco, USA: ITAA.

MacKay, C.J. et al. (2004). Health and Safety Executive in Management Standards and Work Related Stress in the UK: Policy background and Science, *Work and Stress*,

18:2, pp. 91–112, London, England: Taylor Francis Group.

Makin, P., Cooper, C. and Cox, C. (1996). *Organizations and the Psychological Contract*, Leicester, England: BPS Books.

Manning, S. (2001). Bad Men: A social theory relating to the antisocial process, the FU defence pattern, and script formation in violent men in New Zealand, unpublished manuscript for Masters Degree.

Maslow, A. (1943). A Theory of Human Motivation, *Psychological Review*, 50, 370–96, Washington, USA.

Massey, R.F. (1996). Transactional Analysis as a Social Psychology, *Transactional Analysis Journal*, 26:1, pp. 91–99, San Francisco, USA: ITAA.

Mayo, E. (1949). Hawthorne and the Western Electric Company, in Gallagher, K. et al.(1997), *People in Organisations: An Active Learning Approach*, Gateshead, Tyne and Wear, England: Blackwell Business.

McGregor, D. (1960). *The Human Side of Enterprise*, London, England: McGraw-Hill Book Company.

Mellor, K. and Sigmund, E. (1975). Discounting, *Transactional Analysis Journal*, 5:3, pp. 295–302, San Francisco, USA: ITAA.

Mescavage, A. and Silver, C. (1977). 'Try Hard' and 'Please Me' in Psychological Development, *Transactional Analysis Journal*, 7:4, pp. 331–334, San Francisco, USA: ITAA.

Micholt, N. (1992). Psychological Distance and Group Interventions, *Transactional Analysis Journal*, 22:4, pp. 228–233, ITAA, San Francisco.

Mountain, A. (2004). *The Space Between: Bridging the Gap between Workers and Young People*, UK: Russell House Publishing.

Mountain, A. and Davidson, C. (2005). Assessing Systems and Processes in Organizations, *Transactional Analysis Journal*, 35:4, pp. 336–345, San Francisco, USA: ITAA.

Nabudere, D.W. (accessed January 2010). *Ubuntu Philosophy: Memory and Reconciliation*, http://www.grandslacs.net/doc/3621.pdf.

Niemeier, D. and Douglas, H. (1975). Transactions and Self-Actualization, *Transactional Analysis Journal*, 5:2, pp. 152-157, San Francisco, USA: ITAA.

Nuttall, J. (2000). Intrapersonal and Interpersonal Relations in Management Organizations, *Transactional Analysis Journal*, 30:1, pp. 73-83, San Francisco, USA: ITAA.

Osland, J.S., Kolb, D. and Rubin, I.M. (eds) (2001). *The Organizational Behaviour Reader*, 7th edition, New Jersey, USA: Prentice Hall.

Peck, M. Scott (1987). *The Different Drum: Community Making and Peace*, New York: Simon and Shuster.

Perkins, D.N.T. (2000). *Leading at the Edge: Leadership Lessons from the Extraordinary Saga of Shackleton's Antarctic Expedition*, New York: Amacom-American Management Association.

Poelje, S. van (1994). 'Contracting for Organizational Change', in Poelje, S. van and Steinert, T. (eds) (1996), *Transactional Analysis in Organizations: First of selected articles 1974-1994*, ITAA, San Francisco, USA, pp. 102-108.

Poelje, S. van (1995). Development of Autocratic Structures, *Transactional Analysis Journal*, 25:3, pp. 265-270, San Francisco, USA: ITAA.

Poelje, S. van and Steinert, T. (eds) (1996). *Transactional Analysis in Organizations: First of Selected Articles 1974-1994*, ITAA, San Francisco, USA.

Poindexter, W.R. (1975). Organizational Games, *Transactional Analysis Journal*, 5:4, pp. 379-382, San Francisco, USA: ITAA.

Poindexter, W.R. (1977). *The Poindexter Organization*, Agoura: Transan Publications.

Porter, N. (1975). Functional Analysis, *Transactional Analysis Journal*, 5:3, San Francisco, USA: ITAA.

Raynor, C., Hoel, H. and Cooper, C.L. (2002). *Workplace Bullying: What We Know, Who is to Blame, and What Can We Do?* London, England: Taylor and Francis.

Remland, M.S. (2000). *Nonverbal Communication in Everyday Life*, Boston, USA: Houghton Mifflin Company.

Research on Language and Social Interaction, 1990/91, vol. 24, Taylor and Francis.

Rissman, A. (1975). Trilog, *Transactional Analysis Journal*, 5:2, pp. 170–177, San Francisco, USA: ITAA.

Roberts, D. (1992). 'Hierarchy of Functionality', workshop notes from ITAA Conference, New Zealand.

Roberts, D. (1997). Find Purpose, Find Power, Los Angeles, California: Human Esteem Publishing.

Schiff, J. et al. (1975). *The Cathexis Reader*, Harper and Row (out of print).

Shaffer, T.L. (1970). The Law and Order, *Game Transactional Analysis Bulletin*, 70:34, San Francisco, USA: ITAA.

Siebert, A. (2005). *The Resiliency Advantage*, San Francisco, USA: Berrett-Koelher Publishers.

Siegel, B. (1999). *The Developing Mind*, New York, London: Guilford Press.

Silberman, M. (1999). *Team and Organization Development Sourcebook*, New York, USA: McGraw-Hill.

Sills, C. (ed.) (1997). *Contracts in Counselling*, London: Sage.

Sills, C. and Hargaden, H. (eds) (2003). *Key Concepts in Transactional Analysis: Contemporary Views: Ego States*, London: Worth Publishing.

Spitz, R. (1946). *Hospitalism, The Psychoanalytic Study of the Child*, vol. 2, New York, NY: International Universities Press, pp. 113–117.

Steiner, C. (1971). The Stroke Economy, *Transactional Analysis Journal*, 1:3, San Francisco, USA: ITAA.

Steiner, C. (1974). *Scripts People Live*, Toronto: Bantam Books.

Steiner, C. (1984). Emotional Literacy, *Transactional Analysis Journal*, 14:3, pp. 162–173, San Francisco, USA: ITAA.

Steiner, C.M. (1987). The Seven Sources of Power: An Alternative to Authority, *Transactional Analysis Journal*, 17:3, pp. 102–104, San Francisco, USA: ITAA.

Stern, C. (1978). Congruent and Incongruent Transactions, *Transactional Analysis Journal*, 8:4, pp. 312–315, San Francisco, USA: ITAA.

Stern, E. (ed.) (1984). *TA The State of the Art*, Dordrecht, the Netherlands: Foris

Publications.

Stewart, I. and Joines, V. (1987). *TA Today*, Nottingham, England: Lifespace Publishing.

Summers, G. and Tudor, K. (2000). Co-creative Transactional Analysis, *Transactional Analysis Journal*, 30:1, pp. 23–40, San Francisco, USA: ITAA.

Summerton, O. (1979). RANI: A New Approach to Relationship Analysis, *Transactional Analysis Journal*, 9:2, pp. 115–118, San Francisco, USA: ITAA.

Tannen, D. (2001). The Power of Talk: Who Gets Heard and Why in Osland, J.S., Kolb, D. and Rubin, M. (eds), *The Organizational Behaviour Reader*, 7th edition, New Jersey, USA: Prentice Hall.

Taylor, F. (1912). *Scientific Management*, republished (2003) London: Routledge.

Temple, S. (1999) Functional Fluency for Educational Transactional Analysts, *Transactional Analysis Journal, 29:3.*

Temple, S. (2004). Update on the Functional Fluency Model in Education, *Transactional Analysis Journal, 34:3.*

Tudor, K. (1997). A Complexity of Contracts, in Sills, C. (ed.), *Contracts in Counselling*, London: Sage, pp. 157–172.

Wenger, E. (1998). *Communities of Practice: Learning, Meaning and Identity*, Cambridge: Cambridge University Press.

Wenger, E. and Snyder, W. (2000). Communities of Practice: The Organizational Frontier, *Harvard Business Review*, 78:1, Jan–Feb, pp. 139–145.

White, J.D. and White, T. (1975). Cultural Scripting, *Transactional Analysis Journal*, 5:1, pp. 12–23, San Francisco, USA: ITAA.

White, T. (1994). Life positions, *Transactional Analysis Journal*, 24:4, pp. 269–276, San Francisco, USA: ITAA.

White, T. (1995). I'm OK You're OK. Further considerations. *Transactional Analysis Journal*, 25:3, pp. 236–244, San Francisco, USA: ITAA.

Wickens, P. (1995). *The Ascendant Organization*, Basingstoke, England: Macmillan Business.

Woods, M.F. (1982). Personality and Learning: The Rissman Trilog and the Experiential

Learning Cycle, *Transactional Analysis Journal*, 12:2, pp. 153–158, San Francisco, USA: ITAA.

Woollams, S. and Brown, M. (1979). *The Total Handbook of Transactional Analysis*, New Jersey, USA: Prentice Hall.

찾아보기

인명

Berne, E. 36, 74, 125, 235, 271, 274

Crossman, P. 320

Davis, J. 40

Edmunds, G. 239
Ernst, F. 37, 40
Erskine, R. 257

Fish, S. 68

Gregory, R. L. 255

Hay, J. 194

James, J. 240
Janis, I. 26
Jaworski, J. 265
Joines, V. 257

Karpman, S. 230
Kolb, D. 255
Krausz, R. 339

Lapworth, P. 68

Makin, P. 159
Manning, S. 361
McGregor, D. 314
Micholt, N. 172

Peck, S. 323, 431

Porter, N. 68

Roberts, D. 404

Siebert, A. 382
Sills, C. 68
Spitz, R. 125
Steiner, C. 126, 360
Stewart, I. 257

Tannen, D. 323
Taylor, F. 314
Temple, S. 68

Wickens, P. 52

Zalcman, M. 257

저자 소개

Anita Mountain은 이학석사(MSc), 공인 TA 분석가(CTA, 조직 및 심리치료 영역)이자 교류분석 수련감독(TSTA, 조직 및 심리치료 영역)으로서 1990년부터 국제적으로 활동하고 있다. 그녀는 기업의 CEO, 전문의, 컨설턴트, 심리치료사, 트레이너, 코치들을 전문적으로 훈련시키고 코칭하고 있으며, 마운틴 어소시에이츠 사를 통해 다양한 국가와 영역에서 활동해 왔다. 조직과 심리치료 영역에 대한 독자적인 교류분석 훈련 방법으로 인해 그녀는 인습타파주의자(iconaclastic)라고 불리고 있으며, 그녀의 전문적인 기술은 기조연설자, 컨설턴트, 코치, 코치 수련감독으로 활동하는 데 있어 원동력이 되었다.

Chris Davidson은 공인 TA 분석가(CTA, 조직 영역)이자 교류분석 예비 수련감독(PTSTA, 조직 영역)으로서 1999년부터 마운틴 어소시에이츠 사에서 일하고 있다. 집단 및 인간 행동에 관한 그의 풍부한 지식과 집단작업에 대한 경험은 조직에서 활동할 때 큰 도움이 되었다. 그는 또한 개인과 기업을 대상으로 한 '개발 TA'와 '조직 TA', 그리고 공식적인 TA 워크숍 등을 통해 사람들을 훈련시키고 있다. 그는 탁월한 컴퓨터 기술을 활용하여 기업의 이러닝 과정에도 도움을 주고 있다.

Anita Mountain과 Chris Davidson은 사업과 인생의 동반자이며 그래서 이 책 원서 제목인 *Working Together*는 그들에게 매우 타당성이 있는 것이다. 그들은 각자의 전문성을 유지하면서도 하나의 팀을 이루어 40년이 넘도록 함께 활동하고 있다.

역자 소개

김미례(Kim Mi Rye)
호남대학교 상담심리학과 교수

김병윤(Kim Byeong Youn)
목원대학교 무역학과 교수

김영호(Kim Young Ho)
고구려대학교 의료복지행정학과 교수

김정삼(Kim Jung Sam)
목포과학대학교 보건행정과 교수, 상담센터장

박용민(Park Yong Min)
TA힐링센터 소장

박창규(Park Chang Kyu)
전남도립대학교 호텔관광과 교수

송준석(Song Joon Suck)
전남도립대학교 유아교육과 교수

이영호(Lee Young Ho)
인제대학교 사회복지학과 교수

정원철(Jeong Weon Cheol)
신라대학교 사회복지학과 교수

정지선(Jung Ji Sun)
목포과학대학교 치기공과 교수

기업과 조직을 살리는 교류분석
-커뮤니케이션 방법을 바꾸는 세 가지 비밀-

Working Together

2015년   9월 15일 1판 1쇄 인쇄
2015년   9월 22일 1판 1쇄 발행

지은이 • Anita Mountain · Chris Davidson
옮긴이 • 김미례 · 김병윤 · 김영호 · 김정삼 · 박용민
            박창규 · 송준석 · 이영호 · 정원철 · 정지선
펴낸이 • 김진환
펴낸곳 • (주) **학지사**
            121-838 서울특별시 마포구 양화로 15길 20 마인드월드빌딩
대표전화 • 02-330-5114   팩스 • 02-324-2345
등록번호 • 제313-2006-000265호

홈페이지 • http://www.hakjisa.co.kr
페이스북 • https://www.facebook.com/hakjisa

ISBN 978-89-997-0807-7 93180

정가 21,000원

인터넷 학술논문 원문 서비스 뉴논문 www.newnonmun.com

이 도서의 국립중앙도서관 출판시도서목록(CIP)은 서지정보유통지원
시스템 홈페이지(http://seoji.nl.go.kr)와 국가자료공동목록시스템
(http://www.nl.go.kr/kolisnet)에서 이용하실 수 있습니다.
(CIP 제어번호: CIP2015024530)

조직 및 지역의
창조적 변화를 이끄는
체계적 액션러닝

박수홍 외 공저

크라운판변형 · 270면 · 15,000원

혁신의 도구

Arthur B. Markman 외 공편
김경일 외 공역

신국판 · 432면 · 15,000원

중간관리자의
성과코칭스킬

Duke Corporate Education 저
박정민 외 공역

4×6판 · 256면 · 10,000원

성공한 CEO의
비즈니스 심리코칭

Robbie Steinhouse 외 공저
박의순 외 공역

신국판 · 240면 · 13,000원

코칭심리

Ho Law 외 공저
탁진국 외 공역

신국판 · 416면 · 15,000원

코칭심리 워크북

이희경 저

크라운판 · 240면 · 15,000원

산업 및 조직 심리학
원서 6판

Paul E. Spector 저
박동건 역

4×6배판 · 584면 · 22,000원

2판
소비자 심리학

양 윤 저

4×6배판 · 560면 · 20,000원

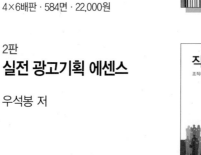

2판
실전 광고기획 에센스

우석봉 저

크라운판 · 304면 · 16,000원

직무수행관리
－조직의 효율성을 이끌어 내는
행동 변화－

Aubrey C. Daniels 외 공저
오세진 외 공역

신국판 · 624면 · 18,000원

조직의 직무동기

Craig C. Pinder 저
이성수 외 공역

4×6배판 · 896면 · 27,000원

이기는 결정

J. Edward Russo 외 공저
김명언 외 공역

신국판 · 512면 · 15,000원

(주) 학지사

학지사는
깨끗한 마음을
드립니다.

인적자원개발론

Richard A. Swanson 저
오헌석 외 공역

4×6배판 · 608면 · 22,000원

2판
인적자원개발

－이론과 실천－

장원섭 저

크라운판 · 336면 · 18,000원

인적자원관리의 심리학

이재창 저

크라운판 · 416면 · 19,000원

기업교육론

－실무 중심의 인적자원개발－

이관춘 외 공저

크라운판 · 368면 · 17,000원

액션러닝

성과가 눈에 보이는
창의인재 육성방법

Judy O'Neil 외 공저
엄우용 외 공역

크라운판 · 328면 · 17,000원

굿워크 굿워커

－책임감을 즐기는 굿워커가 되어라－

Howard Gardner 편저
함정현 역

크라운판 · 456면 · 16,000원